湖南大学马克思主义理论系列学术丛书

20世纪初期儒墨比较思想研究

以梁启超、新文化阵营、学衡派为中心

吴晓欣　著

中国社会科学出版社

图书在版编目（CIP）数据

20 世纪初期儒墨比较思想研究：以梁启超、新文化阵营、学衡派为中心/吴晓欣著 . —北京：中国社会科学出版社，2023.6

（湖南大学马克思主义理论系列学术丛书）

ISBN 978 - 7 - 5227 - 1840 - 8

Ⅰ.①2… Ⅱ.①吴… Ⅲ.①儒家—比较研究—墨家 Ⅳ.①B222. 05 ②B224. 05

中国国家版本馆 CIP 数据核字（2023）第 071247 号

出 版 人	赵剑英
责任编辑	刘 艳
责任校对	陈 晨
责任印制	戴 宽

出 版	中国社会科学出版社
社 址	北京鼓楼西大街甲 158 号
邮 编	100720
网 址	http://www.csspw.cn
发 行 部	010 - 84083685
门 市 部	010 - 84029450
经 销	新华书店及其他书店

印 刷	北京明恒达印务有限公司
装 订	廊坊市广阳区广增装订厂
版 次	2023 年 6 月第 1 版
印 次	2023 年 6 月第 1 次印刷

开 本	710 × 1000 1/16
印 张	19
字 数	305 千字
定 价	99.00 元

序

一

在中国历史上，墨学经历了两个重要时期，即战国和现代。在前一个时期（即战国时期），墨学经历了发生、发展和成为显学的过程；但在秦汉之际，墨学却遽尔衰落。此后至清代乾嘉之前，墨学一直少人问津。

墨学在思想上的创造，从《墨子》现存五十三篇来看，主要涉及宗教政治伦理、逻辑学和科学技术三方面。宗教、政治、伦理在中国古代思想中虽然有所分隔，但通常它们是联成一体的，故它们也可以看作一个方面。"十义"很可能是墨子本人基于"救世之急"而提出来的十大主张，是墨家学者本身认为最有意义和最有价值的学说；但是，随着现代中国知识大厦的彻底重构，墨家的逻辑学、知识论和科学技术思想在今天成为了最受肯定和最具价值的东西。

墨学经历的第二个重要时期是清代乾嘉至 20 世纪，其中民国是其高峰。在此一时期里，《墨子》先以子学、古学的名义受到重视，毕沅和孙诒让做出了重大贡献，在文本训释上取得了突出成绩。迄今，孙氏《墨子间诂》仍然是读者进入《墨子》一书的最佳阶梯。随后，在清末民初，中国文化进入自我否定及大肆吸收西方文化的阶段。《墨子》和墨学于是受到学者的空前重视，各种研究和注释著作蜂出。同时，围绕中西文化的优劣和价值问题，《墨子》和墨学被带入激烈的中国现代学术和文化的争论之中。

需要指出，墨学所经历的如上两个重要时期是有明显区别的。前一时期（战国）是墨家思想的创发期，而后一时期（清代乾嘉至 20 世纪）则是墨学的复兴和弘扬期。所谓复兴和弘扬，主要体现在《墨子》一书的重新发现和注释、墨家思想的宣扬及其对中国文化现代转型的促进作用上。其中，墨家的科学精神和思想最受重视，部分教义在现代中国思想的形成中发挥过一定的积极作用。从现代观念来看，墨家的工具理性，与逻辑学、知识论和科学技术学科相应，可以落实下来；而事实上，"科学"在现当代中国已成为一种强势的"意识形态"。以"十义"为代表的墨家价值理性系统，在经过一番思想和文化斗争之后，实际上在现当代中国已经再度衰落。与此相对，儒学受到时人的高度推崇。笔者认为，当代这种墨降儒升现象，实际上体现出现当代中国一直在思考如何处理道德理性（价值理性）和工具理性的关系问题。

在第一个时期，墨家墨学何以在秦汉之际遽尔衰落，这始终是一个问题。笔者认为，墨家墨学的衰落既有内因，又有外因。（1）内因来自墨家和墨学内部。墨家有自己的信仰体系和严密的教团组织，钜子和墨徒是命令与服从的关系。在行动上，墨家强调忠诚和效率。钜子是天志在人间的代言人，是墨教组织的统帅。反映在理论上，"天志"是墨学的最高概念，是其信仰体系的终极根源：人的意志应当以天志为根源，人的信仰应当依靠天志，人的言行应当以天志为规矩。这样，墨家实际上是一支完全独立于传统宗统和君统的新宗教组织，并且带有极强的政治企图。（2）墨家墨学衰落的外因主要来自秦汉之际的政治和社会现实，墨家墨学的衰落是受到君权和宗权排斥和打击的必然结果。在中国古代，自"绝地天通"之后，神权即受制于君权，居于君权之下，它不过是人君实行统治的一种工具。自殷周至战国，宗统和君统两大势力曾长期处于动态的平衡状态；但随着礼崩乐坏、周天子权力的旁落，君权于是不断上升。至战国时期，君权明显高于神权，君统明显高于宗统，君权君统于是成为维系国家和中国古代社会的主导力量。这种历史大势，最后在秦汉时期通过建立以皇帝为核心的中央集权型的统治制度而完全体现出来。所以墨家欲在君权、君统、宗统之外，另开出一高度独立、组织严密的宗教集团，这是违背历史形势的，秦汉帝王不但不会容许墨家集团，而且会予以残酷打击。墨氏在秦汉时期一变为游侠之徒，盖有以也。

如何看待"儒墨显学"现象，这也是一个问题。儒墨为显学的说法虽然有一定的历史根据，但是从诸子的思想斗争来看它也是一种话术，其中难免有夸大的成分。从现有文献来看，此种话术大概起源于孟子。孟子为了彰显自己的卫道正当性及其作用，多次将"杨墨"并列，树为对立面，并予以猛烈抨击。《孟子·滕文公下》曰："圣王不作，诸侯放恣，处士横议，杨朱、墨翟之言盈天下。天下之言，不归杨，则归墨。杨氏为我，是无君也；墨氏兼爱，是无父也。无父无君，是禽兽也。"又曰："吾为此惧，闲先圣之道，距杨墨，放淫辞，邪说者不得作。"又曰："岂好辩哉？予不得已也。能言距杨墨者，圣人之徒也。"在战国中期，诸子百家众多，而孟子之所以挑出杨墨两家予以抨击，这与孟子的学术立场及其与杨墨思想的对立性是有密切关系的。孟子所谓"杨朱、墨翟之言盈天下"，这句话很可能属于夸大之词，带有浓厚的话术色彩，目的不过是为了增强叙述的效果和批评的针对性。与孟子相对，庄子将"儒墨"并列，作为批判的靶子，这同样属于一种话术或思想斗争的策略。《庄子·齐物论》曰："故有儒墨之是非，以是其所非而非其所是。"此类批评，亦数见于《庄子》外、杂篇。其后，《韩非子·显学》曰："世之显学，儒墨也。"《吕氏春秋·有度》曰："孔墨之弟子徒属充满天下。"又，在先秦两汉传世古籍中，"孔墨"连言之例众多。庄子、韩非子、吕子将"儒墨"并列，作为重点批判对象，这是道家或黄老之立场使然。

综合起来看，"儒墨显学"现象包括两个方面的含义。一方面，从战国诸子的传衍及其思想斗争来看，儒墨在一定意义上确实为显学，它们除受到彼此的重视外，又受到庄子、韩非子、吕子等的重视和批评。另一方面，"儒墨"或"孔墨"连言，认为儒墨为显学，乃是庄子、韩非子、吕子等的一种话术，是为了批评的需要及发泄其不满情绪而有意构造出来的，《吕氏春秋·有度》云"孔墨之弟子徒属充满天下"正如孟子云"天下之言，不归杨，则归墨"一样，同样带有较强的夸张色彩。实际情况可能是，孟子、庄子、韩非子和吕子等人的叙述都带有个人情绪，都只说出了部分真相，特别是从战国思想或诸子百家思想之全体来看，更是如此。而且，需要指出，儒墨的对立程度胜过了儒道的对立程度。从目前出土的大批战国竹书（如郭店简、上博简、清华简、安大简）来看，儒家之言确实盈满天下，但出土墨家竹书极少，道家竹书也不多，——这才是战国时期诸子书篇及其思想流传的真实情况。

二

按照胡适、梁启超、栾调甫等人的划分，《墨子》七十一篇由《杂论》《十论》《非儒》《墨辩》《墨语》《备守》六个部分组成。其中，《十论》最为重要，是墨家的核心教义。《十论》依次包括《尚贤》《尚同》《兼爱》《非攻》《节用》《节葬》《天志》《明鬼》《非乐》《非命》十论，每论又分上、中、下三篇，合计三十篇。这三十篇都属于阐述"十义"（十大主张）之作，它们被编排在一起，理由当然是很充分的。传本《墨子·十论》的篇序，应当最后是由刘向编定的。但这十论三十篇为何如此编次，刘向或此前的编者并没有留下只言片语的说明。一般来说，刘向校雠故书是有历史根据的，充分尊重旧本，而不会随意乱编。

先看今本《墨子·十论》的篇序来源问题。传本《墨子·十论》的篇序，与《墨子·鲁问》篇子墨子所说"十义"次序不尽一致。据《鲁问》篇，子墨子所说"十义"原本次序是：尚贤尚同、节用节葬、非乐非命、尊天事鬼和兼爱非攻。比较这两种次序，其所同者是：（1）"十义"或《十论》两两为一组，共五组，而这五组各自本身的次序都是相同的。（2）尚贤尚同、尊天事鬼（天志明鬼）两组在"十义"或《十论》中的次序相同，都居于第一、第四的位置。其所异者是：（1）从整体看，"十义"或《十论》的次序不同。（2）从局部看，"十义"或《十论》的具体次序有别：节用节葬在"十义"中位于第二，在《十论》中则位于第三；非乐非命在"十义"中位于第三，在《十论》中则位于第五；兼爱非攻在"十义"中位于第五，在《十论》中则位于第二。笔者揣测，这两种次序可能有前后的演变关系，《鲁问》篇子墨子所说"十义"次序比较可能是《十论》的最早篇序。或者说，《十论》篇次本应当按照《鲁问》子墨子所说"十义"次序编排。在汉代经过多次传抄和重编，最后经过刘向之手，《十论》遂以今本《墨子》所示《尚贤》《尚同》《兼爱》《非攻》《节用》《节葬》《天志》《明鬼》《非乐》《非命》的篇序出现。

再看墨子"十义"的思想性质问题。墨子的十大主张是一个哲学陈述，还是一个政治陈述？在西方大学制度引入中国之后，墨子或墨家思想一般放在哲学学科来讲述，故学者习惯性地将墨子"十义"作为一个哲学叙述来对待。但考察《墨子》本书，"十义"其实属于政治主张，它们应当是一个政治陈述。《墨子·鲁问》曰："子墨子游，魏越曰：'既得见四方之君子，则将先语？'子墨子曰：'凡入国，必择务而从事焉。国家昏乱，则语之尚贤、尚同；国家贫，则语之节用、节葬；国家憙音湛湎，则语之非乐、非命；国家滛僻无礼，则语之尊天、事鬼；国家务夺侵凌，即语之兼爱、非攻，故曰择务而从事焉。'"从这段话来看，"十义"很明显是一个政治陈述，是墨子的十大政治主张。而且，这十大政治主张各自是基于不同国情而有针对性地提出来的，原文曰"凡入国，必择务而从事焉"，即是此意。墨子救世之急，其主张和行动具体是：国家昏乱，则告之以尚贤尚同；国家贫，则告之以节用节葬；国家悦音沉湎，则告之以非乐非命；国家淫僻无礼，则告之以尊天事鬼；国家务夺侵凌，即告之以兼爱非攻。从总体上看，"十义"可以构成一个思想系统，但落实下来，每一主张又是具体的、有针对性的、与现实政治相对应的。如果说国家昏乱而语之节用节葬，或者说国家淫僻无礼而语之兼爱非攻云云，那么这属于张冠李戴、不辨马鹿，是有悖于国家治理之道的。

又看墨子"十义"的系统性问题。墨子的十大政治主张是否能够作为一个思想系统来对待？答案是肯定的。墨家"十义"的系统性可以从两方面来说明。其一，"十义"本身即构成一个思想整体，因为《墨子·鲁问》篇即将它们放在一个语境中和盘托出，这说明它们是有系统性的，它们可以会归、联系起来，而构成一个思想整体。其二，"十义"是有层次、有重点和有联系的思想系统。大体上来说，古人对墨子"十义"的认识有三种。第一种突出"兼"或"兼爱"之义。《孟子·滕文公下》曰："墨氏兼爱，是无父也。"《吕氏春秋·不二》曰："墨翟贵廉。""廉"即"兼"的借字，《尸子》佚文即作"墨翟贵兼"。《荀子·天论》曰："墨子有见于齐，无见于畸。""齐"与"兼"义近。以上数条引文都说明了"兼"或"兼爱"是墨家的根本义。从逻辑上来看，这种概括属于抓住一点而不及其余。很显然，从《墨子》全书来看，"兼"或"兼爱"不是墨子思想的全部。第二种以"节用"为墨家思想的核心要义。《荀子·解蔽》曰："墨子蔽于用而不知文。"《论六家要旨》曰："墨者俭而难遵……然其彊本节用，不可废也……要曰强本节用，则人给家足之道也。此墨子之所长，虽百家弗能废也。"荀子和司马谈的概括都以"用"或"节用"为墨子教义的根本点。据荀子或司马谈的概括，墨家思想属于功利主义。第三种综合了"十义"，但同时以"节用"和"兼爱"为重点。《荀子·非十二子》曰："上功用，大俭约，而僈差等。"《庄子·天下》曰："作为《非乐》，命之曰《节用》。生不歌，死无服。墨子泛爱兼利而非斗，其道不怒。又好学而博，不异，不与先王同，毁古之礼乐……以此教人，恐不爱人；以此自行，固不爱己。"相比较而言，《庄子·天下》篇的叙述和概括更为全面。不过，《天下》篇仍然以"节用"和"兼爱"为墨家思想的重点。

今天，对于墨子"十义"，我们可以根据《墨子》一书的全部内容而重新做出系统概括。从哲学角度来看，墨子思想的本相确实属于功利主义或功用主义（utilitarianism），而且是一种偏重于利他的兼利主义。功利主义注重实际功效和利益，墨子主张兼爱交利、节用节葬和非乐非命，都以"功用"和"利益"为其逻辑前提。在先秦诸子中，墨家之所以特别重视知识论、科学知识和工程技术，这都可以从其功利主义属性得到说明。在功利主义的基础上，兼爱、交利和节用是墨家面向社会现实的三个思想重点，是我们系统理解"十义"的基础。而我们看到，孟子、庄子、荀子、吕子和司马谈对墨家思想的概括和评论即有见于此。

从另一端看，墨子"十义"又置身于浓厚的宗教意识之中。从宗教角度来看，墨子思想的最高概念是"天"或"天志"。"天"或"天志"是整个墨子思想的统帅。从逻辑上来看，墨子所主张的兼爱、交利和节用诸义正如《庄子·天下》篇所批评的："以此教人，恐不爱人；以此自行，固不爱己。未败墨子道，虽然，歌而非歌，哭而非哭，乐而非乐，是果类乎？其生也勤，其死也薄，其道大觳。使人忧，使人悲，其行难为也。恐其不可以为圣人之道，反天下之心，天下不堪。墨子虽独能任，奈天下何！"正因为墨子的思想主张很极端，违戾人性，常人难以堪受，故墨子为之计而设置了一个信仰系统，一方面以"天"或"天志"为人生命运的终极主宰，另一方面又以之为其心力的终极来源。《墨子·明鬼下》反复肯定鬼神实有及其赏善罚暴的超越能力，而《天志上》则载子墨子之言曰"我有天志，譬若轮人之有规，匠人之有矩，轮匠执其规矩，以度天下之方圜"，可见墨教不仅属于所谓外在超越的宗教，而且暗中肯定了"信仰"的重要性，因为只有通过绝对的信仰，将自己投注到神性的超越存在者中，人才能获得终极力量和存在意义。墨子"十义"中的兼爱、交利和节用，都是从现实层面来说的，它们是"天志"得以落实的现实原则。另外，相对于"仁"来说，墨家更重视"义"观念。在"尊天事鬼"说的基础上，墨家提出了"义政"与"力政"一对概念。《墨子·天志上》曰："顺天意者，义政也。反天意者，力政也。""义政"即顺从天意的行政，"力政"即违反天意的行政，两者以是否遵从"天意"为判准。墨家的"义政"概念与孟子的"仁政"概念相对。顺从天意天志而全无违背，即为墨家的"义政"；而孟子的"仁政"则是从不忍人之心生发，是恻隐之心现实化为政治。从墨家逻辑来看，"义政"高于"仁政"；从做人来看，义人高于仁人。

此外，《十论》各论皆包含上、中、下三篇，而为何它们都包含上、中、下三篇，且三篇内容大致相同，这是一个需要说明或研究的问题。而上、中、下三篇之分是否与"三墨"有关，① 这同样是一个令人感兴趣的问题。通过比较可知，《十论》各论之上、中、下三篇在文字上有繁简的不同，在观念表达上参差不一，或有推衍。一般来说，文字越简，观念越素朴，则其成篇时代越早；反之，文字越繁，观念表达越复杂，则其成篇越晚。这个规律是通过比较出土简帛文献与其同内容的传世文献得出来的。今本《墨子·十论》的上、中、下三篇，有些是按照从简到繁、从朴素到复杂的规律来排列的，有些则不是如此。这后一种情况就需要学者更细心的研究，将情况设想得更加复杂一些。在海外学者中，比利时汉学家戴卡琳（Carine Defoort）教授对于《十论》各论之上、中、下三篇的文本

---

① 《庄子·天下》曰："相里勤之弟子五侯之徒，南方之墨者苦获、己齿、邓陵子之属，俱诵《墨经》，而倍谲不同，相谓别墨。以坚白、同异之辩相訾，以觭偶不仵之辞相应，以巨子为圣人，皆愿为之尸，冀得为其后世，至今不决。"《韩非子·显学》曰："自墨子之死也，有相里氏之墨，有相夫氏之墨，有邓陵氏之墨。故孔、墨之后，儒分为八，墨离为三，取舍相反、不同，而皆自谓真孔、墨，孔、墨不可复生，将谁使定世之学乎？"

问题颇有研究，用中文发表了多篇文章，① 值得参考和重视。

三

20世纪是墨学的又一个重要时期，除了在本土复兴和受到尊重外，《墨子》和墨学也受到了国际汉学界的高度重视。20世纪的墨学运动及其与现代中国思想、文化的交涉关系，是一个值得研究和探讨的课题。受到戴卡琳教授的影响，吴晓欣的博士学位论文即以20世纪初期的儒墨比较思想为研究对象，并在此主题上进一步研究现代中国知识精英的中西文化观及其如何回答中国文化的创新问题。从视角看，儒墨思想比较，是吴晓欣此篇学位论文十分吸引人的地方。

吴晓欣是我在武汉大学工作时指导的硕士生和博士生。她的硕士学位论文是研究宋人程大昌《易原》思想的，这篇论文的主要部分后来发表在集刊《徽学》2018年第2期上。通过这篇毕业论文的写作，她成功地迈入了《周易》经学研究的领域。从2013年秋天开始，她又在我的指导下攻读中国哲学专业的博士学位。在读博期间，她获得国家留学基金委的资助，前往比利时鲁汶大学（KU Leuven）汉学系接受戴卡琳教授的指导。戴教授是国际汉学界研究《墨子》及墨学的专家名家，耶墨会通、先秦子学和现当代中国思想都是她的研究领域。在戴教授的建议下，吴晓欣决定做20世纪初期的儒墨比较思想研究。她通过电邮向我做了请示，并大致交代了写作思路，我立即回信，表示完全同意。事后证明她的选题决定是对的。她不但独自完成了这篇出色的博士学位论文，而且为自己开拓了一个全新的研究领域。

读完吴晓欣博士学位论文的初稿，我有几点感想和评价。其一，这篇博士学位论文的选题是颇富新意的，这从其题目"20世纪初期儒墨比较思想研究——以梁启超、新文化阵营、学衡派为中心"即可看出来。这个题

---

① ［比］戴卡琳：《〈墨子·兼爱〉上中下篇是关于兼爱吗？——"爱"范围的不断扩大》，《职大学报》2011年第4、5期；《墨家"十论"是否代表墨翟的思想？——早期子书中的"十论"标语》，袁青、李庭绵译，《文史哲》2014年第5期；《"十论"的递增成形：对〈墨子〉中基本命题的追溯》，吴晓欣、聂韬译，《四川大学学报》（哲学社会科学版）2017年第5期。

目很专精，据我的印象，国内尚未见有同题学位论文出现或相关书籍出版。戴卡琳教授十分熟悉现代中国思想史和墨学史，而吴晓欣能够在她的指导和建议下选择此一题目来撰写其博士学位论文，我认为，她是很幸运的。其二，吴晓欣能够在一年多的时间里完成题目的选择、资料搜集、思路设计和初稿写作，这是很不容易的，多少有点令人吃惊。吴晓欣原本不研究中国近现代思想史，对中国近现代思想并不熟悉，然而她却能在此期间专心下去，深入和坚持下去，写出一篇质量上佳、分量适当的学位论文来，这不能不让人赞赏其学术品质，说明她完全具备相应的意志、毅力和干劲，也具备相应的思考、创新和叙述、写作能力。其三，从方法来看，吴晓欣的博士学位论文成功地处理和运用了"思想比较"和"思想史考述"等方法。"儒墨比较思想"，这是需要处理的主题，而完成此篇博士学位论文又需要作者同时运用"思想比较"的方法。从第一章看，吴晓欣很熟练地运用了"思想史考述"的方法。从第二章至第五章看，吴晓欣能够驾驭"思想比较"的方法。其四，吴晓欣的博士学位论文具有一定的开创性，包含着一些创新性观点和结论。（1）从对 20 世纪初期中国学者之儒墨比较思想的研究，深入到对当时中西文化观的研究，这显示出本篇学位论文是有相当深度的；（2）通过重点比较梁启超、新文化阵营、学衡派相关思想，本篇学位论文从一个侧面揭示了现代中国思想进程的复杂性；（3）本篇学位论文将其对于 20 世纪初期儒墨比较思想的研究最终归结为如何认识和评价儒学，以及中国社会如何由传统走向现代，其目标是远大的，富有企图心。总之，通过阅读吴晓欣的博士学位论文，我也长了见识，从中获益不少。

我本人对于墨学和近现代中国思想少有研究。记得在珞珈山读书时曾写过严复、孙中山和徐复观的相关文章，但相对于资料浩如烟海的中国现代思想来说，乃沧海一粟，不足以形成洞见、线索和轮廓。因此对于中国现代思想，我只有一些人云亦云的浮浅意见和印象。对于《墨子》一书，我倒是认真读过两遍，一次是在读研究生时，另一次则是在 2009 年春夏。后一次是专为参加鲁汶大学主办的墨子会议做准备的。相关研究文章我写过两篇，一篇是研究《墨子·墨语》的，另一篇是研究竹书《鬼神之明》的。① 此外，我和自己的学生曾合写过一篇海外墨学研究的综述文章。除此之外，我对现代墨学及儒墨思想比较课题所知不多，也可以说浅陋，因此作为指导教师，我对吴晓欣的博士学位论文是提不出很中肯的意见的，但我感觉她的论文写得很出色，可以申请答辩。总之，吴晓欣这篇学位论文的完成，应当归功于她自身的努力、勤奋、上进和聪慧。

借此书即将出版之际，预祝她在学术上取得更大成绩！

是为序。

丁四新

辛丑年白露于北京学清苑

---

① 丁四新：《论〈墨子·墨语〉墨家后学之鬼神观》，《安徽大学学报》（哲学社会科学版）2011年第2期；《〈墨语〉成篇时代考证及其墨家鬼神观研究》，《人文论丛》2010年卷，中国社会科学出版社2011年版；丁四新：《上博楚简鬼神篇的鬼神观及其学派研究》，《儒家文化研究》第1辑，生活·读书·新知三联书店2007年版。

前　　言

　　清代乾嘉时期，墨学得以复兴。进至 20 世纪，西方文化的涌入促使墨学研究进一步繁盛。其时，关于墨学与西学、墨学与儒学以及儒学与西学的关系问题成为学者治墨过程中的关注点，他们希望通过这三个方面的比较为中国未来文化的发展寻求理想的出路。儒墨的比较是学者们在中国传统文化的范围之内对其构成要素的认识和反省。他们充分意识到，未来文化的发展有赖于中西文化的相互融合，而这必须以承认中国固有文化的内在价值为前提。可以说，20 世纪初期的儒墨比较思想虽然呈现出了不同的形态，但最终都可以归结为中西两种文化的关系问题，这是中国知识分子在当时社会环境下必须要思考的问题。

　　梁启超、新文化阵营和学衡派同时活跃在 20 世纪初期的中国思想界，他们的根本任务是在中西文化相互碰撞与交流的时代背景下为现代新文化的发展探寻切实可行的途径。儒墨的比较，作为重审中国传统文化之价值的重要手段，分别得到了他们的重视。本书即以 20 世纪初期梁启超、新文化阵营和学衡派的儒墨比较思想作为研究对象，进而由儒墨的比较扩展到中西文化的比较，借此把握这一时期中国思想文化发展的基本特征。

　　第一章对 20 世纪以前中国历史上的儒墨比较思想进行梳理，旨在为 20 世纪初期儒墨比较思想的研究做铺垫。儒墨之间的对立关系初步形成于战国时期孟、荀的批墨以及墨家的非儒和批孔。在其后的两千多年中，随着朝代的更替，关于儒墨的比较可大体划分为三个阶段。先秦时期，儒、墨、道、法、杂基于各家的学术立场分别对儒墨关系做出了评说，这时的儒墨比较思想是诸子百家自由竞争的表现。自西汉初儒学确立了在思想界的统治地位，墨学便随之走向了衰微，尤其经过宋代理学家对儒学道统的捍卫，墨学更是日渐消沉。在此期间，虽然偶有学者站出来为墨学辩护，但终究无法抗衡儒学正统的权威。清乾嘉时期至19世纪末，墨学虽得以复兴，韩愈的"孔墨相用"说被时人重新关注，"西学墨源"论者也将目光集中投向于墨学，但他们同样未能脱离儒学正统的束缚。

第二章围绕"变"与"不变"这一组关键词对梁启超的儒墨比较思想进行重点考察。梁启超的墨学研究有前后期之分，且前后期相距近二十年，时代环境的不同以及梁启超人生经历的变化导致他在这两个阶段的墨学研究呈现出明显的区别。无论是对《墨经》的处理方式，还是对兼爱、天志、明鬼等学说的评价，梁启超的观点均发生了变化。这是梁启超思想中"变"的一面。梁启超虽然在儒墨的比较中对儒家的命定论做出批评，还在引入西方资产阶级学说的过程中对儒学的专制性有所攻击，但他始终没有偏离儒家的基本立场。这是梁启超思想中"不变"的一面。虽然一生都与儒学相"纠缠"，但在不同的时期，梁启超对儒学的理解有所不同，其经历了从"保教"到儒家人生哲学的回归。这又是梁启超思想中"变"的一面。

第三章对新文化阵营的儒墨比较思想进行考察，借此重审后世流行的"扬墨抑儒"和"反传统"两种评价。如何更加合理有效地吸收西方文化是摆在新文化阵营面前的急迫任务。在他们看来，一方面，儒学的专制弊端成为引入西学的严重阻碍；另一方面，墨学与西学的相通性为新文化的发展提供了出路。基于此，他们在儒墨的比较中一致地偏向了墨学。他们认为儒墨在立论根基上存在专制与平等的区别，而仁爱与兼爱也就相应地成为专制与平等的象征；在哲学方法以及与西学的关系上，儒学都明显逊色于墨学，这便是"扬墨抑儒"说的由来。实际上，新文化阵营对儒学采取了分层处理的方式，他们所批判的只是作为复辟帝制之手段的封建儒学，而非原始意义上的儒学。他们既没有彻底否定儒学，又宣扬同为传统文化构成要素的墨学，由此，"反传统"之说自然无法成立。

第四章对学衡派的儒墨比较思想进行探讨，由此把握他们的中西文化观。学衡派坚决捍卫以孔子为中心的中国传统文化，对同时期出现的"右墨而左孔"的学术思潮予以强烈反驳。在儒墨关系的处理上，学衡派成员的观点有极端与缓和之分。极端者力陈儒墨的不同并且崇儒抑墨；缓和者虽以儒学为本，却承认墨学的相应价值。具体到"兼爱"的评价上，极端者坚持孟子的辟墨立场，对兼爱予以彻底的否定；缓和者则将孟子的批评对象限定为墨家后学，而肯定兼爱的原始要义。实际上，学衡派的目的并非推翻墨学或排斥外来文化，而是通过墨学这一桥梁对新文化阵营处理儒墨、中西之关系的不合理方式做出批评。"昌明国粹，融化新知"的创刊宗旨也可表明，学衡派同样致力于新文化的发展。从这一点来看，他们与新文化阵营的初衷又是相通的。

第五章旨在对 20 世纪初期的儒墨比较思想做一个深层的反思。其一，是儒墨的问题。梁启超、新文化阵营和学衡派虽然对儒学的处理方式各具特色，但最终在承认儒家人生哲学的价值上达成一致，这可以说是"殊途同归"。对儒学的不同处理方式决定他们对墨学"各有所用"：梁启超在儒墨的比较中实现了向儒家人生哲学的回归，新文化阵营将墨学用作批判专制儒学的工具，学衡派则通过批墨来捍卫儒家立场。其二，是文化的问题。对梁启超、新文化阵营和学衡派来说，儒墨的比较只是一个起点，终点则是中西文化的问题。虽然对中西文化的认识与处理方式不尽相同，但他们都努力寻求在中西文化相融合的基础上建设一种现代新文化，这是时代赋予他们的共同使命。

目　　录

绪　　论

　　20 世纪初期，西方文化的涌入带来了墨学的全面复兴，不少学者致力于寻求墨学与西学的相通之处，由此为西学在中国的传播与发展培育适宜的土壤。与此同时，在墨学与西学的研究热潮中，儒学的问题也随之凸显出来。自西汉初期的独尊儒术之后，儒学逐渐确立了在思想界的统治地位。由历史发展的眼光来看，"儒学"这一概念既可以指作为封建专制意识形态的三纲学说，也可以指以仁义为内核的原始意义上的儒学。这就决定这一时期的学者对儒学采取了不同的处理态度。其中，不同的学者对儒学的关注点可能有所区别，有的着力于批判儒学的专制性，有的致力于儒学原始要义的阐发，甚至同一学者在人生的不同阶段对儒学的认识也有所不同。以往学者大多将 20 世纪初期的墨学、儒学以及西学的发展状况做单独研究，这种研究方式似乎对研究对象的认识比较专注和深入，却也陷入研究视角的狭隘化以及忽略思想发生的时代背景等困境之中。实际上，20 世纪初期的墨学、儒学与西学三者构成了一个有机的整体，若研究其一，必然牵涉到其余两者。然而，无论是墨学与儒学、墨学与西学还是儒学与西学之关系的讨论，最终都可归结为如何认识和评价儒学这一问题。从根本上来讲，对三者之关系的探讨最终可上升为文化的问题。具体来看，对儒墨的比较，是学者在中国传统文化内部所做的调整；对墨学与西学或儒学与西学的比较，则是学者对中西文化之关系的研究。在比较的最终目的上，两者实现了相通，即通过调整传统文化与吸收西方文化来沟通中西，从而为未来中国文化的发展提供出路。总之，20 世纪初期的儒墨比较思想，实际上就是中西文化的比较，也就是现代新文化的建设问题。本书选取梁启超、新文化阵营和学衡派三者的儒墨比较思想作为研究对象，现分别从选题缘由、研究范围和对象、选题意义、研究要点、研究综述、创新之处以及研究方法等方面对该选题做一详细的论述。

一　选题缘由、研究范围和对象及选题意义

（一）选题缘由

先秦时期，儒、墨并为"显学"①。在百家争鸣的时代背景下，儒墨作为两个不同的学术派别，各自发挥着其影响力，而且彼此之间展开了激烈的冲突与对抗，这一状况集中体现在孟、荀的批墨以及墨家的非儒和批孔言论中，又散见于《庄子》《韩非子》以及《吕氏春秋》等文献的相关记载。及至汉代，经由汉武帝采纳并推行董仲舒"推明孔氏，抑黜百家"②的建议，墨学日渐衰微，儒学成为封建社会的官方意识形态，从而开始了其在思想界的长期统治地位。③ 墨学既然已经处于衰微的态势之中，自然无法抗衡儒学的正统地位，但这一时期仍不乏儒墨或孔墨并提的说法。魏晋时期，谈玄论道成为主流社会风气。在这期间，"讲儒墨""说玄虚"的现象虽然比较普遍，但儒墨不再是时人重点关注的对象，而是作为道家学说的对立面存在。唐代韩愈虽然提出了"孔子必用墨子，墨子必用孔子"的"孔墨相用"说，似乎为墨家学说在思想界争得了一席之地，但墨学并未对儒学正统带来真正的威胁。宋代理学家继续以儒学道统的维护为根本的职责，主要致力于突出墨家学说与儒家正统的对立性，最终造成墨家及其学说的彻底边缘化。明代的宋濂、李贽等学者或通过挖掘儒墨之间的相通性，或直言墨家学说的功用来为墨家争得更多的话语权。尽管唐尧臣、沈津、白贲枘等学者提出了反对意见，但墨学在明代确实稍稍崭露了

---

① 《韩非子·显学》云："世之显学，儒、墨也。"（王先慎撰，钟哲点校：《韩非子集解》，中华书局2013年版，第499页。）

② 班固：《汉书》卷56，《董仲舒传》第二十六，中华书局1962年版，第2525页。

③ 据史料可知，从汉代至清初，只有晋朝的鲁胜作过《墨辩注》、唐代的乐台作过《墨子注》，但两者均已亡佚。楼劲曾撰文专门探讨过墨学在魏晋时期的流传问题，力证墨学自汉以后尚未中绝，因而谈不上所谓的"绝学"。（参见楼劲《魏晋墨学之流传及相关问题》，《中国史研究》2011年第2期。）

头角。简言之，从汉代至清初，墨学虽然谈不上完全的中绝，期间关于墨家思想的论说也时有出现，但关于儒墨比较的言论毕竟受制于儒家正统思想的束缚，从而使墨学不能得到公允的对待。

在沉寂了近两千年之后，墨家及其学说在乾嘉时期重新得到一批考据学者的注意。在考证儒家典籍的过程中，这些学者需要大量的经、史、子、集方面的著作来辅助其校订、训诂工作，而《墨子》因对《诗》《书》的广泛征引，自然受到了考据学者的重视。这一时期的墨学，虽然仍处于儒学正统之外的文化异端地位，但确实显示出了复苏的萌芽，甚至被某些学者，如汪中等人一度置于与儒学同等的地位。随后，鸦片战争爆发，国门被迫打开，西方外来文明刺激着中国一批满怀救国热情的知识分子回过头来反思我国传统文化中的非儒学说，希望从中找到足以与西方文明相抗衡的因素。① 在先秦各学派中，墨家学说因包含着可与西方的军事、科技等相接洽的内容，理所当然地受到时人的高度关注。当时的学者试图在《墨子》中找到西方文明的源头，以墨学解释西学，由此形成了"西学墨源"说。这一阶段，墨学得以真正复兴，并逐渐发展成为可以与传统儒学相抗衡的一股强大力量。②

进入 20 世纪，西方文明的冲击日益加剧，而传统儒学的弊端日渐暴露，逐渐失去与西方文明正面交锋的能力。在梁启超、章太炎等学者的倡导下，先秦诸子之学，尤其是墨学成为时人热切关注的话题，他们企图从中找到解救民族危机的出路。栾调甫说："《墨子》书自汉以来，已不甚显闻于世。宋元而后，益弗见称于学人之口。独至晚近二十年中，家传户诵，几如往日之读经。而其抑扬儒墨之谈，亦尽破除圣门道统之见。考其所以致此之故，固由时世之变。"③ 栾氏所说的"晚近二十年"，是指从 1912 年至 1932 年之间的二十年。在这二十年中，《墨子》与墨学研究呈

---

① 王焕镳说："清代末造，异族交侵，有识者渐谂儒术不足以拯危亡，乃转而游心于诸子群言与夫西方学术，墨学由晦而稍显，时使然也。"（王焕镳：《〈墨子〉校释商兑·序言》，中国社会科学出版社 1986 年版，第 2 页。）

② 关于墨学在近代的复兴过程及其原因，可参看罗检秋《近代墨学复兴及其原因》，《近代史研究》1990 年第 1 期；马克锋、刘刚《墨学复兴与近代思潮》，《中州学刊》1991 年第 4 期；马克锋《近代墨学复兴的历史轨迹》，《教学与研究》2004 年第 1 期。

③ 栾调甫：《墨子研究论文集》，人民出版社 1957 年版，第 139 页。

现出日渐繁盛的趋势。这一时期的墨学研究主要围绕如下两个方面展开：其一，在研究墨家学说的基础上，努力挖掘墨学与西学的相通之处，从而为西学的传播做好充分的准备。其二，在宣扬墨学的同时，开始反省传统儒学的不足，并在儒墨的比较中揭示传统儒学的利与弊。栾调甫所说的"抑扬儒墨之谈"就是对后一种墨学研究状况的描述，亦即时人关于儒墨比较的各种见解。关于这一时期儒墨比较思想的基本特点，栾氏以"尽破除圣门道统之见"予以总结。栾氏此论虽不能完全概括当时所有学者儒墨比较思想的基本特征（梁启超儒墨比较思想的复杂性即可证明此点），但它确实揭示出新的时代潮流下中国学者探究儒墨关系时所遵循的基本路向。对于这一时期的儒墨比较思想能够"破除圣门道统之见"的原因，一是得益于辛亥革命的胜利以及两千余年来封建专制统治的彻底瓦解，二是"西学东渐"影响下国人眼界的打开。这两点共同促使这一时期的学者在儒墨比较的问题上形成了与以往时代完全不同的看法。可以说，他们的儒墨比较思想深深地打上了时代的烙印（"固由时世之变"）。

总之，栾调甫大致概括了20世纪初期中国学者墨学研究的整体状况以及他们儒墨比较思想的基本特征，但尚未对这一特征及其内在的成因做深入的探讨，因而显得过于笼统。基于此，本书将密切联系20世纪初期"西学东渐"以及中西文化相互交流的时代背景，充分考察这一时期墨学研究的状况以及学者在儒墨比较这一问题上所持的观点及其成因，这是本书的选题缘由之一。新文化运动（1915—1924年）正处于这一时期，这是一个以"科学"与"民主"为口号以及旧价值观坍塌与新价值观重建的特殊阶段。以往研究对新文化运动的关注点多放在传统儒学与西学的关系上，本书将墨学纳入其中，可借此从儒学与墨学、墨学与西学以及儒学与西学这三个不同的维度，深入探讨这一特殊时期西方文化与中国传统文化的互动与融通以及我国传统文化自身的特质与演变，从而加深我们对当时中国思想文化发展特征的了解，这是第二个选题缘由。这一时期，无论是儒学与墨学的比较，还是儒学与西学的比较，归根结底都是对传统儒学的思考与反省。因此，与其说我们是对20世纪初期的儒墨比较思想进行研究，不如看作是借墨学的视角重审当时学者对于儒学的认识与评价。时至今日，如何认识与评价传统儒学仍是一个重要问题，这就需要在既往学者的研究中寻找可以借鉴的思想资源，这是第三个选题缘由。

（二）研究范围和对象

本书的题目为"20 世纪初期儒墨比较思想研究"。关于"儒墨比较思想"，现做三点说明。首先，本书是对 20 世纪初期中国学者的墨学以及儒墨比较思想进行再研究，亦即采用一种"墨学学"的研究模式。① 通过详细考察这一时期代表学者对儒墨两家学说（比如儒家的"仁爱"和墨家的"兼爱"）所做的分析与比较，窥探他们对儒墨的基本态度和认识。其次，在梳理上述学者就儒墨比较所持不同看法的基础上，进一步挖掘导致他们的思想主张相区别的深层原因，这就要求结合学者自身的生命与学术历程以及时代背景的影响来综合探讨。最后，儒墨的比较是中国学者探寻现代文化发展道路的必经环节，也就是由中国传统文化的内部反省与调节过渡到中西文化的融合，最终实现传统向现代的转型。因此，本书虽以儒墨比较思想为研究的起点，但最后的落脚点在中西文化观的考察上。

在研究的时间范围方面，本书以 1904 年至 1933 年之间的三十年为关注点，主要考虑到这一时间段内墨学研究日渐繁盛的基本特征。② 起止点分别为 1904 年梁启超《子墨子学说》的问世和 1933 年《学衡》杂志的停刊。在 20 世纪最初的十年中，得益于梁启超《子墨子学说》和《墨子之论理学》的开创之功，墨子与墨家思想逐渐成为时人的研究热点。接下来的三十年中，墨学研究著作如雨后春笋般涌现，这为详细考察这一时期的儒墨比较思想提供了充分的资料。此外，这三十年是封建专制社会瓦解、民主共和由初创到成熟的过程，新旧制度的交替使得这一时期的墨学以及儒墨比较的研究呈现出独特的色彩，这必然引导本书的研究由儒墨的比较

---

① 参见张骏翚《五十年来墨学研究综述》，《四川师范大学学报》（社会科学版）2002 年第 4 期。

② 罗检秋提出："1904 年梁启超《子墨子学说》的发表到 30 年代抗日战争全面爆发前的 30 余年时间内，近代墨学呈现出空前绝后的繁荣景象。"（罗检秋：《近代墨学复兴及其原因》，《近代史研究》1990 年第 1 期。）

问题扩展到更加深层的文化与政治问题。

在研究人物的选择方面，本书以梁启超、新文化阵营①以及学衡派②三者为考察的对象。以这三者为研究对象，主要出于以下几点考虑：一者，他们分别对墨学以及儒墨的比较做过专门的论述。二者，他们都受到过中国传统文化的熏陶，同时身处西学冲击日益加深的时代背景中，其中不少学者甚至有过海外求学的经历，这就使得他们能够在中西文化相结合的视域下探究儒墨关系。三者，他们中的大多数人物具有较强的现实关怀，其儒墨比较的目的不仅是在理论层面揭示出两家学说的不同，更希望借此凸显儒墨之优劣，从而为解救民族危机寻找理想的出路。四者，他们对儒墨的比较实际上可归结为对传统儒学的认识与反省。梁启超虽曾热衷于墨学与西学，也为宣扬墨家精神与西方学说大声疾呼，却始终未能突破传统儒学的框架；在他人生的后期，这种捍卫儒家传统的立场体现得更加鲜明。新文化运动的代表人物激烈地抨击儒家的封建礼教，偏重于墨学和西学，但对儒学也并非一概否定。学衡派处于另一个极端，即固守传统儒学，其实质是对新文化运动的公然反抗。五者，相同的时代背景决定他们无法回避传统向现代的转型问题，由儒墨的比较深入到中西文化的比较，这是他们对这一问题所做的尝试性回答。

此外，对于梁启超与新文化阵营的关系，本书需要做一个简短的说明。目前学界基本赞同梁启超欧游归国之后的思想主张与"五四新文化阵营"存在密切的联系，③甚至有学者直接将其划入五四新文

---

① 本书所说的"新文化阵营"特指参与新文化运动，并且对墨学尤其是儒墨比较有过专门研究的学者，以陈独秀、易白沙、吴虞、钱玄同和胡适为主要代表。关于"新文化运动"的内涵，本书第三章的第一节将作出详细的说明。

② 狭义上来讲，"学衡派"是指聚集于东南大学并在《学衡》杂志上发表论著的一批学者。本书在广义的层面上使用"学衡派"这一称呼，除了以《学衡》杂志上的论墨文章为研究对象，还涉及学衡派发表在同时期其他刊物上的论著。对此，本书第四章的第一节将做出详细的说明。

③ 董德福从梁启超是五四新文化运动的催生者、导火线的点燃者、新思潮的辩护者和反思者四个方面来论证梁启超与五四运动的关系；莫志斌认为梁启超"亦中亦西"的文化观、政治思想、"诗界革命"、"小说界革命"、"文界革命"、组织共学社、编译新书以及邀请外国学者来华讲学等方面均对五四新文化运动做出了独特的贡献。分别参见董德福《梁启超与五四运动关系探源》，《江苏大学学报》（社会科学版）2006年第6期；莫志斌《论梁启超对五四新文化运动的贡献》，《广州大学学报》（社会科学版）2005年第5期。

化阵营。① 诚然，1918 年之后梁启超无论是对儒学的认识还是对中西文化之关系的处理上，都与五四新文化阵营存在诸多相通之处，这也是本书的一个基本观点。但考虑到梁启超的墨学研究分为前后两个阶段，他的儒墨比较思想也发生了相应的变化，为了突出梁启超儒墨比较思想自身所遵循的变化线索，本书暂且将他与五四新文化阵营区分开来，单独进行研究。

（三）选题意义

结合 20 世纪初期中西文化相互交流与碰撞的时代背景来探讨中国学者在儒墨比较这一问题上所持观点的不同，并进一步考察他们对中国传统文化与西方外来文化之关系的处理态度，是本书的研究目的所在。具体来看，本选题具有如下三个方面的意义。

首先，有助于厘清梁启超、新文化阵营和学衡派对儒墨两种学说的基本态度。对于三者的儒墨观，以往学界多有误解，如认为梁启超在前期"尊墨抑儒"而后期"尊儒抑墨"，或认为新文化阵营"扬墨抑儒"，或认为学衡派推崇儒学而否定墨学。实则，梁启超一直都是儒家传统的坚守者，他在前后期虽然对墨家的"忍苦痛"和"轻生死"的牺牲精神给予大力阐扬，但根本目的是借墨家的精神与人格来增强民族自信心，宣传国家主义，从而抵御外侮、实现民族的复兴。墨家"十论"中，梁启超除了在前期出于现实的需要而突出天志、明鬼、非命、尚贤对于社会运动的保障作用之外，其余学说（包括天志和明鬼），无论在前期还是后期，基本上都受到了梁启超不同程度的批评。可以说，在儒墨的比较中，梁启超的儒家立场表现得淋漓尽致。② 再如新文化运动的代表人物，在西学的强大冲

---

① 郑师渠认为梁启超在欧游归国后非常认同新文化运动的几大原则，即"关注新青年，支持青年运动""民主与科学""精神解放，思想自由"，因而梁启超可以说是"新文化运动的一员骁将"；元青说："梁启超的言行与五四新文化运动的主题、内容完全合拍，他理应被视为五四新文化运动的积极支持者、五四新文化阵营的重要成员。"分别参见郑师渠《梁启超与新文化运动》，《近代史研究》2005 年第 2 期；元青《梁启超与五四新文化运动》，《南开学报》（哲学社会科学版）2005 年第 2 期。

② 需要注意的是，梁启超对"非攻""非命"的肯定并不意味着其对墨家学说的赞同。在梁启超看来，墨家的"非攻"可以直接运用于当时西方列强侵略中国的战争局面，而"非命"在鼓舞民族精神、团结国人抵抗外辱中亦发挥着不可忽视的作用。总之，对于墨家，梁启超所肯定的只是其精神、人格方面的价值，而这完全出于现实政治的需要，其思想的根本立足点仍是儒家式的，这一点是我们研究梁启超儒墨比较思想的基本前提。

击下，他们试图通过反对孔子、孔教与儒家纲常来彻底肃清封建专制的意识形态，并利用非儒学派的复兴来为西学的传播奠定基础。由此，传统非儒学派中与西学最为接近的墨家学说得到他们的重视，而儒学传统日益被打压。然而，反孔非儒并非等同于反传统，他们的批判对象实际上是当时社会封建帝制与孔学相勾结以及儒学被宗教化的丑陋现象。简言之，新文化运动并非一味地反传统，而是仍尝试着沟通中西方文化，并对中国传统文化始终保留着独特的情感。① 最后，作为传统儒学的捍卫者，学衡派似乎对墨学做了严厉的批评，但墨学并非其批判的真正矛头。在儒墨的比较中，学衡派虽然巩固了儒家学说的根本地位，将墨学从时人所推崇的较高地位拉了下来，但并未完全否定其时代意义和价值，墨学作为"救时良药"仍然在现实社会中发挥着一定作用。也可以说，学衡派儒墨比较的根本目的是与新文化运动相抗衡，由此捍卫儒家传统，但没有彻底否定墨学。因此，本书对于纠正以往学者的理解误区有着重要的意义。

其次，可以帮助我们更加清楚、客观地了解儒学在20世纪初期的发展情况。一般认为，推崇墨学即意味着贬低儒学，或者说墨学的复兴即意味着儒学的衰落。实际上，墨学虽然在20世纪初期风靡一时，但传统儒学并没有退出历史的舞台。如新文化运动的学者，他们确实是在批判传统儒学的基础上来推崇墨学，并试图沟通墨学与西学，但对儒学并非一概否定，而是对儒学的原始要义表现出了某种温和的态度。对梁启超来说，他虽然毕生致力于宣扬墨家精神拯救时弊的功用，但在学术思想的阐发中，仍然坚守儒家的基本立场。再如学衡派，在当时墨学复兴以及中西文化碰撞交流的时代背景下，他们非但不"凑热闹"，甚至迎风而上，列举墨学的种种弊端，维护儒家传统，但墨学也并非他们攻击的主要目标，而是借批评墨学来反抗新文化运动。换句话说，20世纪初期中国学者的儒墨比较实际上是要解决儒学在现代社会的转型问题。通过对梁启超、新文化阵营和学衡派儒墨比较思想的专门探讨，我们可大体把握儒学在当时社会的发展与演变状况。

---

① 李维武认为我们应当从历史主义的角度来看待《新青年》对孔子、孔教与儒家纲常的批判。（参见李维武《〈新青年〉视野中的孔子、孔教与儒家纲常》，《社会科学战线》2015年第9期。）

最后，本书对于当今社会处理传统与现代、中国与西方之间的关系具有重要的借鉴意义。20世纪初期的儒墨比较思想，无论是体现出"扬儒抑墨"还是"扬墨抑儒"的倾向，都可以看作中国知识分子对中国传统文化的反思与调整。引起这一反思的主要诱因，是西方外来文化的冲击。面对来自西方资产阶级社会的严峻挑战，梁启超、新文化阵营以及学衡派的代表人物首先在我国固有的传统文化中寻求可以与西方文化相融合的因素，从而为西方文明的引进与传播建立牢固的根基。通过中西文化的融合而建设适合现代社会发展的新型文化，这是20世纪初期中国学者的共同使命。这种对文化发展道路的探寻经历，不仅在当时社会，即使在今天仍发挥着一定的积极影响。时至今日，如何处理好古与今、中与西之间的矛盾与冲突依然是紧迫而又紧要的话题。对此，我们可以尝试在20世纪初期的儒墨比较思想中寻找可供借鉴的资源。

二　20世纪初期儒墨比较思想研究综述

（一）关于20世纪初期儒墨比较思想的综合性研究

儒墨比较，作为20世纪初期墨学研究的重要内容之一，在当时社会即已得到栾调甫等学者的注意，并被后来的研究者持续关注。以下论著在探讨这一时期的墨学研究状况时，或者对当时儒墨比较思想的总体特征予以描述，或者对相关学者就儒墨比较所持的基本见解进行介绍，为我们了解这一时期儒墨比较思想的基本概况提供了重要参考。

关兴丽、崔清田分别从内涵、演变史、受关注的原因、历来研究的弊端以及近代以来研究的特色等方面对"儒墨关系"这一议题进行探讨。①他们认为，近代以前的儒墨关系之研究，因受儒家正统地位的束缚和孟、荀对墨子及墨家学说的批判，或者直接承袭孔孟道统，坚决排斥墨学；或者"融墨于儒，以求取得治《墨子》书的合法地位，这使儒墨关系的讨论步入了歧途"。近代以来的儒墨关系研究则呈现出了不少新的时代特色。其一，西方文明的输入和儒学统治地位的动摇使儒墨的比较逐渐脱离传统

---

① 参见关兴丽、崔清田《论儒墨异同》，《晋阳学刊》1998年第5期。

思想的禁锢，并趋向于客观化。其二，来自西方的新观念和新方法为儒墨比较研究注入了新的活力。虽然没有对具体学者的儒墨比较思想进行详细讨论，但作者以凝练的语言对"儒墨关系"的相关问题进行说明，并将其视为今人研究墨家学说的重要方面，这些见解具有很大的启发意义。

蔡尚思主编的《十家论墨》① 选辑了梁启超、王桐龄、伍非百、方授楚、郭沫若、杜国庠、严灵峰、詹剑峰、任继愈以及作者本人的部分或全部墨学论著。蔡氏极为赞同对孔墨进行对比研究，② 在该著"要点"这一部分，他以简练的语言对其余九家在儒墨比较这一问题上所持的观点予以概述。比如，他认为梁启超在前期"尊墨反孔"，后期则"尊孔反墨"；王桐龄关于儒墨之异同的比较"异点都正确，同点却未必然"；伍非百是"尊墨反孔的代表人物"；而郭沫若是"尊孔反墨"；等等。对于蔡氏的以上评语，我们首先要肯定其积极意义。20 世纪初期是中与西、古与今之碰撞异常激烈的时代，通过分析以上学者的儒墨比较思想，可以更好地把握他们对传统与现代、中国与西方之关系的基本态度，而蔡氏恰好为我们提供了简洁且有意义的参考。然而，蔡氏的观点不乏武断、笼统的弊端，尤其没有揭示出梁启超儒墨比较思想在前后期的变化。从根本上来看，蔡氏热衷于以"尊墨""反墨""尊孔"以及"反孔"等词语为当时学者的墨学研究贴标签主要受制于他本人"儒墨斗争"的偏见。③

（二）关于 20 世纪初期儒墨比较思想的个案性研究

与 20 世纪初期儒墨比较思想的综合性研究相比较，个案类的研究成果无论在数量上还是研究的深度上，都明显超过前者。在不少论著中可见颇有价值的观点，然而它们在思想把握的准确性与评价的客观性方面也存在不少问题。

---

① 蔡尚思主编：《十家论墨》，上海人民出版社 2004 年版。
② 蔡尚思认为："孔墨时代相同而思想相反，所以要研究孔子的思想者就必须同时要研究墨家的思想。如果仍如往时只研究孔子而不研究墨子或多研究孔子而少研究墨子，那就难于看出孔子的最大缺点和墨子的最大优点了。"（蔡尚思：《中国思想文化形成儒墨两大系统》，载《十家论墨》，上海人民出版社 2004 年版，第 301 页。）
③ 蔡尚思：《儒墨斗争史与儒法合作史》，载《十家论墨》，上海人民出版社 2004 年版，第 302—308 页。

1. 关于梁启超儒墨比较思想的研究

依照某些学者的见解，我们将梁启超的墨学研究划分为两大阶段[①]：前期以《子墨子学说》（1904年）为代表，后期以《墨子学案》（1921年）和《先秦政治思想史》（1922年）中的墨学部分为代表。[②] 在前后两个不同的时期，梁启超分别对墨家学说的各个方面做了阐发，并表达了或肯定或否定的看法，同时对儒墨两家的思想主张进行比较研究。针对梁启超前后期对儒墨两者的态度是否有变化，如果有变化，具体是如何变化的，历来学界比较关注，由此形成了多种不同的看法。

（1）认为梁启超在前期"儒墨并尊"，后期则转变为"竭力反墨"，持这一观点的学者是蔡尚思。

与《墨家十论·要点》所持梁启超前期"尊墨反孔"、后期"尊孔反墨"的观点有所不同，蔡尚思在此处虽然仍认为梁氏在后期持"反墨"之论，而前期，则是"儒墨并尊"。对于前期的"儒墨并尊"，蔡氏没有费笔墨进行详细解释，而是仅以梁氏晚年的著作《先秦政治思想史》为例，认为儒家的封建传统思想是贯穿该著的"一条黑线"，正是基于这种"复古主义"的思想，晚年的梁启超对墨家学说进行极力的反驳。蔡氏将梁启超对墨家的批评归结为如下四点：其一，反对墨家的平等爱，而宗儒家的差等爱；其二，反对墨家的功利主义和一切"有所为而为"，而赞美儒、道二家的非功利主义和一切"无所为而为"；其三，反对墨家"只承认社会，不承认个人"，以致使"千人万人同铸一型"，违反儒家宗旨；其四，反对墨家的"唯物论色彩太重"。仅凭以上四点，蔡尚思就得出结论：梁

---

① 因本书仅关注梁启超的儒墨比较思想，亦即侧重于其哲学思想的研究，因而对其墨家论理学著作《墨子之论理学》《墨经校释》等均不予提及，特此说明。

② 罗检秋认为："《子墨子学说》初步全面地阐述墨家思想学说，影响甚巨，开辟了近代墨学的新阶段。……梁启超研究墨学的第二个重要时期是他最后宣布退出政界，专注学术研究的20年代。"（罗检秋：《梁启超与近代墨学》，《近代史研究》1992年第3期。）解启扬认为："如果说其第一阶段的研究是借墨学来宣传西方资产阶级社会政治学说的话；那么，在第二阶段的研究中，他显然已转向文化保守主义，墨学研究是他整理传统学术文化的一部分，并试图用中国文化来拯救西方文明，承担起世界责任。"（解启扬：《梁启超与墨学》，《安徽史学》2003年第5期。）葛洪泽也将梁启超的墨学研究划分为两个阶段，前期从《论中国学术思想变迁之大势》到《子墨子学说》，后期则从《墨经校释》《墨子学案》到《中国近三百年学术史》。（参见葛洪泽《梁启超与墨学研究》，《徐州师范大学学报》（哲学社会科学版）2002年第2期。）

启超由早期的"资产阶级尊孔"倒退为"地主阶级的尊孔"。① 蔡氏的分析有两点不足。其一，阶级立场太过明显，对梁启超的学术思想成见过深，乃至以"资产阶级""地主阶级"这类标签对其学术阶段进行划分。其二，存在过度诠释的嫌疑，梁启超虽然对儒墨两家学说进行比较分析，并对墨家思想的某些方面进行批评，但不能由此得出"反墨"的结论。梁启超虽然对墨家学说有不少批评，但仍将孔、墨并提，② 并对先秦诸子之说的不同侧面均有所宣扬，所谓的"竭力反墨"显然毫无论据。

（2）认为梁启超毕生致力于宣传墨家精神，对墨家学说则无坚定的立场，甚至呈现出截然不同的态度，持这一观点的学者是方授楚。

方授楚评价梁启超治墨学的态度为："然梁氏为人，故主张屡变而无一贯宗旨。"③ 这是说梁启超在阐发墨家学说的过程中并无坚定的立场。虽然在《子墨子学说》与《墨子学案》两著中，梁氏均对墨子进行极力的讴歌和赞叹，表达其景仰之情，试图通过发挥墨家精神的鼓舞作用来解决现实社会中的诸种弊病。因此，从墨家精神的有力"宣传人员"这一点来看，梁启超前后期的做法并无二致。然而，方授楚指出，梁氏对墨家思想的态度比较复杂。方授楚以梁氏的《墨子学案》和《先秦政治思想史》两著为代表，认为梁氏对孟子辟墨的态度经历了从否定到肯定的变化，对墨子追问"乐以为乐"的态度则由中立变为直接的否定，方氏由此以"前说为胡适化，后说为梁漱溟化"④ 来揭示梁启超学术思想发生变化的内在原因。最后，方授楚说："是自墨学之观点言之，梁氏宣传之功，仍浮于诋毁之罪也。"⑤ 这就更加强调了梁启超在宣传墨家精神中所起的重要作用。方授楚能够肯定梁启超宣传墨家精神的突出作用，并认为这是其一贯的作风，这是比较符合历史实情的。但是，他却忽略了《墨子学案》和《先秦

---

① 蔡尚思：《梁启超在政治上学术上和思想上的不同地位——再论梁启超后期的思想体系问题》，《学术月刊》1961 年第 6 期。

② 梁启超提到："孔、墨、孟、荀、商、韩以至许行、白圭之徒，其所论列，殆无一不带有社会主义色彩。"（梁启超：《先秦政治思想史》，载《饮冰室合集·专集之五十》，中华书局 1989 年版，第 8 页。）

③ 方授楚：《墨学源流》，中华书局、上海书店 1989 年版，第 220 页。

④ 方授楚：《墨学源流》，中华书局、上海书店 1989 年版，第 221 页。

⑤ 方授楚：《墨学源流》，中华书局、上海书店 1989 年版，第 221 页。

政治思想史》都属于梁氏晚期学术阶段的著作这一事实，因而它们只能反映梁氏晚年墨学态度的变化特点。如欲考察梁氏前后期对墨家思想所持观点的变化，应该将其前期的墨学研究著作《子墨子学说》也纳入研究的范围，而不能仅仅局限于后期阶段的《墨子学案》与《先秦政治思想史》两部著作。由此看来，方授楚以"前说为胡适化，后说为梁漱溟化"总结梁氏墨学态度的变化特征，就显得不够精确。

（3）认为梁启超始终颂扬墨家的人格和精神，对其学说虽偶有批评，但基本持肯定的态度；从前期到后期，没有明显的由"尊墨"到"反墨"的转变，持这一观点的学者主要有罗检秋、解启扬。

罗检秋认为，蔡尚思关于梁启超在学术上"由儒墨并尊转变为崇儒反墨"的结论"似不准确"。他通过三个方面的依据论证梁氏对墨学的态度并未有根本性的转变。首先，所谓梁启超的"崇墨"，主要指推崇墨家的精神，而梁氏从始至终一直致力于宣传这种精神。其次，梁氏虽然在后期对墨家的"兼爱""实利主义"等主张有所批评（《先秦政治思想史》），但同时又肯定兼爱具有现实意义，对实利主义亦没有全盘否定（《墨子学案》），由此便不能用"反墨"来概括其后期的墨学主张。最后，梁氏在晚年非常乐于将儒、道、墨三家并称，对墨家某些主张的不赞成并不代表对墨学的全部否定。通过以上三个方面的论证，罗检秋认为："梁启超基本上肯定墨学、颂扬墨家精神的态度一生变化不大，很难说梁氏经历了一个'尊墨'到'反墨'的转变。"① 罗氏此论突出了梁启超对墨家精神的肯定以及梁氏对墨家学说之态度的变化，并认为梁氏在人生的后期没有表现出"反墨"的思想倾向，这几点认识较为合理。然而，罗氏所使用的第二条论据颇值得商榷。在《墨子学案》中，梁启超确实通过挖掘墨家的兼爱、实利学说与俄国社会的相通之处来证明墨家学说具有实现的可能性。但是，他的任务仅限于找到两者的相似点而已，其根本目的是在承认两者相通的基础上，通过批评墨家学说而对俄国的社会主义政权进行彻底的否定。这也就可以解释为什么仅仅时隔一年，在《先秦政治思想史》中，梁启超就直接对墨家的学说进行全盘否定了。

---

① 罗检秋：《梁启超与近代墨学》，《近代史研究》1992 年第 3 期。

解启扬同样反对蔡尚思关于梁启超"由儒墨并尊转变为崇儒反墨"的评论，而对方授楚的"变化说"也持反对意见。依解氏之见，无论是《子墨子学说》对"学真墨"的极力提倡，还是《墨子学案》对墨子人格的热烈颂扬，① 都透露出梁启超对墨家救世精神的推崇与肯定。然而，对于墨家的具体学说，从前期的《子墨子学说》到后期的《墨子学案》，梁启超都是"有扬有抑，在总体评价上是肯定的，但在一些具体观点上却是批判的态度"。解氏既能从宏观上把握到梁氏对墨家学说的基本态度，又能注意到梁氏墨学研究中的某些细节之见，这一点是难能可贵的。最后，解氏得出如下结论："梁启超晚年在文化观上倾向文化保守主义，推崇儒学，这是没有疑问的。但他并没有因此而反对墨学。"② 解氏过于强调梁启超对墨学的肯定，而没有注意到梁启超在后期除了对墨家精神一如既往地赞同之外，对于墨家的宗教、兼爱、实利以及政术等学说，基本上持反对态度，其目的是借批评墨学来反思现实社会中的种种问题。

（4）认为梁启超儒墨比较的目的是通过复兴墨学来挑战和否定传统儒学的至尊地位，并运用墨家的精神和人格来挽救民族危机，持这一观点的学者是马克锋。

马克锋在近代墨学复兴这一大背景中来探讨梁启超的墨学观，并从三个方面阐述梁启超墨学研究的重要意义。首先，传统墨学的复兴可以弥补中国传统学术的短处，从而为西方文化的传入创造新的生长点。具体来看，"兼爱""尚同"可视为西方自由民主精神的原型，"墨辩"部分为科学理性精神的原型，而"天志""明鬼"则成为宗教伦理精神的原型。其次，马氏认为，诸如梁启超等人的墨学复兴研究，是对孔子儒学至尊地位的挑战和否定，或者说是运用墨学来反对儒学。诚然，近代的墨学复兴思潮对传统儒学刺激不小，从而促使它不断反省，以适应时代需要。但是，反对儒学绝非这一代知识分子的主要任务，至少在梁启超这里基本没有表

---

① 梁启超说："杨学遂亡中国！杨学遂亡中国！今欲救之，厥惟墨学，惟无学别墨而学真墨。"（梁启超：《子墨子学说》，载《饮冰室合集·专集之三十七》，中华书局1989年版，第1页。）梁启超又说："论到人格，墨子真算千古的大实行家，不惟在中国无人能比，求诸全世界也是少见。"（梁启超：《墨子学案》，载《饮冰室合集·专集之三十九》，中华书局1989年版，第30页。）

② 解启扬：《梁启超与墨学》，《安徽史学》2003年第5期。

露出反对甚至否定儒学的迹象。最后，认为梁启超通过儒墨对比凸显了墨家高尚的精神和人格，由此为近代中国的崛起和国民精神的重塑提供了源源不断的动力。①

综上，以上学者针对梁启超的儒墨比较思想分别从不同的角度展开了详细探讨，并得出了不同的结论。其中反映出来的不足之处有：过分受制于儒墨对立的历史，认为梁启超对待儒墨之关系，要么尊儒，要么尊墨，二者必取其一（如蔡尚思、马克锋）；在资料很有限的情况下就对梁启超的墨学态度果断下结论，而不能综观其整个墨学研究历程，然后做出合理的判定（如方授楚）；虽能深入到梁启超儒墨比较的某些细节，而且拒绝用"反墨"来概括梁氏后期的墨学态度，但未能结合梁氏所处时代及其不同时期所面临任务的不同来进一步探讨其儒墨比较的真实意图（如罗检秋、解启扬）。

2. 关于新文化阵营儒墨比较思想的研究

新文化运动发生在西学冲击加深、儒学弊端暴露的时代背景下。因此，反思儒学、宣扬以墨学为代表的其他非儒学说来融合中西文化成为运动中多数学者的关注点。出于这一考虑，当今学者在对新文化阵营的儒墨比较思想做整体性的研究时，直接用"尊墨抑儒"来概括他们在儒墨比较问题上的基本态度。关于新文化阵营儒墨比较思想的个案研究中，也存在如下两个问题。其一，研究对象不均衡，对胡适、易白沙的墨学研究关注较多，而关于陈独秀、吴虞以及钱玄同的研究则相对较少；其二，研究的重心或在以上学者的墨学观，或在其儒学观，而对其儒墨比较思想，则明显论述不足。

（1）关于新文化阵营儒墨比较思想的整体性研究

王继学没有专门探讨新文化阵营对儒墨关系的处理，而是将墨学置于先秦诸子学的框架内，从总体上分析先秦诸子之学在新文化运动批孔反儒思潮中所起到的作用。② 王氏认为，以陈独秀为代表的新文化运动人士对诸子之学的运用主要体现在三个方面：第一，将孔学与其他先秦诸子之学

① 参见马克锋《梁启超与传统墨学》，《安徽史学》2004 年第 6 期。
② 参见王继学《先秦诸子之学对新文化运动"打倒孔家店"的影响——以〈新青年〉为中心》，《安阳师范学院学报》2014 年第 4 期。

相提并论，借此恢复孔学作为先秦诸子之学的身份，将其从独尊的地位上拉下来。第二，通过比较儒、墨、法、名各家，凸显儒学的弊端。第三，肯定先秦诸子百家争鸣的意义与价值，由此反衬长期以来儒学独尊所导致的缺陷。通过以上三个方面的分析，王氏详细论证了先秦诸子之学在新文化运动"打倒孔家店"中的作用。由于该文从先秦诸子之学的整体层面来探讨，因而在论述上显得过于笼统。虽然文中提到陈独秀等人利用墨家学说的优点来凸显孔学的缺陷，但仅限于粗略的提及，而对儒墨比较的详细内容未能予以呈现。

叶宗宝与郑林华对新文化阵营的儒墨比较思想进行了专门探讨，并用"尊墨抑儒"来概括其基本观点。叶宗宝对新文化运动的代表人物吴虞、胡适、易白沙、李大钊以及陈独秀等人墨学研究的侧重点分别进行评述，将吴虞、胡适、易白沙的研究归结为思想文化层面的"抑儒尊墨"，李大钊和陈独秀则在"抑儒尊墨"的热潮中发现了墨学的政治革命意义。对于"尊墨抑儒"现象背后的原因，作者分别从救亡图存与墨家精神的关联、"西学东渐"与墨家学说的契合、墨学与儒学的冲突以及墨学与社会主义、马克思主义等学说的相通等方面予以揭示。此一时期的墨学研究尽管受西学影响较深，但毕竟立足于我国固有的非儒传统进行文化形态的自我调整，西学的大量传入仍以传统文化的保持为基础。因此，作者以"并未越出中国传统文化结构性调整的边界"来概括此次思想启蒙运动的特点是非常中肯的。① 但该文存在如下两个问题：一是以"尊墨抑儒"概括这一时期儒墨比较思想的特点是否合适。对于新文化阵营来说，"孔子""孔教"与"儒家纲常"是彼此不同的概念，蕴含在其中的文化意识自然有所区别，这就导致他们对以上概念的态度会有所不同。二是将上述代表人物划分为两个阵营的做法亦有不妥，他们的墨学观点具有复杂性和多变性，这种建立在有限研究基础上的分类未免过于武断。

郑林华以"尊墨抑儒"描述新文化阵营儒墨比较思想的基本特征，并对代表学者的具体观点分别进行阐述。比如，胡适基于"一方面批判礼

---

① 参见叶宗宝《论"五四"时期"尊墨抑儒"及其原因》，《黄河水利职业技术学院学报》2004年第3期。

教，一方面推崇先秦子学"的立场，结合西方实用主义学说对墨家学说进行解读；吴虞视儒家为旧道德的代表，而推崇道、墨、法三家学说；钱玄同完全"逃儒归墨"，并且以墨攻儒；易白沙不仅批评孔学，甚至将墨学视为救治中国的灵丹妙药。对于其他人物，如陈独秀、李大钊、鲁迅以及蔡和森等人对墨家学说的宣扬，作者均有所提及。作者基于现实性的研究视角，从墨家学说内部蕴含的平等、博爱等思想论证其在解放思想中的重要作用，这同样是对新文化运动"尊墨抑儒"思潮的肯定。除此之外，"尊墨抑儒"带来的墨学复兴还为社会主义在中国的传播提供了肥沃的土壤，这就更加显示出墨学的现实意义。① 总体来看，作者对新文化运动中相关学者的墨学观点叙述较多，评论过少，而且有过分夸大"尊墨抑儒"思潮所产生的积极影响的嫌疑。作者突出墨学复兴与思想解放、社会主义学说的内在关联，但忽略了当时社会经济、政治等方面的弊端对此进程的阻碍。无论是思想的解放，还是社会主义学说的传播，都是一个艰难而漫长的过程，而墨学在复兴中遇到的困难必然层出不穷。因此，对于这一问题，需要我们更加清晰、客观的认识。

（2）关于新文化阵营儒墨比较思想的个案性研究

除了对新文化阵营的儒墨比较思想做整体性研究，还有学者对其中代表人物的儒墨比较思想进行专门的探讨。他们或以新文化人士的儒学批判意识为出发点，将墨学作为批判儒学的辅助性工具来研究；或者发挥墨家精神在救治时弊中的重要作用；或者梳理某位学者在不同时期对儒墨关系之态度的变化；又或者关注他们对儒墨哲学方法的比较。这些无不透露出，针对新文化阵营儒墨比较思想的研究视角具有多样化的特点。

a. 陈独秀的儒墨比较思想研究。作为新文化运动的先驱，陈独秀常被视为批孔、批儒的典型代表，学界的关注点也多集中于他的儒学、儒教观研究，而对其墨学观尤其是墨学在批孔、批儒中所起的作用，则关注度明显不足。陈独秀虽然没有专门的墨学研究论著，但其对墨家思想的认同、对儒墨比较的态度，散见于《新青年》的不少篇目中。探讨陈独秀的墨学

---

① 参见郑林华《尊墨抑儒与五四新文化运动——从传统学术流变看中国人接受社会主义学说》，《党的文献》2014 年第 2 期。

研究，并将其对儒学的批评纳入儒墨比较这 ·视域中来考察，对于全面把握陈独秀在新文化运动时期所呈现出的文化观具有重要意义。相比于以往直接将陈独秀为代表的新文化运动人士归结为"反传统"，不少学者能够客观、冷静地分析他们对孔子、儒学以及传统的态度。① 对于墨学等诸子之学在陈独秀思想主张中的作用，较少有学者关注。郑林华对中国共产党早期领导人与墨家思想的关系进行研究，其中提及了陈独秀对墨家学说的应用。一方面，陈独秀在巴黎和会外交失败后，由强调竞争转向强调互助，这种互助思想的理论来源即为墨家兼爱思想。另一方面，陈独秀主张政治和教育的"干涉主义"，这种干涉是墨家或法家思想的体现。通过以上两点论证，作者突出了墨家思想在陈独秀政治与文化主张中所发挥的积极影响。② 然而，作者偏重于陈独秀的政治主张，尤其是其成为中国共产党领导人之后对墨家思想的运用，而对陈独秀早期阶段在思想文化层面的儒墨比较关注不够。

b. 易白沙的儒墨比较思想研究。易白沙是新文化阵营中对儒墨两家思想分别进行研究的学者，其中既有专门考察墨家起源以及墨学发展史的《述墨》三篇文本，也有对墨家尚同思想进行阐发的《广尚同》。对孔子与儒家思想，易白沙也写了《孔子平议》上、下两篇。丰富的资料使学界关于易白沙学术思想的研究比较丰富，不少学者针对易白沙的墨学和儒学研究展开不同程度研究。编辑出《易白沙集》③ 的陈先初肯定易白沙对专制主义的批判和对民主共和制度的提倡，尤其突出他对墨家尚同思想阐发的核心是"同于民"，其实质则是"以学术的语言宣传和提倡近代民主主义的政治学说"④。对于易白沙的批孔主张，陈先初认为易白沙采用了历史

---

① 张洪波认为："对于儒学孔道，陈独秀的态度是否定多于肯定。……但对儒学孔道并不是不加分析地一概摒弃，而是持辩证的扬弃态度。"（张洪波：《陈独秀对儒、佛、道思想的评析》，《中国哲学史》1998 年第 4 期。）李燕认为："五四时期，黑暗苦闷的社会现实和传统文化的嬗变危机，促使陈独秀等人比照东西文化，从理论和实践的层面重估包括孔子及儒学在内的传统文化价值。一方面，他们表现出对于传统的怀疑和否定，甚至采取了非此即彼、矫枉过正的批判态度；另一方面，他们又流露出与传统千丝万缕的联系。"（李燕：《陈独秀"非孔批儒"说之检讨》，《安徽史学》2015 年第 5 期。）

② 参见郑林华《毛泽东和党的其他早期领导人与墨家思想略论》，《党的文献》2009 年第 3 期。

③ 陈先初编：《易白沙集》，湖南人民出版社 2008 年版。

④ 陈先初：《五四时期易白沙的思想贡献》，《湖南大学学报》（社会科学版）2008 年第 6 期。

主义的态度评判孔子及其学说，这就决定他在对孔学弊端进行批判的同时，依然承认孔子及其思想在历史上的积极作用。易白沙墨学研究的一个重要方面，是对兼爱、非攻、节用等学说的宣扬，希望借此解决现实社会中的各种弊病。然而，陈先初的关注点主要在易白沙对墨家尚同思想的阐发，即侧重于易白沙对封建专制主义的批判这一理论层面的研究，这是陈氏研究的一个不足之处。王兴国针对易白沙墨学研究的两个方面进行论述：其一，易白沙对墨子的尚同主张予以独特解读，并将其与近代资产阶级的民主思想相融合，由此对专制主义展开批判。其二，易白沙对当时社会中的弊病有清晰的认识，从而通过宣扬墨家非攻、节用以及兼爱的精神来解决现实问题。① 王兴国旨在突出易白沙将墨家思想与近代资产阶级学说相结合的努力与尝试，充分肯定墨家学说对其思想主张的积极作用。然而，在易白沙对孔学的态度上，王氏认为，既然易白沙立足于墨家尚同并大力宣扬"尚同于民"的民主思想，由此决定他对孔学持批判的态度。这就夸大了儒墨两家的对立，而没有看到易白沙在批判孔学的同时，对其中合理的成分亦有所肯定。张金荣从墨家救世精神与大同社会理想两个方面对墨家学说做详细论述，并将它们分别应用于现实社会或与近代资产阶级学说相结合。② 除了关注易白沙的墨学观，张氏对易白沙的孔学观也进行了比较透彻的分析。与王兴国主要关注易白沙对孔学的批判不同，张氏重点突出易白沙对待孔学的辩证态度。他认为易白沙一方面揭露孔学与封建专制制度的内在联系而对其进行严厉批判，另一方面又肯定孔子的正名、革命以及礼乐之教等主张的积极意义。张氏对易白沙的研究，重在突出其融合先秦各家学说与沟通中西文化两方面的贡献。③

　　c. 吴虞的儒墨比较思想研究。作为"四川省只手打孔家店的老英雄"④，吴虞在新文化运动时期最突出的思想主张是"反孔批儒"，这也是

---

① 参见王兴国《"真理以辩论而明 学术由竞争而进"——记五四新文化运动的斗士易白沙》，《求索》1983 年第 2 期。
② 参见张金荣《论易白沙的政治思想》，《湖南师范大学社会科学学报》2005 年第 4 期。
③ 参见张金荣《易白沙评孔扬墨对新文化运动的贡献》，《湖南涉外经济学院学报》2011 年第 2 期。
④ 胡适：《吴虞文录·序》，载《吴虞集》，中华书局 2013 年版，第 6 页。

关于吴虞思想研究的一个重要方面。不少学者已从不同视角对吴虞的反孔批儒思想进行了详细的分析与探讨。有学者结合吴虞生活的时代背景，将吴虞的批儒与其反对封建专制、宣扬民主共和精神的基本政治立场相联系，从对孔孟以及儒家学派这两个不同层面的批判，揭示吴虞对儒家批判的具体内容。① 有学者从吴虞的资产阶级立场来探究其反儒思想；② 与此相反，有学者认为吴虞"反孔非儒"思想的理论依据不是近代西方资产阶级学说，"他的思想从来没有达到过一个资产阶级革命派的高度"③。墨学研究方面，吴虞分别在辛亥革命前和新文化运动时期撰作了《辨孟子辟杨墨之非》和《墨子的劳农主义》二文。前文通过对杨、墨两家相关思想的介绍，反驳孟子对它们的批评，同时用近代西方的思想学说比附杨墨思想，其根本目的是借宣扬杨墨学说揭露儒家传统的弊端，从而为资产阶级民主思想寻找合理的生长点。④ 后文则将墨家轻礼乐、重耕战的实践精神与俄国劳农政府的主张联系起来，这也是从中国传统文化中挖掘近代民主思想的丰富资源。⑤ 由此可见，墨家思想与学说在吴虞的非儒反孔中起到重要作用。已有学者针对这一点展开了不同程度的研究。李知恕认为，吴虞对先秦诸子的称颂，并非出于纯粹的学术研究兴趣，而是借儒学之外的其他非正统学说来反对儒家正统所维护的封建专制。其中，墨子学说的精义与吴虞建立一个平等、公正社会的理想不谋而合，因而得到了吴虞的青睐并加以充分的利用。据此，李氏认为吴虞对墨家学说的阐扬"带有极为强烈的现实主义"⑥。与此同时，李氏还指出吴虞将墨家学说与西方资产阶级思想直接相提并论，这一做法缺乏充足的依据。与李氏的宽泛论述不同，吴效马首先指出中国传统中的非正统学说，如先秦诸子中的墨、道、法以及明代李贽的"异端思想"都是吴虞非儒反孔主张的重要思想来源。具体到墨家学说的应用，作者以吴虞的《辨孟子辟杨墨之非》和《墨子的劳农主

---

① 参见邓星盈《吴虞对儒家的批判》，《四川大学学报》（哲学社会科学版）1994年第4期。
② 参见钟海谟《吴虞反儒思想分析》，《暨南学报》（哲学社会科学）1987年第4期。
③ 伊云：《吴虞"反孔非儒"思想新论》，《湘潭大学学报》（社会科学版）1993年第1期。
④ 参见吴虞《辨孟子辟杨墨之非》，载《吴虞集》，中华书局2013年版，第356—360页。
⑤ 参见吴虞《墨子的劳农主义》，载《吴虞集》，中华书局2013年版，第79—88页。
⑥ 李知恕：《吴虞论杨墨》，《天府新论》1995年第3期。

义》为依据，对吴虞宣扬的要点分别予以说明，由此清晰再现吴虞处理与运用墨家思想的具体情况。其次，对于吴虞利用先秦诸子学说反孔非儒的思想渊源，作者以明末清初以来近三百年的"复古解放"思潮来回答。这一思潮经梁启超、章太炎的发扬，被 20 世纪初期的学者相继加以发挥和利用，最终成为批判传统儒学的有力武器。最后，作者指出吴虞对传统态度的不合理之处。一方面，吴虞对儒家学说没有做到辩证的扬弃，对墨子等其他诸子思想的运用缺乏升华；另一方面，将先秦诸子学说比附于西方资产阶级思想的做法亦太过牵强。①

　　d. 钱玄同的儒墨比较思想研究。刘贵福将钱玄同的儒墨研究划分为辛亥革命前与新文化运动时期两个阶段，认为钱玄同在前一阶段积极投身于保存国粹的运动中，儒墨两家学说都属于被宣扬的对象，这一时期的钱玄同对两家学说基本保持着同等对待的客观态度。到了新文化运动时期，墨家的兼爱、尚贤、尚同以及非乐等思想对钱玄同世界观与人生观的塑造产生了极深的影响。此一时期，钱氏虽然表现出了"逃儒归墨"、以墨批儒的思想倾向，但对儒家学说并未全盘否定，仍在某些方面肯定其内在价值。总体来看，刘氏不仅关注到钱玄同不同时期对儒墨比较之态度的变化，还具体分析每一阶段中他对儒墨之关系的处理，最难得的是他能够在近代墨学复兴的热潮中，特别是在钱玄同推崇墨家学说的境况下看到其对儒学的真实态度，用一种客观的眼光去探究钱玄同对儒墨比较这一问题的认识。与其他片面地以"尊墨抑儒"来概括新文化运动阵营比较思想的学者相比，刘氏的见解着实更为透彻。②

　　e. 胡适的儒墨比较思想研究。目前学界对胡适墨学的研究基本围绕胡适对墨家哲学方法与逻辑知识的阐发而展开。学者多从胡适所处的中西文化激烈碰撞的时代背景出发，对胡适将墨家哲学方法纳入西方实证主义的范围内以及将墨家逻辑与印度因明、西方逻辑思想相比较的做法分别进行分析与评价。另外，胡适对儒墨哲学方法的比较，亦是学者关注的重点。

---

①　参见吴效马《论吴虞非儒反孔思想的传统学术渊源》，《贵州社会科学》2000 年第 2 期。
②　参见刘贵福《"进斯世于极乐之万物玄同"——近代墨学复兴对钱玄同的影响》，《鲁迅研究月刊》2006 年第 12 期。

但在胡适思想倾向的判定上，学者之间呈现出了不同的见解。杜蒸民认为，胡适把墨子放在与老子、孔子同等的地位来看待，"冲破了封建学者'扬儒抑墨'的传统观念"，从而"开辟了墨学研究的新途径和'扬墨抑儒'的新局面"。① 解启扬认为，胡适对儒墨两家学说的比较主要是对其哲学方法的比较，但他的比较研究还是肤浅的，只是停留在形式层面的比较，而且有把问题简单化的倾向。再者，对于胡适将墨、老、孔三者并提的做法，解启扬的评价与杜蒸民有所不同。他认为胡适"既反对扬墨贬孔的倾向，也反对扬孔贬墨的倾向。这种理性主义的态度也为后人所采用"。因此，尽管解氏认为胡适的墨学研究在某些方面存在不合理之处，但总体上对其开创之功表示出赞赏，认为他的墨学研究"真正使墨学研究方法近代化"。②

综上，目前学界针对新文化阵营的儒墨比较思想而展开的研究有如下两点不足：一、太过关注新文化阵营对儒学和传统的态度，而忽略其反思儒学与传统过程中所使用的两个重要参照，即西学与墨学，尤其是墨学在重审儒学中的重要作用。二、即使有学者论及新文化阵营对儒墨关系的处理，也只是以简单的"尊墨抑儒"等评语笼统概括，而未能对新文化运动中的一组概念，如儒学、儒教、儒家纲常等进行梳理与澄清，这就导致他们不能对新文化阵营的儒墨比较思想做出合理的评价。

3. 关于学衡派儒墨比较思想的研究

学衡派产生的一个重要原因，是与新文化运动期间出现的"反传统"思潮作对抗。目前学界关于学衡派的一个研究热点，就是将其与新文化运动进行比较研究。③ 从思想主张的根本性质来看，新文化阵营中的陈独秀、李大钊属于激进主义的代表，胡适属于自由主义的代表，学衡派则是保守主义的代表，他们基于不同的文化立场而对传统与现代、中国与西方的问题展开了激烈的讨论。对此，关于学衡派文化保守主义思想倾向的研究亦

① 杜蒸民：《胡适与墨学》，《江淮论坛》1992年第3期。
② 解启扬：《胡适的墨学研究》，《安徽史学》1998年第4期。
③ 参见李怡《论"学衡派"与五四新文学运动》，《中国社会科学》1998年第6期；郭昭昭《民国思想文化界的一道独特风景——学衡派与新文化派的对抗与对话》，《历史教学》2008年第18期；赵月霞《论"学衡派"与新文化运动的殊途同归》，《内蒙古师范大学学报》（哲学社会科学版）2015年第1期；魏建《儒学现代化：重新审视新青年派与学衡派论战》，《学习与探索》2015年第7期；等等。

是当今学术界的一个关注点。① 再者，学衡派思想主张的理论来源——白璧德的新人文主义，也是当今学者的研究重点之一。②

学衡派的根本目的是捍卫儒家传统，宣传儒家学说的内在价值，因而对于时人尤其是新文化阵营表现出来的"尊墨抑儒"倾向自然不能容忍。这也决定了他们在反驳对方的观点时，必然要涉及儒家与其他先秦诸子的关系问题。儒家与道家、墨家的关系等都是学衡派的关注点。通过对儒家与各家学说的分析与比较，学衡派进一步凸显了儒家学说的地位。总之，学衡派的诸子学研究是我们把握其文化观的重要突破口。其中，儒墨两者的比较尤为重要。

在《学衡派论诸子学》一文中，③ 郑师渠首先指出，学衡派的诸子学研究以批评胡适的《中国哲学史大纲（上）》为出发点，这就在学衡派与新文化阵营之间做了明确的区分。接着，郑氏对学衡派的"诸子出于王官论"进行探讨，并将其与胡适的"诸子不出于王官论"进行对比分析，对后者"疑古过甚，无视诸子之前中国古代已有治教并兴的事实"的不足进行批评。在对诸子之学的态度上，郑氏认为学衡派的立场较为客观，能够以平等的眼光看待诸子之学，但同时又强调孔子与儒学的重要性。学衡派的这一观点主要体现在他们对儒道、儒墨等关系的处理上。对于学衡派的儒墨比较思想，郑氏从整体上指出学衡派的基本倾向是"右孔而左墨"，因而与胡适的"右墨而左孔"完全不同。再者，郑氏又对学衡派代表人物的儒墨比较思想进行详细的分析与评价。在他看来，柳诒徵虽然承认墨家"非攻"等学说的作用，但偏袒儒家、批评墨家的立场比较明显；陈柱和孙德谦均对墨家兼爱以及孟子对它的攻击进行论述，并试图为孟子做辩护。但郑氏认为，陈柱的辩护"态度强硬，显得拙劣"，而孙德谦既帮助墨子解脱了罪名，又维护了孟子的威信，因而更加合理。除了对柳诒徵、

---

① 参见沈卫威《回眸"学衡派"——文化保守主义的现代命运》，人民文学出版社 1999 年版；李建中《试论〈学衡〉诸子的文化模式与历史命运》，《陕西师范大学学报》（哲学社会科学版）1998 年第 2 期；高玉《论学衡派作为理性保守主义的现代品格》，《天津社会科学》2001 年第 2 期；汪树东《"学衡派"的反现代性文化选择》，《北方论丛》2016 年第 2 期；等等。

② 参见旷新年《学衡派与新人文主义》，《北京大学学报》（哲学社会科学版）1994 年第 6 期；郑大华《论白璧德新人文主义对"学衡派"的影响》，《中国文化研究》2007 年夏之卷；等等。

③ 参见郑师渠《学衡派论诸子学》，《中州学刊》2001 年第 1 期。

陈柱以及孙德谦等在《学衡》杂志上发表过专门探讨儒墨关系著作的学者进行讨论外，郑氏还注意到了郭斌龢、陆懋德、吴宓、张荫麟、陈寅恪等学者的观点。最后，郑氏认为，五四后的诸子学研究其实可以归结为"怎样评价孔子"这一问题，而"是否推崇孔子，并不构成所谓进步与守旧的分界"。这一见解不但准确概括了五四之后思想界各种斗争的实质，还揭示了这一问题背后复杂的政治与社会因素。然而，郑氏对学衡派的评价有时过于武断。比如，他用"比较客观""无疑是正确的"等表达来评论学衡派的诸子学研究，却忽略了学衡派所处社会环境的时代性，用当今的价值标准去评价某一历史时期曾经存在的学说或派别是有失公允的。

在《〈学衡〉与近代墨学研究》一文中，① 付洁对发表在《学衡》杂志上的几篇论墨文章进行概括性研究。通过对柳诒徵、杨宽、孙德谦以及陈柱等学者对墨学以及儒墨关系之处理的研究，付氏认为柳诒徵为保守一派，杨宽属激进一派，孙德谦和陈柱则属于中立的一派。这一划分基于他们对墨学的偏向有所不同，但最终都属于"推崇儒家学说"的一类，从而与新文化阵营严格区分开来。可以说，付氏对以上人物所持观点的整体把握比较准确，凸显了学派内部对儒墨关系之态度的分歧，这对于了解学衡派的思想变化与不同具有重要的启发意义。当然，由于该文是一种概括式的介绍研究，所涉内容较多，如学衡派对清代《墨子》校勘情况的梳理、《墨子》的作者是谁以及对墨学研究功利化的批评等，这就使得对以上学者的儒墨比较思想论述不足，很多都是一带而过式的介绍，而缺乏专门、深入的研究。

综上，以上两作虽然都涉及学衡派的墨学研究，但由于前者的讨论范围比较广，因而对学衡派的墨学观以及儒墨比较思想的研究不够深入；后者局限于《学衡》杂志上的几篇论墨文章，却忽略了学衡派成员发表在其他杂志上的墨学研究文章。基于此，本书将围绕学衡派的墨学研究，尽可能详尽地分析与考察他们的论墨文章，从而窥探他们对儒墨关系所持的基本态度。

---

① 参见付洁《〈学衡〉与近代墨学研究》，《兰州大学学报》（社会科学版）2015 年第 1 期。此文为作者博士学位论文《学衡派研究》（博士学位论文，山东大学，2015 年）第四章"学衡派对传统学术的研究"之第二节"《学衡》与近代墨学研究"的内容。

三　创新之处

相较于以往的研究，本书的创新之处主要体现在三个方面：

一是与以往研究相比，本书在思路上做了较大程度的扩展和深化，更加符合 20 世纪初期儒墨比较思想研究及现代中国学术思想发展的内在特征。以往的相关研究多针对 20 世纪初期的儒学、墨学或者西学之一个或两个方面展开，但实际上这三个方面是密切相关的。基于此，本书将从 20 世纪初期中国学者的儒墨比较思想开始，进而深入到中西文化观的问题，以此更加充分而全面地了解近代以来中国学术思想发展的基本特征。

二是除分别梳理外，本书着重分析和比较了梁启超、新文化阵营和学衡派儒墨比较思想的异同，肯定三者的儒墨比较思想存在诸多相通之处，在一定程度上深化了对现代中国思想进程复杂性的理解。在对梁启超、新文化阵营和学衡派三者的研究中，本书既阐明他们处理儒墨关系的不同方式，又突出他们在发掘儒学本真意涵以及促进中西文化融合过程中的契合点。因此，本书在研究对象的把握与处理上表现出了较强的灵活性。

三是如何处理中国传统文化尤其是儒学与马克思主义的关系，是新时代中国特色社会主义发展过程中必须要面对的问题。对此，既要坚持马克思主义的指导地位，不断推进马克思主义中国化，又要积极推动中华优秀传统文化的创造性转化和创新性发展。从某种程度上来说，20 世纪初期的儒墨比较思想最终可以归结为如何认识与评价儒学的问题，这是近代以来中国社会由传统走向现代所无法回避的关键问题。本书在全面把握 20 世纪初期儒墨比较思想的基础上，力图为当今时代传统与现代、中国与西方之关系的处理提供思想借鉴。

四　研究思路

本书以 20 世纪初期的儒墨比较思想为研究中心，分别对梁启超、新文化阵营和学衡派的儒墨比较思想展开具体的探讨。梁启超、新文化阵营和学衡派在处理儒墨关系的过程中呈现出了不同的特点。虽然他们的观点之间存在着偏向于儒还是墨的区别，但儒墨比较的根本目的是相通的，即通过对中国传统文化内在构成要素的反思与调整来实现中西文化的融合，从而发展出现代新文化。基于此，本书以梁启超、新文化阵营和学衡派的儒墨比较思想作为主体的三章，旨在通过全面而深入的研究来把握20世纪初期中国知识分子的儒墨、中西比较思想。在此之前，本书第一章首先对20世纪以前的儒墨比较思想进行梳理和介绍，借此对20世纪初期儒墨比较思想的研究做一铺垫。现将梁启超、新文化阵营和学衡派儒墨比较思想的要点概述如下：

（一）梁启超儒墨比较思想的要点

梁启超的墨学研究分为前后两个阶段，前期代表作为1904年写作的《子墨子学说》和《墨子之论理学》，后期则为20世纪20年代创作的《墨经校释》《墨子学案》和《先秦政治思想史》的墨学部分。梁启超的儒墨比较主要围绕兼爱、宗教（天志、明鬼、非命）、实利（节用、节葬、非乐）以及政术（尚贤、尚同）等方面展开。梁启超虽然在前期对墨家的天志、明鬼、尚贤等学说表现出了不同程度的赞同，但在与儒学的比较中，墨学整体上处于劣势。尤其在后期，梁启超对墨家学说（非命除外）几乎进行了彻底的否定。从表面上看来，梁启超前后期对儒墨的态度不尽相同，但从中仍可发现一条一以贯之的主线，这就是他对儒家立场的坚守。梁启超的一生与儒学有着剪不断的关系，而每当他进入到人生的一个新阶段，其对儒学的理解亦随之发生变化。也可以说，这是梁启超所经历的一个逐渐深入儒学、融入儒学的过程。因此，到了人生的最后十年，梁启超毅然回归于儒家的人生哲学之中。从学术性格上看，梁启超是一个多变的人。这种性格既体现在他前后期对墨家学说的态度上，又体现在他对儒学的认识程度上，还体现在他对中西文化之关系的处理上。但是，变之中还存在着不变。这种不变体现在他对墨家精神和人格的肯定上，体现在他始终如一的儒家立场上，还体现在他融合中西的文化观上。

（二）新文化阵营儒墨比较思想的要点

新文化阵营对墨学的阐发主要体现在两个方面。一是对内的方面，他们将墨家的具体学说运用于救亡图存的现实运动之中，或者将其用作批判封建儒学的有力武器。二是对外的方面，他们将墨学视为引入西方文明的重要媒介，这包括对西方政治制度和思想文化的全方位吸收和借鉴。在儒墨的比较过程中，新文化阵营同样从两个方面着手。其一，从儒墨两家的学说来看，儒墨在立论的根基上存在专制与平等的不同，由此决定他们的仁爱和兼爱说也彼此对立。其二，从儒墨与西学的关系来看，儒学与西学相背离，墨学则与西学相契合。新文化阵营以"科学"和"民主"为根本的宗旨，而墨学之中恰好可以找到科学（主要指墨家的哲学方法）和民主（主要指墨家的兼爱、尚贤等学说）的因素，因此自然得到新文化阵营的青睐。批判儒学与宣扬墨学的鲜明对比促使后人多以"尊墨抑儒"评价新文化阵营的儒墨比较思想。实际上，新文化阵营所说的儒学或孔子具有多层含义。它们既可以指作为封建专制意识形态的儒学与孔子，这是新文化阵营的批判对象；也可以指强调仁义等核心内涵的原始意义上的儒学与孔子，这是新文化阵营所认同的内容。新文化阵营虽然批儒，但所批的只是儒学的封建性一面，其最终目的并非彻底推翻儒学。顺此思路，所谓的"反传统"说也可不攻自破。

（三）学衡派儒墨比较思想的要点

学衡派是在墨学研究达到高潮，尤其是为了回应新文化阵营的"尊墨抑儒"思潮而形成的。对于新文化阵营推崇墨学且贬低儒学以及将墨学与西学牵强比附的做法，学衡派颇为不满。通过比较儒墨两家学说，还原儒学的本来面貌，这是学衡派关注墨学研究以及进行儒墨比较的根本出发点。除了坚定的儒学立场，学衡派另一个重要理论来源是白璧德的新人文主义，而它在本质上仍是对中国孔孟传统的认同。学衡派首先对儒墨之异同发表了看法。依据观点的不同，可将他们分为极端与缓和两个类别。前者坚持儒优于墨，可称为"扬儒抑墨"；后者态度有所缓和，虽然仍基于儒家立场，但同时承认墨学中的合理成分，主张儒墨各有所用。接下来，学衡派围绕兼爱以及孟子对它的批评做出阐发，而这其中又存在极端与缓和两种不同的声音。学衡派儒墨比较的目的不是简单地扬儒抑墨，而是批评新文化阵营在西学冲击下对儒墨所采取的不合理处理方式。学衡派以儒学为立场，同时肯定墨家学说救治时弊的积极作用，由此可见批墨不是他们的根本目的，其真正目的是批评新文化阵营忽视墨家要旨，一味拘泥于《墨经》的研究，且将其与西方文化进行比附的研究方法。在儒墨的比较中，学衡派对儒家学说的评价不免有夸张的成分，甚至认为儒学具有超越时间和空间的强大影响力。

在对梁启超、新文化阵营和学衡派的儒墨比较思想分别进行探讨之后，本书第五章将对20世纪初期的儒墨比较思想做出总结和反思。第一，本书对梁启超、新文化阵营和学衡派的儒墨观进行梳理和评定，认为他们对儒学和墨学的处理方式具有"殊途同归"和"各有所用"的特点。第二，本书对梁启超、新文化阵营和学衡派的中西文化观分别予以呈现，旨在突出他们为中西文化的融合所做出的努力与尝试。

五　研究方法

（一）思想分析法

本书主要对20世纪初期的儒墨比较思想进行研究。基于此，本书将重点关注梁启超、新文化阵营和学衡派所撰写的与儒墨比较有关的文本。通过对相关文本的整理、分析以及考察，试图全面把握他们对墨学和儒学所持的基本态度，以此获知他们基本的学术思想主张。儒墨的比较可以视为20世纪初期中国学者对中国传统文化的自我反省与调整，其根本目的是在中西文化相互交流的时代环境下为中国未来文化的发展谋求出路。也可以说，儒墨的比较是出发点，现代新文化的建设才是最后的归宿。有鉴于此，本书的关注点将从以上学者的儒墨比较思想深入到他们的中西文化观。总之，本书以文本分析作为主要的研究方式，以思想宗旨的阐发作为根本目的。

（二）比较研究法

本书虽然不直接属于比较性研究，但在充分考察梁启超、新文化阵营和学衡派儒墨比较思想的基础上，仍对三者学术思想的异同点做出分析与总结。这主要涉及如下问题：（1）他们处理儒墨关系的方式有何不同？（2）他们对儒学和墨学的态度是否一致？（3）在他们的儒墨比较思想中，儒学处于什么样的地位？（4）通过儒墨的比较，他们阐发了何种中西文化观？在解答以上问题的过程中，不难发现，无论是儒墨的比较，还是中西文化的比较，梁启超、新文化阵营和学衡派三者之间都存在着不少相通之处。他们都致力于儒学内在价值的发掘以及中西文化的相互融通，这是时代赋予他们的重要使命。然而，在摸索前进的道路上，他们呈现出了不同的特色，这又缘于他们各自独特的学术和思想经历。

第一章　20 世纪以前的儒墨比较思想

儒墨两家自形成之日起，其间的对话与争论便随之产生，而关于儒墨关系的论说，由先秦诸子发其端，后经过不同朝代的演变发展，一直持续到今天。从时间脉络上来看，20 世纪以前关于儒墨关系的讨论可分为三个阶段：先秦百家争鸣时期对儒墨关系的讨论；汉至清代乾嘉时期儒学大一统背景下对儒墨关系的讨论；乾嘉墨学复兴之后对儒墨关系的讨论。随着时代的变迁，特别是儒学地位的转变，墨学及其与儒学的关系亦呈现出动态发展的特点。因此，在对 20 世纪初期的儒墨比较思想进行专门的探讨之前，我们有必要对 20 世纪以前的儒墨比较思想做一梳理，由此把握儒墨关系论说的演变历史。

第一节　儒墨并存：百家争鸣时期的儒墨关系论说

在诸子百家自由争鸣的时代背景下，儒墨被并称为"显学"，两家之间的思想交流与冲突也较为频繁。儒墨都将对方视为自己的竞争对手，因而在学说上互相攻击。在儒墨彼此诘难的相关文字中，我们可大体把握两者之间剑拔弩张的关系。因此，先秦时期的儒墨关系首先体现在儒墨之间的对立与冲突之中。孟子对墨家的"兼爱"提出了严厉批评，甚至将其等同于"无父""禽兽"之说；荀子立足于儒家的礼乐立场而对墨家的"节用""节葬""非乐"等学说分别展开批评。墨家同样不甘示弱，一篇《非儒》不仅对儒家的厚葬久丧等具体政策做出批评，还对孔子的人品予以严厉攻击。除了儒墨双方当事人分别基于各自的立场对他们的关系发表论说之外，作为儒墨之争旁观者的道家、法家以及杂家的代表人物，也分别从不同的角度，对这一时期的儒墨关系发表了评论。

一　儒家视域中的墨子：孟、荀论墨

关于墨家的起源，《淮南子·要略》云："墨子学儒者之业，受孔子之术，以为其礼烦扰而不说，厚葬靡财而贫民，［久］服伤生而害事，故背周道而用夏政。"① 这一论述包含如下两条重要信息：其一，墨家最初起源于儒家，两者具有渊源关系；其二，墨子因不满儒家礼乐制度之下的厚葬久丧政策，所以最终背离了儒家之道。② 源于儒家却又与之断绝关系，这一特殊的发生与发展经历似乎为儒墨长期以来的对立关系埋下重要伏笔。孟子和荀子虽同为先秦儒家的代表，但因孟子的立论根基在"四端之心"，并进一步扩展到圣人的仁政，荀子则坚守儒家的礼乐立场，由此决定两者对墨家学说的关注点有所不同。孟子从人的内在道德情感出发，重在对墨家的兼爱说做出批评；荀子则以礼乐入手，对墨家的节用、节葬、非乐等学说分别予以反驳。

（一）孟子对墨家兼爱的批评

《孟子》全书共有四处文字与墨家相关，③ 主要记载了孟子对墨家节葬与兼爱两种学说的批评，但最终又可归结为兼爱这一个问题。

儒家自孔子始，就尤为注重与丧葬有关的礼仪制度，因为"慎终追远，民德归厚矣"（《论语·学而》）。只有谨慎地对待父母的后事与追思久远的先祖，才能使百姓的品德淳朴忠厚，从而实现天下大治的理想。《论语》中虽然偶见孔子反对丧葬过度的言论，如"丧致乎哀而止"（《论语·子张》）、"礼，与其奢也，宁俭；丧，与其易也，宁戚"（《论语·八佾》），但对于三年之丧的基本立场，先秦儒家始终未曾动摇，并将其视为"天下之通丧"（《论语·阳货》），从而"不敢不勉"（《论语·子罕》）。

---

① 何宁：《淮南子集释》，中华书局1998年版，第1459页。

② 关于墨家的起源，除了源于儒家说，还有几种不同的观点。如出于"古之道术"说（《庄子·天下篇》）、"清庙之守"说（《汉书·艺文志》）、学于史角之后说（《吕氏春秋·当染篇》）、出于道家说（《葛洪·神仙传》）、出于夏禹说（《庄子·天下篇》）等。

③ 详见《孟子·滕文公上》《滕文公下》《尽心上》《尽心下》。

此后，孟子对儒家的丧葬观又做了进一步的发挥。"养生者不足以当大事，惟送死可以当大事"（《孟子·离娄下》）将"送死"置于比"养生"更高的地位；"君子不以天下俭其亲"（《孟子·公孙丑下》）则将父母之丧视为比君子治理天下更为重要的任务。通过以上阐发，厚葬久丧不仅成为儒家，甚至是整个先秦社会的通行法则。然而，在厚葬久丧盛行之际，墨家偏偏反其道而行之，提出"节葬"之说。在墨子看来，无论是厚葬，还是久丧，都百害而无一利。用他自己的话来说，就是"细计厚葬为多埋赋之财者也，计久丧为久禁从事者也"（《墨子·节葬下》）。因此，为了实现"富国家""众人民""治刑政""禁止大国之攻小国"以及"干上帝鬼神之福"（同上）等目的，必须坚决抵制厚葬与久丧。然而，《节葬下》通篇不见"儒"或"孔子"之类的字眼。由此可推知，墨子的节葬之说并非专门针对儒家而发，而是受当时混乱的社会状况所迫，出于改变现实社会的目的而提出。

孟子将墨家的节葬说视为一个挑战。因此，当看到墨者夷之一方面大肆宣传薄葬之说，另一方面却厚葬自己的父母时，孟子毫不留情地对其批评道："夷子葬其亲厚，则是以所贱事亲。"（《孟子·滕文公上》）这就一针见血地指出了夷之的矛盾之处。面对孟子的诘难，夷之以"爱无差等，施由亲始"（同上）作答。"爱无差等"是对兼爱基本特征的描述，"施由亲始"看似与儒家的差等爱等同，但夷之的立论根基与儒家明显不同。此处涉及孟子的仁爱说以及孟子对墨家兼爱的认识与评价，这是儒墨两家的根本分歧所在。①

孟子曰："人皆有不忍人之心。先王有不忍人之心，斯有不忍人之政矣。以不忍人之心，行不忍人之政，治天下可运之掌上。"（《孟子·公孙丑上》）"不忍人之心"即为"仁心"，"不忍人之政"即为"仁政"，孟子的全部哲学就是一个由不忍人之心扩展到不忍人之政的过程。孟子接着说："恻隐之心，仁之端也；羞恶之心，义之端也；辞让之心，礼之端也；

---

① 丁为祥说："从墨子'学儒者之业'到其另创墨家学派，其动力主要源于'仁爱'与'兼爱'的分歧。"（丁为祥：《从绝对意识到超越精神——孟子对墨家思想的继承、批判与超越》，《人文杂志》2007 年第 2 期。）

是非之心，智之端也。"（同上）由此，不忍人之心是由恻隐、羞恶、辞让、是非所构成的"四端"之心，亦即仁、义、礼、智四种品德，而最终统摄于"仁"德。孟子的论述重点在于，作为个体内在道德属性的"仁"何以转化为对全天下百姓乃至万物的普遍之爱。解决这一问题的途径是将四端之心或仁心"扩而充之"（同上），也就是将作为个体内在德性的仁扩充到对全体社会成员实行仁政，并最终实现仁爱万物。孟子的仁政学说，可以视为由一点作为起始，然后向四周逐次发散的过程，而这一起始点就是不忍人之心、四端之心或者说仁心。孟子认为，仁心的扩充先后经过"亲亲"而"仁民"，最后达到"爱物"的不同阶段，由此便实现了"仁者，以其所爱，及其所不爱"（《孟子·尽心下》）的理想目标。对于"仁"与"亲"的关系，孟子说："仁之实事亲是也。"（《孟子·离娄上》）从本质上来看，仁就是事亲，或者说事亲是仁的具体落实，它们不是相互独立的两个过程，而是同一过程在个体内部和外部的不同表现形式。虽然孟子还提到"老吾老以及人之老，幼吾幼以及人之幼，天下可运于掌。……故推恩足以保四海，不推恩无以保妻子"（《孟子·梁惠王上》），这里的"推恩"仿佛源于不忍人之心之外的另一个起点，但"老吾老"和"幼吾幼"都属于事亲的范围之内，而事亲即是仁。因此，无论是从不忍人之心处讲四端之心的扩充，还是从"老吾老"和"幼吾幼"的事亲之处讲推恩的原则，都是对同一过程的描述，区别只在于起点的称呼有所不同。①

"兼爱"一词在《孟子》中出现两次，其中一处在《尽心上》。孟子说：

> 杨子取为我，拔一毛而利天下，不为也。墨子兼爱，摩顶放踵利天下，为之。子莫执中。执中为近之。执中无权，犹执一也。所恶执

① 李景林认为，孟子的"推恩"有两种表达方式："老吾老以及人之老，幼吾幼以及人之幼"的"推恩"前提是亲亲之爱，亦即有等差分别之爱；"凡有四端于我者，知皆扩而充之矣，若火之始然，泉之始达。苟能充之，足以保四海；苟不充之，不足以事父母"的"推恩"前提则由亲亲之爱置换为不忍恻隐之爱。但是，这两种表达方式"相互贯通，并未构成对峙的两面"。（参见李景林《孟子的"辟杨墨"与儒家仁爱观念的理论内涵》，《哲学研究》2009年第2期。）

　　一者，为其贼道也，举一而废百也。

这一段文字的重点是批评"执一"，即固执于一点的极端做法，同时主张
"执中"之道，即以通达权变为特征的中道。至于何谓"执一"，孟子并未
为其下一个定义，但用一组例子予以说明。杨朱以自我为中心，即使拔掉一
根汗毛而有利于天下的事也不去做，这是极端的利己主义；墨子以集体为中
心，甘愿为天下之利而牺牲一切，这是极端的利他主义。无论杨朱还是墨
子，都远远没有达到"执中"，而只是偏执一端。孟子虽然没有对兼爱的内
涵予以揭示，但从"执一"的角度而言，他对兼爱应持批评的态度。①

　　孟子对兼爱的批评集中体现在《滕文公下》的一段文本中。孟子说：

　　圣王不作，诸侯放恣，处士横议，杨朱、墨翟之言盈天下。天下
之言，不归杨，则归墨。杨氏为我，是无君也；墨氏兼爱，是无父
也。无父无君，是禽兽也。……杨墨之道不息，孔子之道不著，是邪
说诬民，充塞仁义也。仁义充塞，则率兽食人，人将相食。吾为此
惧，闲先圣之道，距杨墨，放淫辞，邪说者不得作。

这一段文字记载的就是先秦学术史上著名的孟子"辟杨墨"，孟子将杨、
墨视为相反的两极而一并予以驳斥。②孟子批评兼爱的依据有两点："墨氏
兼爱，是无父"和"邪说诬民，充塞仁义"，而后者由前者推导而出。简
单概括孟子的论证思路，即为：兼爱等于无父，无父违背仁义之道。

　　第一，兼爱何以等于无父？墨子认为，兼爱就是"视人之国，若视其

---

　　①　胡适却认为这是孟子恭维墨子的话，他说："那反对墨家最利害的孟轲道：'墨子兼爱，
摩顶放踵利天下为之。'这话本有责备墨子之意，其实是极恭维他的话。试问中国历史上，可曾有
第二个'摩顶放踵利天下为之'的人么？"（胡适：《中国古代哲学史》，载《胡适文集》第6册，
北京大学出版社 2013 年版，第 232 页。）

　　②　戴卡琳（Carine Defoort）认为，孟子对杨、墨的批评既毫无根据（"孟子对二人的描述，
很可能是对彼时主张健康价值的观点与造福世界的理想之间辩论的夸张回应"），也毫无影响
（"孟子在先秦西汉时代的影响力，要比对我们今天的影响力小得多"）。（参见［比］戴卡琳《既
"无根据"亦"无反响"——孟子所刻画的杨朱与墨翟》，杨柳岸、王晓薇译，《齐鲁学刊》2021
年第 5 期。）

国；视人之家，若视其家；视人之身，若视其身"（《墨子·兼爱中》）。也就是说，每个人都要像对待自己的国、家以及身体那样对待别人的国、家还有身体，进而实现兼爱天下的理想目标。在这里，墨子尚未将"他者"（人之国、人之家、人之身）置于"自我"（其国、其家、其身）之上的优先地位，最多是将两者同等对待。仅从这种同等对待所产生的效果来看，墨家的兼爱天下与儒家的泛爱天下似乎没有多大区别。然而，墨子接着说："夫爱人者，人必从而爱之；利人者，人必从而利之。"（同上）很明显，"从而"二字包含了一种时间上的先后意味。只有先去爱人、利人，他人才会反过来（"从而"）爱己、利己。孟子主张由仁心的扩充来实现"亲亲""仁民"与"爱物"，这是一个由内向外发散爱的过程；墨子则采取由外而内的方式，对自己父母的爱与利以首先向他人施加爱和利为前提条件。墨子最初的设想可能是实现人人对待陌生人如同对待自己的父母一样，这样的一个社会必定没有纷争和混乱，全是和谐与稳定。然而，墨子却没有料到，这一理论反而导致忽略自己父母的后果。这一疏忽理所当然地被孟子当作批评兼爱的一个把柄，由此便提出了"无父""禽兽"之论。

第二，兼爱何以充塞仁义？儒家，尤其是孟子，最讲求义利之辨。当梁惠王向远道而来的孟子请教如何使国家获利时，孟子回答道："王！何必曰利？亦有仁义而已矣。"（《孟子·梁惠王上》）在孟子看来，仁义与利彼此排斥，如要坚持仁义之道，必须拒绝谈利，而前者才是国家长治久安的必备良药。从国家的内部治理情况来看，仁义还是维系君臣、父子、兄弟之关系的纽带，[①] 最终将有助于整个社会的稳定。墨家虽言兼爱，而兼爱的具体内涵却是"兼相爱、交相利"。墨子不仅常将爱、利并举，还以利为爱的根本目的。他宣传兼爱的目标，就是通过鼓励每个人去爱人、利人，最终达到"众利"的效果。[②] 与其说兼爱是先施予他人之爱从而得到他人的回报之爱，不如说是人己之间的利益交换。墨子虽说"吾先从事乎爱利人之亲，然后人报我以爱利吾亲也"（《墨子·兼爱下》），爱与利

---

① 《孟子·告子下》云："为人臣者怀仁义以事其君，为人子者怀仁义以事其父，为人弟者怀仁义以事其兄，是君臣、父子、兄弟去利，怀仁义以相接也，然而不王者，未之有也。何必曰利？"

② 《墨子·兼爱下》云："姑尝本原若众利之所自生，此胡自生？此自恶人贼人生与？即必曰非然也，必曰从爱人利人生。"

被墨子反复地对举提出，但墨家的根本关注点只在利这一方面，这就为兼爱说涂抹上了一层浓厚的"功利"色彩。① 简言之，孟子提倡的是以"仁"为核心，由内圣而外王的国家治理模式，用他的话来说就是"居仁由义，大人之事备矣"（《孟子·尽心上》），墨子的圣王之道则是使"万民之大利"（《墨子·兼爱下》）的兼爱。由此可见，孟子和墨子在国家治理方式上所持的观点明显不同，而孟子批评墨子"邪说诬民""充塞仁义"的原因自然可以理解。

由上述孟子对夷之厚葬其亲的诘难及其对墨家兼爱的"无父"批评可感受到孟子与墨家之间的紧张关系。除了对墨家兼爱的直接攻击，孟子还对儒、墨、杨三家的关系做了简短描述。他说："逃墨必归于杨，逃杨必归于儒。归，斯受之而已矣。"（《孟子·尽心下》）此处文本在历史上颇有争议，而最具代表性的解释莫过于"杨近墨远"说，即认为孟子的意思是，比起儒和墨，儒和杨的关系更加接近。在赵歧、孙奭的注、疏基础之上，② 今人秦晖对该说予以新的阐发。秦氏认为，杨朱自主决定我之一毛的使用权体现了一种"个人权利本位"的观念，而墨子主张个人应当牺牲一切而实现"利天下"的目的则是一种"天下本位"的权利观念；孟子虽然对两者均持否定态度，但对孝道的重视决定他走向一种"家族或小共同体本位"的权利观念；更重要的是，"这种观念与个人权利本位之观念虽不同，若较之君国天下权利本位之观念，则前两者宜乎更为近也"。③ 秦氏对"杨近墨远"说的这种解读看起来颇具说服力，但它仍属于一种主观性

① 关于墨家能否被称为功利主义，学界多有争论。冯友兰和李泽厚持赞同观点，受其影响，视墨家为功利主义的观点仍比较流行。但也有学者提出异议，如郝长墀认为："墨家所倡导的利益不是我个人或我的集团的利益，而是他人的利益。""墨子不仅不是功利主义者，而且是功利主义的对立面。"（郝长墀：《墨子是功利主义者吗？——论墨家伦理思想的现代意义》，《中国哲学史》2005年第1期。）

② 赵歧注云："墨翟之道，兼爱无亲疏之别，最为违礼；杨朱之道，为己爱身，虽违礼，尚得（受之父母）不敢毁伤之义。逃者，去也。去邪归正，故曰归。去墨归杨，去杨归儒，则当受而安之。"孙奭疏云："墨翟无亲疏之别，杨朱尚得父母生身不敢毁伤之义。儒者之道，幼学所以为己；壮而行之，所以为人。故能（逃）兼爱无亲疏之道，必归于杨朱为己；逃杨朱为己之道，必归儒者之道也。"（赵歧注，孙奭疏：《孟子注疏》卷十四下《尽心章句下》，载阮元校刻《十三经注疏》（五），清嘉庆刊本，中华书局2009年版，第6045页。）

③ 秦晖：《"杨近墨远"与"为父绝君"：古儒的国—家观及其演变》，《人文杂志》2006年第5期。

的推断。如果将此处文字与《尽心上》的"杨子取为我"一段结合起来考察，便不难发现，孟子所讨论的仍然是执一与执中的问题。

孟子视杨朱的"为我"和墨子的"兼爱"为两种极端，又因现实的情况是"天下之言不归杨，则归墨"，所以世人普遍热衷于杨、墨，不是投奔杨朱，就是倒向墨翟。"逃墨必归于杨"就是对世人在杨、墨两个极端之间摇摆不定的反映。儒家坚持中道，一方面体现在儒家是世人徘徊于杨、墨之后的最终归宿，亦即"逃杨必归于儒"，另一方面体现在儒家对杨、墨两家的态度上。孟子说："归，斯受之而已矣。今之与杨、墨辩者，如追放豚，既入其苙，又从而招之。"（《孟子·尽心下》）对于逃脱杨、墨而归向儒家的一类人，孟子并非将其拒之门外，而是大方地予以接受；对于与杨、墨辩论而又使用强制手段试图挽留他们的行为，孟子虽未大加批判，但毕竟不太赞同，这亦是一种不走极端的态度。从根本上说，儒、墨、杨三家的分歧主要围绕个体与群体之间的关系而产生。孟子批杨朱，是反对极端的自我中心主义；批墨子，则是反对极端的利他主义。孟子本人，既充分肯定个人作为道德主体的独立性，又通过"亲亲""仁民"和"爱物"将家庭和社会等群体性关系看得同样重要。可以说，"孟子在通过拒墨（子）而深化个体性原则的同时，又通过辟杨（朱）而高扬了群体的原则"①。

最后，"爱无差等，施由亲始"既是夷之为自己厚葬其亲这一行为的辩解之辞，同时也是孟子反驳夷之的着眼点。孟子认为，爱无差等和施由亲始不能同时存在，兼爱的无差别性必然否定优先考虑自己的父母，而如果从自己的父母开始施爱就明显违背了爱无差等的原则。孟子称夷之的这种矛盾性观点为"二本"。关于"二本"，赵岐注云："天生万物，各由一本而出。今夷子以他人之亲与己亲等，是为二本，故欲同其爱也。"② 朱熹说："人之有爱，本由亲立；推而及物，自有等级。今夷子先以为'爱无差等'，而施之则由亲始，此夷子所以二本矣。"③ 孟子认为，对己亲与他人之亲的爱必须有先后的区分，将两者置于同等的位置必然导致"二本"

---

① 杨国荣：《孟子的哲学思想》，华东师范大学出版社 2009 年版，第 65—66 页。

② 赵岐注，孙奭疏：《孟子注疏》卷五下《滕文公章句上》，载阮元校刻《十三经注疏》（五），清嘉庆刊本，中华书局 2009 年版，第 5888 页。

③ 黎靖德：《朱子语类》卷 55，中华书局 1986 年版，第 1313 页。

的矛盾性后果。① 孟子本人的学说根基以及批评墨家的立足点，都是"一本"说。孟子的"本"即是仁心，其直接表现就是"亲亲"之心，也就是对父母的孝亲。因此，孟子在向夷之讲述不葬其亲的弊端时，除了提及动物、昆虫啃食父母身体的不堪画面外，最后还强调，孝子决定重新埋葬其亲的根本原因在于"中心达于面目"。这里的"中心"即孟子最常提到的不忍人之心，或者说仁心、孝心。

（二）荀子批墨："一之于礼义"与"一之于情性"的不同

作为先秦学术思想的集大成者，荀子对春秋战国以来诸子百家的思想做了不同程度的分析、批判和总结。其中，墨家学说是荀子重点批评的对象之一。荀子首先从立论根基处对儒墨两家做出了明确的划分，认为儒家从"礼义"处讲起，墨家则从"情性"处发端。荀子说："故人一之于礼义，则两得之矣；一之于情性，则两丧之矣。故儒者将使人两得之者也，墨者将使人两丧之者也，是儒、墨之分也。"（《荀子·礼论》）据今人王楷统计，"礼义"一词在《荀子》中的出现频率高达109次。由此证明，"在荀子德行观念系统之中，礼义是作为其中一个核心的观念而存在的"②。荀子对"情性"的理解主要见于《性恶》篇。如所周知，荀子持"性恶"论，认为人之性生来就具有"好利""疾恶""耳目之欲"等不良倾向，由此造成人与人互相争夺、社会国家混乱的后果。如果顺从人之情性的自然发展，那么必然导致"犯分乱理而归于暴"（《荀子·性恶》），"则为小人矣"（《荀子·儒效》）。礼义的功能就在于指引情性的发展，以避免因放纵情性而可能造成的后果。荀子说："故必将有师法之化、礼义之道，然后出于辞让，合于文理，而归于治。"（《荀子·性恶》）具体而言，荀子对墨家的批评集中体现在两个方面。

第一，对墨家的节用、非乐思想进行批评。在《节用》上、中以及《辞过》三篇文本中，墨家分别从衣服、宫室、兵器、舟车、人口生产、丧葬以及蓄私等方面对国家的节用之法做出了详细规定。墨家节用之法的

---

① 丁为祥说："孟子的这一批评，实际上是以'二本'——所谓两难的方式揭示了墨家兼爱说在理论上的无限性与实践生活中难以落实的性质。"（丁为祥：《从绝对意识到超越精神——孟子对墨家思想的继承、批判与超越》，《人文杂志》2007年第2期。）

② 王楷：《天然与修为——荀子道德哲学的精神》，北京大学出版社2011年版，第102页。

基本原则就是通过"去无用之费"而实现"天下之大利";反过来说,就是"诸加费不加于民利者,圣王弗为"。墨子之所以提出节用之说,主要受当时社会严重的浪费和奢靡现象所迫,所以打算从"节流"入手,通过控制衣食住行等方面的开销,为天下兴利除害。在荀子看来,墨子的这一主张完全没有必要,因为"墨子之言,昭昭然为天下忧不足。夫不足,非天下之公患也,特墨子之私忧过计也"(《荀子·富国》)。也就是说,天下还没有败落到墨子所描述的那种衣食不足的艰难困境,财物不足尚未成为天下的共同祸患,墨子的担忧实属"杞人忧天"。在墨家眼中,"乐"是一个广义性的概念。除了钟鼓、琴瑟、竽笙之类的乐器之乐,其他诸如华丽的色彩、美味的食物以及高台楼榭等同样属于乐的范围之内。以上内容都是墨子的批评对象,但他重点反对的还是声乐之乐。墨子分别从制造乐器对百姓财产的掠夺、演奏乐器和欣赏音乐对民力的占用等方面来揭露音乐对社会的危害性。概而言之,墨子反对音乐的理由是"上考之不中圣王之事,下度之不中万民之利"(《墨子·非乐上》)。由此可见,墨子对音乐的批评最后仍归于"利"这一根本原则,这与他提倡节用说的出发点完全一致。针对墨子的非乐,荀子专门作有《乐论》篇,他从不同的方面论证音乐的意义和价值,从而得出结论:"先王之道,礼乐正其盛者也,而墨子非之。故曰:墨子之于道也,犹瞽之于白黑也,犹聋之于清浊也,犹欲之楚而北求之也。"总之,从批评节用的不必要,到指出非乐违背先王之道,荀子对墨家的节用和非乐给予全面的否定。最后,荀子说:"我以墨子之'非乐'也则使天下乱,墨子之'节用'也则使天下贫。"(《荀子·富国》)然而,荀子虽然反对墨家的节用,但只是针对其中的"私忧过计"。荀子本人同样主张节用、裕民,但这些政策的实施必须以"礼"为前提,亦即"节用以礼,裕民以政"(同上)。墨子的节用以"利"为核心,荀子的节用以"礼"为前提,这是两者节用说的最大区别。①

第二,对墨家忽视差等的行为进行批评。孟子将兼爱等同于"无父",

---

① 对于儒墨之间的这种分歧,王启发说:"究其背景似在于儒墨两家代表着不同的社会阶层而立说,儒家自创立以来即为士大夫之学,而墨家学说则更具有平民手工业阶层的特色。"(王启发:《荀子与儒墨道法名诸家》,《中国史研究》2000年第3期。)

因为在他看来，兼爱意味着取消社会中的等级和差别，在对待陌生人像对待自己父母的同时，也必然造成对待自己的父母如同对待陌生人一般的后果。这是重视孝亲原则的儒家所无法接受的，孟子由此将兼爱视为一种"邪说"。但在战国时期，将"兼爱"明确规定为墨家的术语且对其进行严厉批评的，只有孟子一人。与当今谈论兼爱必然提及孟子对其批评的情况不同，孟子对兼爱的批评并未引起同时代其他学者的注意。[①] 在荀子眼中，兼爱是古代圣王治理天下的手段之一。荀子说："尧让贤，以为民，泛利兼爱德施均。辨治上下，贵贱有等明君臣。"（《荀子·成相》）如果仅从"泛利兼爱德施均"这一表达来看，荀子与墨家的主张完全符合，"泛""兼""均"似乎都以追求最大限度的平等为目的。但是，与墨家不同的是，荀子还补充了"辨治上下""贵贱有等""明君臣"三点，这是将其与墨家区别开来的关键所在。除了兼爱，荀子还提到"兼而爱"[②]，它是圣君贤相所应承担的职责之一。由此可见，"兼爱"这一表达在先秦时期并未具有固定的含义，它只是被孟子理解为无差等的爱。通观《兼爱》三篇，仅《兼爱下》出现一次"兼爱"，这就不得不让人产生疑问："兼爱"作为《墨子》一书的篇题是不是后来才确定下来的。[③] 当然，作为儒家思想的继承人，荀子同样反对墨家忽视差等的做法。他说："不知一天下、建国家之权称，上功用、大俭约而僈差等，曾不足以容辨异、县君臣。"（《荀子·非十二子》）但荀子的批评对象仅为"僈差等"，丝毫没有提及兼爱，由此充分说明，在荀子这里，兼爱和无差等之间并不存在必然的联系，他所批评的只是无差等，而非兼爱。

总之，通过对墨家节用、非乐以及僈差等的批评，荀子在儒墨两家之间做了明确的区分，而这一区别最后又可归结为他们对礼乐态度的不同。

---

① 戴卡琳（Carine Defoort）认为，今存的文献资料表明，战国至西汉初期的学者并没有对孟子的辟墨言论发表看法，实际上孟子的这一言论在当时并不为人所熟知。（参见［比］戴卡琳《古代的墨学，现代的建构：孙诒让的〈墨子间诂〉》（*The Modern Formation of Early Mohism：Sun Yirang's Exposing and Correcting the Mozi*），《通报》第 101 卷，2015 年第 1—3 期。）

② 《荀子·富国》云："若夫兼而覆之，兼而爱之，兼而制之，岁虽凶败水旱，使百姓无冻馁之患，则是圣君贤相之事也。"

③ 参见戴卡琳《〈墨子·兼爱〉上、中、下篇是关于兼爱吗？》（连载），《职大学报》2011 年第 4、5 期。

荀子说："世无王，穷贤良，暴人刍豢仁人糟糠。礼乐灭息，圣人隐伏墨术行。治之经，礼与刑，君子以修百姓宁。明德慎罚，国家既治四海平。"（《荀子·成相》）德行为前提，礼乐为核心，再加上赏罚分明的治理措施，这便是荀子主张的圣王之道。墨家无视礼乐，自然与圣人之道无缘，这也是荀子攻击墨家的根本原因。

二　墨家的非儒与批孔

不少学者认为，墨家"十论"中的节用、节葬、非乐等学说针对儒家而提出。然而，综观整个"十论"部分，不仅发现不了"儒"这一字眼，甚至看不到关于孔子言行或人品的任何评论。究其原因，则可能是"墨氏'十义'本于救天下之弊乱、兴天下之大利、'得见四方之君子'（王公卿大夫等）而游说、倡导之。而墨子之道，本非针对儒者而故意立异所致"①。墨家对儒家和孔子的批评，集中体现在《非儒下》和《墨语》诸篇中。②丁四新在比较《非儒下》和《墨语》相关文本的思想内容与表达方式之后，得出结论"《墨语》诸篇当与《非儒》作于同一时期"③；然后揭示了《墨语》与"十论"论述风格的不同及其内容与战国中晚期文献的相近性，从而断定"《墨语》诸篇（特别是前四篇）恰恰不是墨子早期思想的材料，而是孟庄并时及其后之墨者言论的汇集，且主要反映了墨家后学的思想"④。也就是说，在墨子之时，儒墨之间的对立尚不明显。到了孟、荀及墨家后学所处的时代，随着《墨子》文本的逐渐完善，儒墨之间的直接性冲突越发频繁。因此，这一时期墨家的非儒与批孔，可以看作墨家后学对孟、荀批墨的回应与反击。

---

① 丁四新：《〈墨语〉成篇时代考证及墨家鬼神观研究》，载《人文论丛》（2010年卷），中国社会科学出版社2011年版，第169页。

② 关于《墨子》篇目的分组情况，可参看胡适《中国古代哲学史》，载《胡适文集》第6册，北京大学出版社2013年版，第233—234页；梁启超《墨子学案》，载《饮冰室合集·专集之三十九》，中华书局1989年版，第6—7页。"墨语"这一称呼，由栾调甫提出。（参见栾调甫《墨子要略》，载《墨子研究论文集》，人民出版社1957年版，第107—123页。）

③ 丁四新：《〈墨语〉成篇时代考证及墨家鬼神观研究》，载《人文论丛》（2010年卷），中国社会科学出版社2011年版，第163—165页。

④ 丁四新：《〈墨语〉成篇时代考证及墨家鬼神观研究》，载《人文论丛》（2010年卷），中国社会科学出版社2011年版，第165—169页。

（一）对儒家"四政"及其他学说的批评

在《公孟》篇的一段文本中，"子墨子"对儒家的"四政"展开了集中性的批判。其文为：

> 儒之道足以丧天下者，四政焉。儒以天为不明，以鬼为不神，天鬼不说，此足以丧天下。又厚葬久丧，重为棺椁，多为衣衾，送死若徙，三年哭泣，扶后起，杖后行，耳无闻，目无见，此足以丧天下。又弦歌鼓舞，习为声乐，此足以丧天下。又以命为有，贫富寿夭、治乱安危有极矣，不可损益也。为上者行之，必不听治矣；为下者行之，必不从事矣，此足以丧天下。

墨者认为，儒家的四项政策足以导致天下的丧失，它们分别是：否定鬼神存在、厚葬久丧、沉迷于音乐以及命定论。墨子虽然已经在"十论"的《明鬼》《节葬》《非乐》以及《非命》各篇中对这四种观点分别予以详细反驳，但并未将批判的矛头指向儒家。然而，在《非儒》和《墨语》诸篇中，墨家则将以上四项政策直接归属于儒家，并对其展开批评。比如，《非儒下》以儒者之言"亲亲有术，尊贤有等"开篇，对儒家实际的丧葬、祭祀以及嫁娶之礼仪与亲疏尊卑的原则相矛盾这一弊端展开批评。也就是说，"墨子'非'的并不是儒家'亲亲有术，尊贤有等'的原则，而是针对儒家的丧服制度，讽刺儒家虽言亲疏尊卑之异却不能真正贯彻，反因私爱而废尊卑"①。接下来，墨家又对儒者的"强执有命"做出批评，认为儒者将有命论视为"道教"，是"贼天下之人者也"。《公孟》篇记载了发生在公孟子和子墨子之间的几则对话。作为儒家的代表，公孟试图为有命说、无鬼论、厚葬久丧等儒家的政策和主张进行辩护，但均遭到了子墨子的激烈反驳。由此可见，儒墨两家在命、鬼神、丧葬以及礼乐制度等方面存在较大的分歧。

除了对儒家"四政"的批评，儒墨两家的分歧还体现在如下几点：其一，儒家主张"君子必古言服，然后仁"，墨家则认为君子之仁不在于古

---

① 辛晓霞、向世陵：《非儒和斥墨中的儒墨之同》，《黑龙江社会科学》2013年第6期。

言与古服（见《非儒下》和《公孟》，表达方式略有不同）；其二，儒家主张君子"述而不作"，墨家则坚持"古之善者则诛［述］之，今之善者则作之，欲善之益多也"（见《非儒下》和《耕柱》，表达方式略有不同）；其三，儒家主张"君子共［拱］己以待，问焉则言，不问焉则止。譬若钟然，扣则鸣，不扣则不鸣"，墨家则认为在关乎国家命运的紧要关头，君子必须"不扣必鸣"（见《非儒下》和《公孟》，表达方式略有不同）；其四，墨家虽主张"非攻"，但其反对的仅限于不义之战，对于制止暴乱的正义性战争，他们则予以支持，儒家则分不清义与不义，打着"仁""义"的旗号反对一切战争，实则助长了暴乱之人的罪行（见《非儒下》）；其五，儒墨追问事情的方式不一样，墨家喜欢问"为什么"，而儒家喜欢问"是什么"①（见《公孟》）。

（二）对孔子人身的攻击

墨儒之间的对立关系还体现在墨者对孔子的人身攻击中。在《非儒下》的后半部分，墨家后学通过列举五则与孔子有关的例子，②对孔子的人品或者为人处世的方式分别予以批评。前两则故事以齐景公和晏子之间的对话呈现出来。第一则故事讲述了孔子参与楚国白公之乱这一事件，晏子将孔子的所行描述为"深虑同谋以奉贼，劳思尽知以行邪，劝下乱上，教臣杀君"，并指出这绝非仁义之士所当为。第二则故事是说齐景公打算封地给孔子，晏子却极力阻挠，其理由是儒家"浩居而自顺""好乐而淫人""立命而怠事""宗丧循哀""机服勉容"；而孔子本人更是"盛容修饰以蛊世，弦歌鼓舞以聚徒，繁登降之礼以示仪，务趋翔之节以观众，博学不可使议世，劳思不可以补民，累寿不能尽其学，当年不能行其礼，积财不能赡其乐，繁饰邪术以营世君，盛为声乐以淫遇民，其道不可以期世，其学不可以导众"。在以上两则故事中，墨者借助晏子之口对儒家和孔子做了猛烈批评。第三则故事说的是孔子背叛鲁国公室而与季孙氏私下勾结并帮助后者逃跑；第四则故事将孔子描绘为一个明一套、暗一套而不能做到仁义一贯的人；最后一则

---

① 胡适说："儒墨两家根本上不同之处，在于两家哲学的方法不同，在于两家的'逻辑'不同。……孔子说的是一个'什么'，墨子说的是一个'怎样'，这是一个大分别。"（胡适：《中国古代哲学史》，载欧阳哲生编《胡适文集》第6册，北京大学出版社2013年版，第234页。）

② 这几则故事的真实性有待考证，孔鲋在《诘墨》篇对此有详细的讨论。

故事通过孔子弟子的叛乱劣行来间接否定孔子其人。

墨家对孔子的批评实际上反映出儒墨对圣王或天子的标准有不同的看法。比如，当公孟自认为孔子"博于《诗》《书》，察于礼乐，详于万物"，从而可以立为天子时，子墨子则提出了不同见解。在他看来，圣王的标准应当为"尊天事鬼""爱人节用"，即积极践行天志、明鬼、兼爱、节用这四项基本的政策。从根本上来讲，儒墨对圣人标准的不同认识源于两家学术立场的不同。然而，分歧虽然存在，在墨家后学眼中，儒墨之间的对立终究没有达到白热化的程度，这首先体现在墨者夷之"爱无差等，施由亲始"的自我辩护中。除此之外，《非儒》篇还提到：

> 夫一道术学业，仁义也。皆大以治人，小以任官，远施周偏，近以修身，不义不处，非理不行，务兴天下之利，曲直周旋，利则止，此君子之道也。以所闻孔某之行，则本与此相反谬也。

这一段是墨家对君子之道的描述，其实是墨家学说核心要义的表达。墨家固然以"利"为根本的宗旨，但同时强调君子对于利必须取之有道、用之有方，这就需要以仁义为根基，从修身开始，经过治人、任官等不同的阶段来实现天下大利。这一治理模式与儒家由内圣而外王的思路并不违背。由此可见，墨家虽然说孔子所行与此相反，但从他们对自家学说的阐发中，我们却很难将儒墨完全割裂开来。此外，子墨子还曾公开表扬过孔子。[①] 以上内容反映出，在墨家后学那里，儒墨之间的关系虽以对立为主，但其中不乏缓和之处。

三　道、法、杂家视野中的儒墨关系

在孟、荀的批墨以及墨家后学的非儒和批孔中，我们大致了解了战国中后期儒墨之间的对立关系。在这期间，墨家虽然表现出缓和儒墨关系的

---

① 《公孟》篇云："子墨子与程子辩，称于孔子。程子曰：'非儒，何故称于孔子也？'子墨子曰：'是亦当而不可易者也。今鸟闻热旱之忧则高，鱼闻热旱之忧则下，当此虽禹汤为之谋，必不能易矣。鸟鱼可谓愚矣，禹汤犹云因焉。今翟曾无称于孔子乎？'"

某些迹象，但终究没有发展为主流的思想倾向，两家之间的关系仍以对立和冲突为主。儒墨通过揭露对方学说的"弊病"而互相抨击，这同样可视为一种儒墨比较的思想，只不过他们分别站在儒或墨的其中一方而已。除了儒墨这两个"当局者"，在百家争鸣的时代背景下，道、法、杂各家也针对儒墨关系发表了不同论说。其中，道家基于自然的立场而对"儒墨之辩"予以批评，法家出于尚耕战的目的而将儒墨一并否定，杂家对儒墨的评价主要体现在其对先秦诸子的逐一品评之中。

（一）《庄子》的自然观与儒墨对辩

先秦道家的代表人物，除后人比较熟知的老子、庄子之外，还有文子①、列子②。在分别以"文子"和"列子"为题名的两部著作——《文子》和《列子》中，可以看到有关儒墨比较的相关论述。由于学界对这两部著作的真伪性尚存争议，我们便无法就它们的作者与写作年代得出确切的结论。基于此，本部分将重点考察《庄子》一书中的相关论述，而仅对《文子》和《列子》的儒墨关系论说做一简要介绍。

今传本《文子·自然》篇关于孔墨的记载为："孔子无黔突，墨子无暖席，非以贪位慕禄，将欲起天下之利，除万民之害也。自天子至于庶人，四体不勤，思虑不困，于事求赡者，未之闻也。"③ 这里将孔墨作为正面的例子，借此阐述天子应当率领百姓劳苦工作，从而实现"起天下之利""除万民之害"的理想目标。这种对孔墨汲汲于救世的劳苦精神的赞赏之情与《庄子》的批评态度完全不同，这也促使我们怀疑今传《文子》是否为先秦道家的著作。另外，在《淮南子·修务》中，我们可以发现与之非常相近的内容。其文为："孔子无黔突，墨子无暖席。是以圣人不高山，不广河，蒙耻辱以干世主，非以贪禄慕位，欲事起天下利而除万民之害。"④ 两处文本虽然在文字的表达上略有不同，但核心观点基本一致，这就引发出今本

---

① 《汉书·艺文志》班固自注："（文子）老子弟子，与孔子并时，而称周平王问，似依托者也。"（班固：《汉书》卷30，《艺文志》第十，中华书局1962年版，第1729页。）
② 关于"列子"的记载，散见于《庄子·逍遥游》《应帝王》《至乐》《达生》《让王》《列御寇》各篇之中。此外，《尸子·广泽》和《吕氏春秋·不二》都提到"列子贵虚"。
③ 彭裕商：《文子校注》，巴蜀书社2006年版，第169页。
④ 何宁：《淮南子集释》，中华书局1998年版，第1319—1320页。

《文子》与《淮南子》的关系问题。张丰乾在参照以往研究成果的基础上对此做了进一步的考证和分析，最后得出"传世本《文子》抄袭了《淮南子》"这一结论。① 如果事实确如此，今本《文子》关于孔墨的论说便不能用来说明先秦道家对儒墨关系所持的态度。

《列子》不是先秦时期的列子所作，而是魏晋时人所集而成并且经过张湛的注解，这一见解已基本成为学界的共识。《列子》共有四处提到"墨子"或"墨翟"，其中与孔子并称的有如下两处：

> 孔丘墨翟无地而为君，无官而为长；天下丈夫女子莫不延颈举踵而愿安利之。今大王，万乘之主也；诚有其志，则四竟之内皆得其利矣。其贤于孔墨也远矣。②（《黄帝》）
> 孔子之劲能拓国门之关，而不肯以力闻。墨子为守攻，公输般服，而不肯以兵知。故善持胜者以强为弱。③（《说符》）

从两段引文中的"无地而为君""无官而为长""以强为弱"可以看到先秦道家"无为而治""贵弱守柔"的影子，亦可印证"列子贵虚"的记载。但这种以道家思想为旨归的论述方式只是由魏晋玄学以道为本的学术立场所导致。道家学说演进至魏晋时期，毕竟发生了不少变化，其中较为突出的一个方面就是对儒墨的态度。与先秦道家对儒墨之辩的批评态度不同，魏晋时人虽然以道家思想为归宿，但同时将孔子和墨子视为说理的正面典型。简言之，《列子》作者对儒、墨、道三家的态度为"极力推崇道家，肯定并利用儒家墨家"④。

与《文子》和《列子》对孔墨的正面描述不同，在先秦道家尤其是《庄子》那里，儒墨基本上作为批评的对象而存在。庄子⑤从批评"儒墨

---

① 张丰乾：《出土文献与文子公案》，社会科学文献出版社 2007 年版，第 51—98 页。
② 杨伯峻：《列子集释》，中华书局 2013 年版，第 92—93 页。
③ 杨伯峻：《列子集释》，中华书局 2013 年版，第 266 页。
④ 谭家健：《〈列子〉书中的先秦诸子》，《管子学刊》1998 年第 2 期。
⑤ 《庄子》并非庄子一人所作，而是经过庄子以及后人的集结而成，此处称"庄子"仅出于行文方便的考虑，实际是庄子及其学派的总称。

对辩"开始，最终的落脚点则是以道家的自然立场反驳儒墨仁义之道对人的天然本性的破坏。现立足于《庄子》文本，对其中评判儒墨的内容做详细考察，由此窥探先秦道家对儒墨关系所持的基本态度。

庄子所处正是百家争鸣，特别是儒墨争辩最盛的时代。然而，"面对战国时期儒墨之间的热烈争论，庄子游离于时代热点之外，对百家争鸣冷眼旁观，甚至于在《齐物论》等篇章中对儒墨之争冷嘲热讽"①。庄子虽然置身于当时的学派论争之外，但对儒墨对辩所造成的弊端有深刻的认识。一方面，儒墨之辩容易混淆是非。《齐物论》云："故有儒墨之是非，以是其所非而非其所是。欲是其所非而非其所是，则莫若以明。"又，《知北游》云："君子之人，若儒墨者师，故以是非相齑也，而况今之人乎！"儒墨双方都认为自己的言论是正确的，对方是错误的，彼此各执己见，并试图将对方驳倒，最后只会造成更加混乱的局面。另一方面，儒墨争辩还会危及性命。《列御寇》记载了"儒墨相与辩，其父助翟，十年而缓自杀"②的事例。面对儒墨之辩造成的种种不良后果，庄子以"齐物"为原则，对其进行批评。庄子的"齐物"包含两层意思："齐物"之论和齐同"物论"。前者指消除事物之间的差别，将所有事物齐平对待，亦即"以相对主义思想，企图取消客观事物之间的差别和对立"③；后者则主张忽略各种意见之间的分歧，也就是"肯定人的认识是相对的，人的认识只是一定条件下的产物"④。在庄子看来，学术辩论所导致的一个困境是：我们无法找到一个客观的标准去评判辩论双方的对与错，这样就会造成"既使我与若辩矣，若胜我，我不若胜，若果是也，我果非也邪？我胜若，若不吾胜，我果是也，而果非也邪？"（《齐物论》）的结局，从而使原本打算辩

---

① 童恒萍：《〈庄子〉与墨家》，《中州学刊》2004年第5期。

② 孙诒让认为"十年而缓自杀"是历史上的真实事例，并予以收录；（参见（清）孙诒让撰、孙启治点校《墨子间诂》之《墨子后语上》，中华书局2001年版，第722页。）钱穆则将其视为寓言故事。（参见钱穆《先秦诸子系年》，商务印书馆2001年版，第113—114页。）郑杰文结合《庄子》《淮南子》的相关文本认为，"此故事当有某些社会现实为背景，不当作为凭空编造的寓言故事。那么，它当是以'墨由儒出'和'儒墨相争'的社会现实为基础、由个别生活现实事例所引发、又在流传中不断被加工添加的传说故事"（参见郑杰文《〈庄子〉论墨与战国中后期墨学的流传》，《齐鲁学刊》2004年第5期。）

③ 冯友兰：《中国哲学史新编（上）》，人民出版社2007年版，第305页。

④ 冯友兰：《中国哲学史新编（上）》，人民出版社2007年版，第302页。

别清楚的问题变得更加扑朔迷离，辩论由此便失去了意义。庄子认为"大辩不言"，最高境界的"辩"其实是"不言之辩"，或者说"不辩"。从根本上看，这种"不言之辩"是由"不道之道"决定的。对此，庄子认为："道昭而不道，言辩而不及。"（《齐物论》）道，是脱离了差别、天人合一的自然之境，任何人为的辩论都是对大道的背离，因而遭到庄子的严厉批评。

在批评儒墨之辩的基础上，庄子进一步追溯到三皇五帝以来的仁义之教，对仁义损伤人心的事实毫不留情地予以揭露，由此捍卫道家坚持的自然立场。庄子的直接批评对象虽然是儒墨之争，但他却指出，混乱的根源并不在儒墨，而是由三皇五帝所创始并被儒墨加以吸收利用的仁义之道。《在宥》云："昔者黄帝始以仁义撄人之心，……下有桀跖，上有曾史，而儒墨毕起。"《天运》云："夫仁义憯然乃愤吾心，乱莫大焉。……禹之治天下，使民心变，人有心而兵有顺，杀盗非杀，人自为种而天下耳，是以天下大骇，儒墨皆起。……三皇五帝之治天下，名曰治之，而乱莫甚焉。"儒墨本是先秦时期两个不同的学术派别，却被庄子一并攻击，其主要原因在于"儒墨共同主张效法古代圣王、以加强道德感化而调节人际关系来治理社会，在社会治理措施的大路向上有基本共同点。而与老庄道家的效法自然、尊重个性的社会治理路向决不相同"①。简而言之，就是儒墨仁义之道与道家自然之道的冲突所致。当子张向满苟得质问，如果不实行仁义，就会造成亲疏无别、贵贱无等、长幼无序等混乱的局面时，满苟得以历史上的"尧杀长子""舜流母弟""汤放桀""武王杀纣""王季为适"以及"周公杀兄"等事例来反问子张，为何仁义的施行反而使社会秩序更加混乱，从而导致无法辨别"五纪六位"。（《盗跖》）儒墨非但不能认识到仁义之道的弊端，还加以承袭之，所以庄子才用"儒者伪辞，墨者兼爱"之类的表达而将他们一并予以否定。

儒墨虽然是仁义之道的积极践行者，且受到了庄子的批评，但庄子的批评绝非仅限于儒墨，而是"针对脱离大道的诸子争辩这一现象而发"②。

---

① 郑杰文：《〈庄子〉论墨与战国中后期墨学的流传》，《齐鲁学刊》2004年第5期。

② 孙以楷：《〈庄子〉中的墨学》，《职大学报》2003年第1期。

《胠箧》云："削曾史之行，钳杨墨之口，攘弃仁义，而天下之德始玄同矣。……彼曾、史、杨、墨、师旷、工倕、离朱者，皆外立其德而以爚乱天下者也，法之所无用也。"先秦诸子之间的争论都是追逐于外在之物的表现，所谓的仁义、道德，都是对人心的伤害，最终使人心与大道全然无涉。只有停息诸子之辩、抛弃仁义，才能复归于"玄同"之境。这种"玄同"，可以说是天道，亦可以说是人心，还可以说是天人合一的自然之道。对此，我们说庄子的哲学以自然为根本出发点，以批评儒墨之辩为途径，最终又复归于自然之道，此即《缮性》篇所说的"人虽有知，无所用之，此之谓至一。当是时也，莫之为而常自然"。

（二）《韩非子》的历史观与儒墨之批评

目前流传最广的关于先秦时期儒墨两家存在状况的描述要数《韩非子·显学》篇的"世之显学，儒、墨也。儒之所至，孔丘也。墨之所至，墨翟也"[1]。然而，韩非的目的并非仅交代儒墨的"显学"地位，而是致力于揭露儒墨之争所引发的问题。《庄子》虽然对儒墨之辩做了严厉批评，但没有指明儒墨争辩的具体内容是什么。韩非更进一步，首先介绍儒墨双方辩论时所持的基本立场。《显学》云："孔子、墨子俱道尧、舜，而取舍不同，皆自谓真尧、舜；尧、舜不复生，将谁使定儒、墨之诚乎？"[2] 在说理的过程中，儒墨均以古为据，且以尧、舜的继承人自诩，试图借此增强自家学说的历史厚重感。对此，韩非不以为然，认为尧、舜不能复生，这样就无法判定儒墨两家孰是孰非。可以说，韩非的这一反问"论证了儒墨宣扬的尧舜并非真实的尧舜，某种程度上，是对儒墨的理论根据釜底抽薪"[3]。

庄子反对儒墨对辩主要出于自然主义的立场，韩非则从现实社会的需要层面来讨论这一问题。其一，在治理社会的具体措施上，儒墨各执一词，混淆视听，迷惑统治者。以丧葬为例，墨家主节葬，而"世主以为俭而礼之"；儒家主厚葬，而"世主以为孝而礼之"。儒墨所言本属"愚诬

---

① 王先慎撰，钟哲点校：《韩非子集解》，中华书局1998年版，第499页。
② 王先慎撰，钟哲点校：《韩非子集解》，中华书局1998年版，第500页。
③ 姚日晓、杜玉俭：《韩非子经典阐释思想研究》，《中北大学学报》（社会科学版）2010年第1期。

之学""杂反之辞",却被统治者不加筛选地一并采纳,从而造成"海内之士言无定术,行无常议"。① 由此,国家出现混乱的局面就不足为奇了。其二,儒墨沉迷于辩论,不理会耕作、战争之事,因而阻碍社会的正常生产。杨朱和墨翟虽是天下公认的明察之人,却"不可以为官职之令";鲍焦和华角亦是天下公认的贤者,却"不可以为耕战之士"。在韩非看来,所谓的明察之人与贤者,只要不参与国家的治理、耕作以及攻战之事,就失去了存在的意义。因此,对于孔、墨、曾、史一类的人,韩非批评道:"博习辩智如孔、墨,孔、墨不耕耨,则国何得焉? 修孝寡欲如曾、史,曾、史不战功,则国何利焉?"② 韩非追求国"得"、国"利"的目的在此表露无遗,而孔、墨、曾、史既不耕耨,又不战功,自然遭到了他的坚决抵制。韩非哲学的核心内容是法、术、势三者的循环互补,由此构成与儒墨仁义之道相抗衡的重要力量。因此,韩非批评儒墨的另一个突破口是德治与法治的冲突。韩非没有对儒墨两家关于"爱"的论说予以区分,而是将"兼爱"视为儒墨的共同主张。韩非认为,兼爱无非要求君主像对待自己的父母和子女一样对待全天下的人,但这并不能保证一定能取得良好的治理效果,也不能保证民众不作乱犯上。因为比起单纯的仁义说教,君主拥有的权势具有更强的威慑力。对此,韩非说:"民者固服于势,寡能怀于义。"③

当然,韩非对儒墨的反驳并非空说无凭,而是以"世异则事异""事异则备变"的历史观为依据。韩非对耕战的大力提倡主要着眼于古今社会状况的不同。古代社会男不耕、女不织,衣食却很充足,原因在于"人民少而财有余";既然有余,就没有争夺发生,所以不用赏罚而民众自然得到治理。现今社会则不同,人口激增而货财短缺,民众争抢不断,赏罚亦失去效力,所以只能通过加强耕战来实现稳固国家政权的目的。韩非对儒墨争辩的批评有两个针对点:其一,儒墨争辩这种形式既不利于耕战又影响君主统治,因而必须加以拒斥;其二,儒墨争辩无非围绕仁义、兼爱等

---

① 王先慎撰,钟哲点校:《韩非子集解》,中华书局1998年版,第500—501页。
② 王先慎撰,钟哲点校:《韩非子集解》,中华书局1998年版,第463—464页。
③ 王先慎撰,钟哲点校:《韩非子集解》,中华书局1998年版,第488页。

内容展开，而这些被他们视为传自先王的亘古不变的道理。对此，韩非提出"仁义用于古而不用于今"①。由于社会历史阶段的不同，君主治理国家的手段亦随之发生变化。具体来看，"上古竞于道德，中世逐于智谋，当今争于气力"②。气力之争即耕战之争。由此，韩非从历史进化的角度为其耕战说建立了牢固的理论根基，并对儒墨给予了严厉批评。

综上所述，韩非以"世界则事异""事异则备变"的历史观为前提，依据法、术、势三者的循环互补以及尚耕战的基本立场，对儒墨两家以仁义为核心的争论做出了全面、深刻的批评。至此，法与儒、法与墨的分歧清晰可见。对于法家和儒家的关系，一般认为"孔子以德治为主，仍然承认法治的辅助作用，韩非专恃法、术、势，不给德治留下任何存在的余地"③。对于法家和墨家的关系，则颇有争议。最为熟知的是郭沫若的"通姻"论，他说："然而韩非思想，在道家有其渊源，在儒家有其瓜葛，自汉以来早为学者所公认，而与墨家通了婚姻的一点，却差不多从未被人注意。"④ 当今仍有学者致力于突出法、墨两家的内在关联，如王克奇认为："韩非的'法治'思想、非道德主义和君主专制主义思想，与'墨子之法'、'功利主义'和'尚同'思想，在学术上也是一脉相承的。"⑤ 魏义霞认为，墨、韩虽然有"明天志"与"阐道德"的明显分歧，但最终实现了同归，"这个同归之处便是尚力非命的人为进取、经验实证的真理标准和追逐功利的思想主旨"⑥。郭春莲分别从"法仪""尚同"以及"功利"三个方面详述墨家思想对韩非子法律思想的影响。⑦ 蒋重跃反其道而行之，认为法家尚能但不尚贤，这是与墨家的区别之一。此外，墨家的尚同不主张"连坐"，人民对上级有进谏的义务，并且强调层层逐级上报，这与法家强调君主的特权不同。所以说，"即使承认韩非之学与墨子'通了婚姻'，也只能认为两者同床异梦、貌合神离，它绝不是一桩美满'姻缘'，

①　王先慎撰，钟哲点校：《韩非子集解》，中华书局1998年版，第486页。
②　王先慎撰，钟哲点校：《韩非子集解》，中华书局1998年版，第487页。
③　蒋重跃：《韩非子的政治思想》，北京师范大学出版社2010年版，第82页。
④　郭沫若：《十批判书》，人民出版社2012年版，第270页。
⑤　王克奇：《墨子与孔子、老子、韩非关系论》，《孔子研究》1997年第3期。
⑥　魏义霞：《殊途而同归：墨子与韩非子哲学的比较研究》，《齐鲁学刊》1997年第3期。
⑦　参见郭春莲《韩非法律思想研究》，上海人民出版社2012年版，第78—86页。

这苟合的一对迟早要分道扬镳，各奔前程，韩非在《显学》篇对墨家内部矛盾的揭露，早就预告了这段'婚姻'的破产"①。

（三）《吕氏春秋》的兼采各家与儒（孔）墨并提

《汉书·艺文志》论杂家云："杂家者流，盖出于议官。兼儒、墨，合名、法，知国体之有此，见王治之无不贯，此其所长也。及荡者为之，则漫羡而无所归心。"②"兼儒墨""合名法"说明杂家对先秦各学派的思想学说均有所吸收和统合。《吕氏春秋》和《尸子》两著都被列为杂家一类，其中均可见关于儒墨或孔墨并提的内容，《吕氏春秋》中的相关记载竟高达十余处。

《尸子·广泽》云："墨子贵兼，孔子贵公，皇子贵衷，田子贵均，列子贵虚，料子贵别囿，其学之相非也，数世矣而已，皆弇于私也。"③ 这是对战国时期不同学派思想特征的简单总结。各学派出于各自的学术立场而彼此非难，根本上皆由一己之偏见所导致，儒墨亦属此类。对于儒墨两家，《尸子》没有表现出偏向其中一方的倾向，而是客观地揭示出他们的基本主张。与此相似，《吕氏春秋》中也有关于先秦各家学说的概括性介绍。《吕氏春秋·不二》云："老耽贵柔，孔子贵仁，墨翟贵廉，关尹贵清，子列子贵虚，陈骈贵齐，阳生贵己，孙膑贵势，王廖贵先，儿良贵后，此十人者，皆天下之豪士也。"④ 前文已提到，杂家是在吸收各家学说的基础上形成自己的思想体系，这就决定他们对诸子百家学说各自的特征分别有所涉猎，从而能够形成不同的评价。

除了对先秦诸子的思想特征予以勾勒之外，《吕氏春秋》中关于儒墨或孔墨的记载还有如下三种类型。首先，将儒墨视为互相对立的两种学说。在阐述君主应当礼贤下士这一观点时，《吕氏春秋》的作者对有道之士和不肖君主彼此傲视的态度进行批评，认为他们两者之间这种水火不容的关系类似于儒与墨的观点、齐楚两国的服饰所呈现出来的巨大差异。⑤

① 蒋重跃：《韩非子的政治思想》，北京师范大学出版社2010年版，第88页。
② 班固：《汉书》卷30，《艺文志》第十，中华书局1962年版，第1742页。
③ 李守奎等译注：《尸子译注》，黑龙江人民出版社2002年版，第42页。
④ 许维遹撰，梁运华整理：《吕氏春秋集释》，中华书局2009年版，第467—468页。
⑤ 《吕氏春秋·下贤》云："有道之士固骄人主，人主之不肖者亦骄有道之士，日以相骄，奚时相得？若儒、墨之议与齐、荆之服矣。"（参见许维遹撰，梁运华整理《吕氏春秋集释》，中华书局2009年版，第368页。）

此处只是以儒墨为例，用两家学说的不同比喻士人和君主之间的对立关系，并没有对儒墨中的任何一方做出评价。其次，批评孔墨的仁义之术。《吕氏春秋·有度》云："孔、墨之弟子徒属充满天下，皆以仁义之术教导于天下，然而无所行。"① 作者认为，儒墨虽然并称"显学"，且都在当时社会产生了巨大影响，但他们所宣称的以仁义为核心的学说并没有获得明显的效果。究其原因，则在于"仁义之术外也"。仁义作为外在性的手段，不能从人的本心或本性入手，这就决定它不可能从根源上解决现实问题。因此，唯一的出路就是"通乎性命之情"，如此才能实现"仁义之术自行"。贬低仁义之术，复归人的自然本性，《吕氏春秋》的这种见解与《老子》的"自然""无为"观点颇为类似。最后，以孔子和墨子作为说理的正面典型，这是《吕氏春秋》一书中孔墨并提最常见的用法。为了宣传某一特定的主张，孔子和墨子分别被赋予与之相对应的品德，从而使该主张更加具有说服力，实行起来更加容易。比如，在强调环境对人的决定作用时，孔、墨后学变成了因染习得当而显荣于天下的人物；② 在强调"大"的重要性时，孔子和墨子也成了因务大而显名的代表；③ 在强调"因"的作用时，孔、墨则成了善于凭借、利用外物的代表；④ 在强调做事应排除干扰、专心致志时，孔子和墨子亦成为这一方面的典型代表；⑤ 等等。总之，在这种情形下，儒墨之间的学术分歧被忽略，孔子和墨子成为良好品行的积极践行者，世人应当予以效仿。

冯友兰认为，"《吕氏春秋》的方法不是对各家在更高的水平上加以综

---

① 许维遹撰，梁运华整理：《吕氏春秋集释》，中华书局 2009 年版，第 665 页。

② 《吕氏春秋·当染》云："孔、墨之后学显荣于天下者众矣，不可胜数，皆所染者得当也。"（参见许维遹撰，梁运华整理《吕氏春秋集释》，中华书局 2009 年版，第 53 页。）

③ 《吕氏春秋·谕大》云："孔丘、墨翟欲行大道于世而不成，既足以成显名矣。"另，《务大》云："孔、墨欲行大道于世而不成，既足以成显荣矣。"（参见许维遹撰，梁运华整理《吕氏春秋集释》，中华书局 2009 年版，第 302、682 页。）

④ 《吕氏春秋·贵因》云："墨子见荆王，锦衣吹笙，因也。孔子道弥子瑕见釐夫人，因也。"（参见许维遹撰，梁运华整理《吕氏春秋集释》，中华书局 2009 年版，第 389 页。）

⑤ 《吕氏春秋·博志》云："盖闻孔丘、墨翟，昼日讽诵习业，夜亲见文王、周公旦而问焉。用志如此其精也，何事而不达？何为而不成？"（参见许维遹撰，梁运华整理《吕氏春秋集释》，中华书局 2009 年版，第 653 页。）

合，而用一种拼凑式的方法加以综合"①。诚然，《吕氏春秋》的作者通过广泛吸收和发挥先秦诸子的思想学说而集成该部巨著，但作者的目的并非简单的拼凑、整合，而是努力建立自己的学说体系。关于《吕氏春秋》一书的思想主旨，学者多有不同之见。其中，有持墨家思想为主旨者，如清代卢文弨认为："《吕氏春秋》一书，大约宗墨氏之学而缘饰以儒术。"②有持儒家思想为主旨者，如金春峰认为："《吕氏春秋》的思想是儒家思想，但它不同于以孔孟为代表的儒家思想而具有新的特征，可以称之为'新'儒家思想。'新'儒家思想是以荀子和《易传》为代表的。"③有持道家思想为主旨者，如陈鼓应认为："《吕氏春秋》是以道家思想为主体兼采阴阳、儒墨、名法、兵家诸家学说而贯通完成的一部晚周巨著。《吕氏春秋》集先秦道家之大成，是秦道家的代表作。"④刘元彦以《吕氏春秋·用众》篇的"天下无粹白之狐而有粹白之裘，取之众白也"为依据，认为《吕氏春秋》综合各家学说之长处而形成，是一种"集腋成裘"，但它仍然"以道家、儒家为主"⑤。

在秦始皇焚书之前，诸子百家得以自由地进行学术争鸣，这一阶段中的儒与墨，同享"显学"的地位，但思想主张的分歧决定两者之间的竞争和冲突持续不断。因此，从儒墨形成对立关系的那一刻起，关于两者的比较研究就从未中断过。总体来看，先秦时期的儒墨比较思想可划分为如下两种类型：

第一种类型，是儒墨两家的儒墨比较思想，其主要表现形式就是儒墨双方的互相攻击。具体来看，孟子对墨家兼爱的批评，实质上是仁爱与兼爱的比较；荀子对墨家的批评，实质上是认为儒家的礼义优于墨家的情性；而墨家对儒家"四政"的逐一批评，亦是从丧葬、音乐、天命以及鬼神等方面对两家学说的比较。因此，先秦时期的儒墨比较思想首先就体现

① 冯友兰：《中国哲学史新编（上）》，人民出版社2007年版，第631—632页。
② 卢文弨：《书吕氏春秋后》，载《抱经堂文集》，中华书局1990年版，第148页。
③ 金春峰：《论〈吕氏春秋〉的儒家思想倾向》，《哲学研究》1982年第12期。
④ 陈鼓应：《从〈吕氏春秋〉看秦道家思想特点》，《中国哲学史》2001年第1期。
⑤ 刘元彦：《〈吕氏春秋〉：兼容并蓄的杂家》，生活·读书·新知三联书店2008年版，第193、211页。

在儒墨对彼此学说的批评之中。

第二种类型，是儒墨之外的道、法、杂各家的儒墨比较思想。无论是道家的《庄子》、法家的《韩非子》，还是杂家的《吕氏春秋》，都将儒墨或孔墨作为一组概念予以提及，但在概念的理解上有明显不同。《庄子》和《韩非子》分别站在道家自然和法家尚耕战的立场上对儒墨之辩进行批评，《吕氏春秋》则将儒墨或孔墨视为说理的范例，虽偶尔夹杂着批评，但总体态度是肯定的。对于道、法、杂三家来说，儒墨的比较不是思想旨归，其根本目的是借此宣传自家的学说和基本观点。

第二节　尊儒抑墨：儒学大一统下的儒墨关系论说

秦始皇的焚书坑儒使古代学术经历了短暂的萧条期，后经过汉武帝的"推明孔氏，抑黜百家"，中国古代思想开始了儒学作为官方意识形态的统治时期。在此期间，墨学虽然回不到先秦时期的"显学"地位，但毕竟没有"中绝"。关于儒墨或孔墨的比较也一直是汉代及以后不同朝代的学者经常提及的一个重要话题。西汉初期，黄老思想盛行，儒和墨常并列出现，但此时的学者并未对其中的一方表示出明显偏好。儒学独尊之后，以司马迁为代表的学者逐渐流露出偏袒儒学的态度。东汉时期，通过儒墨并提来阐发自家学说或为改革现实社会的活动寻求理论上的支撑成为学者研墨的主要目的。魏晋南北朝时期，谈玄论道成为主流社会风气，儒墨尽管常被并列而提，但基本上处于学术末流的态势。唐宋讲求"道统"，虽有韩愈率先提出儒墨相为用的主张，似乎为墨家争得了某些话语权，但最终未能逃脱儒学正统的束缚。这一境况在宋代理学家的推动下越发严重，从而使墨学的地位一落千丈。明代商品经济的繁荣和出版印刷业的发展带动了《墨子》的刊刻，虽然缺乏系统的墨学研究论著，但在不同版本的《墨子》序言或跋文中，可大体把握这一时期的治墨热点。在儒墨比较方面，先后有宋濂、李贽等学者为墨家做不同程度的辩护，但崇儒抑墨仍然是主流的思想倾向。这种情况一直持续到清初，墨学在这一时期虽有挣扎，但终究没能撼动儒学的正统地位。总之，从西汉至清初的漫长时期中，墨学虽未中绝，其中关于儒墨比较的论说亦不少见，但受制于儒学在思想界的正统地位，墨学在儒墨两者的比较中基本上处于劣势。

一　两汉：儒墨并举、孔墨同称

秦朝的焚书坑儒使先秦以来诸子百家自由竞争的学术局面被迫终止。秦至汉期间，仅《孔丛子》中的《诘墨》篇因为是儒家对墨家"非儒"学说的反驳，可以视为儒家立场之上的一种儒墨比较思想。关于《孔丛子》其书，旧题孔鲋撰。据《史记·孔子世家》记载："（孔鲋）为陈王涉博士，死于陈下。"① 但今人多认为是汉魏时期的王肃伪托孔鲋之名而作。黄怀信在详细考察《诘墨》文本之后得出结论："包括《诘墨》在内，今书的前十八篇除《小尔雅》外，就均应看作孔鲋手笔。"② 诘墨，顾名思义，就是反驳墨子。更确切地说，是对墨家"非儒"的反击。针对墨子借晏婴之口来诬蔑孔子的行为，孔鲋一方面坚持"晏子之所行，未有以异于儒"，即突出晏婴所行与儒家的相通性；另一方面，则直言墨子"谤毁圣人，虚造妄言"。此外，孔鲋还依据孔子的生平经历、孔门弟子的表现等内容对《非儒》篇的观点一一做出反驳。③ 至汉初，在黄老道家为主的统治模式下，儒墨曾一度衰微，后经武帝的推崇儒术，儒学逐渐被确立为官方的主流意识形态。墨学的发展自然因此受挫，由此给后人造成墨学从此"中绝"的印象。如汪中说："自墨子没，其学离而为三，徒属充满天下，吕不韦再称巨子，韩非谓之显学，至楚、汉之际而微。"④ 汪中此说表明，墨学进入汉代之后开始走上衰微的道路。孙诒让更进一步，认为墨学在汉代中绝。他说："犷秦隐儒，墨学亦微。至西汉儒复兴，而墨竟绝。"⑤ 不仅孙诒让，当今不少学者仍持墨学在汉代中绝的观点。然而，通过考察两汉时期的相关著作可知，墨学非但没有中绝，还经常与儒学一起出现，儒墨并举或孔墨同称是两汉时期的常见现象。当然，不同时期的学

① 司马迁：《史记》卷47，《孔子世家》第十七，中华书局1982年版，第1947页。
② 黄怀信：《〈孔丛子〉的时代与作者》，《西北大学学报》（哲学社会科学版）1987年第1期。
③ 参见傅亚庶《孔丛子校释》，中华书局2011年版，第391—395页。
④ 汪中：《墨子序》，载《墨子间诂》，中华书局2001年版，第670页。
⑤ 孙诒让：《墨子传略》，载《墨子间诂》，中华书局2001年版，第707页。

者，由于学术或政治立场的不同，在讨论儒墨或孔墨的关系时，呈现出了不同的特点。

（一）黄老思想的盛行与儒墨并举

汉初统治者吸取秦朝迅速灭亡的教训，实行以黄老道家思想为核心的休养生息政策，包括儒学在内的其他各家学说逐渐被边缘化。这一时期虽然仍有儒墨或孔墨并举的现象，但学者们或者仅关注孔子和墨子的个人品行，比如陆贾、贾谊、邹阳；或者借批评儒墨来阐发自家的学术观点，如淮南学派。

西汉时期，最早将孔墨并提的学者是陆贾（约前240—前170年）。《新语·思务》篇云："故仁者在位而仁人来，义者在朝而义士至。是以墨子之门多勇士，仲尼之门多道德，文王之朝多贤良，秦王之庭多不详。"[1] 关于"墨子之门多勇士，仲尼之门多道德"，唐晏注云："此以孔、墨并列，战国之习惯耳。"[2] 墨子和孔子被陆贾视为仁、义之士的代表，墨子以侠义见长，孔子以道德响名，两者难分伯仲。然而，陆贾并不在乎儒墨两家孰优孰劣，只是借此阐发善恶必有因，心、志为主导的观点（"故善者必有所主而至，恶者必有所因而来。夫善恶不空作，祸福不滥生，唯心之所向、志之所行而已矣"）。贾谊（前200—前168年）在《过秦论》中赞扬陈涉起义抗秦的壮举时提到"（陈涉）才能不及中人，非有仲尼、墨翟之贤，陶朱、猗顿之富"[3]。这里的仲尼、墨翟同为贤人，贾谊的目的是通过突出陈涉才知的平庸来高扬其揭竿起义的伟大精神。再如，邹阳（前206—前129年）在《狱中上书》中说："故偏听生奸，独任成乱。昔者鲁听季孙之说而逐孔子，宋信子罕之计而囚墨翟。夫以孔、墨之辩，不能自免于谗谀，而二国以危。何则？众口铄金，积毁销骨也。"[4] 同样，作者只是以孔子和墨子的事迹为例，以此警告当政者切忌偏听谗言。

上述陆贾、贾谊和邹阳只是偶尔提及儒墨或孔墨，而且三者主要借此阐发某种主张或道理。与此不同，以刘安为领导的淮南学派所创作的《淮

---

① 王利器：《新语校注》，中华书局2012年版，第193—194页。
② 王利器：《新语校注》，中华书局2012年版，第194页。
③ 贾谊撰，阎振益、钟夏校注：《新书校注》，中华书局2000年版，第2页。
④ 司马迁：《史记》卷83，《鲁仲连邹阳列传》第二十三，中华书局1982年版，第2473页。

南子》多次将儒墨或孔墨同时提及，其中反映出的作者的态度也有所不同。大体来看，《淮南子》中的儒墨或孔墨并举可分为如下三种情形。

第一，揭示儒墨两家的理论来源及其学说的分歧。《淮南子·要略》云："孔子修成、康之道，述周公之训，以教七十子，使服其衣冠，修其篇籍，故儒者之学生焉。墨子学儒者之业，受孔子之术，以为其礼烦扰而不说，厚葬靡财而贫民，[久]服伤生而害事，故背周道而用夏政。"① 孔子继承周代之礼，礼乐制度为儒家之本；墨子本出于儒家，但终因观点的不同而分道扬镳。儒墨的分歧集中体现在礼乐上，墨子对儒家以"弦歌鼓舞""盘旋揖让""厚葬久丧"为主要内容的礼乐制度甚为反感，故而脱离儒家，走上了完全相反的道路。《淮南子》的这一陈述较为客观地呈现了儒墨两家的思想来源以及儒墨相互对立的事实。

第二，借儒墨或孔墨对举阐发自家的学术主张。这就与陆贾、贾谊以及邹阳儒墨并称的目的实现了相通。关于《淮南子》的思想宗旨，胡适认为，"《淮南子》的哲学，不但是道家最好的代表，竟是中国古代哲学的一个大结束"②。诚然，《淮南子》以道家思想为主导。除此之外，法家重"势"、墨家为天下牺牲的精神等内容均在该著中有所体现。道家最根本的概念是"道"，意指自然之道，或者说是自然、社会的客观规律。《淮南子》对儒墨或孔墨的首要运用，就是借此突出自然之道。如《主术》云："孔、墨博通，而不能与山居者入榛薄险阻也。由此观之，则人知之于物也，浅矣。而欲以遍照海内，存万方，不因道之数，而专己之能，则其穷不达矣。"③ 孔子和墨子虽然知识广博、通晓人事，但比起万物之道来，仍显得尤为浅薄、有限。只有突破个人智识的限制，遵循天地自然之道，才能实现与万物的真正融通。淮南学派的目的不是彻底否定孔子和墨子，而是对他们的学识分别有所肯定。但是，他们希望借孔、墨知识的有限性来阐发"因日以动""因夜以息"，即根据自然、社会发展的客观规律而采取相应治理措施的道理，因为他们坚信"唯有道者能行之"。《老子》强

① 何宁：《淮南子集释》，中华书局1998年版，第1459页。
② 胡适：《〈淮南子〉的哲学》，载《胡适文集》第10册《胡适集外学术文集》，北京大学出版社2013年版，第319页。
③ 何宁：《淮南子集释》，中华书局1998年版，第625页。

调"弱之胜强""柔之胜刚",《淮南子》同样通过孔墨并称对这一道理进行阐发。《道应》云:"孔子劲杓国门之关,而不肯以力闻;墨子为守攻公输般服,而不肯以兵知。善持胜者,以强为弱,故老子曰:'道冲而用之,又弗盈也。'"① 这是以道家的视角对孔子和墨子的相关事迹进行独特的解读。在遵循自然之道的基础上,淮南学派还突出"势"在君主治理国家中的重要作用,这是对法家重"势"思想的直接继承。《主术》云:"孔丘、墨翟,修先圣之术,通六艺之论,口道其言,身行其志,慕义从风而为之服役者,不过数十人。使居天子之位,则天下遍为儒、墨矣。"② 同样,这里并未否定儒墨两家的学说,而是认为"天子之位"(即"权势"或"势")能为国家的治理带来事半功倍的效果。顺应自然之道,善于运用权势,这是淮南学派的治国方法。在此基础上,还需要"事起天下利而除万民之害"的牺牲精神。这个时候,孔、墨便成为正面的例子。《修务》云:"孔子无黔突,墨子无暖席。是以圣人不高山,不广河,蒙耻辱以干世主,非以贪禄慕位,欲事起天下利而除万民之害。"③ 尽管儒墨的仁义之术不适合当时社会的治理情况,孔、墨二人为救治天下所体现出来的伟大精神仍有重要的借鉴意义。

第三,儒墨并称即对两家的批评。《淮南子》中儒墨或孔墨并称的第三种类型,是以道家的"道"与"德"为根本立场而对儒墨的仁义之教进行批评。《老子》第十八章云:"大道废,有仁义。"《淮南子》继承这一观点,认为仁、义是对天性、大道的背离。《齐俗》云:"率性而行谓之道,得其天性谓之德。性失然后贵仁,道失然后贵义。"④ 儒墨两家均以仁义立教,因而成为淮南学派批判的对象。《俶真》云:"周室衰而王道废,儒、墨乃始列道而议,分徒而讼。"⑤ 这是对"大道废,有仁义"的继续发挥,突出了大道与仁义的对立关系。再者,淮南学派对儒墨礼乐制度中的重要方面——丧葬仪式进行批评。《齐俗》云:"夫三年之丧,是强人所

---

① 何宁:《淮南子集释》,中华书局 1998 年版,第 838—839 页。
② 何宁:《淮南子集释》,中华书局 1998 年版,第 674 页。
③ 何宁:《淮南子集释》,中华书局 1998 年版,第 1319—1320 页。
④ 何宁:《淮南子集释》,中华书局 1998 年版,第 759 页。
⑤ 何宁:《淮南子集释》,中华书局 1998 年版,第 138 页。

不及也，而以伪辅情也；三月之服，是绝哀而迫切之性也。夫儒墨不原人情之终始，而务以行相反之制，五缞之服。"① 无论是儒家的厚葬久丧，还是墨家的节葬短丧，都是违背人之情性的做法。从根本上来看，两者都属于对"道"的损害。虽然指出仁义对大道的损害，与《老子》"绝仁弃义"不同的是，《淮南子》并不摒弃仁义，而是主张"制礼义，行至德，而不拘于儒、墨"，即礼义的制定必须以推行至高无上的德为目的，而不能拘泥于儒墨两家烦琐的礼仪制度。由此可见，《淮南子》对儒墨虽以批评为主，但并不主张对两者摒弃不用，而是承认两家学说在国家的治理中可以发挥相应的作用。《氾论》提到汉高祖在攻打天下时"丰衣博带而道儒墨者，以为不肖"，然而夺取天下之后，便"总邹、鲁之儒墨，通先圣之遗教"，这充分说明"儒墨对夺取政权帮助不大，但对巩固政权不无裨益"②。

通过考察陆贾《新语》、贾谊《新书》、邹阳《狱中上书》以及《淮南子》的相关内容可知，儒墨或孔墨并称的现象在西汉初期非常普遍。对于其中的原因，郑杰文总结了两点：其一，"《韩非子·显学》所述'儒墨显学'的战国中后期学术格局的影响尚在"；其二，"大部分儒家派系还未把墨家作为思想论敌"③。郑氏此论不仅对西汉初期儒墨或孔墨并称的原因进行了说明，还较为客观地反映了当时社会学术发展的基本状况。

（二）独尊儒术下的儒墨比较思想

得益于黄老道家思想的运用，西汉初期的社会逐渐恢复了生气。及至武帝时期，黄老学说已不能满足建立大一统国家的需要。恰逢此时，董仲舒向武帝提出"诸不在六艺之科孔子之术者，皆绝其道，勿使并进"④ 的建议，从而很轻易地被武帝接受并推行于天下。相比于汉初，这一时期关于儒墨的比较又呈现出了新的特点。

司马谈、司马迁父子都对儒墨关系进行了阐发，但两者的态度有所不

---

① 何宁：《淮南子集释》，中华书局 1998 年版，第 785 页。
② 陈广忠：《〈淮南子〉与墨家》，《孔子研究》1995 年第 2 期。
③ 郑杰文：《〈新书〉〈淮南子〉等所见西汉前期的墨学流传——"墨学中绝"说的再检讨》，《山东大学学报》（哲学社会科学版）2004 年第 2 期。
④ 班固：《汉书》卷 56，《董仲舒传》第二十六，中华书局 1962 年版，第 2523 页。

同。在《论六家要旨》一文中，司马谈（约前169—前110年）对阴阳、儒、墨、名、法、道六家学说的利与弊分别进行详细解说。对于儒墨两家，他说："儒者博而寡要，劳而少功，是以其事难尽从；然其序君臣父子之礼，列夫妇长幼之别，不可易也。墨者俭而难遵，是以其事不可遍循；然其强本节用，不可废也。"① 儒家以"六艺"为标准，而"六艺"的内容极其驳杂、没有要旨，结果只能事倍功半；但其明确的等级划分对社会的治理非常有利。墨家太过节俭，其学说难以实施；但它强本节用的治理原则是不容忽视的。司马谈能够较为客观地指出儒墨两家学说的利与弊，而没有偏向于儒墨中的某一方。然而，对于"六家"之一的道家，他却极力地进行褒扬。他说："道家使人精神专一，动合无形，赡足万物。其为术也，因阴阳之大顺，采儒墨之善，撮名法之要，与时迁移，应物变化，立俗施事，无所不宜，指约而易操，事少而功多。"② 从学说的效果来看，道家能够使人精神专注，看似无为，却能成就万物；从学说的构成来看，道家遍采阴阳、儒、墨、名、法各家之长，由此形成一套完备的学说。字里行间无不透露出司马谈对道家学说的赞赏之情。由此可知，汉初黄老道家思想对司马谈仍产生了一定程度的影响。

与其父不同，司马迁（前145—前90年）在儒墨两者之中偏向了前者。在《史记·太史公自序》一文中，司马迁虽倡言"猎儒墨之遗文，明礼义之统纪，绝惠王之利端，列往世兴衰"③，但他关于墨家的记载仅有24字，且附记在《孟子荀卿列传》的文末。④ 相比于《孔子世家》《仲尼弟子列传》等关于儒家的详细记载来说，这一处文字实在少得可怜。当然，已有学者撰文论证《孟子荀卿列传》文后的墨子传记为残篇，它本应是一篇较长的墨子传记。⑤ 但也有学者依据《史记》全书较少提及墨子及其后学的实情而认为，司马迁原本就没有兴趣为墨子立传，他的关注点主

---

① 司马迁：《史记》卷130，《太史公自序》第七十，中华书局1982年版，第3289页。
② 司马迁：《史记》卷130，《太史公自序》第七十，中华书局1982年版，第3289页。
③ 司马迁：《史记》卷130，《太史公自序》第七十，中华书局1982年版，第3314页。
④ 其文为："盖墨翟，宋之大夫，善守御，为节用。或曰并孔子时，或曰在其后。"（司马迁：《史记》卷74，《孟子荀卿列传》第十四，中华书局1982年版，第2350页。）
⑤ 参见郑杰文《〈史记·孟子荀卿列传〉载墨子传记为残篇说》，《中国文化研究》2005年春之卷。

要在儒家。① 实际上，只要联想到司马迁的学术活跃期主要在武帝时期，就不难理解《史记》不为墨子立传的原因。再者，《史记·礼书》云："故圣人一之于礼义，则两得之矣；一之于情性，则两失之矣。故儒者将使人两得之者也，墨者将使人两失之者也。是儒墨之分。"② 此论与《荀子·礼论》所言基本一致，可看作司马迁对荀子礼义观的继承，从根本上则反映出司马迁对儒墨关系的基本态度。

到了宣帝时期的《盐铁论》③，其中虽多次将儒墨并提，但它的关注点主要是儒家，尤其是对儒家礼乐制度的辩护。如在《论诽》篇，文学曰："故礼之所为作，非以害生伤业也；威仪节文，非以乱化伤俗也。治国谨其礼，危国谨其法。昔秦以武力吞天下，而斯、高以妖孽累其祸，废古术，隳旧礼，专任刑法，而儒、墨既丧焉。"④ 儒墨的礼乐观原本截然相反，此处却不作区分，因为其目的是通过礼乐与刑法的对比来凸显后者对国家的危害性。此外，《论儒》篇记录了御史和文学关于儒家治世效果的激烈争论，文学从不同的方面对孔孟以来的礼乐制度进行了辩护。以上内容足以证明，《盐铁论》在儒墨并称时坚持着儒家立场。

（三）扬雄、王充、应劭对孟子辟墨说的继承与运用

汉代中期以前，孟子的辟墨言论尚未得到其他学派或学者的注意。自西汉末开始，以扬雄、王充、应劭等为代表的学者分别在他们的论著中提到孟子对墨家的批评。我们无法确知这些学者是否读过《墨子》一书以及他们对兼爱是否感兴趣，但这些都不是紧要的问题，因为他们只关注孟子批评兼爱这一行为本身，并且对这一行为表现出了强烈的认可。

扬雄（前53—18年）在《法言·吾子》中提到："古者杨、墨塞路，孟子辞而辟之，廓如也。后之塞路者有矣，窃自比于孟子。"⑤ 杨墨

---

① 参见秦彦士《从〈淮南子〉到〈太平经〉中的墨学——异端沉浮与汉代学术政治变迁》，《南都学坛》（哲学社会科学版）2001年第5期。

② 司马迁：《史记》卷23，《礼书》第一，中华书局1982年版，第1163页。

③ 据学者考证，"《盐铁论》的成书时间应该不早于公元前66年。其大体时间约在公元前66年至公元前49年（宣帝在位最末一年）之间，是盐铁会议后20年左右著成的"。（黑琨：《〈盐铁论〉成书时间考》，《四川师范大学学报》（社会科学版）2003年第2期。）

④ 王利器：《盐铁论校注》，中华书局2015年版，第331页。

⑤ 汪荣宝撰，陈仲夫点校：《法言义疏》，中华书局1987年版，第81页。

学说被孟子斥为"无君""无父"，是"邪说诬民"，根本原因是两家学说"充塞仁义"，严重威胁到儒家学说的正统地位。为了捍卫儒家传统，孟子毅然举起反抗杨墨的大旗。扬雄对其所处时代流行的各种异端邪说也无法容忍，他的任务就是效法孟子，将各种塞路之说予以清扫。东汉时期的王充（27—约97年）承担了类似的使命。《论衡·对作》云："孟子伤杨、墨之议大夺儒家之论，引平直之说，褒是抑非，世人以为好辩。孟子曰：'予岂好辩哉？予不得已！'今吾不得已也。虚妄显于真，实诚乱于伪，世人不悟，是非不定，紫朱杂厕，瓦玉集糅，以情言之，岂吾心所能忍哉！"① 在王充生活的时代，天人感应和谶纬迷信学说盛行，他的主要任务就是"疾虚妄"而"归实诚"。为了给自己改良社会的行为寻找理论上的支持，孟子的辟杨墨理所当然地成为王充的重要依靠。引用孟子的"予岂好辩哉？予不得已"，一方面反映出王充面对异端邪说的无奈以及不得不将其扫除的决心，另一方面又突出了这一行为的必要性。在阐述"穷则变，变则通"的道理时，应劭（约153—196年）提到孟子在邹、薛两地绝粮，后与万章之徒作《孟子》一书，最终被梁惠王封为上卿的事迹，其中他对孟子批评杨墨的言行给予了肯定。虽然没有像扬雄、王充那样直接地表达追随孟子的心意，应劭此论亦透露出对孟子伟大人格的赞赏。②

由上可见，扬雄、王充以及应劭并不关注兼爱的具体内涵是什么，也不关心孟子批评兼爱的原因是什么，而是重点突出孟子在批评异端邪说过程中表现出来的勇气、坚韧等美好品德。他们的根本目的，是借孟子的事迹来表达对自己所处时代的不满以及战胜异端思想并捍卫儒家正统的信心。在以上学者的著作中，虽然不见关于儒墨比较的言论，但从他们对孟子批墨的认可中不难看出其坚定的儒家立场。

二　唐宋：儒学统制、墨学受创

在探讨唐宋时期的儒墨比较思想之前，我们首先对魏晋南北朝时期的

---

① 黄晖：《论衡校释》，中华书局1990年版，第1179页。
② 参见应劭撰，王利器校注《风俗通义校注》，中华书局2010年版，第319页。

墨学研究概况做一简要介绍。魏晋时期，道家学说盛行，谈玄论道成为主流社会风气。期间，虽然不乏"讲儒墨""说玄虚"① 的情形，儒墨两家学说似乎与玄学一起受到时人的关注，但它们终究不再是谈玄论道舞台上的主要角色。在"道士与道人战儒墨，道人与道士狱是非"② 的论辩热潮中，儒墨一并成为道家学者的批评对象，以至于达到"儒墨之迹见鄙，道家之言遂盛"③ 的程度。这一时期的墨学研究主要体现在如下三个方面：一是鲁胜作的《墨辩注》，这是对墨学著作的文本校注研究，思想性的内容不多；二是学者或历史人物的传记中有关墨子或墨家的论说；三是某些学术型著作对墨家的提及，如葛洪的《抱朴子》。其中，在后两种类型的文献中有不少儒墨或孔墨并称的说法。大体来看，魏晋南北朝时期的学者一般将儒墨视为具有同根同源的学说，且作为佛道两家的对立面而存在。对此，已有学者做了详细的梳理和总结，我们可从中把握墨学以及儒墨关系在魏晋南北朝时期的流传情况。④

进入唐代，儒、释、道三家并进，其间的交流与冲突不断，墨学也得到时人的较多关注，但一般是在与儒、佛的比较中顺带被提及。宋代理学家以维护儒学道统为己任，自然无法容忍与儒家仁义之道相违背的杨墨"异端"。因此，在唐、宋两代，墨学在时人的儒墨比较思想中基本处于劣势的一方。

从严格意义上讲，唐宋时期正式对儒墨两家学说进行详细分析与比较的是韩愈（768—824 年）。在《读〈墨子〉》这篇短文中，韩愈分别从上（尚）同、兼爱、上（尚）贤以及明鬼四个方面对儒墨进行比较，认为孔子所持观点与墨子相同。此外，儒墨具有相同的理论来源（"同是尧、舜，同非桀、纣"）、治理国家的模式相一致（"同修身正心以治天下国家"），由此证明儒墨之间的相通性。对于两家之间的争论与冲突，韩愈将其归结为儒墨后学过度阐发自家学说而偏离学术本旨所致。通过挖掘儒墨两家学

---

① 房玄龄等撰：《晋书》卷 55，《列传》第二十五《夏侯湛传》，中华书局 2000 年版，第989 页。

② 萧子显：《南齐书》卷 54，《列传》第三十五《顾欢传》，中华书局 2000 年版，第 636 页。

③ 房玄龄等撰：《晋书》卷 49，《列传》第十九《向秀传》，中华书局 2000 年版，第 909 页。

④ 参见楼劲《魏晋墨学之流传及相关问题》，《中国史研究》2011 年第 2 期。

说的共同点以及为儒墨争辩进行辩护，韩愈得出"孔子必用墨子，墨子必用孔子，不相用，不足为孔、墨"的结论。① 先秦至唐代，虽然有不少儒墨或孔墨并称的说法，但它们或对孔子和墨子的事迹做简单介绍，或将儒墨一并予以批评，或偏袒儒家而批评墨家，而像韩愈这种认为"孔墨相用"的观点还没有出现过。韩愈此论，不仅为儒墨关系提供了一种新见解，还成为后人辩论儒墨关系的一个重要突破口，即通过赞同或反对韩愈的观点来阐述他们自己的儒墨比较思想。（明代学者尤其致力于此，详见下文）韩愈的"孔墨相用"说似乎把墨子提到了与孔子同等的地位，但他"所竭力标榜的还是自己的儒家立场"②，而这主要体现在他对"先王之教"的遵循之中。《原道》篇云："夫所谓先王之教者何也？博爱之谓仁，行而宜之之谓义，由是而之焉之谓道，足乎己无待于外之谓德。"③ 仁、义、道、德构成先王之教的主要内容，亦即儒家之道（"道统"）。但这一道统自三代传至孟子时，出现了"杨、墨交乱而圣贤之道不明，则三纲沦而九法斁，礼乐崩而夷狄横"④ 的混乱状况。出于维护圣人之道的需要，孟子毅然承担起"辟杨墨"的重任，由此圣人之道才得以流传。韩愈对孟子的辟杨墨表现出了极大的赞赏，这一方面反映出韩愈对儒家正统的彻底服膺，另一方面也透露出他对自己所处时代的异端邪说进行反抗的决心。⑤

宋代学者虽对韩愈的"孔墨相用"说不以为然，却尤为赞赏韩愈的辟佛老行为，因为宋代理学家的紧要任务是坚守圣人之道，排斥异端邪说。以此为出发点，他们对孟子的辟杨墨言论深表赞同。欧阳修（1007—1072 年）虽然承认墨家的"强本节用"之术有可取之处，但同时对孟子的辟杨墨表示出了同情和理解。他说："孟子之时，墨与杨其道塞路，轲以墨子之术俭而

---

① 韩愈：《读〈墨子〉》，载《韩愈全集校注》，四川大学出版社 1996 年版，第 2725—2726 页。
② 郑杰文：《中国墨学通史》，人民出版社 2006 年版，第 258 页。
③ 韩愈：《原道》，载《韩愈全集校注》，四川大学出版社 1996 年版，第 2665 页。
④ 韩愈：《与孟尚书书》，载《韩愈全集校注》，四川大学出版社 1996 年版，第 2351 页。
⑤ 韩愈说："释老之害，过于杨、墨。韩愈之贤不及孟子。孟子不能救之于未亡之前，而韩愈乃欲全之于已坏之后。呜呼！其亦不量其力，且见其身之危，莫之救以死也！虽然，使其道由愈而粗传，虽灭死万万无恨。"（韩愈：《与孟尚书书》，载《韩愈全集校注》，四川大学出版社 1996 年版，第 2352 页。）

难遵，兼爱而不知亲疏，故辞而辟之。"① 欧阳修的态度还算温和，对兼爱没有直接的批评，只是描述孟子的辟杨墨行为。王令（1032—1059 年）从现实社会出发，以孟子和韩愈二人的辟杨墨、佛老等异端的言行来突出在其所处时代与异端相对抗的紧迫性。② 虽然没有对儒墨进行直接的比较，但将老、佛、杨、墨一并视为异端而予以摒除的做法，反映了王令坚定的儒家立场。王安石（1021—1086 年）首先区分了杨墨之道和圣人之道，他说："由杨子之道则不义，由墨子之道则不仁，于仁义之道无所遗而用之不失其所者，其唯圣人之徒欤？"③ 杨墨违背儒家仁义之道，因而遭到孟子的坚决反对。在王安石看来，无论是孟子的辟杨墨，还是韩愈的辟佛老，都是坚持仁义之道而不屈服于一时盛行的异端邪说的表现。基于此，他对孟、韩二人的行为表现出了极大的赞赏，他说："时乎杨、墨，己不然者，孟轲氏而已。时乎释、老，己不然者，韩愈氏而已。如孟、韩者，可谓术素修而志素定也，不以时胜道也。"④ 时，是指孟子和韩愈所处时代流行的杨墨佛老等异端邪说；道，则指儒家的仁义之道。"不以时胜道"既是对孟、韩辟邪说、讲仁义的肯定，也表现出了王安石本人对当世学术思想之流行的基本态度。苏轼（1037—1101 年）对韩愈尊孔孟、辟异端之行为的看法与王令和王安石基本一致，认为韩愈此举"不可谓不至"⑤。然而，与王令、王安石不同的是，苏轼抓住了韩愈"孔墨相用"的观点，以孔子不兼爱、不明鬼这两个特点来反驳韩愈的论点。苏轼认为儒墨之间的差别很大，甚至"不啻若胡越""相去不能以发"，所以韩愈的结论"至于理而不精，支离荡佚，往往自叛其说而不知"⑥。

程颐（1033—1107 年）对杨墨的认识颇有特色。他以孔子对子张和子夏的评价"师也过，商也不及"（《论语·先进》）为中心，认为子张的

---

① 欧阳修：《崇文总目叙释·墨家类》，载《欧阳修全集》，中华书局 2001 年版，第 1892 页。

② 参见王令《书墨后》，载《王令集》，上海古籍出版社 2011 年版，第 247—248 页。

③ 王安石：《杨墨》，载《王文公文集》，上海人民出版社 1974 年版，第 308 页。

④ 王安石：《送孙正之序》，载《王文公文集》，上海人民出版社 1974 年版，第 433 页。

⑤ 苏轼：《韩愈论》，载《苏轼全集校注》第 10 册《文集（一）》，河北人民出版社 2010 年版，第 385 页。

⑥ 苏轼：《韩愈论》，载《苏轼全集校注》第 10 册《文集（一）》，河北人民出版社 2010 年版，第 385—386 页。

"过"最终演变为"兼爱",而子夏的"不及"则演变为"为我"。① 因此,从根源上看,"杨子为我亦是义,墨子兼爱则是仁"②。儒家的仁、义经杨、墨的发挥之后,尚未产生"无父""无君"的弊端。孟子之所以对杨墨严厉批评,只是为了防止流弊的加深,其行为本于"拔本塞源""正其本"的初衷。程颐虽从杨墨学说的来源处将它们与儒家的仁义之道联系起来,但仍然承认杨墨之举皆属于"不得中"的范围,而儒者所持才是所谓"正道"。对于韩愈的《读墨子》,程颐认为它"言不谨严",其原因在于它把孔子所言与墨家的尚同、兼爱等论相等同,这纯属一种疏于考证而妄下结论的随意之举。总之,杨墨虽发源于儒家的仁义之道,但最终走上了与之相背离的道路。对于墨子及其学说,程颐说:"墨子之德至矣,而君子弗学也,以其舍正道而之他也。"③ 墨学抛却"正道"(儒家的仁义之道),因而不是君子所当学。由此可见,程颐虽然通过仁义将儒墨联系起来,但在仁义之道的持守中,儒家明显优于墨家,这也是程颐批评墨学的根本原因。朱熹(1130—1200 年)一反程颐杨子的"为我"和墨子的"兼爱"分别由子夏的"不及"和子张的"过"发展而来的观点,认为"师、商之过、不及,与兼爱、为我不关事"④。无论"为我",还是"兼爱",在朱熹看来,都不是正道。他说:"且杨、墨说'为我''兼爱',岂有人在天地间孑然自立,都不涉着外人得?又岂有视人如亲,一例兼爱得?此二者皆偏而不正,断行不得,便是蔽于此了。"⑤ 朱熹直接承袭孟子的观点,同样把杨墨之言视为"无父无君""邪说诬民"之类,并认为孟子的辟杨墨"只是顺理而已"⑥。对于韩愈的"孔墨相用"说,朱熹持论与程颐相同,即不赞同韩愈的观点,认为韩愈所言没有凭据,原因在于他"看得不亲切"⑦。因此,在评论墨家学说的过程中,朱熹"依然是坚持孟

---

① 程颐云:"大抵儒者潜心正道,不容有差,其始甚微,其终则不可救。如'师也过,商也不及。'于圣人中道,师只是过于厚些,商只是不及些,然而厚则渐至于兼爱,不及则便至于为我,其过不及同出于儒者,其末遂至杨、墨。"(参见程颢、程颐《河南程氏遗书》卷17,载《二程集》,中华书局 2004 年版,第 176 页。)

② 程颢、程颐:《河南程氏遗书》卷15,载《二程集》,中华书局 2004 年版,第 171 页。

③ 程颢、程颐:《河南程氏遗书》卷25,载《二程集》,中华书局 2004 年版,第 319 页。

④ 黎靖德:《朱子语类》卷 39,中华书局 1986 年版,第 1016 页。

⑤ 黎靖德:《朱子语类》卷 52,中华书局 1986 年版,第 1252 页。

⑥ 黎靖德:《朱子语类》卷 55,中华书局 1986 年版,第 1319 页。

⑦ 黎靖德:《朱子语类》卷 137,中华书局 1986 年版,第 3273 页。

子对墨子的批判，自觉维护孟子的儒学正统权威"①。

程颐和朱熹通过分析杨墨学说的具体内涵以及评价孟子和韩愈的言论等途径来表达他们对儒墨关系的看法。相较来说，陈振孙（约 1183—约 1262 年）和黄震（1213—1280 年）的观点更加简洁和直接。陈振孙在《直斋书录解题》中说："《孟子》越百世益光明，遂能上配孔氏，与《论语》并行，异端之学，安能抗吾道哉！"②陈氏明确指出了儒家之道与异端学说（杨墨之学）之间存在的巨大鸿沟。黄震指出，孔子既不主张尚同、兼爱等学说，墨家的尚贤、明鬼又与儒家的"亲亲尊贤""报本反始"等义理相矛盾，所以"孔子必不用墨子，墨子亦必不用孔子"。黄震从儒家的立场（"吾儒"）对儒墨之间的区别做了明确的划分，从而认定墨子的学说"似是而实不可为治"。③

三 明代：墨学盛行、儒学主导

与墨学在宋代备受理学家的压制不同，明代不仅形成了刊刻《墨子》的热潮，还出现了不少为墨学辩护的声音。据郑杰文统计，"明代 276 年间，见于载录之墨学刊、校、注、研著作，计 28 种"④。墨学在明代受到时人的关注，主要得益于两个方面的原因。第一，经济层面的原因。土地兼并的加剧与手工业的发达，使传统的"重农抑商"政策受到严峻挑战，商品经济的发展带来了出版印刷业的繁盛，这就为《墨子》的刊刻创造了充分的物质条件。第二，思想文化层面的原因。一方面，儒学的发展陷入了困境；另一方面，墨学的潜在价值吸引了时人的关注。也就是说，"到了儒学发展至顶峰，进而僵化之时，部分思想活跃的学者达人开始反思，寻找突破。而墨学则衰微到了低谷，开始受到部分学者的关注，悄悄起升"⑤。明代虽然几乎没有出现关于墨学的专门性研究著作，但在不同版本

---

① 孙以楷：《朱熹论墨子之兼爱说》，《孔子研究》2003 年第 4 期。

② 陈振孙撰，徐小蛮、顾美华点校：《直斋书录解题》，上海古籍出版社 1987 年版，第 294 页。

③ 黄震：《黄氏日钞》卷 55《读诸子》之《墨子》，载《黄震全集》第 5 册，浙江大学出版社 2013 年版，第 1748—1749 页。

④ 郑杰文：《中国墨学通史》，人民出版社 2006 年版，第 298 页。

⑤ 邵长杰：《明〈墨子〉典籍校刊与墨学发展》，《中国文化报》2012 年 11 月 29 日第 7 版。

的《墨子》序言、跋文或批注中，学者们针对墨家学说发表了不同的见解，其中也涉及儒墨的比较问题。根据观点的不同，可以把明代学者的儒墨比较思想划分为如下三种类型。

第一类学者，通过沟通儒墨两家学说或批评孟子的方式来为墨家辩护，代表人物有宋濂、李贽。宋濂（1310—1381年）以墨家的节用说为出发点，在流露出对墨家强本节用之术的赞赏之情后，进一步将其与孔子的"奢则不逊，俭则固。与其不逊也，宁固"（《论语·述而》）联系起来。① 宋濂此论与韩愈的观点颇为相似，但"比韩愈的'孔墨互用'说更加大胆地肯定了墨家学说"②。与宋濂沟通儒墨的做法不同，李贽（1527—1602年）在评论《兼爱上》时，对孟子的"兼爱等于无父"说予以反驳，直言孟子属于"不深考其所自而轻于立言"的一种人。③ 另外，在《节葬下》篇首的批注中，李贽写道："明言节葬，非薄其亲而弃之沟壑，以与狐狸食也。何诬人，强入人罪？为儒者好入人罪，自孟氏已然矣。"④ 在李贽看来，节葬不等于不葬，孟子对墨家节葬说的批评看似很有道理，实则偷换了概念，即把墨家的节葬等同于不葬，借不葬所产生的后果来攻击墨家的节葬，这是强行加给墨家的莫须有的罪名。因此，对于孟子的批墨言论，李贽坚决不能容忍。儒学发展到明代虽然暴露出种种弊端，且受到当时不少学者的反思与批评，但像李贽这样公开指责孟子的还没有第二人，这也是他被斥为"异端"的主要原因。

第二类学者，虽对墨家及其学说有所肯定，但仍坚持儒家的基本立场不动摇，代表人物有唐尧臣、陆稳、潜庵子、沈津、白贲枬、焦竑。唐尧臣（生卒年不详）在为他本人刊刻的《墨子》所作的跋文中提到："墨子之道不息，孔子之道不著，而有能距之者，是亦圣人之徒。"⑤ 这是对孟子

---

① 参见宋濂《读子墨子》，《墨子》明正德元年俞弁抄录本，载《墨子大全》第2册，北京图书馆出版社1999年版，第1—2页。

② 郑杰文：《中国墨学通史》，人民出版社2006年版，第323页。

③ 参见李贽批选《墨子》，明万历三年刻（李氏丛书）本，载《墨子大全》第6册，北京图书馆出版社1999年版，第557页。

④ 李贽批选：《墨子》，明万历三年刻（李氏丛书）本，载《墨子大全》第6册，北京图书馆出版社1999年版，第601页。

⑤ 唐尧臣：《墨子》跋文，《墨子》明嘉靖三十二年唐尧臣刻本，载《墨子大全》第3册，北京图书馆出版社1999年版，第593页。

"能言距杨墨者，圣人之徒"（《孟子·滕文公下》）的继承和发挥，反映了唐尧臣鲜明的儒家立场。然而，对于墨家学说，唐尧臣并未采取"一竿子打死"的态度，而只是对墨家的"非儒"主张难以容忍。对于墨家的其他学说，唐尧臣认为仍然"固可诵已"。陆稳（又名陆弘祚，生卒年不详）首先对墨家表示出赞赏的态度，认为"墨之道"与"自私自利之徒"完全不同，墨家的言论"足以鼓动天下之人"，所以它"不在于孔氏下，其与孔并称，宜也"，而孟子的辟墨说只是针对墨学之流弊而发。由此可见陆稳对韩愈"孔墨相用"说的继承，正如他自己所说"余效昌黎之说，表章之云"。① 然而，在署名"陆弘祚"的另一篇序言中，陆稳的观点发生了较大的转变。他不仅对韩愈的"孔子必用墨子，墨子必用孔子"表示反对，还明确赞同孟子的辟墨说，认为韩愈的言论在后世造成混淆视听的后果。② 潜庵子（本名周子义，生卒年不详）对墨家"蒿目以忧世""忘身以殉时"的牺牲精神大为赞赏，认为他们绝非一般所理解的自私自利之人。但他转而指出，墨家公然与儒家相对抗，企图凭借自家的学说来变革天下，由此造成天下混乱的局面，这种"害义伤教"的行为必须予以抵制，所以孟子的辟墨说值得肯定。③ 在对墨学的正面评价上，沈津（约1530年前后在世）与陆稳的见解比较类似，只不过他将陆稳的"其与孔并称，宜也"变为"其与孔并称，有自来矣"。但沈津明确捍卫儒家的立场，他不但否定墨家的非儒之论，还对孟子批墨以"防其流"的做法表示出赞赏之情，坚定地维护"杨墨之道不息，孔子之道不著"的基本立场。④ 白贲柄（生卒年不详）肯定墨家精神的积极作用，认为它"激切慷慨，信可鼓动一世"，但他对墨家后学所造成的流弊坚决予以驳斥。⑤ 焦竑

---

① 陆稳：《新刊墨子叙》，《墨子》明嘉靖三十二年唐尧臣刻本，载《墨子大全》第3册，北京图书馆出版社1999年版，第1—3页。

② 陆弘祚：《新刻墨子序》，《墨子》明万历刻本，载《墨子大全》第6册，北京图书馆出版社1999年版，第7—10页。

③ 潜庵子：志《墨子》，《墨子删定》明万历五年刻（子汇）本，载《墨子大全》第7册，北京图书馆出版社1999年版，第489页。

④ 沈津：《墨子题辞》，《墨子类纂》明隆庆元年含山县儒学刻本，载《墨子大全》第5册，北京图书馆出版社1999年版，第3—4页。

⑤ 白贲柄：《重刻墨子序》，《墨子》明嘉靖江藩刻本，载《墨子大全》第4册，北京图书馆出版社1999年版，第3—8页。

（1540—1620 年）认为墨家的兼爱与儒家兼济天下的理想没有实质性的区别，所以贾谊和韩愈将孔墨并称的做法完全可以理解。但是，墨家的过度节俭导致违背礼义，兼爱经过墨家后学的阐发而忽略了亲疏之别，这是墨学的弊端所在。①

第三类学者，以儒为本，坚决批墨，代表人物有吴海、胡应麟。吴海（生卒年不详）首先划清孔墨之间的界限，认为"夫墨之于孔，犹紫之于朱也"。接下来，他从六个方面对墨家学说中的"漏洞"分别予以反驳，最后得出"谓其知道，则未可，乌敢以并孔子哉"的结论。② 胡应麟（1551—1602 年）对墨家的非儒与批孔做出了严厉批评，认为这暴露出墨家与儒家争夺地位的野心，而韩愈和宋濂有关儒墨并称的言论都不符合实情，墨家绝不能与儒家相提并论。③

综上所述，明代学者的儒墨比较思想大体上呈现出两个特点。第一，除李贽之外，多数学者在为墨家辩护的过程中表现得比较谨慎。如宋濂、陆稳虽然将儒墨相沟通，但他们的基本立场则是儒家的，与其说他们沟通儒墨，倒不如说为儒家寻找一个匹配者。再如唐尧臣、潜庵子、沈津、白贲柎以及焦竑，他们为墨家辩解时的畏首畏尾与最后归根于儒家的思想倾向表现得非常鲜明。第二，明代学者一般通过评论韩愈的"孔墨相用"说来阐发他们的儒墨比较思想。经统计，韩愈的《读墨子》在明代各版本的《墨子》中至少出现了八次。④ 陆稳、潜庵子、沈津、焦竑、吴海、陆弘祚以及胡应麟等人都提到了韩愈的孔子和墨子相互为用的观点。通过对韩愈的观点表示出或赞同或反对的态度，明代学者表达了他们对儒墨关系的基本看法。这种方式，一方面有利于观点的阐发，另一方面则限制了学术观点的突破与创新。

---

① 焦竑云："墨氏见天下无非我者，故不自爱而兼爱也，此与圣人之道济何异？故贾谊、韩愈往往以孔墨并名。然见俭之利而因以非礼，推兼爱之意而不殊亲疏，此其敝也。"（焦竑：《经籍志论·子部·墨家》，载《澹园集》，中华书局 1999 年版，第 313 页。）

② 吴海：《读墨》，《墨子》明正德元年俞弁抄录本，载《墨子大全》第 2 册，北京图书馆出版社 1999 年版，第 79—80 页。

③ 胡应麟：《少室山房笔丛》卷 27《九流绪论上》，上海书店出版社 2009 年版，第 265—266 页。

④ 分别见《墨子》明正德元年俞弁抄录本、嘉靖三十一年芝城铜活字蓝印本、隆庆间童思泉刻本、万历刻本、万历三年刻（李氏丛书）本、万历间书林童思泉刻本、万历三十年刻本、明堂策槛刻（且且庵初笺十六子）本。

四　清初：儒学专制、墨学低沉

清初，儒学继续保持在思想界的统治地位，墨学的研究处于一个相对的低沉期。自顺治元年（1644年）至雍正十三年（1735年）的近一百年中，仅有马骕的《墨子与墨者》、陈梦雷和蒋廷锡的《墨子汇考》以及傅山的《〈墨子·大取篇〉释》三种墨学整理著作。关于这一时期墨学研究呈现低沉状况的原因，郑杰文分别从满汉两种民族文化的冲突、统治者对儒家文化系统的推崇、儒家思想对中华民族影响的根深蒂固、康熙帝对儒家文化的偏爱以及知识群体对墨家学说的忽略五个方面予以详细说明。①虽然以上三部著作都不是关于墨家学说的专门研究，但傅山在注释《墨子·大取篇》的过程中围绕墨家的兼爱、节葬等学说发表了看法，其中还涉及儒墨两家学说的比较问题。处于同一时期的顾炎武，尽管没有撰写任何墨学著作，但在《日知录》的某些篇目中，可以看到他对儒、墨、杨三家之关系所做的阐发。现以傅山和顾炎武为例，通过考察两者的儒墨比较思想，窥探明末清初墨学发展的基本特征以及儒墨之间的较量。

作为"明清之际，同时也是清代以来第一位全面批注《墨子》的人"②，傅山（1607—1684年）在《〈墨子·大取篇〉释》中对墨家思想的多个方面进行了评说。③除了对墨家的名实、义利、志功等学说有所评论之外，傅山的另外两个关注点为节葬和兼爱。首先来看傅山对节葬的认识。对于儒家的厚葬行为，傅山持否定态度，主要原因有二：其一，厚葬与"节财为天下"的目的不相符；其二，儒者厚葬只为图一个孝名，且只能利一人之亲，而不是全天下人之亲。可见，傅山是从利天下的角度来批评儒家的厚葬之风的。儒家的"厚亲"包括厚待亲人的生与死两个方面，墨家虽对厚葬的做法予以否定，却赞成厚待生者。傅山说："即以生人论之，君上、老长、亲戚，皆所当厚也，不得不厚之。"④君上、老长、亲戚

---

① 参见郑杰文《清代的墨学研究》，《淄博学院学报》（社会科学版）1999年第4期。
② 张志强：《浅论明清之际（1630—1680）墨学研究特征——以傅山〈墨子·大取〉研究为例》，《三峡大学学报》（人文社会科学版）2013年第3期。
③ 参见解启扬、陈洁《傅山与墨学》，《云梦学刊》2001年第3期。
④ 傅山：《〈墨子·大取篇〉释》，载《傅山全书》第4册，山西人民出版社2016年版，第165页。

是儒家一贯颇为重视的伦理关系。从中可知，傅山并非以推翻儒家伦常为目的，而是致力于发挥儒家礼义在厚待生者中的根本作用。反对儒家厚葬，但不否定它维护的伦列秩序，这是傅山评说节葬时的基本立场。用傅山自己的话来说，就是"不妄费处是俭，有次第处是列，是为有德于人者之行也"①。合节葬与伦列而行，才称得上有德之人。接下来看傅山对兼爱的阐发。傅山将兼爱解释为"爱人无彼此"②，即爱自己的亲人与爱别人的亲人没有任何差别。且不论墨家兼爱的本义是否包含爱无差等这一方面，至少，经过傅山的阐发之后，它确实涵盖了这一层意思。然而，兼爱的背后，仍有"道"作为根本的支撑。傅山说："墨学正在肱股之勤强也，而此又似不徒以肱股之强为事，则所援禹之股无胈、胫无毛者，皆有道于其中。"③ 墨家兼爱秉承大禹汲汲于为天下牺牲的精神而来，但这种普遍的爱仍有一贯之道存在于其中。傅山虽然没有明确指出"道"的具体内涵，但从他对节葬的评述中不难获知，它当指维持社会秩序的礼义或伦列。对于傅山与传统儒学的关系，侯外庐认为傅山的子学研究"就是对于道学传统的反对态度"④；萧萐父认为，傅山在训诂《墨经》时所阐发的新义"打破儒家正统之见"⑤。然而，仅从《〈墨子·大取篇〉释》来看，傅山虽然对墨家的节葬、兼爱、义利、志功、名实等学说表示赞同，同时对儒学的相关内容予以批评，但他并没有脱离儒学正统的立场，这在傅山所处的时代环境下是不可能出现的。

顾炎武（1613—1682 年）从"行"（孝、悌、忠、信）、"职"（洒扫、应对、进退）、"文"（《诗》《书》《礼》《易》《春秋》）、"用之身"（出处、去就、交际）以及"施之天下"（政令、教化、刑罚）五个方面对儒家的圣人之教做了全方位的剖析。他认为，圣人之说虽然也

① 傅山：《〈墨子·大取篇〉释》，载《傅山全书》第 4 册，山西人民出版社 2016 年版，第 165 页。

② 傅山：《〈墨子·大取篇〉释》，载《傅山全书》第 4 册，山西人民出版社 2016 年版，第 177 页。

③ 傅山：《〈墨子·大取篇〉释》，载《傅山全书》第 4 册，山西人民出版社 2016 年版，第 176 页。

④ 转引自解启扬、陈洁《傅山与墨学》，《云梦学刊》2001 年第 3 期。

⑤ 萧萐父：《中国哲学史史料源流举要》，武汉大学出版社 1998 年版，第 243 页。

有体用之分，但并非"用心于内之说"。所谓"用心于内"的学说，不仅包括战国之际流行的老庄之学，外来的佛教思想亦属于此类。佛家主张"清净慈悲"，而清净之说发挥到极致就与杨朱的"为我"等同，慈悲之说的极致则表现为墨家的"兼爱"说。因此，只说一个佛家，就将杨墨两者全部涵括在内。对佛家清净慈悲的沉迷直接导致与儒家之道相脱离，顾炎武将其称为"内释而外吾儒"，这种行为是"先王之所必诛而不以听者矣"。①由此，顾炎武坚决反对佛家的学说。又因佛、墨两说之间存在着内在关联，从中不难推出，顾氏对墨学同样持批评态度。由此可见，在儒墨两者的比较中，顾炎武是站在牢固的儒家立场之上而对杨墨予以严厉的批评。

由傅山和顾炎武的论墨文字可知，清初社会仍处于儒学的专制统治之下，这一时期关于墨学的正面评价依然很有限。然而，"先秦非儒学派在清代初期的异端身份虽然没有根本改变"②，但他们毕竟开启了诸子学研究的新视域，其中的墨学研究更为后来乾嘉时期的墨学复兴思潮打下了基础。

"罢黜百家，独尊儒术"虽然没有造成墨学中绝的后果，但墨学自此渐趋衰落却是不争的事实。黄老思想盛行之时，在陆贾、贾谊的论著以及《淮南子》中虽可见孔墨或儒墨并举的情况，但它们或用于阐发各家之见，或借批评孔墨来宣扬道家立场。自司马迁始，将儒墨区别对待并为儒学辩护的趋向逐渐发展成为主流。两汉时期的学者，如扬雄、王充、应劭之类，不约而同地视孟子为精神上的领袖和思想上的指引者。唐代韩愈开创性地提出"孔墨相用"说，但依然坚持儒学立场。经宋代理学家对儒学正统的坚决捍卫，墨学最终被放逐于思想界的边缘位置。明代刊刻业的发展虽然带动了墨学的一度兴盛，但儒学的专制统治始终无法撼动。这种情况一直延续到清初，从墨学研究成果的寥寥无几即可获知墨学在彼时仍处于不受待见的窘境之中。

---

① 顾炎武：《内典》，载《日知录集释（全校本）》，上海古籍出版社 2013 年版，第 1045—1046 页。

② 罗检秋：《清代思想史上的诸子学》，《安徽史学》2015 年第 3 期。

第三节　融墨于儒：墨学复兴时期的
儒墨关系论说

在经历了西汉至清初儒学专制、墨学消沉的漫长时期之后，墨学在乾嘉时期得以复兴。虽然儒学的专制束缚一时难以彻底清理，比如张惠言等学者依旧为孟子的辟杨墨辩护，但这一时期关于儒墨的比较仍出现了不少新颖而又大胆的声音。乾嘉之后，墨学研究逐渐迎来了高潮期，墨家思想的意义和价值得以充分的展现。其后，在西方文化的冲击以及中西文明的交流和碰撞之中，"西学墨源"说风靡一时。

一　乾嘉墨学复兴时期的儒墨比较思想

乾嘉时期，在"以子证经"为基本特征的经学研究中，长期以来受到儒学严重打压的诸子之学逐渐得到时人的注意。① 其中，墨学因与儒学具有悠久的关系渊源，尤其得到当时学者的重视。儒学独尊之后，孟子对墨家的"无父""禽兽"批评亦随之固定下来。孟子的言论对乾嘉时人的影响固然很深，但"儒学在历经了唐、宋更新之后，至明清之际逐渐丧失思想活力，存在汲取非儒学资源的内在需求"②。正是在这种儒学发展陷入困境从而急需寻找新出路的时刻，乾嘉学者试图在诸子学说中寻找可以弥补儒学之不足的资源，而墨学由于曾经与儒学并为"显学"，它受到学者的关注似乎是顺理成章的事情。因此，反思儒学、重审儒墨关系成为乾嘉学术的重要方面，也是我们了解这一时期学术思想发展特征的突破口。

毕沅（1730—1797 年）以缓和儒墨之间的紧张关系作为出发点，其论证思路体现为如下两个方面。其一，墨家的节葬秉承夏法而来，儒家则尊崇周代制度，儒墨丧葬观的不同只能反映出两者的理论来源有所不同，

---

① 郑杰文说："乾嘉学人在经学研究中重考据的学风，使他们在推导经典原义时，不得不去研究那些与儒家经典产生时代相近的子书，用它来作为比照儒经古音古义、古本和史实的材料。"（郑杰文：《中国墨学通史》，人民出版社 2006 年版，第 353 页。）

② 罗检秋：《清代思想史上的诸子学》，《安徽史学》2015 年第 3 期。

而这属于学派之间正常的分歧。墨家的非儒之论出自墨家后学之口，绝非墨翟本人之言，墨翟则"未尝非孔"①。另，遍查《论语》《孔子家语》等儒家著作，"亦无斥墨词"②。这足以说明，孔墨之间本不存在对立与冲突。其二，孟子的辟墨并非针对墨子本人，而是不满于"当时为墨学者，流于横议"③ 的情形。既然如此，韩愈的"辩生于末学，各务售其师之说，非二师之道本然"的评论就颇为中肯。毕沅在广泛阅读儒墨两家相关著作的基础上，通过追溯儒墨的理论来源、分析孟子的辟墨之言来重审儒墨两者的关系。毕沅缓和儒墨之间的关系亦是对墨家的一种辩护，这为后来更为大胆的见解起到了铺垫作用。

乾嘉时期，甚至是整个清代，关于儒墨比较最为大胆的言论，当出自汪中（1744—1794年）之口。荀学和墨学是汪中子学研究中非常重要的两个方面，他的儒墨比较即从荀、墨两者入手。在对比了荀、墨的文本之后，汪中说："荀之《礼论》、《乐论》为王者治定功成盛德之事，而墨之节葬、非乐所以救衰世之敝，其意相反而相成也。"④ 这就是说，荀、墨对待礼乐制度的态度可谓南辕北辙，但他们的根本目的都是实现国家的治理、社会的安定。从这一点来看，两者又可以说是相反相成、殊途同归。对于兼爱，汪中认为其基本内涵为"国家慎其封守，而无虐其邻之人民畜产"⑤，这与儒家的"先王制为聘问吊恤之礼，以睦诸侯之邦交者"⑥ 并无二致。再者，兼爱的本意是教导全天下的人子去孝敬自己的父母，这与"无父"全然无涉。对此，汪中用"斯已枉矣"⑦ 来评价孟子的辟墨言论。这一时期，虽然不乏为墨家辩护的学者，但像汪中这样直接向孟子发起攻击的还是首次出现，所以汪氏之论一出，即遭到了儒家学者的强烈反对。⑧

---

① 毕沅：《〈墨子注〉叙》，载《墨子间诂》，中华书局2001年版，第661页。
② 毕沅：《〈墨子注〉叙》，载《墨子间诂》，中华书局2001年版，第661—662页。
③ 毕沅：《〈墨子注〉叙》，载《墨子间诂》，中华书局2001年版，第662页。
④ 汪中：《墨子序》，载《墨子间诂》，中华书局2001年版，第670页。
⑤ 汪中：《墨子序》，载《墨子间诂》，中华书局2001年版，第670页。
⑥ 汪中：《墨子序》，载《墨子间诂》，中华书局2001年版，第670页。
⑦ 汪中：《墨子序》，载《墨子间诂》，中华书局2001年版，第670页。
⑧ 翁方纲对汪中攻击道："有生员汪中者，则公然为《墨子》撰序，自言能治《墨子》，且敢言孟子之言'兼爱无父'为诬墨子，此则又名教之罪人，又无疑也。"（翁方纲：《书墨子》，载《复初斋文集》，文海出版社1969年版，第619页。）

汪中认为，孔、墨二人"操术不同而立言务以求胜"①，两者之间的分歧归结于"不相为谋"②。可以说，汪中的这一看法"还原了先秦时代儒墨并称'显学'的历史真实"③。

毕沅虽然指出了墨尊夏法与儒承周制的不同，但没有详述两家具体学说的区别，孙星衍（1753—1818 年）则在辨别儒墨不同来源的基础上进一步阐述了它们具体学说的不同。孙星衍首先指出，"墨子与孔异者，其学出于夏礼"④，墨家由此主张节用、兼爱、节葬等学说；儒家则尊崇周礼，又因"周之礼尚文，又贵贱有法"⑤，所以其学说与墨家大有不同。对于孟子的批墨行为，孙星衍认为是"势则然"⑥，即这是由两家学说的本质区别所致，而且是一种自然的情势。虽然没有否认儒墨之间的区别，孙氏此论将孟子以来儒墨之间的紧张对立关系转换为不同学派观点间的正常分歧。因此，孙星衍的论述实际上也可以视为对墨家所做的一种辩护。

当然，除了毕沅、汪中、孙星衍等缓和儒墨关系的论说，反对的声音也有不少，最具代表性的是张惠言（1761—1802 年）。张惠言认为，墨家的非命、非乐、节葬"悖于理而逆于人心"⑦，对于这三者的弊端，一般人都能辨别出来，所以孟子只把批判的矛头指向了作为墨家学说根源的"兼爱"。张惠言认为孟子的批评起到了釜底抽薪的效果，从而使墨家学说难以自立。对于孟子的辟墨言论，张惠言赞扬道"圣贤之功若此盛"⑧，并认为"孟子之辩严而审、简而有要"⑨。相比于毕、汪、孙之论，张惠言的见解不免带有时代的保守性和落后性。

乾嘉时期的墨学研究无论在广度还是深度上，都远超明代和清初。自此，墨学开始走上复兴的道路，并在 19 世纪中后期达到了高潮。然而，

① 汪中：《墨子序》，载《墨子间诂》，中华书局 2001 年版，第 670 页。
② 汪中：《墨子序》，载《墨子间诂》，中华书局 2001 年版，第 670 页。
③ 陈祖武、朱彤窗：《乾嘉学派研究》，河北人民出版社 2005 年版，第 403 页。
④ 孙星衍：《〈墨子注〉后叙》，载《墨子间诂》，中华书局 2001 年版，第 663 页。
⑤ 孙星衍：《〈墨子注〉后叙》，载《墨子间诂》，中华书局 2001 年版，第 665 页。
⑥ 孙星衍：《〈墨子注〉后叙》，载《墨子间诂》，中华书局 2001 年版，第 665 页。
⑦ 张惠言：《书〈墨子经说解〉后》，载《墨子间诂》，中华书局 2001 年版，第 678 页。
⑧ 张惠言：《书〈墨子经说解〉后》，载《墨子间诂》，中华书局 2001 年版，第 677 页。
⑨ 张惠言：《书〈墨子经说解〉后》，载《墨子间诂》，中华书局 2001 年版，第 678 页。

乾嘉学者并未冲破儒学专制的牢固束缚。除了张惠言为孟子所做的保守性辩护，从汪中遭受时人的非难及其《墨子序》迫于压力不得不将非儒的激烈言辞删除的经历也可获知，"在乾嘉时期，独尊儒学的格局尚无根本改变"①。可以说，在乾嘉时期的儒墨比较思想中，墨学虽然一度被提高至与儒学相匹敌的地位，但它始终没有撼动儒学在思想界的统治地位。

二 "孔墨相用"说在清代后期的发展

汪中用一"枉"字来评论孟子的辟墨说，这是乾嘉时期的一个"惊人之论"。在儒墨两者的关系上，汪中虽然提出荀子的《礼论》《乐论》与墨子的节葬、非乐"意相反而相成"，但这仅限于荀、墨的比较，而没有延伸到儒墨整体学说的比较。对于孔墨互相非议的原因，他以"操术不同""不相为谋"予以概括。汪中将墨非儒、儒批墨视为学派间的正常分歧，这种处理态度虽然弱化了儒墨之间的对立与冲突，并试图将墨学从儒学正统的束缚中解放出来，但对于儒墨之间的相通性论述不够深入。清代后期的学者除了为兼爱做辩护，还继承了韩愈的"孔墨相用"说，对孔墨或儒墨之间的相通性做了详细的阐发。

俞正燮（1775—1840年）对后世学者将兼爱解释为无差等之爱的做法进行反驳，他说："案《墨》书言'兼爱'，本之天与王者，天道王政岂无差等者？"② 既然天道和王政都不否认差等，以此为根源的兼爱自然承认差等的存在。由此，孟子的"无父"说就失去了根基，是为"险诐（义）"之论。对于《明鬼》《尚同》等篇以事例为论据的论证方式，俞正燮评论道："实事求是，此其所长也。"③ 字里行间流露出俞氏对墨家学说及其治学品格的赞赏之情。

俞樾（1821—1907年）和黎庶昌（1837—1896年）可谓韩愈"孔墨相用"说的积极拥护者。俞樾对韩愈的观点深表赞同，甚至说："乃唐以来，韩昌黎外无一人能知墨子者。"④ 由此反映出俞樾对"孔墨相用"的

---

① 罗检秋：《清代思想史上的诸子学》，《安徽史学》2015年第3期。
② 俞正燮：《墨子兼爱》，载《癸巳存稿》，商务印书馆1957年版，第334页。
③ 俞正燮：《墨子之辨》，载《癸巳存稿》，商务印书馆1957年版，第334页。
④ 俞樾：《墨子间诂·序》，载《墨子间诂》，中华书局2001年版，第1页。

认同。然而，与韩愈仅在理论层面上沟通孔墨的做法略有不同，俞樾坚持儒墨互通还有现实方面的考虑。他说："今天下一大战国也，以孟子反本一言为主，而以墨子之书辅之，傥足以安内而攘外乎？"① 在俞樾看来，儒墨相辅相成是实现国家内外安稳的重要途径。但是，儒墨之间，俞樾仍以儒为主，墨为辅。黎庶昌虽然没有像俞樾那样明确地在儒墨之间分个主次，其"天地之道之大，非执儒之一涂所能尽"② 的感叹已间接揭示出儒学在思想上的主导地位。黎庶昌所叹息的是儒学虽为主却不能彻底解决现实社会中的窘境，由此促使他在韩愈的《读墨子》中寻找出路。黎庶昌说："昌黎韩愈谓孔、墨相为用，孔必用墨，墨必用孔，亦岂虚语哉？"③ 虽对"孔墨相用"表示赞同，但黎庶昌毕竟是在觉察到"非执儒之一涂所能尽"的情况下才重新思考儒墨的关系。也就是说，无论对俞樾还是黎庶昌来说，儒墨虽然重新得到并提，但儒学为主的地位始终没有被撼动。

清代后期在墨学研究中做出突出贡献的人物当数孙诒让（1848—1908年）。在《墨子间诂》这一对后世影响巨大的著作中，孙诒让不仅对《墨子》文本进行了详细的校勘、注解工作，还在该著的序言等部分对墨家的思想、儒墨比较等问题进行了重点探讨。孙诒让首先承认儒墨是两种完全不同的学说，可谓"墨儒异方，跬武千里"④。虽然彼此不同，但儒墨均有各自的学术意义和价值，它们不是互相攻击就能掩盖得住的。由此，孙诒让对儒墨相攻颇不以为然，他说："今观墨之非儒，固多诬妄，其于孔子，亦何伤于日月？而墨氏兼爱，固谆谆以孝慈为本，其书具在，可以勘验。而孟子斥之，至同之无父之科，则亦少过矣。"⑤ 孙氏旨在说明，无论墨子的非儒，还是孟子的辟墨，都是出于各自学术立场的偏狭之论，而忽略了对方学说的内在价值。孙诒让虽然对儒墨双方分别进行了批评，但其关注的重心仍然是墨家。他说："自汉以后，治教专一，学者咸宗孔孟，而墨

① 俞樾：《墨子间诂·序》，载《墨子间诂》，中华书局 2001 年版，第 2 页。
② 黎庶昌：《读墨子》，载《黎庶昌全集》第 1 册，上海古籍出版社 2015 年版，第 146 页。
③ 黎庶昌：《读墨子》，载《黎庶昌全集》第 1 册，上海古籍出版社 2015 年版，第 146 页。
④ 孙诒让：《墨子间诂·自序》，载《墨子间诂》，中华书局 2001 年版，第 2 页。
⑤ 孙诒让：《墨学通论》，载《墨子间诂》，中华书局 2001 年版，第 733—734 页。

氏大绌。然讲学家剽窃孟荀之论，以自矜饰标识；缀文之士，习闻儒言，而莫之究察。其于墨也，多望而非之，以迄于今。"① 这既是孙诒让对墨学因儒学压制而得不到彰显的惋惜，也反映了他致力于墨学研究、复兴墨学的决心。

三 "西学墨源"说引发的儒墨、中西比较

19世纪中后期，除了俞正燮、俞樾、黎庶昌、孙诒让等人为墨家所做的辩护以及对韩愈"孔墨相用"说的继承和发展，中国知识分子中间又生发出"西学墨源"一说，由此引发关于中与西、儒与墨之关系的全面思考。西学、墨学、儒学，三者既相互区别，彼此之间又具有不同程度的关联，这就使儒墨的比较问题更加复杂化。

（一）墨学与西学：源与流

顾名思义，"西学墨源"指西学发源于墨学。具体来讲，即认为西方的科技、文化、制度等方面的成就都可以在中国的墨学传统中找到根源。在西学冲击日甚、中西文化剧烈碰撞的情形下，中国知识分子既渴望引进西方外来文化，又不能推卸保护中国传统文化的重任。因此，如何权衡中西关系，在保持中西文化相协调的基础上发展新文化就成为他们的首要任务。出于以上两方面的考虑，"西学墨源"不失为一个理想的出路，即"通过追寻西方文化的源泉，把西方现代文化与中国几千年以来的传统文化相互联系与对比审视，从而论证西方文化的渊源来自中国文化"②。

"西学墨源"的第一层含义是西方的科技源于墨学。陈澧（1810—1882年）说："今西洋人制镜之巧，不过窒、突二法，而墨子已知之。"③ 西方不仅制作镜子的技术采用了《墨子》中的物理原理，甚至"格致之学，无不引其端于《墨子·经》上下篇"④。"西学墨源"的第二层含义是西方的制度、文化源于墨学。除了西方的宗教与墨家的尊天、明鬼有密切

---

① 孙诒让：《墨学通论》，载《墨子间诂》，中华书局2001年版，第734页。
② 周晓平：《黄遵宪"西学墨源"论评析》，《江西师范大学学报》（哲学社会科学版）2011年第6期。
③ 陈澧著，钟旭元、魏达纯校点：《东塾读书记》，上海古籍出版社2012年版，第231页。
④ 黄遵宪：《日本国志》卷32，载《黄遵宪全集》，中华书局2005年版，第1399页。

关联，① 墨家的其他学说，如尚同、兼爱等，都在西方社会产生了不同程度的影响。② 西方通过借鉴、吸收墨家的成果而走上富强的道路，中国则丢弃这些精华不予重用，这是中国落后于西方的根本原因。对此，学习西方外来文化才是唯一出路；又因西学源出于墨学，学习西方实质上仍是对中国固有文化的回归。由此，通过"西学墨源"论，中国知识分子很巧妙地处理了学习西方与捍卫传统这双重使命之间的关系。

（二）儒学与墨学：正统与异端

"西学墨源"的兴起，一方面得益于西方文化的涌入，另一方面则是传统儒学弊端的暴露促使知识分子从先秦其他诸子的学说中寻求救亡图存的出路。因此，除了墨学与西学之关系的讨论，"西学墨源"还牵涉墨学与儒学的比较。

"西学墨源"论者主要通过评论墨家兼爱以及孟子的辟墨言论来表达他们对儒墨关系的看法。陈澧在读完《墨子》之后认为，孟子对兼爱的"无父"批评非常中肯，韩非视墨子为"戾"也是合宜之论。③ 王闿运（1832—1916 年）也赞同孟子的观点，他说："孟子之言距墨者，又未尝非先见也。"④ 对于西方借鉴与吸收墨家的爱无差等说，薛福成（1838—1894 年）认为这是一种"舜戾"之行，是"稍违圣人之道者也"⑤。作为战国时期的"显学"，儒墨两者的关系在"西学墨源"论者这里重新得到关注。通过将西学比附于墨学的方式来引进西方文化体现了他们兼容并包的开放性格；而对儒家之道的坚守又揭示出他们思想中的保守性。或者说，墨学是手段，儒学才是根本。由"西学墨源"论者对儒墨关系的处理

---

① 薛福成说："余常谓泰西耶稣之教，其原盖出于墨子，虽体用不无异同，而大旨实最相近。"（薛福成：《光绪十六年庚寅十月二十五日记》，载《出使四国日记》，社会科学文献出版社2007 年版，第 200 页。）宋育仁说："西教亚伯拉罕以降，相承所祖，与墨同原。"（宋育仁《采风记》卷之四"教门"，载《中国近代思想家文库·宋育仁卷》，中国人民大学出版社 2015 年版，第 96 页。）

② 黄遵宪说："尚同、兼爱、明鬼、事天，即耶稣十诫，所谓敬事天主、爱人如己。"（黄遵宪：《日本杂事诗》五四，载《黄遵宪全集》，中华书局 2005 年版，第 22 页。）

③ 陈澧著，钟旭元、魏达纯校点：《东塾读书记》，上海古籍出版社 2012 年版，第 229 页。

④ 王闿运：《墨子校注序》，载《湘绮楼诗文集》，岳麓书社 2008 年版，第 68 页。

⑤ 薛福成：《光绪十六年庚寅十二月初十日记》，载《出使四国日记》，社会科学文献出版社2007 年版，第 220 页。

方式可知，尽管他们为中西文化的交流做出了努力尝试，但传统文化的长期熏染使他们的思想同时表现出落后与保守的一面。

（三）中学与西学：体与用

"西学墨源"所指虽然是西学和墨学的关系，但同时引发了儒墨两家学说的比较。又因墨学与西学相通，儒墨的比较自然涉及儒学与西学的比较。从更大的范围来看，无论墨学与西学，还是儒学与西学，都是中西两种文化的比较。

在中与西的比较中，中学相对于西学的优越性显而易见，这主要体现在如下两个层面。一是器物层面。薛福成说："上古之世，制作萃于中华。自神圣迭兴，造耒耜，造舟车，造弧矢，造网罟，造衣裳，造书契。当鸿荒草昧，而忽有此文明，岂不较今日西人之所制作尤为神奇，特人皆习惯而不察耳。"① 中华文明不仅历史悠久，而且博大精深，在器物的制作上远远超越西方，只可惜这一历史事实常被国人忽略。二是制度层面。薛福成不仅声称中国物质文明的优越性，还将儒家之道凌驾于西方宗教之上。他说："盖圣人之道，不偏不易，深入人心。以耶稣之说比儒教，不仅如水晶之比玉，虽洋人未尝不知。"② 对儒家圣人之道的高度自信促使薛福成为儒耶在未来的发展做出大胆的预测："余是以知耶稣之教之将衰，儒教之将西也。"③ 薛福成所说的"圣人之道"即儒家的伦理道德学说。除了薛福成，黄遵宪（1848—1905 年）、宋育仁（1857—1931 年）等都认为这是立国之本，是在学习西方的过程中无法动摇的根基。宋育仁说："西人略得其意，而不知治本。"④ 这一"本"同样指儒家的圣人之道。

通过以上三个方面的讨论，"西学墨源"论者对墨学、西学以及儒学之关系所持的态度清晰可见。具体来看，墨学充当引入西学的媒介，西学

---

① 薛福成：《光绪十六年庚寅四月庚子朔记》，载《出使四国日记》，社会科学文献出版社2007 年版，第 80 页。

② 薛福成：《光绪十六年庚寅三月十五日记》，载《出使四国日记》，社会科学文献出版社2007 年版，第 72 页。

③ 薛福成：《光绪十六年庚寅三月十五日记》，载《出使四国日记》，社会科学文献出版社2007 年版，第 72 页。

④ 宋育仁：《采风记》卷之一"政术"，载《中国近代思想家文库·宋育仁卷》，中国人民大学出版社 2015 年版，第 35 页。

是国家未来发展的重要出路，儒学则是沟通中西文化以及建设新文化的根本所在。"西学墨源"论者的初衷是在融合中与西、古与今的基础上为未来中国的发展提供一种现代文化，如薛福成说："风气既开，有志之士锲而不舍，薪使古今中西之学，会而为一，是则余之所默企也夫！"① 然而，无论从儒与墨还是中与西的关系来看，"西学墨源"论都带上了浓重的保守主义色彩。对此，周晓平认为，"'西学墨源'的背后，其文化底蕴乃以五千年华夏文明为根基，它观照西方文明世界的方式即以'中国文化中心'论"②。此论可谓揭示出了"西学墨源"论的本质。

　　与西汉至清初墨学在儒学夹缝中艰难生存的状况不同，乾嘉以后墨学迎来了全面复兴的崭新阶段。首先，乾嘉时期的学者如毕沅、汪中、孙星衍通过缓和儒墨之间的紧张关系来为墨家辩护，而汪中更是直接反驳了孟子的辟墨言论。其次，清代中后期的学者在乾嘉墨学研究的基础之上，继续对儒墨的关系进行阐发。俞正燮否认兼爱等同于无差等，由此反驳孟子的"无父"论；俞樾和黎庶昌继承并发挥了韩愈的"孔墨相用"说；孙诒让则力证儒墨之间的区别，认为儒墨各有其价值。虽然考察的视角不尽相同，但他们都为墨学做了不同程度的辩护。最后，"西学墨源"论者在中西文化相互交流与冲突的背景下对墨学、西学以及儒学的关系进行了探讨，虽然对墨学和西学非常推崇，但他们以儒为本的基本立场始终未曾改变。这一点，也是乾嘉至19世纪末儒墨比较思想的共同特征。

　　儒墨在先秦时期并为"显学"，关于儒墨的比较也自先秦开其端。总体来看，20世纪以前的儒墨比较思想可分为三个大的阶段，它们各有特点、彼此不同。

　　第一个阶段是先秦时期，其最突出的时代特征是，诸子百家处于自由竞争的学术状态之中。因此，这一时期的儒墨比较可以视为儒、墨、道、法、杂阐发各家思想学说的重要手段。儒墨两家虽然创始于春秋时期，但他们之间的对立与冲突直到战国时期的孟、荀以及墨家后学那里才逐渐尖

------

　　① 薛福成：《光绪十六年庚寅正月十六日记》，载《出使四国日记》，社会科学文献出版社2007年版，第16页。

　　② 周晓平：《黄遵宪"西学墨源"论评析》，《江西师范大学学报》（哲学社会科学版）2011年第6期。

锐化。孟子和荀子对墨家"二本"与"一之于情性"的批评,实际上是对儒家以"仁"为本的道德学说和礼乐制度的维护。虽然作为被比较的双方,但从他们彼此的攻击之中,可把握儒墨思想的根本不同,因此这亦可视为一种儒墨比较的思想。道、法、杂家的著作中经常可见儒墨并提的情况,但他们或出于自然的立场,或为了宣传耕战的目的,或阐明相关的道理,因而将儒墨一并批评或肯定。总之,这一时期的儒墨虽然互相攻击,且受到其他学派的批评,但始终作为平等的学派而得以自由地发展。

第二个阶段是西汉至清初,儒学在思想界处于大一统的地位,墨学只能在夹缝中艰难生存。虽然黄老思想的盛行使儒墨在汉初同样不受待见,但儒学独尊之后,儒墨之间的差距日益扩大。唐代韩愈首创"孔墨相用"说,似乎大大提高了墨学的地位,明代不少学者也试图为墨家辩护。但是,这些努力和尝试始终敌不过唐宋以来儒学正统的牢固束缚。因此,这一时期的墨学虽然谈不上中绝,但终究无法摆脱日渐衰落的命运。

第三个阶段是清代乾嘉时期至20世纪初,这一时期的墨学研究无论在广度还是深度上,都远超以前各代,因而被称作墨学的复兴时期。乾嘉学者或沟通儒墨或反驳孟子,由此为墨家学说在思想界争得相应的地位。清代中后期的学者对此做了更进一步的阐发。"西学墨源"论者将墨学视为融合中西文化的重要手段,因而对其青睐有加。表面上看,墨学自乾嘉以来走上了全面复兴的道路,而且似乎拥有了与儒学相抗衡的能力。然而,这一时期的学者,无论是借"孔墨相用"说为墨学辩护,还是突出墨学在中西融合中所扮演的重要角色,都未能脱离传统儒学的框架,这就决定了他们在儒墨的比较中不可能取得实质性的突破。

真正的改变发生在20世纪初期。这一时期,西学的冲击更加严重,如何在传统文化的内部做出调整以引入西方外来文化,从而在中西结合的基础上建设一种现代新文化,成为当时学者的重要使命。基于此,他们对儒学、墨学(中学)与西学的内涵和关系进行了深入的考察。掀开儒墨比较的各个方面,我们仍可发现这一时期学者对儒学的深厚感情,但他们对儒学的理解早已不同于前代。对他们来说,儒学的精义是以仁义为内核的人生哲学,而非以三纲学说为特征的封建礼教。

第二章 "变"与"不变"：梁启超的儒墨比较思想及其内在理路

梁启超的学术思想以"多变"著称，这一特质在其墨学研究中也有充分的体现。这种"变"主要指梁启超前后期对墨家具体学说所持态度的变化。① 虽然多变，但梁启超的墨学研究并非杂乱无章、毫无头绪可寻。梁启超在墨学研究中尤为重视比较的方法，② 特别是儒墨的比较，其中更有一以贯之的基本线索植根于内部，这一主线就是对儒家立场的坚守。梁启超的墨学研究不是一个新鲜的话题，这方面的研究论著不胜枚举，其中有些研究涉及梁氏关于儒墨两家学说的比较。但它们或局限于对梁氏墨学研究的某个或某些方面进行阐发，或只是论述梁氏对儒墨在同一问题上所持观点的不同，没有对其儒墨比较思想背后的内在理路进行探究。不可否认，梁启超在人生的不同阶段对儒学的态度有明显的变化，除了儒学自身的原因，其他的原因，如非儒学说的复兴以及西方文化的冲击等都曾影响到他对儒家及其学说的认识，从而使他在某些时候表现出了偏离儒学传统的倾向，这也是今人容易使用"扬墨抑儒"等词语来概括梁启超儒墨比较思想之特征的原因。然而，在分别从共时性与历时性两个角度对梁氏的墨学研究以及儒墨比较思想进行详细考察之后，不难发现，梁启超儒墨比较

---

① 本书用"前后期"，而不是"早晚期"来标识梁启超墨学研究的两个阶段，主要参考了陆信礼的观点。他说："'晚年梁启超'是一个不准确的概念，梁氏从 1873 年出生到 1929 年辞世，享年仅 56 岁，不过是一个中年人，因此，'晚年梁启超'的说法稍欠妥当。"（陆信礼：《梁启超中国哲学史研究评述》，中国社会科学出版社 2013 年版，第 21 页）

② 比较的方法是梁启超学术研究的一大特色。陆信礼认为，"梁氏学术论著最突出的优点就是比较"；"在讲先秦诸子哲学时对于此类的比较最多"。（陆信礼：《梁启超中国哲学史研究评述》，中国社会科学出版社 2013 年版，第 76—77 页）

思想的内在根基始终是传统儒学，他从未在感情上舍弃儒学，甚至在人生的后期彻底回归于儒家的人生哲学之中。

第一节　梁启超儒墨比较思想的基本概况

在重点探讨梁启超的儒墨比较思想之前，我们有必要对梁氏关于儒学和墨学的专门研究成果做初步的了解。因为只有对儒墨两家获得比较充分的认识之后，才能对两者的异同展开深入研究。从梁启超与儒墨的关系来看，他自幼接受传统儒学的熏陶，人生的后期更是汲汲于捍卫儒家传统，中间虽然偶有批评"后儒"（孔子以后篡改儒家原意的儒者）、"孔教"（被封建专制利用的儒学）的言论，但最终以儒家的人生哲学作为归宿。至于与墨学的关系，梁启超曾说："启超幼而好墨，二十年来，于兹经有所校释。"①"幼而好墨"说明梁启超较早时期即已接触墨学，尤其是《墨经》部分，专注于其校释工作达二十年之久。除了对《墨经》的长期关注，梁启超还"诵说其'兼爱''非攻'诸论"②，此可证明墨家学说对梁启超的影响。另，从梁启超本人的论著来看，他不仅撰作《子墨子学说》《墨子之论理学》《墨经校释》以及《墨子学案》等墨学研究著作，还有《孔子》《儒家哲学》等专门研究孔子以及儒家学说的著作，其关于孔子、孔教、儒学的讨论还散见于不同论文、著作的文本片段之中。在《先秦政治思想史》之类的思想史著作中，亦可见梁启超对儒家、墨家以及儒墨比较等内容的相关论述。由上可见，梁启超对儒墨两家的学说有比较透彻的了解，这是他能够进行儒墨比较的一个前提条件。此外，儒墨在先秦时期并为"显学"的事实以及近代以来西方文明对中国传统文化的冲击是促成梁启超进行儒墨比较的外在原因。总体来看，梁启超关于儒墨的详细比较集中体现在几部墨学论著中，而这些著作按照写作时间的不同，又可分为前后两个阶段，这就使梁启超的儒墨比较思想有

---

① 梁启超：《墨经校释·自序》，载《饮冰室合集·专集之三十八》，中华书局1989年版，第2页。

② 梁启超：《清代学术概论》，载《饮冰室合集·专集之三十四》，中华书局1989年版，第61页。

前后期的区别。对梁启超前后两个阶段的儒墨比较思想分别予以探讨可以使我们了解某一特定时期梁氏对儒墨所持的基本态度；而对其前后两个阶段儒墨比较思想的再比较，则有助于把握梁氏学术思想的历时性变化及其基本特征。

一 关于梁启超学术思想阶段的划分

关于梁启超学术思想阶段的划分，陆信礼对 20 世纪以来中西方学者的不同观点进行总结和梳理，将其分为"四期说""三期说"和"两期说"三个类别。[①] 本书在这一分类的基础上，结合相关人物的原始材料做适当的补充，用一个简洁的表格将以上观点罗列如下（见表 2-1）：

表 2-1　　　　　　　　中西学者对梁启超思想阶段的划分

类别	划分依据	思想阶段及其特点	代表学者
四期说	梁启超在不同时期所从事的主要活动（政治的或学术的）	（1）1890—1898 年：康有为"通经致用"之学，维新变法；（2）1898—1912 年：思想宣传，以全新视角整理和批评中国学术；（3）1912—1918 年：政治活动；（4）1918—1929 年：远离政治，专心于学术研究	郑振铎 张荫麟 缪凤林 张其昀
三期说	梁启超在不同时期所从事的主要活动	（1）从公车上书，办《时务报》起，到避地东瀛，办《新民丛报》止：思想运动的时代；（2）从革命、立宪两派的冲突，到助袁、护国、复辟、参战诸役止：政治运动的时代；（3）从五四以后起，到临死为止：学术研究的时代	常燕生[②]
	梁启超在不同时期的阶级立场	（1）1905 年以前：以资产阶级改良派的立场反对地主阶级顽固派；（2）1905—1919 年：以资产阶级改良派的立场反对资产阶级革命派；（3）1919—1929 年：以地主阶级的立场反对无产阶级的共产主义、广大人民的革命斗争以及资产阶级的"西方文明"	蔡尚思

---

① 参见陆信礼《梁启超中国哲学史研究评述》，中国社会科学出版社 2013 年版，第 16—24 页。

② 陆信礼在"三期说"部分没有提及常燕生的观点，现补充于此。（参见常燕生《悼梁任公先生》，载《追忆梁启超（增订本）》，生活·读书·新知三联书店 2009 年版，第 90 页。）

续表

类别	划分依据	思想阶段及其特点	代表学者
三期说	梁启超不同时期对儒学和传统的态度	（1）1890—1898年：今文经学与有限的西方思想的结合；（2）1898—1912年：批评儒学传统并接受新价值，儒学与新思想的交融；（3）五四时期：重新强调儒学价值（与第一阶段的儒学不同），关注思维方式和普遍的"利他主义"	黄宗智①（Philip C. Huang）
		（1）1873—1895年：全面接受传统；（2）1895—1917年：批评传统；（3）1918—1929年：复归传统	夏晓虹
	梁启超不同时期对中国与西方关系的看法	（1）1873—1898年："试图将西方的价值偷运进中国历史"；（2）1898—1912年："否认把'西方'与'中国'作比较有实际意义。忠实归于民族而不是文化"；（3）1912—1929年："重新将'西方'与'中国'作为有比较意义的措词，并将它们纳入'物质'与'精神'的二分法中"	勒文森（Joseph R. Levenson）
	梁启超一生前后文化观的演变	（1）流亡日本以前："会通"中西——梁启超早期的中西文化观；（2）1899—1919年：中西文明"结婚论"——梁启超中期的中西文化观；（3）欧游以后：中西文明"化合"说——梁启超后期的中西文化观	杨晓明
两期说	梁启超不同时期的主导思想	以1915年《新青年》的创刊为界，"由资产阶级改良派倒退到地主阶级复古主义者"或"由资产阶级的尊孔倒退到地主阶级的尊孔"	蔡尚思
		以《欧游心影录》的发表为界：前期："向国人传播并在一定程度上推行西方的思想和文化"；后期："向国人乃至全世界人阐扬中国优秀的传统文化"	陆信礼

持"四期说"的学者如郑振铎、张荫麟、缪凤林和张其昀生活的时代

---

① 陆信礼在"三期说"部分没有提及黄宗智（Philip C. Huang）的观点，现补充于此。（参见黄宗智《梁启超与现代中国的自由主义》，华盛顿大学出版社1972年版，第8—9页。）

比较接近，且都与梁启超有过不同程度的接触。① 关于梁启超思想阶段划分的时间节点以及各阶段梁启超所从事活动的基本特征，他们的观点比较一致。这一划分方式勾勒出梁启超一生政治与学术活动的基本走向，可以使我们对梁启超投身于政治与学术活动的变幻人生获得一个宏观的印象。对于这种分期说的不足之处，陆信礼指出："毕竟梁启超是一位'政治兴味'和'学问兴味'皆浓的历史人物，经常是'问政'时不忘'为学'，'为学'时却'问政'，有时还将两种活动结合在一起，因此，绝不能把他某一个阶段的活动简单地归结为'问政'或者'为学'的。"② 持"三期说"的学者在划分的标准以及各时段的起止点上略有分歧。其中，常燕生仍以梁启超在不同时期所从事的主要活动为划分标准，但这种划分显然不如"四期说"精细；蔡尚思的划分拘泥于梁启超的阶级立场，因而对其学术活动的基本特征有所忽略；黄宗智、夏晓虹、勒文森、杨晓明的观点虽不尽相同，但基本属于依据梁启超对传统与现代、中国与西方之关系的态度变化而做出的划分。蔡尚思的"两期说"和他的"三期说"没有本质性区别，后者只不过是前者的细化。陆信礼的二分法虽然比较简洁明了，且大致描述了梁启超在前后两个阶段所从事的主要活动，尤其是对中西文化所持态度的不同。但正如他在评论"四期说"时所指出的，梁启超不可能在某一阶段只从事于政治或学术活动中的一项，其在前期和后期均有对西方文化的传播以及对传统文化的阐扬，只是侧重点有所变化而已。因此，这种"两期说"不可避免地遮蔽了梁启超文化思想的基本趋向。

相较而言，"四期说"具有如下优点：其一，它基本交代清楚了梁启超在一生不同阶段所从事的主要活动，其中包括思想宣传、政治活动以及学术

---

① 除了这几位中国学者持"四期说"，日本学者狭间直树（1937— ）也持此论，但在第三、第四阶段的时间节点上有所不同，分别是 1912—1920 年和 1920—1929 年。他将四个阶段分别称作梁启超的"维新运动时期""流亡宣传时期""民国从政时期"和"文化活动时期"，并认为它们与梁启超的世界主义和国家主义的思想经历相互对应。具体来看，"第一阶段的梁启超立足于世界主义，这一立场是以康有为的大同思想为内核的。第二阶段，他抛弃世界主义，转而立足于国家主义。……第三阶段，他的国家主义思想也没有发生变化。……在第四阶段，他再次转向世界主义。不用说，这一世界主义与第一时期的不同，它流露着一种淡淡的回归东方的精神"。（参见［日］狭间直树编《梁启超·明治日本·西方——日本京都大学人文科学研究所共同研究报告（修订版）》之《日文版序》，社会科学文献出版社 2012 年版，第 4—5 页。）

② 陆信礼：《梁启超中国哲学史研究评述》，中国社会科学出版社 2013 年版，第 18 页。

研究等；其二，它揭示了梁启超所经历的社会环境的变化，即从早期的国内政变，到旅居日本受到西方文化的熏染，继而重新投入国内的政治运动，到最后远离政治的一个变化过程；其三，它突出了1898年和1918年两个时间点，前者是梁启超避地日本，全面了解西方学说的开始；后者则是梁启超出访欧洲，再次近距离接触西方文明的开启年份。在1898—1911年和1918—1929年这两个时段中，虽然梁启超对西方的态度不尽相同（前期旨在学习西方，后期则反省西方弊端），但他均对中国与西方的关系进行了深刻反思。梁启超眼中的中国文化，主要指先秦时期以儒、道、墨各家为代表的诸子学说。在这两个阶段中，梁启超对中国传统学术的研究最为集中，其中也包括墨学的研究。总而言之，将梁启超的学术思想划分为四个阶段，一来可以凸显他对墨学以及儒墨关系进行重点研究的两个时期；二来可以在把握梁氏整个人生经历的基础上梳理其学术思想演变的基本特征。

二 梁启超儒墨比较的两个阶段

按照"四期说"的划分标准，梁启超的墨学研究分别处在第二、第四两个阶段中，而他对儒墨两家学说所做的比较也集中体现在这两个阶段的墨学著作中。

第一个阶段是维新运动失败后居住于日本的十四年（1898—1911）。梁启超的墨学研究著作有《子墨子学说》和《墨子之论理学》。这两部著作最初刊布于《新民丛报》，后汇合为《墨学微》一著。① 《墨子之论理学》篇幅较短，除文首处对今人处理中西学之关系的做法进行评论外，② 全著都是关于墨家逻辑的研究，其宗旨是论证"诸子中持论理学最坚而用之最密者，莫如墨子"③，即突出墨家逻辑在先秦社会中的重要地位。《子

---

① 在《墨子学案·自叙》中，梁启超曾对这两部著作的写作过程进行回忆。他说："吾昔年曾为《子墨子学说》及《墨子之论理学》二篇，坊间有汇刻之名为《墨学微》者。"（梁启超：《墨子学案》，载《饮冰室合集·专集之三十九》，中华书局1989年版，第2页）又见方授楚《墨学源流》，中华书局、上海书店1989年版，第220页。

② 梁启超说："举凡西人今日所有之学，而强缘饰之，以为吾古人所尝有，此重诬古人，而奖励国民之自欺者也。虽然，苟诚为古人所见及者，从而发明之淬厉之，此又后起国民之责任也，且亦增长国民爱国心之一法门也。"（梁启超：《子墨子学说》附《墨子之论理学》，载《饮冰室合集·专集之三十七》，中华书局1989年版，第55页）

③ 梁启超：《子墨子学说》附《墨子之论理学》，载《饮冰室合集·专集之三十七》，中华书局1989年版，第55页。

墨子学说》是梁启超详细探讨墨家思想的著作。梁启超从考证墨子的生平和时代背景开始，继而从宗教（包括天志、明鬼、非命三方面）、实利、兼爱、政术、实行以及墨学的传授等几个方面对墨家学说进行全面考察。在阐发的过程中，梁启超涉及了儒墨的比较，比如对儒墨的天、命、利、爱等观点分别进行比较。此外，梁启超还提及墨学与西学的比较，如兼爱与基督教的博爱；还提到古与今的联系，如试图挖掘墨子生计学与当今社会主义的内在关联。在上述三种比较之中，关于儒墨两家学说的比较是梁启超比较研究中的重点。

第二个阶段是欧游归来专注于学术研究的十二年（1918—1929）。梁启超的墨学研究著作有《墨经校释》《墨子学案》以及《先秦政治思想史》中的墨学部分。《墨经校释》是关于《经上》《经下》《经说上》《经说下》四篇文本的校释类研究，在此基础上梁启超试图证明，《墨经》中包含"与今世所谓科学精神相悬契"的内容，因而可以将其视为"世界最古名学书之一"。①《墨子学案》和《先秦政治思想史》的墨学部分所探讨的问题与《子墨子学说》基本一致，即包括墨家兼爱、实利、宗教以及政治组织等方面，而儒墨的比较也是其中的一个重要问题。然而，梁启超墨学研究的前后两个阶段毕竟相隔了将近二十年，无论是社会环境的变化还是其个人的人生经历都决定其观点不可能一成不变。这种变化在梁启超的儒墨比较思想中表现得尤为明显，这也是时人常用"尊墨抑儒"和"尊儒抑墨"来分别概括其前后期儒墨比较思想之特征的主要原因。

综上所述，梁启超关于墨家学说的理论性研究主要体现在《子墨子学说》《墨子学案》和《先秦政治思想史》的论墨部分，它们集中代表了梁启超前后两阶段墨学研究的主要成果。梁启超的墨学研究已得到不少学者的关注，相关的研究论著更不在少数。但是，鲜有学者注意到梁启超墨学研究中涉及的儒墨比较问题。虽然有学者用"尊墨抑儒"或"尊儒抑墨"来总结梁启超前后期儒墨态度的不同，却没有对梁氏的儒墨比较思想展开详细的分析与考察，也未能结合梁氏整个学术思想的演变历程来挖掘其思想的内在理路。考虑到当前相关研究的不足，本书首先对梁启超三部墨学

---

① 梁启超：《墨经校释·自序》，载《饮冰室合集·专集之三十八》，中华书局 1989 年版，第 1 页。

著作中有关儒墨比较的内容做一详细考察，借此了解他对儒墨两家学说的基本认识和评价（详见第二节）；梁启超对儒墨的比较也可以视为以儒学为参照而对墨家学说所做的评论，从前期到后期他对墨学的认识发生了明显的变化（详见第三节）；在此基础上，梁启超的思想究竟经历了由"尊墨抑儒"到"尊儒抑墨"的变化，还是始终坚持一个根本不变的立场等问题也可迎刃而解（详见第四节）；最后，本书将重点探讨梁启超在墨学研究的前后两阶段中所发生的变化是什么，不变的又是什么（详见第五节）。

第二节　梁启超儒墨比较思想的主要内容

《墨子》一书的核心要义，莫过于"十论"，即尚贤、尚同、兼爱、非攻、节用、节葬、天志、明鬼、非乐、非命十个论题。这十个论题不仅在今本《墨子》中以篇目标题的形式呈现出来，①还被墨者当作墨家一套完整的学说体系加以宣扬。② 20世纪以来，墨家"十论"是墨学研究中的一个重点，梁启超的墨学著作同样围绕这一内容而展开，只不过他将"十论"做了进一步的划分，即兼爱、宗教（天志、明鬼、非命）、实利（节用、节葬、非乐）、政治与社会组织（尚贤、尚同）以及非攻。此外，孟子曾经提到的墨子"摩顶放踵利天下"的精神也是梁启超前后期都比较关注的一个方面。"十论"中的爱、天、命、乐等话题，同样是孔子以来的儒家学者普遍讨论的。基于此，梁启超在他的墨学研究中同时展开了对儒墨两家学说的比较。我们首先用一个表格将梁启超在《子墨子学说》《墨子学案》和《先秦政治思想史》中对"十论"以及儒墨两家学说所做的比较罗列出来（见表2－2）：

---

① "十论"被确定为《墨子》的篇题可能经历了一个漫长的演变过程。戴卡琳（Carine Defoort）教授曾对"十论"的形成与确立过程做过专门的探讨。（参见［比］戴卡琳《"十论"的递增成形：对〈墨子〉中基本命题的追溯》，《华裔学志》第64卷，2016年第1期。）

② 子墨子游，魏越曰："既得见四方之君子，则将先语？"子墨子曰："凡入国，必择务而从事焉。国家昏乱，即语之尚贤、尚同；国家贫，则语之节用、节葬；国家憙音湛湎，则语之非乐、非命；国家淫僻无礼，即语之尊天、事鬼；国家务夺侵凌，即语之兼爱、非攻，故曰择务而从事焉。"（《墨子·鲁问》）在孙诒让的《墨子间诂》之前的各版本《墨子》中，"非攻"这一项政策都不可见，原文实际为"……语之兼爱非曰……"，王念孙在《墨子杂志》中首次对该处文字做出校订，从而使"十论"得以完整地呈现出来，后来被孙诒让等学者直接继承，这也是今人认为"十论"原本为墨子创作的一个重要原因。（参见王念孙《墨子杂志》，载《墨子大全》第14册，北京图书馆出版社1999年版，第207页。）

表2-2　梁启超前后期对墨家"十论"以及儒墨比较的态度①

墨学著作	人格精神	非攻	兼爱	宗教			实利			尚贤	政术
				天志	明鬼	非命	节用	节葬	非乐		尚同
《子墨子学说》(1904)	√ 忍苦痛 轻生死	—	× 儒家:维持社会秩序最有力; 墨家:不可行于实际	√ 学说源泉	√ 方便法门	√ 救时最适之良药	× 知有形的物质的直接之利, 不知无形的精神的间接之利	√ 孔子的"责任道德说"+佛教的"权实并用"+墨子的实利		√ 百家之效力均不如墨子之强	× 宗教主权之政治
《墨子学案》(1921)	√ 最要紧; 无人能比; 牺牲自己	√ 义中义+利不利; 标立宗旨 大声疾呼	× 儒家的差等爱更适合旧社会组织; 俄国劳农政府的运用	× 儒家实较完; 罅漏百出	× 赘疣而无谓; 散发赘疣	√ 一线曙光	× 只看见积极的实利, 不看见消极的实利; 只有义务生活, 没有趣味生活			—	× 干涉思想; 自由太过; 教会政治
《先秦政治思想史》(1922)	√ 同情心 义务观 牺牲精神	√ 打击近代褊狭的爱国主义	× 虽善而不可用, 忘却差等一面	√ 所以能有绝大之牺牲者全恃此精神			仅见有之之利, 不见无之之用; 只见人生之一面, 不见其他一面			—	× 流于专制; 教会政治

① 该表格在阅读梁启超原著的基础上整理而成, 个别地方可能不够精确, 特此说明。其中, √表示梁启超持赞同态度, ×表示梁启超持反对态度, —表示该内容没有被梁启超论及。

仅由此表格即可见梁启超墨学研究的复杂性和多变性。首先，在同一著作中，梁启超对墨家"十论"有褒有贬；其次，在不同时期的墨学著作中，梁启超对同一问题的看法亦有所变化；最后，即使同一时期的两部著作，梁启超在其中所阐述的某些观点也有所不同。

一　梁启超对儒墨之"爱"的比较

墨家兼爱及其与儒家仁爱的异同问题，曾一度被梁启超同时代的学者们热烈讨论。① 爱之有差等与否，是梁启超区分儒墨的唯一标准。在论述儒墨两家之不同的过程中，梁启超表达了自己的立场和态度。

在《子墨子学说》中，梁启超首先对中西方关于爱的不同论说进行划分，并明确主张儒墨之爱属于不同的类别。对于儒家之爱，他说："以本身为中心点，缘其远近亲疏以为爱之等差者，即儒教所谓亲亲之杀是也。"② 这可以视为梁启超对儒家"亲亲而仁民，仁民而爱物"（《孟子·尽心上》）和"亲亲之杀，尊贤之等"（《礼记·中庸》）的一种解读。对于墨家兼爱，梁启超没有进行单独的论说，而是把它与基督教的爱归为一类。他说："平等无差别之爱普及于一切人类。泰东之墨子，泰西之耶稣，其所宣示之爱说，皆属此类。"③ 在梁启超看来，墨子和耶稣的爱在追求的理想上完全一致，即在天或者上帝面前取消一切尊卑、贵贱、亲疏、远近等差别，从而平等对待万物。我们姑且不论墨、耶的爱能否完全等同，④ 而仅仅关注梁启超在儒墨之间所做的明确划分。在阐明了儒墨之爱内涵的不同之后，梁启超又对两者的可行性问题进行考察。梁启超认为，有差等和无差等之爱的区别可表述为"适用于现实"和"诉诸于理想"的不同。对于儒家的差等之爱，梁启超

---

① 丁四新、吴晓欣：《论民国学者对墨家"兼爱"的阐释——以儒墨关系为中心》，《四川大学学报》（哲学社会科学版）2017年第4期。

② 梁启超：《子墨子学说》，载《饮冰室合集·专集之三十七》，中华书局1989年版，第30页。

③ 梁启超：《子墨子学说》，载《饮冰室合集·专集之三十七》，中华书局1989年版，第30页。

④ 关于墨家"兼爱"与基督教"博爱"的比较，也是一个热门话题。具体可参见陈道德《"兼爱"与"博爱"》，《职大学报》2007年第3期。

坚称这种将爱"渐次扩充"的方式"于维持社会秩序最有力"，这是肯定儒家的爱可以直接运用于现实社会并产生实际的效果。对于墨家"爱人身若其身，爱人家若其家，爱人国若其国者"的宣传和说教，梁启超则认为它"仅为一至善之理论""断不可行于实际"，因此"不足以为道德之标准"。①

梁启超在《墨子学案》中仍从阐述儒墨之爱的区别开始，并将其概括为如下两点。第一点，孔子的立足点是"天下之本在国，国之本在家，家之本在身"（《孟子·离娄上》），这就决定他所宣传的爱"以自己为中心，一层一层的推出去"，正因为有一个"己"的观念先在，才能推扩出去，产生"他"的观念。②墨子否认己与他之间的这种差等关系，梁启超认为这是孔墨学说的根本不同。第二点，梁启超通过比较墨子的兼爱主义和孔子的大同主义来进一步论证无差等之爱与有差等之爱的不同。梁启超承认兼爱主义和大同主义的"理论方法，完全相同"，但是孔子的大同必须经过一个逐步演化的过程才能实现，或者说大同之前还以"小康"作为过渡阶段；墨子的兼爱却简单直接，中间不需要经过任何过渡阶段。③这一点可看作梁启超对第一点区别的补充和发挥，其目的仍在于强调孔墨之爱在有无差等这一方面的分歧。对于孔子所主张的"亲亲之杀，尊贤之等"，梁启超认为"在旧社会组织之下，自然不能不如此"④，这是肯定儒家泛爱与现实社会秩序之间的融洽性，从而与《子墨子学说》中的"于维持社会秩序最有力"相契合。但对于墨家的兼爱，梁启超的观点较前期发生了某些变化。他首先反驳孟子的批墨言论，认为"摩顶放踵利天下为之"实际上是孟子对墨子精神的颂扬，而不是批评，孟子将兼爱等同于"无父""禽兽"是一种毫无理据的做法。接下来，梁启超对兼爱的可行性进行探

---

① 梁启超：《子墨子学说》，载《饮冰室合集·专集之三十七》，中华书局1989年版，第30、34、35页。

② 梁启超：《墨子学案》，载《饮冰室合集·专集之三十九》，中华书局1989年版，第9—10页。

③ 梁启超：《墨子学案》，载《饮冰室合集·专集之三十九》，中华书局1989年版，第11页。

④ 梁启超：《墨子学案》，载《饮冰室合集·专集之三十九》，中华书局1989年版，第10页。

讨。他说："现在俄国劳农政府治下的人民，的确是实行墨子'兼以易别'的理想之一部分。他们是否出于道德的动机，姑且不论；已足证明墨子的学说，并非'善而不可用'了。"① 在《子墨子学说》中，梁启超还将兼爱视为一种难以实施的理想，而此时他以俄国的社会主义政权为例，证明兼爱并非纯为一种空想，而是可以付诸实践，这是梁启超态度的一次转变。其实，梁启超只是在墨子的兼爱和俄国劳农政府的社会组织形式之间做一类比，试图在后者之中找到前者的痕迹，但对于这种主义的效果如何，却没有过多说明。由梁启超在别处讨论俄国社会主义政权的内容可知，他对社会主义政权基本上持否定态度。② 因此，梁启超虽然宣称兼爱并非"善而不可用"，但从中并不能看出他对兼爱持完全赞同的态度。我们或许可以这样理解，梁启超认为墨子学说并非是空想这一观点的本身即反映了他自己思想的空想性。③

在《先秦政治思想史》中，梁启超对兼爱的态度又经历了一次转变。除了对儒墨处理"己"与"别"之关系的不同方式进行区别之外，梁启超还将"同情心"和"利害心"分别视为儒墨之爱的出发点。他举例说明，在某人的食物只能满足一个人的需求，而他必须在自己的父亲和别人的父亲之间做出选择的情况下，如果选择自己的父亲，则与兼爱的理想相矛盾，如果做不出选择，则对待自己的父亲必然像对待陌生人一样，既然如此，孟子"兼爱无父"的批评便"不为虐"，兼爱这一学说终究"虽善而不可用"。兼爱虽然"仅见人类平等的一面，而忘却其实有差等的一面"，但毕竟作为人类的一种最高理想而被墨家宣扬，这是梁启超乐于承认的一

---

① 梁启超：《墨子学案》，载《饮冰室合集·专集之三十九》，中华书局1989年版，第11 页。

② 梁启超说："墨子的新社会，可谓之平等而不自由的社会。揣想起来，和现在俄国的劳农政府，很有点相同。劳农政府治下的人民，平等算平等极了，不自由也不自由极了。"（梁启超：《墨子学案》，载《饮冰室合集·专集之三十九》，中华书局1989年版，第30 页。）梁启超此处是借墨家社会组织与俄国社会制度的相通性来将两者一举否定，这种论证视角同样被梁启超运用于对兼爱的评价中。

③ 对此，蒋广学说："任公说墨子不是个空想家，但实行'军事共产主义'制度的俄国政府正像列宁在实行新经济政策时所说的，它本身就具有空想的性质。这说明任公此时对墨子经济学说的空想性质认识不足。"（蒋广学：《梁启超和中国古代学术的终结》，江苏教育出版社2001年版，第175—176 页。）

点，而且与他早期的观点相符合。①

除了在《墨子学案》中对兼爱的认识略有不同（由于俄国社会主义政权的刺激，实质上仍否定兼爱），梁启超前后期所持的态度基本一致，即认为兼爱是一种难以实现的理想，他的着眼点就是兼爱意味着取消一切差别，即取消由尊卑、贵贱、亲疏、远近等要素构成的等级制度。然而，这里的问题在于："兼"是否等同于无差别？"兼爱"是否就是 impartial love？由《兼爱》三篇可知，墨子提出"兼相爱"是要解决君臣、父子、兄弟之间互不相爱的混乱局面，从而实现"为人君必惠，为人臣必忠，为人父必慈，为人子必孝，为人兄必友，为人弟必悌"（《兼爱下》）的天下相爱的美好愿望。可以说，以君臣、父子、兄弟为核心的伦理等级关系是墨子提出兼爱的出发点和最终归宿。因此，仅凭借这一点，就不能说兼爱等同于取消一切差别。② 梁启超疏于对兼爱内涵的考证，便一味地将其视为取消差等之说，从而与儒家的差等爱处于对立的两极。此外，墨子所说的"别士""别君"是指对待朋友和百姓"饥即不食，寒即不衣，疾病不侍养，死丧不葬埋"（《兼爱下》）的一类人，他们的所作所为正是"不相爱"的表现，也是国家混乱的根源。墨子的"别"实际上是指不相爱的种种行为，而不是社会等级观念。梁启超却据此认为墨子把差别的观念当作社会罪恶的总根源，这种解读完全偏离了墨子的本意。再者，遍查《兼爱》三篇，不见一个"儒"字，墨子的批评对象只是社会中不相爱的现象，梁启超却直言"墨子所谓别士别君者，盖指儒教所倡之伦理"③，"若儒家正彼所斥为'别士'者也"④，这同样是对墨子思想的一种误解。

---

① 参见梁启超《先秦政治思想史》，载《饮冰室合集·专集之五十》，中华书局1989年版，第115—118页。

② 丹·罗宾斯（Dan Robins）认为，"兼爱"应该译为 inclusive care，即强调爱的范围的广泛性，它与家庭伦理关系并不冲突。（参见［美］丹·罗宾斯《墨家的爱》，《东西方哲学》第62卷，2012年第1期。）赵伟伟认为，中国古典文本中的"兼"字意为 inclusive，而不是 impartial，他更是举出五个论据来证明"兼爱"不等于取消一切差别。（参见赵伟伟《兼爱与墨家对早期儒学的攻击》，《哲学指南》第8卷，2013年第5期。）

③ 梁启超：《子墨子学说》，载《饮冰室合集·专集之三十七》，中华书局1989年版，第34页。

④ 梁启超：《先秦政治思想史》，载《饮冰室合集·专集之五十》，中华书局1989年版，第116页。

二 梁启超对儒墨之宗教的比较

关于墨子的身份问题，梁启超说：“墨子非哲学家，非政治家，而宗教家也。”① 作为宗教家的墨子，构成其宗教思想的核心要素是天志、明鬼和非命。在《子墨子学说》中，梁启超曾一度将墨子的宗教思想抬高至其全部学说之纲领的重要地位，所以他使用较长的篇幅来详细讨论墨家的宗教思想。然而，在后期的《墨子学案》中，梁启超则将墨子的宗教视为兼爱主义的后援，从而使它的地位一落千丈，而梁启超关于这一问题的探讨，无论从内容的广度还是深度来看，都比不上前期所论。甚至在《先秦政治思想史》中，梁启超仅用简短的片段对墨子的天志思想一带而过，这也透露出梁启超观点的极易变动性。天和命也是儒家较为关注的概念，② 梁启超在阐述墨家宗教思想的过程中，对儒墨在这两方面的思想异同进行了比较研究。另外，孔子很少谈及鬼神（如《论语·雍也》“敬鬼神而远之”；《述而》“子不语怪、力、乱、神”），而是强调主体内在的道德责任，梁启超的比较同样涉及孔子的责任道德说和墨子的鬼神存在论。

（一）儒墨论“天”

在《子墨子学说》中，梁启超最先探讨墨子的“尊天之教”③，并从两个方面陈说天志的重要性。第一，天志在墨家学说的内部体系中发挥着

① 梁启超：《先秦政治思想史》，载《饮冰室合集·专集之五十》，中华书局 1989 年版，第 129 页。

② 《论语·公冶长》云：“子贡曰：‘夫子之文章，可得而闻也；夫子之言性与天道，不可得而闻也。’”“天道”即天命，孔子虽不常言天命，但“天”和“命”却通常被分别提及，《论语》中多处可见，现不一一举例说明。

③ 在“尊天之教”这一标题之后，梁启超注解道：“本节之编排，间采日人高濑武次郎所著《杨墨哲学》，其案语则全出自鄙见，不敢掠美，特著一言。”（梁启超：《子墨子学说》，载《饮冰室合集·专集之三十七》，中华书局 1989 年版，第 4 页。）这说明梁启超关于墨子天志的研究参考了高濑武次郎的成果。日本学者末冈宏（1954— ）甚至认为：“这不仅是单纯的‘排列’，而是把自古以来关于天的论述作了总结的《墨子哲学》的内容译成了汉文。”（［日］末冈宏：《梁启超与日本的中国哲学研究》，载［日］狭间直树编《梁启超·明治日本·西方——日本京都大学人文科学研究所共同研究报告（修订版）》，社会科学文献出版社 2012 年版，第 145 页。）关于梁启超与日本学术思想的关系，日本学者大多认为梁启超在很大程度上借鉴和采用了日本学者的思路与方法。（参见葛兆光《西潮又东风：晚清民初思想、宗教与学术十讲》，上海古籍出版社 2006 年版，第 174 页，脚注［1］。）

纲领、源泉的作用。① 梁启超认为，天志不仅是兼爱的"源泉"和"前提"，甚至是"墨子学说全体之源泉"②。他将兼爱、实利、宗教三者视为墨学的"总纲"，而"宗教思想又为彼二纲之纲"③。经过梁氏的反复强调，天志在维持墨家学说体系中所发挥的关键性作用得以凸显。但是，在梁氏的繁杂论说中，不可避免地出现了前后矛盾的说法。他一方面认为宗教为兼爱和实利的"二纲之纲"，另一方面又声称"宗教思想与实利主义两者，在墨子学说全体中，殆犹车之两轮，鸟之双翼也"④。宗教与实利处于相同地位，而不再具有"总纲"的作用，兼爱处于何种位置更没有被提及。但这一处文字上的矛盾似乎没有影响梁启超表达他对天志重要性的认可，这也很可能是他选择以天志作为研究起点的一个重要原因。第二，天志的重要性还表现在它可以为行为提供外在的保障作用。梁启超说："天志之说明，既有'上帝临汝，无贰尔心'之警戒，更有'惟尔有神，尚克相予'之凭借，此志行所以益坚，日就月将，缉熙光明，皆赖于是。"⑤ 这种保障作用可归纳为两点：其一，天对不正当的行为具有惩戒作用，是为"'上帝临汝，无贰尔心'之警戒"；其二，天为人的行为提供依据，是为"'惟尔有神，尚克相予'之凭借"。只有在天的保障之下，行为才能得以

---

① 关于"十论"在墨家学说内部所处地位以及发挥作用的讨论，是 20 世纪以来学者比较关注的话题之一，他们针对何为"十论"的根本等问题提出了不同的见解。多数学者认为"兼爱"是墨家学说的根本，陈顾远说："兼爱主义是他的政治学说底根本，他的政治学说底对象，也就是兼爱主义。"（陈顾远：《墨子政治哲学》，载《墨子大全》第 38 册，北京图书馆出版社 1999 年版，第 520 页。）郎擎霄说："墨子之学其根本观念在于兼爱。"（郎擎霄：《墨子哲学》，载《墨子大全》第 32 册，北京图书馆出版社 1999 年版，第 494 页。）陈柱说："墨子唯一之主义在乎兼爱。"（陈柱：《墨学十论》，载《墨子大全》第 37 册，北京图书馆出版社 1999 年版，第 36 页。）杨宽说："墨学之中心，是在兼爱。"（杨宽：《墨学分期研究》，《学衡》1933 年第 79 期。）少数学者认为"天志"是根本，如张采田说："墨家学术之宗旨，可一言以蔽之，亦曰顺天而已矣。"（张采田：《原墨编》，载《无求备斋墨子集成》第 19 册，成文出版社 1977 年版，第 7 页。）钱穆认为"兼爱主义"的哲学根据是"天志"，"尚贤"和"尚同"同样可以综合到"天志"上去。（参见钱穆《墨子》，载《钱宾四先生全集》第 6 册，联经出版事业有限公司 1998 年版，第 34—36 页。）还有少量持他说的学者，胡韫玉说："节用、兼爱，为墨子学说之中坚。"（胡韫玉：《墨子学说》，载《无求备斋墨子集成》第 28 册，成文出版社 1977 年版，第 1 页。）章太炎："墨子之学以'兼爱'、'尚同'为本。"（章太炎：《诸子略说（下）》，载《章太炎全集·演讲集（下）》，上海人民出版社 2015 年版，第 1015 页。）

② 梁启超：《子墨子学说》，载《饮冰室合集·专集之三十七》，中华书局 1989 年版，第 6 页。

③ 梁启超：《子墨子学说》，载《饮冰室合集·专集之三十七》，中华书局 1989 年版，第 10 页。

④ 梁启超：《子墨子学说》，载《饮冰室合集·专集之三十七》，中华书局 1989 年版，第 8 页。

⑤ 梁启超：《子墨子学说》，载《饮冰室合集·专集之三十七》，中华书局 1989 年版，第 48 页。

顺利进行，并达到预期的效果。

梁启超虽然认为孔子所言"获罪于天，无所祷也"（《论语·八佾》）与墨家的天志可以产生相同的效果，但两者之间仍存在不小的区别。梁启超认为，儒墨之"天"的区别就在于墨子所论"简单直捷"，除了以天志为万事万物的根源之外，绝不再涉及"他义"①。梁启超虽未明言这个"他义"的具体内涵，但根据他在下文所做的比较可知，"他义"即孔子强调的行为背后的道德责任。具体来看，墨子强调行为的外在目的，并以天的赏善罚暴功能来提供保障作用，人们践行道德仅出于得福避祸的需要，而对于那种逆流而行、宁愿得祸避福而行不道德之事的人，天志的这种震慑功能就失去了意义，梁启超据此认为墨子的学说"非究竟圆满主义"。然而，这种情况毕竟属于极端之例，世界上其实没有人厌恶幸福而喜好祸患，所以梁启超最后仍承认墨子的观点算得上"不圆满中之圆满者"。对于孔子所强调的行为的道德责任，梁启超同样以不承担责任的人为反例来质疑其普遍性，认为孔子的学说"有圆满中之不圆满者存也"。②通过列举假想中的极端情况，梁启超对孔墨"天"论中潜在的问题分别予以揭示，在这一过程中，梁氏尚未对孔墨中的任何一方表示出偏向。然而，梁启超在后文明确指出"儒墨同托天而儒说实较完"③，其依据就是《尚书·皋陶谟》中的"天聪明自我民聪明，天明畏自我民明畏"。在梁启超看来，儒家的这一说法很重要，因为它将民视为天的代表，天与人得以沟通，而不是处于理想层面的一种外在权威。《尚书正义》孔颖达疏云："以天之聪明视听，观人有德。用我民以为耳目之聪明，察人言善者，天意归赏之。又天之明德可畏，天威者，用我民言恶而叛之，因讨而伐之，成其明威。天所赏罚，达于上下，不避贵贱，故须敬哉，有土之君！"④ 这是对天威与民德相互作用、相互影响之关系的详细说明。梁启超对儒家之天的偏向，实际上反映了他对儒家德治、民本等理念的认同。墨家未能打

---

① 梁启超：《子墨子学说》，载《饮冰室合集·专集之三十七》，中华书局1989年版，第7页。

② 梁启超：《子墨子学说》，载《饮冰室合集·专集之三十七》，中华书局1989年版，第8页。

③ 梁启超：《子墨子学说》，载《饮冰室合集·专集之三十七》，中华书局1989年版，第40页。

④ 孔安国传，孔颖达疏：《尚书正义》卷四《皋陶谟》，载阮元校刻《十三经注疏》（一），清嘉庆刊本，中华书局2009年版，第293页。

通天与人之间的隔阂，自然比不上儒家所论。

到了《墨子学案》这里，梁启超对天志的态度比较直接，即完全的否定。梁启超否定天志的第一点理由是，天志虽然是兼爱主义的后援，但它所发挥的作用非常有限，不能产生应有的效果。① 与《子墨子学说》中天志为行为提供保障作用的观点相比，梁启超此时的态度可以说发生了较大转变。梁启超否定天志的第二点理由是，墨子关于天志的论证过程充满漏洞，而且多半属于"循环论理"之类。既然推论的过程都存在问题，由此而得出的天志论自然站不住脚。如果说第一点理由尚属于梁启超对天志不足之处的批评，第二点则是对它的"釜底抽薪"式的否定，他甚至将天志看作引起墨学失败的一个重要原因。② 仅一年之后，在《先秦政治思想史》中，梁启超的态度再次发生了变化。他首先说明墨子之"天"与孔老之"天"的不同之处在于墨子的天是一个"人格神"，它"有意识，有感觉，有情操，有行为"，此即"天志"这一命题的由来。这一定义与《墨子学案》所言几乎完全一致。③ 然而，与《墨子学案》对天志的彻底否定不同，梁启超说："墨家既以天的意志为衡量一切事物之标准，而极敬虔以事之，因此创为一种宗教，其性质与基督教最相逼近，其所以能有绝大之牺牲精神者全恃此。"④ "绝大之牺牲精神"应指墨家"摩顶放踵利天下"的兼爱精神，它根源于天志的观念。在这里，梁启超再次肯定了天志对于兼爱的"后援"作用，但他仅将天志的这一效力限制在墨家学说的内部，没有从现实的层面上肯定其意义。

---

① 梁启超说："墨子讲天志，纯是用来做兼爱主义的后援。质言之，是劝人实行兼爱的一种手段罢了。然则这种手段有多大效果呢？据我看，很是微薄。"（梁启超：《墨子学案》，载《饮冰室合集·专集之三十九》，中华书局 1989 年版，第 22 页。）

② 梁启超说："墨子本是一位精于论理学的人，讲到'天志'却罅漏百出，所论证多半陷于'循环论理'。我想都是因'天志论'自身本难成立，墨子要勉强把来应用，未必不是他失败的一原因哩。"（梁启超：《墨子学案》，载《饮冰室合集·专集之三十九》，中华书局 1989 年版，第 23 页。）

③ 梁启超在《墨子学案》中同样对墨家的"天"进行说明，他说："墨子的'天'和老孔的'天'完全不同。墨子的'天'纯然是一个'人格神'，有意欲，有感觉，有情操，有行为。"（梁启超：《墨子学案》，载《饮冰室合集·专集之三十九》，中华书局 1989 年版，第 21 页。）

④ 梁启超：《先秦政治思想史》，载《饮冰室合集·专集之五十》，中华书局 1989 年版，第 130 页。

（二）墨家的"明鬼"与儒家的"道德责任"

梁启超在《子墨子学说》中肯定天志对行为的保障作用，同样地，他认为明鬼可以承担"改良社会之一方便法门"①的重要角色。孔子鲜少谈论鬼神，而是更加强调行为主体内在的道德责任。梁启超对儒墨的比较即围绕墨子的鬼神与孔子的道德责任对行为所产生效力的不同而展开。梁启超以常人对待生死的态度为例，首先肯定孔子"杀身成仁"②、孟子"舍生取义"③等观念在人的勇于赴死、不苟且偷生中所起到的激励作用。对其弊端，梁启超说："此观念非学道有得者，不能切实体认，其平时养成之既甚难，其临事应用之抑亦不易，以故往往不能逮下。"④梁启超此论颇有继承孔子"唯上知与下愚不移"（《论语·阳货》）的意思。孔孟提倡的行为只有"学道有得者"（即上知一类）才能真正有所体会，对一般人而言，这种道德观念不仅很难养成，应用起来也非简单之事。对此，梁启超说："徒绳以严重之道德责任，其义则正，其途则隘矣。"⑤这是从适用的范围上对孔孟道德学说的质疑。以此为基础，梁启超认为，"于责任问题之外，更有利益问题以之为助力"⑥。他进而提供了一条解决之道，即为儒家的道德学说寻找一个补充。由于墨家的鬼神具有赏善罚暴的功能，可以引导人们趋利避祸，这是内在道德责任之外的一种推动力，梁启超于是主张儒墨的互补，即以儒家的道德责任为前提，辅之以墨家的鬼神之教，从而为行为提供双重的保障。虽然梁启超持儒墨互补的观点，但其言语中无不透露出对墨家明鬼说的赞赏之情。他甚至认为："若语其精神，则有鬼无鬼之论辩，与民德之强弱升降，有大关系焉，不可不察也。……墨学可以起中国之衰者，其精神皆在此点。"⑦在论"天"的部分，梁启超认为墨家的天与民处于隔绝的状态，而"民德"等概念应当属于儒学的范围，

---

① 梁启超：《子墨子学说》，载《饮冰室合集·专集之三十七》，中华书局1989年版，第11页。

② 《论语·卫灵公》云："子曰：'志士仁人，无求生以害仁，有杀身以成仁。'"

③ 《孟子·告子上》云："生，亦我所欲也；义，亦我所欲也。二者不可得兼，舍生而取义者也。"

④ 梁启超：《子墨子学说》，载《饮冰室合集·专集之三十七》，中华书局1989年版，第44页。

⑤ 梁启超：《子墨子学说》，载《饮冰室合集·专集之三十七》，中华书局1989年版，第44页。

⑥ 梁启超：《子墨子学说》，载《饮冰室合集·专集之三十七》，中华书局1989年版，第44页。

⑦ 梁启超：《子墨子学说》，载《饮冰室合集·专集之三十七》，中华书局1989年版，第43页。

此处他却将墨家的鬼神与民德相提并论，以突出鬼神的强大作用。梁启超赞扬明鬼说的言论慷慨激昂，充满战斗力，但这种感情上的饱满在一定程度上影响到其理性的保持，由此导致他在思维上出现了某种程度的混乱。

梁启超虽然承认鬼神观念在引导行为的过程中发挥着重要作用，但对于墨子论证鬼神存在的方式，却颇有微言。墨家以"三表"作为检验理论的标准，即以"古者圣王之事"（"本之"）、"百姓耳目之实"（"原之"）以及"发以为刑政，观其中国家百姓人民之利"（"用之"）三条标准来验证观点的正确与否。墨子关于鬼神存在和非命的论证都遵循这一法则。① 以《明鬼下》为例，为了使"执无鬼者"相信鬼神的存在，墨子首先列举众人耳闻目见的杜伯杀周宣王、秦穆公遇句芒、庄子仪杀燕简公等事迹来证明鬼神的存在；紧接着以古代圣王尧、舜、禹、汤、文、武侍奉鬼神的事例进行说明；最后又指出祭祀鬼神为国家、百姓带来的切实利益。通过以上三个方面的论证，墨子得出"今天下之王公大人士君子，中实将欲求兴天下之利，除天下之害，当若鬼神之有也，将不可不尊明也，圣王之道也"的结论。这样一套论证过程看似严谨，却被梁启超视为明鬼论中的"不圆满"之处，其原因就在于"其论辨鬼神有无之一问题，不于学理上求答案，而于实际上求答案"②。也就是说，墨子的论证纯粹建立在经验论的基础之上，而缺乏理论上的深层论证。梁启超的这一评论，在王充的《论衡》中已有发端。在《论衡·薄葬》篇，王充说："墨议不以心而原物，苟信闻见，则虽效验章明，犹为失实。"③ 这是对墨家只凭借经验而不诉诸理论之弊端的批评，王充甚至将其视为墨术不能得以流传的原因。梁启超对王充的这一看法颇为赞同，他说："（王）充此论，不从主义上批评，专从方法上批评，所言极有价值。"④ 他在《墨子学案》中对墨家论证方式的批评更为直接。梁启超说：

---

① 关于墨子对非命的论证，梁启超说："至若命之果有果无之一问题，则墨子所恃以为断案者，仍不出经验归纳之论法。援征先王之前言往行以为之前提，其壁垒未能坚也。"（梁启超：《子墨子学说》，载《饮冰室合集·专集之三十七》，中华书局1989年版，第14页。）

② 梁启超：《子墨子学说》，载《饮冰室合集·专集之三十七》，中华书局1989年版，第11页。

③ 黄晖：《论衡校释》，中华书局1990年版，第963页。

④ 梁启超：《墨子学案》，载《饮冰室合集·专集之三十九》，中华书局1989年版，第72页。

"至于鬼神有无的问题，他并不在学理上求答案，乃在极粗浅的经验论求答案，实在没有什么价值。"① 梁启超由此将墨子的鬼神观看作"太古的遗物"，不仅起不到"维系人心"的作用，甚至在墨家学说内部所发挥的"后援力"也是非常薄弱的。由上可见，通过对墨家论证鬼神存在之过程的批评以及对明鬼之有限效力的揭示，梁启超对明鬼说进行了彻底的否定。

（三）墨家"非命"对儒家"有命"的冲击

在命的有无问题上，梁启超前后期的态度比较一致，即赞同墨家的非命说。他通过列举儒家关于命的不同言论，证明孔子并非极少言命，命的观念实际上是"儒教中一普通之信条"②。由此，梁启超将"非命"和"有命"视为儒墨之间的一项重要区别，并力证非命说的积极作用。一方面，从墨家学说的内在关联来看，非命是天志发挥作用的一个前提条件。针对有人就天志和非命相矛盾所产生的疑惑，梁启超解答道："墨子固言天也者，随人之顺其欲恶与否而祸福之，是天有无限之权也。命定而不移，则是天之权杀也；故不有非命之论，则天志之论，终不得成立也。"③坚持命定论，天的作用就无处发挥；只有摆脱命运的控制，才能切实体会到天的赏善罚暴功能。④ 另一方面，从非命说与实行的关系来看，非命是坚持力行的重要保障。梁启超说："故学墨者，决无或持厌世主义，此其实行力所以至强而莫能御也。"⑤ 正因为非命说具有如此强大的能力，梁启超称颂它为"思想界一线曙光""把死社会救活转来的学说"。⑥ 梁启超将儒家关于"命"的论说一概视为命定主义。除了《论语》中的相关论说，他把《孟子·尽心上》的"修身以俟之"同样归于命定主义的范围。⑦ 实

---

① 梁启超：《墨子学案》，载《饮冰室合集·专集之三十九》，中华书局1989年版，第23页。

② 梁启超：《子墨子学说》，载《饮冰室合集·专集之三十七》，中华书局1989年版，第12页。

③ 梁启超：《子墨子学说》，载《饮冰室合集·专集之三十七》，中华书局1989年版，第17页。

④ 蒋广学说："如果不研究'非命'，仅仅看到'天志'、'鬼神'，那无疑把墨子看得比孔、老还要低。"（蒋广学：《梁启超和中国古代学术的终结》，江苏教育出版社2001年版，第161页。）

⑤ 梁启超：《子墨子学说》，载《饮冰室合集·专集之三十七》，中华书局1989年版，第42页。

⑥ 梁启超：《墨子学案》，载《饮冰室合集·专集之三十九》，中华书局1989年版，第24—25页。

⑦ 梁启超将"命"分为两类：一类是消极的、有制限的，另一类是积极的、无制限的，两者虽然在是否尽人力的问题上有所区别，但在根本上都诉诸天命。《孟子·尽心上》的"修身以俟之""知命者不立乎岩墙之下"以及《梁惠王下》的"强为善而已矣"都被归为消极的、有制限的一类。（参见梁启超《子墨子学说》，载《饮冰室合集·专集之三十七》，中华书局1989年版，第12页。）

际上，儒家的"命"绝不能简单地归结为命定主义，如果说《论语》中的"命"尚未摆脱命定主义的嫌疑，到了《中庸》《孟子》这里，则强调人性与天道的贯通，及至后来宋明儒学的阐发，儒家的"命"更是脱离了命定论的框架，而与人性形成了一种双向沟通的关系。对于梁启超的这种理解，黄克武认为是"对儒家'天命'思想的一种不当的诠释"，其依据就在于"先秦儒家，以及宋明以后的理学家所主张的'乐天知命'的观念，其实是相当积极的"。① 总之，梁启超对墨家非命之作用的认识比较深刻，但将"命定主义"直接套在儒家之上的做法则欠妥当，这是对儒家之"命"的一种误解。

综上所述，梁启超对墨家宗教思想的阐发主要体现在两个方面：其一，对墨家论证鬼神存在、非命的方式进行评说，批评其过度依赖经验而缺乏理论分析的弊端；其二，对墨家天志、明鬼以及非命的实际效用进行考察，这其中便涉及儒墨两家学说的比较。简言之，梁启超在前期对墨家的宗教思想比较肯定，主张儒家的道德责任与墨家的宗教思想实现互补；后期则持消极态度，除偶尔提及天志对墨家牺牲精神的鼓动作用（《先秦政治思想史》仅一次提到），几乎不见梁启超对天志、明鬼表示出认可。

三 梁启超对儒墨之"利"的比较

梁启超认为"利"是墨家学说中极为重要的内容，甚至称得上"墨子学说全体之纲领"②。具体来看，墨子所言的"利"是对所有人的普遍之利（即兼爱他人），但它必须以利己为根本目的。也就是说，墨子的"利"实现了利己与利人的完美结合，梁启超因此称之为"圆满之实利主义"③。梁启超将"利"视为儒墨之间的重要分歧，并对儒家"仁义"与墨家"爱利"之间的异同进行详细说明，这是梁启超对墨家实利主义所做

---

① 黄克武：《梁启超的学术思想：以墨子学为中心之分析》，《"中央研究院"近代史研究所集刊》1996 年第 26 期。

② 梁启超：《子墨子学说》，载《饮冰室合集·专集之三十七》，中华书局 1989 年版，第 18 页。关于兼爱、宗教、实利三者在墨家学说中所处的地位，梁启超的用语不免混乱。此处称"利"为纲领，应主要考虑到其对兼爱的重要作用。

③ 梁启超：《子墨子学说》，载《饮冰室合集·专集之三十七》，中华书局 1989 年版，第 19 页。

的第一层研究。墨家实利主义包含节用、节葬、非乐等方面，而儒家往往持相反的观点，梁启超的儒墨比较又体现在这三处细节之中，这是梁启超对墨家实利主义所做的第二层研究。通过以上比较，梁启超对墨家的实利主义给予了全面批评。

（一）儒墨在道德与实利之关系上的分歧

梁启超认为，墨家将"利"视为行为的唯一标准，主张一切言行均以得福避祸为根本目的；儒家则讲求"责任道德"，强调行为主体的内在道德价值。换言之，儒家通常"仁义"并称，墨家则"爱利"并称"义"和"利"将儒墨区别开来。但梁启超同时指出，儒家并非不谈"利"，只是"不专拿'利'来做道德标准"，墨家则坚持"道德和实利不能相离，利不利就是善不善的标准"。① 对于儒家的责任道德说，梁启超认为它的适用范围很有限，"徒以责任道德之大义律之使行，其不掉头以去者殆希矣，孔教之不能逮下皆坐是"②。前文已提到，梁启超主张用墨家的明鬼说来辅助儒家的责任道德，此处他同样提出了一种互补的观点。梁启超说："使孔子而如佛之权实并用也，兼取墨子祥不祥之义而调和之，则吾二千年来社会之现象，其或有以异于今日乎？"③ 与前述略微不同的是，此处参与互补的要素，除了儒家的责任道德和墨家的实利，还加入了佛家的权实论。梁启超认为这种结合可以给中国社会带来空前的变化。

（二）实利主义的具体表现：节用、节葬、非乐

墨家的实利主义由一系列具体的主张或政策构成，其基本的原则可简单概括为"余力相劳"和"余财相分"，这也可以视为墨家的经济学说。梁启超认为，墨家的这种经济模式与孔子提倡的"力恶其不出于身也，不必为己"和"货恶其弃于地也，不必藏诸己"相一致，其目标都是追求"一种完全互助的社会"。④ 儒墨经济学说的理想虽然相同，但在各自的理

---

① 梁启超：《墨子学案》，载《饮冰室合集·专集之三十九》，中华书局1989年版，第13页。《先秦政治思想史》中有类似的表达，其文为："'孝，利亲也。'其意谓道德与实利不能相离，利不利即善不善的标准。"（梁启超：《先秦政治思想史》，载《饮冰室合集·专集之五十》，中华书局1989年版，第119页。）

② 梁启超：《子墨子学说》，载《饮冰室合集·专集之三十七》，中华书局1989年版，第27页。

③ 梁启超：《子墨子学说》，载《饮冰室合集·专集之三十七》，中华书局1989年版，第27页。

④ 梁启超：《墨子学案》，载《饮冰室合集·专集之三十九》，中华书局1989年版，第18页。在兼爱部分，梁启超力主墨家兼爱主义与儒家大同主义的不同，此处却将墨家实利主义与儒家大同主义相等同，这是梁启超思想中的又一处转变。

论框架内，它们关于具体行为的规定则有明显区别。梁启超主要从丧葬、生育、音乐等方面来具体阐述儒墨经济主张的不同。

首先是丧葬观，梁启超认为儒家实行的以"孝"为根本原则的"三年之丧"是一种"纯粹圆满之家族伦理"；墨家则反其道而行之，其节葬的理论可以说"捣儒家之中坚"。① 这是儒墨经济学说的第一点区别。其次，在生育观上，梁启超将墨子的"二十处家，十五事人"（《节用上》"丈夫年二十，毋敢不处家。女子年十五，毋敢不事人"）与孔子的"三十而娶，二十而嫁"（《礼记·内则》"三十而有室""二十而嫁"）相比较，且一针见血地指出两者的优劣之分。从直接性的后果来看，梁启超认为"墨子只知道早婚可以增加人口增加劳力，却不知道早婚所产的儿女，体力智力都薄弱，劳力的能率却减少了"②；而这又可以归结为"墨子知其直接之利而未知其间接之害"这一内在原因。③ 简言之，墨子只顾眼前的利益，儒家的主张才属于长远之计。由此，梁启超直言："孔优于墨也。"④ 最后，在音乐观上，梁启超将非乐视为儒墨之间最明显的一点区别，⑤ 并前后一贯地对其持批评态度。⑥ 梁启超的批评为"知有物质上之实利，而不知有精神上之实利"⑦，"仅见有之之利，而不见无之之用"⑧，从而把它看作"墨子学说最大的缺点""墨学失败最大原因"。⑨

《论语·雍也》提到"质胜文则野，文胜质则史。文质彬彬，然后君子"。这是孔子对质朴和文采辩证关系的理解，亦是理想君子的人格模式。梁启超对墨家实利主义的评价就基于他对文、质关系的处理。对于墨家实

① 梁启超：《子墨子学说》，载《饮冰室合集·专集之三十七》，中华书局1989年版，第21页。
② 梁启超：《墨子学案》，载《饮冰室合集·专集之三十九》，中华书局1989年版，第20页。
③ 梁启超：《子墨子学说》，载《饮冰室合集·专集之三十七》，中华书局1989年版，第22页。
④ 梁启超：《子墨子学说》，载《饮冰室合集·专集之三十七》，中华书局1989年版，第22页。
⑤ 梁启超说："墨家与儒家最相反之一点曰'非乐'。"（梁启超：《先秦政治思想史》，载《饮冰室合集·专集之五十》，中华书局1989年版，第123页。）
⑥ 除了"非乐""非攻"以及墨家精神，梁启超对墨家其他学说的态度均发生了不同程度的变化。相比于梁氏的"变"来说，这种"不变"显得尤为难得。
⑦ 梁启超：《子墨子学说》，载《饮冰室合集·专集之三十七》，中华书局1989年版，第24页。
⑧ 梁启超：《先秦政治思想史》，载《饮冰室合集·专集之五十》，中华书局1989年版，第124页。
⑨ 梁启超：《墨子学案》，载《饮冰室合集·专集之三十九》，中华书局1989年版，第20—21页。

利主义的各项具体政策，如节用、节葬、非乐等，梁启超认为它们被提出的出发点就是"极端之非文主义"①。墨家的"非文"是指对"利"的过度强调，梁启超认为墨家的"利"存在"界说颇狭""范围太窄"等弊端，具体而言就是只看到"有形的物质的直接的（利）"，而忽略了"无形的精神的间接的（利）"②；或者说只认"积极的实利"，而不认"消极的实利"③；又或者说"只见人生之一面而不见其他一面"④。这些"无形的""精神的""间接的""消极的"的"利"，在梁启超看来，是对个人和社会生活来说必不可少的要素。因此，梁启超认为墨子的实利主义"弄到只有义务生活，没有趣味生活。墨学失败最重要的原因，就在此"⑤。梁启超前后两个阶段对于墨家实利主义的态度基本保持一致，即批评墨家过度追求物质利益，而忽视精神享受。虽然未明确指出，我们从中仍可推论出，梁启超的初衷应当是宣传精神与物质的辩证统一。

四　梁启超对儒墨之政术的比较

墨家"十论"中与政治直接有关的是"尚贤"和"尚同"，这两者是墨家关于国家治理的具体措施。在治理国家之前，必须经历国家的建立和组织模式的选择等过程。因此，梁启超从墨家的国家起源说论起，继而由国家首领的产生讲到治理国家的具体措施。在梁启超的研究中，始终有一个不变的参照系，即欧洲资产阶级的"民约论"，但在墨家政治理论的认识上，梁启超前后期的态度有明显的不同。

（一）前期对墨家政术的阐发与称颂

梁启超用比较的视角论述墨家的国家起源说。其一，从墨家与西方的比较来看，两者具有相通性，即都认为国家由"民约"而建立。但在发达的程度上，梁启超认为"墨子之说，则视霍布士为优，而精密不逮陆卢二

---

① 梁启超：《子墨子学说》，载《饮冰室合集·专集之三十七》，中华书局1989年版，第1页。
② 梁启超：《子墨子学说》，载《饮冰室合集·专集之三十七》，中华书局1989年版，第19页。
③ 梁启超：《墨子学案》，载《饮冰室合集·专集之三十九》，中华书局1989年版，第21页。
④ 梁启超：《先秦政治思想史》，载《饮冰室合集·专集之五十》，中华书局1989年版，第123页。
⑤ 梁启超：《墨子学案》，载《饮冰室合集·专集之三十九》，中华书局1989年版，第21页。

氏"①。其二，从墨家与中国古代其他学派的比较来看，两者具有明显的区别，前者认为国家的成立"纯由公民同意所造成"，后者则主张"神权起源说"或"家族起源说"。通过以上两个方面的比较，梁启超将墨家的政治理想概括为"世界主义"和"社会主义"。在上述第一层比较的基础上，梁启超将墨家的政治组织与西方基督教的模式完全等同起来，认为墨家的钜子类似于基督教的教皇。对于钜子（即墨子所说的"天下之仁人"）的重要性和产生办法，梁启超亦有深刻认识。虽然他曾对这种政治运行的模式表示出疑问，如他说："至此等制度，果能适于世界进化之运乎？"② 但尚未对其提出直接的批评。由上述第二层比较出发，梁启超对墨家与其他学派在"尚贤"这一问题上的不同观点进行了阐发。他说："孔子曷尝不言尚贤？百家曷尝不言尚贤？然其效力不如墨子之强者，诸家于尚贤之外，更有亲亲贵贵诸义。墨子则舍尚贤外，他无所尚。彼贰而此一，彼驳而此纯也。盖墨子尚贤主义，实取旧社会阶级之习翻根本而摧破之也。"③ 梁启超虽然将孔子和"百家"（或"诸家"）一并视为墨家的对立面，但不难看出，他比较关注的还是儒墨两家学说的不同。与儒家的"亲亲贵贵"相比，梁启超更加青睐墨家破除"国界"和"家界"的彻底性，由此透露出梁启超对墨家"世界主义"和"社会主义"根本理想的赞赏之情。

（二）后期对墨家政术的反思与批评

梁启超后期对墨家政术的认识同样运用了比较的方法，与前期不同的是，比较的参与者有所增加，梁启超本人的态度亦发生了明显的转变。梁启超依旧将墨家的国家起源说等同于欧洲的"民约论"，并且通过注释《经上》和《经说上》中的"君"这一条经文来证明墨家确实主张民约建国说。《经上》云："君：臣萌（同氓）通约也。"《经说上》云："君：以若（？）名者也。"梁启超注云："若，疑当作约，音近而伪。"梁氏更以《尚同》篇的"选择天下贤良立以为天子"等内容来论证《墨

---

① 梁启超：《子墨子学说》，载《饮冰室合集·专集之三十七》，中华书局 1989 年版，第 37 页。
② 梁启超：《子墨子学说》，载《饮冰室合集·专集之三十七》，中华书局 1989 年版，第 39 页。
③ 梁启超：《子墨子学说》，载《饮冰室合集·专集之三十七》，中华书局 1989 年版，第 42 页。

经》此处文本意在"言国家之起原，由于人民相约置君，君乃命臣，与西方近世民约说颇相类"①。然而，对于国家成立之后的运转情况，梁启超却说墨家的主张"流于专制"。梁启超得出这一结论主要出于以下两点考虑：其一，理论上的推理。国家成立后需要统治者，墨家以"钜子"充当之，但这一角色类似于基督教的教皇，由此必然造成一种"教会政治"。其二，现实问题的激发。这一时期的国际社会发生了俄国社会主义革命，梁启超对俄国的社会主义制度有深刻的认识，并自觉将其与墨家的社会组织模式进行比较，这可以视为梁启超后期比较思想中的一个新鲜要素。对此，他说："墨子的新社会，可谓之平等而不自由的社会。揣想起来，和现在俄国的劳农政府，很有点相同。劳农政府治下的人民，平等算平等极了，不自由也不自由极了。"②俄国社会中暴露出的种种问题促使梁启超将关注点从墨家的"世界主义""社会主义"的根本理想转移到"不自由"的弊端上来。另外，梁启超将墨家的"不自由"与"尚同"这一学说联系起来。他认为，墨家所主张的"上之所是，必皆是之，上之所非，必皆非之"③难免造成"干涉思想自由太过"的后果，自然比不上孔子所宣传的"道并行而不相悖"④（《中庸》）。与前期对儒家尚贤主张的批评不同，梁启超此时反倒倾向于儒家。除了干涉思想的自由，梁启超指出，尚同的进一步发展必然造成"只承认社会，不承认个人"，从而使"个人全为社会所吞没""个性消尽，千人万人同铸一型"⑤。这是对墨家政术的彻底否定。

梁启超对墨学的研究大体包括三个方面：（1）《墨经》与墨家逻辑的研究；（2）墨家精神和人格的研究；（3）墨家"十论"的研究。其中，

---

① 梁启超：《墨经校释》，《饮冰室合集·专集之三十八》，第17页。对于梁启超的这一解读，郭沫若曾公开表示批评。他说："其实'臣萌通约'者，通者统也，约者束也，就是臣民统束，也就是臣民总管，那里是什么民约呢？"（郭沫若：《郭沫若全集·历史编·第一卷》，人民出版社1982年版，第468页。）

② 梁启超：《墨子学案》，载《饮冰室合集·专集之三十九》，中华书局1989年版，第30页。

③ 《墨子·尚同上》云："上之所是必皆是之，所非必皆非之。"《尚同中》云："上之所是必亦是之，上之所非必亦非之。"

④ 梁启超：《墨子学案》，载《饮冰室合集·专集之三十九》，中华书局1989年版，第30页。

⑤ 梁启超：《先秦政治思想史》，载《饮冰室合集·专集之五十》，中华书局1989年版，第131页。

梁启超关于儒墨两家学说的比较集中体现在"十论"的探讨之中。梁启超将"十论"分为兼爱、宗教（天志、明鬼、非命）、实利（节用、节葬、非乐）以及政术（尚贤、尚同）四个部分，由此对它们分别展开研究。总的来看，梁启超认为墨家的兼爱过于理想化，不如儒家的差等爱易于实施；墨家的天志和明鬼不如儒家的责任道德说更能保障行为的实施；墨家的实利主义拘泥于物质的利益，不像儒家可以享受趣味的生活；墨家的政术具有专制的弊端，远远比不上儒家的民德思想。然而，这只是一个大致的描述。从细节上来看，梁启超的相关论述远没有这么简单，而是颇为复杂。

第三节 梁启超前后期墨学研究的不同及其成因

梁启超在《墨子学案》中提到："我们研究墨子，不但是研究他的学说，最要紧是研究他的人格。"[①] 梁启超这里说的"人格"应指墨者身上体现出来的独特品格和精神，梁氏此论透露出他对墨家这一"人格"的极其重视。实际上，在梁启超前后两个阶段的墨学研究著作中，均可发现他对墨家人格的赞扬。比如，他在《子墨子学说》中曾提到："欲救今日之中国，舍墨学之忍苦痛则何以哉？舍墨学之轻生死则何以哉？"[②] 这是出于解救国家于危难的现实需要而对墨家"忍苦痛""轻生死"伟大牺牲精神的赞扬。梁氏的目的是借此鼓舞国民参与爱国主义运动的斗志，最终实现国家的自立自强。又如梁启超在《先秦政治思想史》中说道："古今中外哲人中，同情心之厚，义务观念之强，牺牲精神之富，基督而外，墨子而已。"[③] 这种对墨家甘于牺牲、勇于救世之精神的称颂从根本上反映了梁启超深切的爱国主义情怀。[④] 梁启超对墨家人格和精神的赞扬贯穿其前后两

---

① 梁启超：《墨子学案》，载《饮冰室合集·专集之三十九》，中华书局 1989 年版，第 30 页。

② 梁启超：《子墨子学说》，载《饮冰室合集·专集之三十七》，中华书局 1989 年版，第 48 页。

③ 梁启超：《先秦政治思想史》，载《饮冰室合集·专集之五十》，中华书局 1989 年版，第 126 页。

④ 梁启超本人曾说："我一生的政治活动，其出发点与归宿点，都是要贯彻我爱国救国的思想与主张。"（参见李任夫《回忆梁启超先生》，载《追忆梁启超（增订本）》，生活·读书·新知三联书店 2009 年版，第 346 页。）

个阶段的墨学研究之中，这一点可视为其思想主张"不变"的一面。① 虽然对墨家人格极为肯定，认为其学说"虽然很有价值，但毛病却也不少"②，但梁启超的精力主要还是投入于墨家学说的研究之中。在上一节，我们已对梁启超的墨学以及儒墨比较思想进行了初步的介绍，对他在墨家兼爱、宗教、实利以及政术等方面所持的看法有了一个大致的了解。除了对梁启超的儒墨比较思想进行直观的呈现之外，我们还需要思考其中蕴含的深层问题：梁启超前后期对墨学的关注点以及研究的思路是否相同？他在儒墨比较中所持的立场如何？是偏向于儒学还是墨学，抑或是前后有所变化？这两个方面不仅是我们把握梁启超墨学研究基本特征的突破口，还可以由此了解其学术立场的选择及其变化，而这些方面在根本上又受制于其所处的时代环境。因此，对以上问题的分析可帮助我们了解梁启超的思想与其所处时代之间的内在联系。

一　梁启超前后期墨学研究之不同的表现

抛开梁启超对儒墨学说所做的比较，而仅关注他对墨家思想的阐发，从中不难看出，在前后两个阶段中，他对墨学的研究分别呈现出了不同的特点。首先，梁启超虽然一直倾向于将整个墨学划分为兼爱、宗教、实利、政术以及论理学等部分来分别进行研究，但前期和后期在论述以上各部分时所遵循的先后顺序、详略程度以及完备性上有明显区别。其次，对于墨家学说的某一方面，梁启超在前后期所持的态度或有所变化，这一变化一方面可通过他论述过程中的特点（即刚才提到的第一点）反映出来，

---

① 已有学者指出并认可这一点。方授楚认为梁启超的《子墨子学说》"颂扬墨氏，视汪中孙诒让更过之矣，乃地与时为之也。越十余年又成《墨子学案》，谓'与少作全异其内容矣'，然于墨子之讴歌赞叹犹如故也。"（方授楚：《墨学源流》，中华书局、上海书店1989年版，第220页。）罗检秋说："梁启超的崇墨主要不在于墨家思学学说而是墨家精神。不论是前期或后期，梁启超对墨家精神一直推崇备至，没有由推崇到贬抑的转变。"（罗检秋：《梁启超与近代墨学》，《近代史研究》1992年第3期。）解启扬说："他在《子墨子学说》中呼吁'学真墨'，其实也是对墨学振世救敝精神的提倡。即使在后期，梁启超对墨学精神仍然推崇。"（解启扬：《梁启超与墨学》，《安徽史学》2003年第5期。）陆信礼说："对于墨子的人格，梁启超在前期的研究中就非常崇拜。……在后期学术研究阶段，梁启超对墨子人格的认同感丝毫未减。"（陆信礼：《梁启超中国哲学史研究评述》，中国社会科学出版社2013年版，第85页。）

② 梁启超：《墨子学案》，载《饮冰室合集·专集之三十九》，中华书局1989年版，第30页。

另一方面可见于梁启超对墨家同一学说所做的不同评价。再次，梁启超在前后期之所以对墨学的论述思路、关注点以及所持态度发生变化，主要缘于其倾注于墨学研究中的预期目标有所不同。最后，由于梁启超前后期在墨学研究中所设立的目标不同，或者基于现实的考虑，或者偏重学理上的研究，这就导致他在论述风格上发生变化，即感性和理性的投入比例有所不同。总之，梁启超两个阶段的墨学研究虽然具有以上四个方面的特点，但它们并非彼此孤立，而是相互作用、相互影响。

（一）对墨学结构的理解和研究的重心有变化

梁启超对墨家核心思想的阐发是通过将"十论"归属于宗教、兼爱、实利、政术四个大的方面来进行的。在对以上四个方面的探讨中，梁启超前后期对它们在墨学框架结构中所处的地位有不同的理解，由此决定他在各个部分投入的精力有所不同。梁启超对墨家核心思想的研究集中体现于早期的《子墨子学说》和后期的《墨子学案》中，现将两著的框架结构做一对比，从而在直观上对其两个阶段的墨学研究思路有一个大致的了解（见表2-3）。

从构成的要素来看，两著虽然都涵盖了宗教、兼爱、实利、政术（《墨子学案》以"新社会之组织法"为题）等墨家核心学说，但在结构的完善性上，《子墨子学说》则比《墨子学案》稍显逊色。《墨子学案》采用总论→主体部分→结论→附录的叙述模式，由介绍墨子的生平、社会环境、学说的来源以及《墨子》一书等背景性知识入手，然后对墨家学说的主体部分进行逐一的考察，得出相应的结论，最后还以附录的形式对墨家团体以及墨家后学的情况进行说明，并对墨子的年代问题做出详细的考证。仅凭这一论述结构，《墨子学案》基本可以与现今严格的学术专著相媲美。《子墨子学说》的叙述结构则比较简洁，虽然第一章之前的"叙论及子墨子略传"部分对墨子所处的时代背景及其事迹进行介绍，但在论述的广度和深度上，都远不如《墨子学案》，而且该著没有专门的结论部分。由两著结构上的不同可推论，梁启超在后期对墨家学说的了解更加全面和深入。无论是对墨家背景知识的考证，还是对墨家核心思想的阐发，梁启超都表现出了较高的学术水平，并能从中得出清晰的结论。

表2—3　　《子墨子学说》和《墨子学案》的框架结构①

著作	第一章	第二章	第三章	第四章	第五章	第六章	第七章	第八章	附录
《子墨子学说》	墨子之宗教思想 P4—18	墨子之实利主义 P18—29	墨子之兼爱主义 P29—37	墨子之政术 P37—41	墨学之实行及其学说之影响 P41—48	墨学之传授 P48—53	—	—	墨子之论理学 P55—72
《墨子学案》	总论 墨子之生地及年代；环境及其学说渊源；墨子书	墨学之根本观念——兼爱 P8—13	墨子之实利主义及其经济学说 P13—21	墨子之宗教思想 P21—27	墨子新社会之组织法 P27—30	实行的墨家 P30—35	墨家之论理学及其他科学 P35—69	结论 P69—73	墨者及墨学别派；墨子年代考；墨经通解叙

① 《子墨子学说》和《墨子学案》分别载于《饮冰室合集》专集之三十七、三十九，表中页码为专集中对应页码。

从研究的重点来看，梁启超在前期认为宗教思想是墨家全体学说的"源泉"和"纲领"，实利和兼爱二者均处于宗教的统领之下。因此，他对墨家思想的论述由宗教开始，其次论及实利和兼爱，而且在占用的篇幅上依次递减。到了后期，梁启超一改先前的观点，视兼爱为墨学的根本观念，宗教则一落成为兼爱的后援，而他的论述也从兼爱开始，然后是实利和宗教。再者，梁启超在《子墨子学说》中没有设专章对墨家的逻辑和科技部分进行研究，而是将同时期发表的《墨子之论理学》一文以附录的形式放在最后，由此透露出梁启超在早期对墨家论理学的重视性不够。在《墨子学案》中，梁启超则专列篇幅最长的一章对墨家的论理学和科技思想进行详细讨论。我们知道，梁启超在这一时期还撰有专门针对《墨经》的研究性著作——《墨经校释》。这两点共同反映出梁启超后期对墨家逻辑和科技思想的重视。梁启超在《墨子学案》中曾说："墨学之全体大用，可以用两字包括之：曰爱曰智。"①　爱，即兼爱；智，即墨家逻辑思想。这种认识决定了梁启超这一时期对墨家兼爱和《墨经》尤为关注。②

总之，在对墨学结构的理解和研究的关注点上，《子墨子学说》和《墨子学案》都呈现出明显的不同。对于其中的原因，我们需要联系梁启超前后期的时代环境以及他个人的思想经历等内容来加以考察，这些都是本节第二部分将要重点探讨的问题。

（二）对墨家具体学说所持态度前后不一

在本章第二节，我们已对梁启超前后两个阶段的儒墨比较思想分别进行了论述，现仅以他的墨学观为中心，旨在从历时性的角度，着重对梁启超前后期墨学观点的变化展开讨论。

1. 宗教。梁启超对墨家宗教思想的研究，主要体现在两个方面：天志和明鬼是一方面，非命是另一方面。梁启超对天志和明鬼的态度基本可概

———————

① 梁启超：《墨子学案》，载《饮冰室合集·专集之三十九》，中华书局1989年版，第37页。

② 蒋广学已注意到梁启超墨学研究中的这一变化，他说："对墨学的思想结构有了新的理解，这是他深得墨旨的重要表现。前期言墨学的思想结构时，以宗教思想起始，着意论宗教观念是墨学的前提，其鬼神不仅有，而且直到现在还必致用之。现在对其宗教观念虽仍然论之，但其重要性已让位给兼爱说及逻辑学了。"（蒋广学：《梁启超和中国古代学术的终结》，江苏教育出版社2001年版，第173页。）

括为：前期肯定，后期否定；对非命的态度虽然前后期较为一致，但在使用的论据上，则有所不同。梁启超在前期赞同天志和明鬼，主要考虑到其在保障个人行为和促进社会改良中发挥的重要作用；① 而后期梁启超除了否定天志和明鬼的实际效用外，还对墨家以经验为根本的论证方式进行彻底的推翻。对于非命，梁启超在前期将其视为"救时最适之良药"，这同样是从外在的效果上来讲；而在后期，梁启超则提出了不同的论据，他说："定命说若成立，人类便没有了自由意志；那么，连道德标准都没有了，人类便没有了自动力；那么，连什么创造都没有了；那么，人类社会便是死的，不是活的，便是退化的，不是进化的。"② 由救时的良药变为保持主体自由意志和社会道德标准的需要，这反映出梁启超的论证视角由外在的效果转向内在的道德。对此，以下问题需要我们深入思考：梁启超前后期对天志和明鬼的态度为何截然相反？梁启超后期对墨家天志和明鬼论证思路的批评能否反映出其思维方式的变化？同样赞同天命，梁启超前后期所用论据的不同又透露出什么信息？

　　2. 兼爱。梁启超对兼爱的态度最为模糊，也可以说最不稳定。他视兼爱为无差等的爱，这一见解在前后两个阶段基本一致。梁启超的变化主要体现在对兼爱是否可用这一问题的看法上。在前期，他力陈兼爱仅为一种"至善之理论"，而不可应用于实际，后期的态度则出现了两次转变。在《墨子学案》中，他不仅反驳孟子的"无父""禽兽"批评，为兼爱进行辩护，还认为兼爱"可用"。与前期观点相比，这不得不说是梁启超思想中一次大的转变。然而，仅仅时隔一年，在《先秦政治思想史》中，梁启超重新回到兼爱"虽善而不可用"的立场。对于梁启超在这两年中态度急遽转变的原因，方授楚说："梁氏态度转变之原因，自然最为复杂，兹姑置其根本者不谈，其次要之关系，则朋友之影响也。"③ 方氏所说的"朋

---

　　① 梁启超在《子墨子学说》中对天志和明鬼的存在理据也表示过不满，尤其在与儒学的比较中，这种不满表现得更为明显，但比起梁启超对天志、明鬼和实行之关系的强调来说，这种批评显得微不足道。对此，末冈宏总结为"与理论的合理性相比更重视实际的效果"，这确能代表梁启超前期墨学研究的出发点。（参见［日］末冈宏《梁启超与日本的中国哲学研究》，载［日］狭间直树编《梁启超·明治日本·西方——日本京都大学人文科学研究所共同研究报告（修订版）》，社会科学文献出版社 2012 年版，第 152 页。）

　　② 梁启超：《墨子学案》，载《饮冰室合集·专集之三十九》，中华书局 1989 年版，第 25 页。

　　③ 方授楚：《墨学源流》，中华书局、上海书店 1989 年版，第 221 页。

友"即胡适和梁漱溟，他认为胡适的实验主义和梁漱溟的唯识学在梁启超的思想转变中起到了直接的激发作用。方氏之论可作为一参考，对于其合理与否，还需要我们进一步的分析。但对我们来说，更为重要的是挖掘方氏所说的"根本者"，也就是引起梁启超态度转变的根本原因。

3. 实利。《子墨子学说》的第二章题为"墨子之实利主义"，《墨子学案》的第三章则题为"墨子之实利主义及其经济学说"。"经济"一词本属于西方外来词汇，梁启超用它来描述墨家关于"利"的学说，表明他开始用现代性眼光来审视墨家的实利主义。在《子墨子学说》中，梁启超只是在理论层面上指出墨家的生育政策和非乐主张只关注直接的、物质的利益，而忽略间接的、精神的利益。[①] 在《墨子学案》中，梁启超则能够使用"劳力的能率"这一标准来衡量墨家生育政策的效果，同时用"物作的能率"来评估非乐论的价值，这种经济学计算法使梁启超能够对墨家经济主张的利害得失做出更为精准的评价。正是得益于这种严密的分析，梁启超可以更加坚定地表达他的观点。因此，他在后期对墨家经济政策的态度更加直接和激烈。这里涉及的一个问题是：梁启超分析问题的思路为何会出现如此变化？

4. 政术。梁启超在前期对墨家政治学说的认识较为浅薄，其重点是突出墨家学说与西方政治理论的相似性，从而将墨子的政术与西方的世界主义、社会主义相提并论。虽然对墨家类似于西方教会组织的政治模式有所怀疑，但他最终没有明确表示出反对的态度，甚至对尚贤的效力极为肯定。到了后期，梁启超先前的温和态度全然不见，他不仅认为墨家关于国家建立的学说"流于专制"以及"钜子"的统治方式与"教会政治"相等同，还严厉驳斥尚同造成的"干涉思想自由""个性消尽"的弊端。对此，我们不禁思考：梁启超后期对墨家政术的彻底否定是否

---

① 需要注意的是，在同一著作中，梁启超还提出了与此相矛盾的观点。他将墨子的实利主义总结为三则公例：第一，"凡事利余于害者谓之利，害余于利者谓之不利"；第二，"凡事利于最大多数者谓之利，利于少数者谓之不利"；第三，"凡事能使吾良心泰然满足者谓之利，否则谓之不利"。对于其中的第三点，梁启超解释为"通观墨子实利之教，大率毗于物质上，而精神上未免阙如，得此条而发明之，然后知墨子之言利，圆满无遗憾也"。（参见梁启超《子墨子学说》，载《饮冰室合集·专集之三十七》，中华书局1989年版，第29页。）然而，在《墨子学案》中，梁启超将第三条公例予以删除。

与现实中俄国社会主义政权暴露出的问题有关系？梁启超对此的解决途径又是什么？

5. 逻辑和科技。上文已提及，梁启超在前期仅有一部《墨子之论理学》是对墨家逻辑和科技思想的专门研究。梁启超虽然明确反对时人将中西学牵强比附的做法，① 但他在该著中的观点仍未完全摆脱"西学中源"说的嫌疑。他力图证明当今西方社会盛行的逻辑思维、科学技术等都可以在中国传统中找到相应的来源。② 然而，在后期所作的《墨经校释》中，梁启超首先在序言中说明该著是他二十多年来研究《墨经》的成果，并且以毕沅、张惠言、孙诒让等前辈大家的研究为基础，由此可见他撰写该著时用功颇深，态度极其严谨。从该著的主体部分来看，它不仅对《墨经》中的文字进行训诂、校注，对其中的逻辑思想做阐发，还在理论层面对墨学与西学、儒学的关系进行比较研究。可以说，无论在研究的深度还是广度上，梁启超在这一阶段的《墨经》研究都非前期所能比。这是否反映出梁启超学术水平的提高？这种变化与梁启超所处的时代背景和他所承担的责任又有什么关系？

梁启超在《墨子学案·自叙》中说："今兹所讲，与少作全异其内容矣。"③ 此足以表明，《墨子学案》绝非梁启超前期墨学研究的简单重复与再现。但正如蒋广学所说"如若粗略地对照《墨子学案》与《子墨子学说》几乎无法发现'全异其内容'"④，探究梁启超思想的变化不能仅停留于表面的文字。如果只凭借梁启超前后期对墨家精神、非命等方面的肯定以

---

① 早在戊戌政变以前，梁启超就明确反对时人的"西学中源"说。在《与严幼陵先生书》中，他提到："启超生平最恶人引中国古事以证西政，谓彼之所长，皆我所有。此实吾国虚骄之结习，初不欲蹈之。"（梁启超：《与严幼陵先生书》，载《饮冰室合集·文集之一》，中华书局1989年版，第108页。）20世纪初期，梁启超仍持相同观点。他说："举凡西人今日所有之学，而强缘饰之，以为吾古人所尝有，此重诬古人，而奖励国民之自欺者也。"（梁启超：《子墨子学说》附《墨子之论理学》，载《饮冰室合集·专集之三十七》，中华书局1989年版，第55页。）

② 比如，在批评"西学中源"说的错误之后，梁启超笔锋一转，写道："今者以欧西新理比附中国旧学，其非无用之业也明矣。"另，在《墨子之论理学》中梁启超多次提及墨学与西学的沟通，并表达出对墨学的推崇以及由此而来的自豪感。如"今引而释之，与泰西治此学者相印证焉"；"与今世之伦理家言颇有合者也"；"我国有墨子，其亦足以豪也"；"全世界论理学一大祖师"；等等。

③ 梁启超：《墨子学案》，载《饮冰室合集·专集之三十九》，中华书局1989年版，第2页。

④ 蒋广学：《梁启超和中国古代学术的终结》，江苏教育出版社2001年版，第173页。

及对兼爱、实利等内容的批评就断言他对墨学的态度没有变化，就纯属一种肤浅之见。在上述考察的基础上，我们可以把梁启超墨学观的变化概括为如下几点：（1）对墨家学说的某一方面前期肯定，后期否定，如天志、明鬼；（2）前后期均赞同某一学说，但在使用的论据上有所不同，如非命；（3）前后期所持态度最不稳定者，如兼爱；（4）一如既往地反对某一学说，但在批评的程度上有所不同，如经济学说中的生育、非乐；（5）对墨学某一部分的重视程度和研究思路不同，如墨家的逻辑和科技思想。

（三）墨学研究之初设立的预期目标有所不同

简要概括梁启超前后期墨学研究的目的，前期为引入西方学说和宣传爱国主义，后期则为批判墨学和反思现实。

梁启超在前期所采用的西学视角体现在两个方面：一是《子墨子学说》中对墨学和西学相关学说的比较研究；二是《墨子之论理学》对《墨经》与西方逻辑和科技思想的比附研究。关于第二点，我们在上文已有论述。对于梁启超在墨学与西学之间进行的比较研究，《子墨子学说》中有不少体现。比如，梁启超将天志、明鬼和非命三者归属于宗教之下，就是受西方宗教思想的启发；而论述墨家之"利"时所使用的"实利主义"，亦属西方外来词汇。梁启超在墨学与西学之间所做的典型比较，当为墨家之利与西方功利主义、墨家兼爱与基督教博爱、墨家之政术与西方民约论和教会政治这三个方面。梁启超比较研究的目的是证明墨学之中同样存在与西方文明相对应的内容，而这主要受他强烈的爱国主义情怀所驱使。因此，梁启超尤其致力于阐发墨学的实际效果。其中，最明显的一点，是他对墨家"忍苦痛"和"轻生死"牺牲精神的赞扬，将其视为挽救民族危亡的关键。此外，在《子墨子学说》第五章"墨学之实行及其学说之影响"中，梁启超分别针对尚贤、非命、明鬼、天志与实行的关系展开论述。①从表面上看，梁启超重在突出以上学说在墨家实际行动中所发挥的作用，实际上则希望将它们运用于现实社会，从而鼓励时人积极参与到救亡图存

① 《墨子学案》也有"实行的墨家"这一章，但与《子墨子学说》不同的是，此时梁启超主要赞扬墨子个人作为实行家的伟大人格，不像前期那样致力于强调墨家学说与实际行动的关系。这一点区别需要注意。

的现实运动之中。① 梁启超将这一目的同样投入于《墨经》的研究之中。他在《墨子之论理学》中说："苟诚为古人所见及者，从而发明之淬厉之，此又后起国民之责任也，且亦增长国民爱国心之一法门也。"② 由此可见，梁启超前期的墨学研究虽以西方视角为出发点，其根本目的则在于借墨学的阐发来宣传爱国主义精神。

与前期的爱国主义宣传不同，梁启超在后期侧重于对墨学的理论研究，并通过对墨家相关学说的批评来反思现实社会尤其是俄国革命之后暴露出的各种问题。综观《墨子学案》，梁启超对墨学的这种处理方式多处可见。在"兼爱"部分，为了阐发"兼相爱"和"交相利"的内涵，梁启超说："兼相爱是托尔斯泰的利他主义，交相利是科尔璞特金的互助主义。"③ 这是用一对俄国著名人物的思想来类比墨家的"兼相爱"和"交相利"，由此可见梁启超对当时俄国社会现状的熟悉和了解。当然，梁启超的研究并非仅限于这种简短的类比，他进一步强调俄国的社会组织、经济模式以及政治制度与墨家学说的相通之处。梁启超认为，墨子所构想的兼爱社会是破除一切含有私有性质的团体，从而实现"共有共享"，而这正是对当时俄国社会制度的准确描述。由此，梁启超将俄国的社会组织与墨家的兼爱社会相等同，并得出兼爱并非"善而不可用"的结论。此外，梁启超以俄国劳农政府的经济组织来证明墨子的经济学说同样可以实现。需要注意的是，梁启超虽然以俄国社会为例论证墨子学说的可实现性，但他的目的仅限于找到两者之间的相似性而已。④ 这一时期的梁启超，无论

---

① 对此，末冈宏说："梁启超着重讲的是第五章，其目的是要让现实中的中国国民掌握墨子的实行（主义）。因此，《子墨子学说》并非解释墨子学说是怎样的一种学说，而是就如何将墨子学说有效地运用于现实中这一问题来讨论的。"（[日]末冈宏：《梁启超与日本的中国哲学研究》，载《梁启超·明治日本·西方——日本京都大学人文科学研究所共同研究报告（修订版）》，社会科学文献出版社2012年版，第151页。）

② 梁启超：《子墨子学说》附《墨子之论理学》，载《饮冰室合集·专集之三十七》，中华书局1989年版，第55页。

③ 梁启超：《墨子学案》，载《饮冰室合集·专集之三十九》，中华书局1989年版，第8页。

④ 对于梁启超进行这种比较的原因，罗检秋解释道："这除了梁启超墨学研究有所深入外，也与20年代的文化氛围和梁氏本人的思想状况密切相关。当时风行一时的社会主义思潮和西方实用主义哲学思潮对中国文化界产生很大影响。与梁启超齐名的许多文化人都在为这些思潮寻找学理上、现实中的中国依据。墨学的'兼爱'与社会主义学说十分相似，而带有'功利主义'色彩的某些主张也与西方实用主义有表层相似。"（罗检秋：《梁启超与近代墨学》，《近代史研究》1992年第3期。）

是对墨子的学说，还是俄国社会的各种制度，均持否定态度。① 毋宁说，批判墨学只是梁启超使用的一种手段，其根本目的是揭露俄国社会主义的弊端。因此，梁启超对墨子的"新社会"和俄国政府一概予以否定，他说："墨子的新社会，可谓之平等而不自由的社会。揣想起来，和现在俄国的劳农政府，很有点相同。劳农政府治下的人民，平等算平等极了，不自由也不自由极了。"② 梁启超虽然指出墨家的兼爱主义和经济学说可以实现，但这一主张只是梁启超阐明其根本目的的前提条件，他试图将俄国社会的各项政策纳入墨家的理论框架中，从而将两者一举推翻。

（四）治墨过程中感性与理性的投入程度有别

梁启超前后期墨学态度的变化主要缘于其面临的根本任务不同，前期的他致力于爱国主义思想的宣传，所以全方面阐发墨学与救世的关联；后期的他则借墨家学说与俄国社会主义政权的相通性来揭露两者的不足。这种研究目的的不同从另一方面导致梁启超在前后期的叙述风格中表现出了明显的反差，即前期偏于感性，后期则渐趋理性。

梁启超前期墨学研究的感性化主要表现在两个方面：第一，对宗教、兼爱、实利三者之间的关系缺乏前后一贯的认识。梁启超最先将天志视为墨学的"源泉""总纲"，接着又将其单独看作兼爱的"源泉"和"前提"，两者都旨在强调宗教的重要地位。与此同时，梁启超将宗教与实利并提，认为它们的关系如同"车之两轮""鸟之双翼"，这便把宗教拉回到与实利并列的位置上。然而，在论述墨家实利主义的部分，梁启超又说"利"这一个字是墨家学说的"纲领"。同一著作之中，梁启超的表述方式屡次发生变化，这反映出梁启超尤为重视论述的效果，随着研究对象的转移，他的语言表达也跟着一起变化，而这也在某种程度上忽略了上下文的呼应性。第二，对墨家精神的大声疾呼。在《子墨子学说》的开篇，梁启超就直言墨学是救活被杨学毁灭的中国的唯一出路，这就为下文奠定了浓重的感情基调。以此为基础，梁启超详细阐明尚贤、非命、明鬼以及天

---

① 有学者认为梁启超经历了"由初期对兼爱学说在实行层面的否定到对其审慎的接受"。（参见陈超《论梁启超墨学研究两阶段之异同》，《兰台世界》2006 年第 18 期。）兼爱在俄国社会中有所体现并不代表梁启超对它表示赞同并予以接受，这种观点有失公允。

② 梁启超：《墨子学案》，载《饮冰室合集·专集之三十九》，中华书局 1989 年版，第 30 页。

志与实行的密切关联，极力强调它们的作用。如梁启超认为尚贤具有"实取旧社会阶级之习翻根本而摧破之"的功能，非命可以使"其实行力所以至强而莫能御"，明鬼"与民德之强弱升降，有大关系""可以起中国之衰"，天志则是"志行所以益坚，日就月将，缉熙光明"的重要保障。①这些洋溢着赞美之情的语词无不透露出梁启超在墨学研究中充沛的感情投入。郑振铎曾将梁启超早期学术研究的特点总结为"粗枝大叶""一往无前的少年气盛的态度"，在文字表达上则"浩浩莽莽，有排山倒海的气势，窒人呼吸的电感力"②，可谓确评。对于梁启超这种将深厚感情寄托于思想宣传的做法，常燕生充分肯定它对当时社会产生的效益和影响，而另一方面却说他"不是一个道地的'学者'"③。

梁启超后期对墨学的理性研究除了表现在《墨子学案》较为完善的框架结构以及《墨经校释》对《墨经》在文字训诂和义理诠释两方面所做的深入研究外，还体现在其墨学研究的不少细节之中。其一，与《子墨子学说》对宗教、兼爱、实利三者关系颇显混乱的描述不同，梁启超此时不仅提出兼爱是墨学的"纲领"和"根本观念"，还分别就非攻、节用、节葬、非乐、天志、明鬼、非命等学说如何从兼爱之中引申出来一一进行说明。这就使梁启超的观点建立在严谨的论证之上，而摆脱了前期论述的随意性。其二，梁启超的理性研究还体现在他从墨家的论证方式上来揭露天志、明鬼说的漏洞，从人的自由意志和道德标准的层面来肯定非命说的作用，以及利用《墨经》的相关内容支持墨家"民约论"的观点等。其三，在《墨子学案》的"结论"部分，梁启超还对孟子、荀子、《庄子》、司马谈、王充等关于墨学的认识分别进行分析和评价。一方面，梁启超借此表达他本人的观点；另一方面，这种评点前人观点的做法也反映出梁启超知识面的扩展以及对问题理解程度的加深。

---

① 参见梁启超《子墨子学说》，载《饮冰室合集·专集之三十七》，中华书局 1989 年版，第 42—48 页。

② 郑振铎：《梁任公先生》，载《追忆梁启超（增订本）》，生活·读书·新知三联书店 2009 年版，第 69 页。

③ 常燕生：《悼梁任公先生》，载《追忆梁启超（增订本）》，生活·读书·新知三联书店 2009 年版，第 91 页。

郑振铎对此评价道，这一时期梁启超的研究"较前深入，较前专门"，而文字"已归于恬淡平易"。① 这一评价较为客观地揭示出梁启超后期墨学研究的基本特点。

总之，梁启超前后期墨学研究之目的的不同是他对墨家具体学说的态度出现转变的重要原因，而他在态度上的变化又直接表现于其在两个阶段研究中投入的感性和理性的程度有所不同。爱国主义的宣传、墨学与实行的关系是梁启超前期的关注点，由此导致他偏重感情的抒发；而批判墨学、反思现实，则是他后期面临的主要问题，这是他诉诸理性的重要原因。因此，我们可以说，"他前期的研究政治宣传的意味较浓，而且还夹杂许多个人情感的因素，而后期的墨学研究在此方面有很大改进，立论方面也较为平允"②。

二 梁启超前后期墨学研究之不同的成因

对于梁启超前后期墨学研究之不同的原因，既有其所处时代环境的变化，又与他本人的学术思想经历和精神诉求有密切关系，而后者在很大程度上由前者所决定。现分别从这两个方面出发，对梁启超前后期墨学研究之不同的成因进行详细的分析和考察。

（一）前期：借鉴（西方视角）→挖掘（传统资源）→投身（思想宣传）

黄克武曾指出："在 19 世纪末与 20 世纪初，中国知识分子思索的一个根本课题，是如何修改自身的文化传统，以促进国家的现代化。"③ 处于这一时代环境下的梁启超，自然摆脱不了这一重要使命。梁启超的根本任务是通过宣传爱国主义精神来鼓舞时人的救亡图存运动，其力量的来源则是中国传统文化，尤其是墨家"忍苦痛""轻生死"的牺牲精神，他的研究视角则是西方式的。

首先，梁启超以西学的视角从事墨学研究。自鸦片战争后，中西文化之间的碰撞和交流日益加深，关于中西文化之关系的"西学中源""中体西用"说充斥着思想界，身处其中的梁启超也难以回避这一问题，这是他

---

① 郑振铎：《梁任公先生》，载《追忆梁启超（增订本）》，生活·读书·新知三联书店 2009 年版，第 69 页。

② 陆信礼：《梁启超中国哲学史研究评述》，中国社会科学出版社 2013 年版，第 82 页。

③ 黄克武：《一个被放弃的选择——梁启超调适思想之研究》，新星出版社 2006 年版，第 1 页。

着手墨学与西学比较研究的外部条件。再者，梁启超具有丰富的与西学相接触的经历。在师从康有为之前，他就有机会读到徐继畬的《瀛环志略》，并看到上海制造局翻译的西方书籍，由此开启他对西方文明的好奇和兴趣。① 在万木草堂学习期间，西学书目是梁启超等学生的必读书目，这就更加扩展了他的视野。② 戊戌政变失败后避地日本期间，是梁启超全方位接触西学的时期，这一时期"梁氏在日本创办'清议报'、'新民丛报'，撰写了一系列介绍鼓吹资产阶级社会政治文化道德思想的文章"③。这些经历为梁启超的中西比较研究做了充分的铺垫。此外，谈到梁启超墨学研究的西学视角不得不提孙诒让对他的影响。在写给梁启超的《与梁卓如论墨子书》④ 一文中，孙诒让不仅指出《墨子》一书是"综西士通艺之学"、《墨经》部分"必有微言大义，如欧士亚里大得勒之演绎法，培根之归纳法，及佛氏之因明论者"，还在《墨子间诂》写成之后参考西方书目对其进行校订（"拙著印成后，间用近译西书，复事审校，似有足相证明者"），以此发掘两者的相通之处。⑤ 孙诒让对梁启超的墨学研究寄予了深切厚望，梁启超本人亦坦言孙诒让的工作对他产生了重要启发。⑥

其次，梁启超对中国传统文化有着浓厚的情感诉求。梁启超在20世纪初期关于中西文化的见解与他的"新民说"有紧密的联系。在《新民说·释新民之义》中，梁启超为"新"字下的定义为："淬厉其所本有而

---

① 丁文江、赵丰田编，欧阳哲生整理：《梁任公先生年谱长编（初稿）》，中华书局2010年版，第13页。

② 这类书目有：《万国史记》《瀛环志略》《列国岁计政要》《格致须知》《西国近事汇编》《谈天》《地学浅识》。（参见梁启超《读书分月课程》，载《饮冰室合集·专集之六十九》，中华书局1989年版，第11页。）

③ 李泽厚：《康有为谭嗣同思想研究》，上海人民出版社1958年版，第57页。

④ 孙诒让：《与梁卓如论墨子书》，转引自方授楚《墨学源流》，中华书局、上海书店1989年版，第219页。

⑤ 对于《墨子间诂》与西学的联系，黄克武说："当时西力冲击已成不可抗拒之势，所以该书虽为延续汉学传统而来的校勘之作，但这时对《墨子》的兴趣已受西学影响。"（黄克武：《梁启超的学术思想：以墨子学为中心之分析》，《"中央研究院"近代史研究所集刊》1996年第26期。）

⑥ 在《中国近三百年学术史》中，梁启超曾回忆道："此书（《墨子间诂》）初用活字版印成，承仲容先生寄我一部，我才二十三岁耳，我生平治墨学及读周秦子书之兴味，皆自此书导之。"（梁启超：《中国近三百年学术史》，载《饮冰室合集·专集之七十五》，中华书局1989年版，第230页。）

新之"和"采补其所本无而新之"。①"其所本有"指我国固有文化，"其所本无"则指西方外来文化。梁启超之意，是要在综合中西方文化的基础上进行文化的创新，而不是没有任何基础的空头想象。但在阐明"新"之意涵之前，梁启超首先规定"新民云者，非欲吾民尽弃其旧以从人也"②，这充分说明梁启超此一时期所主张的中西文明"结婚论"必须以承认本民族的文化为前提。③ 梁启超的"新民"，详细言之，就是培育具有新道德的国民，这是其中最紧要的一点。对于时人谈及"新道德"就以西方的道德学说为标准的偏见，梁启超不以为然，他认为西方确实存在一种"新道德学"，但没有一套现成的"新道德"可供我们拿来就用。当然，梁启超没有全盘否定西方道德的价值，只是认为它在中国的运用需要依赖一定的外在条件，即"必俟诸国民教育大兴之后，而断非一朝一夕所能获"。梁启超最后仍诉诸"吾祖宗遗传固有之旧道德"④，如此才能"因中国人之历史习惯而利导之"⑤，从而培育有利于中国未来发展的"新民"。⑥

最后，梁启超以爱国主义为思想宣传的基本内容。梁启超思想宣传的主题可以从他对康有为学说的评论中看出。他认为康有为的主张偏重于个人精神和世界理想，这两个方面并非不重要，但对于当时中国的国情来说，宣传以救国为核心的国家主义更为紧迫。在梁启超所做的"公德"和"私德"的划分中，国家主义应属于公德的范围。梁启超对公、私之德有明确的说明："人人独善其身者谓之私德，人人相善其群者谓之公德。"它们都是"人生所不可缺之具"，分别发挥着"无私德则不能立"和"无公德则不能团"的作用。⑦ 然而，从当时的国民素质来看，则普遍缺乏公德

① 梁启超：《新民说》，载《饮冰室合集·专集之四》，中华书局1989年版，第5页。
② 梁启超：《新民说》，载《饮冰室合集·专集之四》，中华书局1989年版，第5页。
③ "自今以往二十年中，吾不患外国学术思想之不输入，吾惟患本国学术思想之不发明。"（梁启超：《论中国学术思想变迁之大势》，载《饮冰室合集·文集之七》，中华书局1989年版，第3页。）
④ 梁启超：《新民说》，载《饮冰室合集·专集之四》，中华书局1989年版，第132页。
⑤ 梁启超：《南海康先生传》，载《饮冰室合集·文集之六》，中华书局1989年版，第67页。
⑥ 对此，黄克武说："梁启超此时思想的主线已经从宣扬激烈革命，转向提倡渐进改革；从强调学习西方的'发明新道德'，转变为重视源于传统文化的'元神真火'。"（黄克武：《梁启超的学术思想：以墨子学为中心之分析》，《"中央研究院"近代史研究所集刊》1996年第26期。）
⑦ 梁启超：《新民说》，载《饮冰室合集·专集之四》，中华书局1989年版，第12页。

的观念，由此造成"团体涣散"、国家统一面临威胁的局面。梁启超虽主张回到我国的"旧道德"中寻找国家主义的根源，但作为道德大源的儒家经典如《论语》《孟子》之类，却偏于私德的传授，而"公德不及其一焉"①。既然儒家过于重视私德，而现实国情最急需的是公德，梁启超于是把目光转向了儒家之外的其他学说。其中，墨家因倡导以"兼爱"为核心的集体主义，自然得到了梁启超的青睐。在谈论何为"国家思想"时，梁启超说："每发一虑，出一言治一事，必常注意于其所谓一身以上者。苟不尔，则团体终不可得成，而人道或几乎息矣。此为国家思想之第一义。"② 对于"常注意于其所谓一身以上者"，梁启超注解道："此兼爱主义也。虽然即谓之为我主义亦无不可，盖非利群则不能利己，天下之公例也。"③ 由此，梁启超在墨家兼爱和国家主义之间建立起密切的关联。无论是对墨家"忍苦痛""轻生死"牺牲精神的大声疾呼，还是强调尚贤、天志、明鬼以及非命等学说与实行的关系，都是梁启超借墨学来宣传国家主义的重要举措。

由上可见，梁启超前期的墨学研究虽然以西学的视角展开，但并非局限于中西之间的简单比附，④ 其根本目的是借阐发墨学来宣扬爱国主义精神。简言之，这一时期"梁启超的突出表现在于他把墨学的价值、墨学的兴衰与民族的命运、国民的素质紧密地联系起来，并在近代中国救亡图存的历史大潮中，赋予墨学更丰富的爱国主义使命"⑤。这也是后人将这一时期的梁启超视为"宣传家"的重要原因。⑥

---

① 梁启超：《新民说》，载《饮冰室合集·专集之四》，中华书局1989年版，第12页。
② 梁启超：《新民说》，载《饮冰室合集·专集之四》，中华书局1989年版，第16页。
③ 梁启超：《新民说》，载《饮冰室合集·专集之四》，中华书局1989年版，第16页。
④ 当然，这一时期梁启超的墨学研究未能完全摆脱中西比附的弊端，其中以对《墨经》的研究表现尤甚。
⑤ 罗检秋：《梁启超与近代墨学》，《近代史研究》1992年第3期。
⑥ 李泽厚说："从一开始，梁启超活动的特点，就主要是在宣传。他在历史上的地位，是在思想方面，在思想方面的地位，又在宣传方面，即并不在有多大的独创性（与康有为不同），他不是思想家，而只是宣传家。"（李泽厚：《中国近代思想史论》，生活·读书·新知三联书店2008年版，第430页。）耿云志和崔志海认为，"梁启超终其一生都是一位只开风气不为师的人物。在他身上，宣传家的气质远胜于学问家。"（耿云志、崔志海：《梁启超》，广东人民出版社1994年版，第47页。）解启扬也认为梁启超"并非专门的学者，而是集思想宣传和学术研究于一身的宣传家"。（解启扬：《梁启超与墨学》，《安徽史学》2003年第5期。）

（二）后期：反思（社会现实）→批评（墨家思想）→专注（学术研究）

到了 20 世纪 20 年代，经历了国内参政的失败、欧游考察途中对欧洲文明的重新认识以及俄国革命的直接刺激，梁启超的学术思想，尤其是墨学研究呈现出了与十几年前完全不同的特征。

首先，时代的变化对梁启超的学术研究提出了新的要求。与前期在西方文化的影响下通过墨学来宣传爱国主义精神不同，此一阶段的国内外都呈现出了不同于以往的时代特征，这就导致梁启超墨学研究的目的和思路必然发生变化。国内方面，由陈独秀、李大钊、胡适等人发起并领导的新文化运动在 1919 年的五四运动之后，逐渐达到高潮，"科学"与"民主"的口号日益深入人心。梁启超虽然置身于这一时代潮流之外，但终究无法回避科学精神、民主思潮的影响。① 国际方面，1918—1920 年的欧洲考察使梁启超目睹了一战之后欧洲满目疮痍、民生凋敝的不堪状况，② 这促使他以更加冷静、客观的心态来反思西方文明的利弊，而不是像早期那样将西方的学说和方法直接拿来运用。与此同时，俄国革命的胜利以及社会主义政权的建立暴露出了政权的专制性、人民生活不自由等弊端，这些都引起梁启超的深刻反省。梁启超这一时期对墨学的态度以批评为主，但与其说批评墨学，不如说这是他对国内外现实状况之弊病的揭露与批判。所有这些，使他在墨学研究中形成独立的思考，从而对我国文化传统的价值做出更加合理的判断。

其次，梁启超的墨学研究有着强烈的现实关怀。梁启超前后期墨学研究的一个重要区别是对宗教的态度不同，他在前期尤为强调天志、明鬼以及非命与实行的关系，由此激发国民的爱国主义运动。到了后期，宗教在墨家学说体系中的根源地位不仅被兼爱所取代，梁启超还从效力和论证思路上将它彻底推翻。对于这一转变的原因，我们可以从国内外环境的变化

---

① 梁启超与新文化阵营之间保持着某些联系，其中尤以他和胡适的学术往来著称，而两者之间的交流以墨学，特别是《墨经》的研究为主要内容。

② 对于战后欧洲的社会状况，梁启超描述如下："对于生存必需之品，已经处处觉得缺乏。面包是要量腹而食，糖和奶油，看见了便变色而作。因为缺煤，交通机关停摆的过半，甚至电灯机器也商量隔日一开。"（梁启超：《欧游心影录节录》，载《饮冰室合集·专集之二十三》，中华书局1989 年版，第 5 页。）

方面进行考察。其一,梁启超在对墨家宗教进行否定的同时,将墨子的全部学说总结为"爱"和"智"两方面,它们分别对应兼爱与《墨经》中的逻辑和科技思想。梁启超后期的墨学研究基本围绕这两点展开,宗教部分则不被重视。对此,蒋广学认为"任公这样概括墨子,当然与五四新文化运动'德、赛'两先生已深入人心有关"①。由此,梁启超后期对墨家宗教思想的否定和对《墨经》的重视,在一定程度上可以说是对新文化运动的价值理念做出的适当妥协。其二,梁启超早前对墨家宗教的重视,基本上出于宗教为行为提供动力的功能,而这主要受西方文化的影响。如梁启超说:"泰西所以有今日之文明者,由于宗教革命,而古学复兴也。盖宗教者,铸造国民脑质之药料也。"② 既然宗教在西方社会具有如此强大的功效,而彼时急于塑造新民、增强国力的梁启超自然着力发挥墨家宗教思想在现实社会中的作用。③ 然而,一战打破了西方人"科学万能"的美梦,西方以科学为手段而构筑的物质文明瞬间坍塌,在"科学万能"论中饱受创伤的宗教也随之一蹶不振。④ 西方宗教面临着前所未有的危机,这是梁启超重审墨家宗教思想并对其进行批评的一个重要外因。梁启超后期墨学研究的一个突出特点,是在墨学与俄国社会主义政权之间建立关联,并通过批评前者来影射后者的种种弊病。梁启超对墨学的批评集中体现在兼爱、实利和社会组织三个方面,其基本观点有:

> 含着"私有"性质的团体都破除了,成为一个"共有共享"的团体,就是墨子的兼爱社会。⑤

---

① 蒋广学:《梁启超和中国古代学术的终结》,江苏教育出版社 2001 年版,第 174 页。

② 梁启超:《论支那宗教改革》,载《饮冰室合集·文集之三》,中华书局 1989 年版,第 55 页。

③ 关于这一点,陈超说:"1904 年写《子墨子学说》时,他正在推行变法维新之大志,西方社会中宗教对民众的凝聚作用以及洪秀全借'拜上帝会'起事等,无疑给他以启发,也希望挖掘墨家中的宗教因素,启蒙民众,造就'新民',以实现理想。所以极力宣扬墨家的宗教因素。"(陈超:《论梁启超墨学研究两阶段之异同》,《兰台世界》2006 年第 18 期。)

④ 关于西方的"科学万能"对宗教的冲击,梁启超分析道:"科学昌明以后,第一个致命伤的就是宗教。人类本从下等动物蜕变而来,那里有什么上帝创造?还配说人为万物之灵吗?宇宙间一切现象,不过物质和他的运动。那里有什么灵魂?更那里有什么天国?"(梁启超:《欧游心影录节录》,载《饮冰室合集·专集之二十三》,中华书局 1989 年版,第 10—11 页。)

⑤ 梁启超:《墨子学案》,载《饮冰室合集·专集之三十九》,中华书局 1989 年版,第 10 页。

> 墨家全不从一个人或各个人着想，其所谓利，属于人类总体，必各个人牺牲其私利，然后总体之利乃得见。①

> 对于社会组织方面，必使人以上所是非为是非，亦其所短也。要而论之，墨家只承认社会，不承认个人。②

这一时期梁启超的言论可以看作是对前期国家主义的彻底背离。他处处都在为个人的自由权利呐喊，而"强烈'国家主义'的情绪在晚期已不复存在"，"他似乎不再具有清末那种亡国的迫切感，因此很自然地转回到群己并重，并认为个人与个性有本质上的重要性，不应为社会所吞没③。

最后，梁启超的墨学研究进入到"纯学术阶段"④。除了受外部环境变化的影响而对墨学的体系结构和具体学说的态度前后有别之外，梁启超后期墨学研究的另一个特色，是学术气息较浓，其研究由此达到更高的理论水平。这主要表现为两点：其一，从研究的方法上看，梁启超在前期多采用西方的研究视角，其中难免牵强比附的问题，而后期"既不是先前的比附，也不是一般意义的考据训诂，而是把墨学经典看作一个整体，在熟读经典的基础上，将其思想排出不同的类别，然后进行内外比较，内比就是从不同类别的比较中发现其思想结构的逻辑体系，外比就是将其与古今中外的思想资料相对照，阐明它的大意"⑤。这种"内比"和"外比"的思路使梁启超前后期的墨学研究明显区别开来。其二，从论证的思路上看，梁启超这一阶段无论对墨家宗教、实利的批评，还是对非命的辩护，都削弱了从现实经验层面进行考虑的成分，而是更加偏重于理论层面的严谨论证。这反映出梁启超墨学研究的逐步深入，且摆脱了前期仅从外在效果来

---

① 梁启超：《先秦政治思想史》，载《饮冰室合集·专集之五十》，中华书局1989年版，第122页。

② 梁启超：《先秦政治思想史》，载《饮冰室合集·专集之五十》，中华书局1989年版，第130页。

③ 黄克武：《梁启超的学术思想：以墨子学为中心之分析》，《"中央研究院"近代史研究所集刊》1996年第26期。

④ 陈慧：《试论梁启超墨学研究的纯学术阶段》，《南京理工大学学报》（社会科学版）2001年第5期。

⑤ 蒋广学：《梁启超和中国古代学术的终结》，江苏教育出版社2001年版，第172页。

评价墨家学说的局限性。可以说，这一时期梁启超的墨学研究"已经超出简单的'述学'或宣传水平"①。

由上可见，在时代环境的影响下，梁启超后期的墨学研究已不再像前期那样致力于将墨学直接运用于爱国救亡的现实运动之中，而是更加注重学术反思和现实批判。对墨学几近于全面批评的做法容易使人产生梁启超彻底否定墨学的错误印象。实则，这种做法一方面反映出梁启超对社会现实的深刻反省，另一方面也表明他在墨学研究方面的进一步深入。从最终的结果来看，这种冷静、专注的研究态度有助于墨学内在价值的全面彰显。

如果说梁启超前期的墨学研究主要致力于宣传爱国主义精神，以国家主义为根本的出发点，到了 20 年代，他的精神追求则超越前者，以世界主义为最终理想，其目的是要在世界的层面上建设一个国家和世界相互融通，国家即是世界、世界即是国家的统一整体。实际上，梁启超的这种理想在欧游的过程中已经开始酝酿。他提出的"世界主义的国家"，是一个将个人、国家和世界三者紧密联系起来的整体，并强调通过个人能力的发挥来推动世界整体文明的发展。② 在人生的最后几年，梁启超始终秉持并积极推动这一伟大的理想。至此，梁启超前后期墨学研究的根本区别可以概括为，前期"以西人的眼光，寻找中国社会的主要问题，然后再到中国古代学术中觅到医治社会弊病的思想良方。在这种关系下，与其说他着意述墨学，不如说他在着力构建自己改造社会的思想体系"；后期"由于第一次世界大战使西方的种种社会弊端充分暴露出来，所以，推进中国现代化的任务必须同整个世界的进步一道来完成。这样他的关注点已是整个世界，而用于解决社会问题的学术也不再以西方学术为尺度而是以整个人类文明的发展为尺度，于是他便以一位国际改良家的身份来谈墨学了"③。

---

① 陈慧：《试论梁启超墨学研究的纯学术阶段》，《南京理工大学学报》（社会科学版）2001年第5期。

② 梁启超：《欧游心影录节录》，载《饮冰室合集·专集之二十三》，中华书局1989年版，第21页。

③ 蒋广学：《梁启超和中国古代学术的终结》，江苏教育出版社2001年版，第181页。

第四节 以儒为本：梁启超儒墨比较 思想的内在理路

通过对梁启超前后期的墨学研究进行分析和比较，我们对其墨学态度的变化基本有所了解。总体来看，梁启超对墨家的牺牲精神和高尚人格一直保持赞扬的态度，而对墨家"十论"的认识则比较复杂，梁启超的态度亦随之发生了相应变化。梁启超尤为注重儒墨两家学说的比较，由此便引申出梁启超究竟偏向于儒学还是墨学的问题。这一问题已引起不少学者的关注。有学者依据梁启超在《子墨子学说》中对墨家学说的赞同就认为他在此阶段持"尊墨抑儒"观点，又因后期的《墨子学案》对墨家的批评比较明显，而认为他在后期否定墨家、回归儒家。这些观点的不足之处在于，由梁启超对墨学的肯定而推论出其对儒学的否定，却忽略在《子墨子学说》这类专门性的墨学研究著作中，梁启超必然用大量的笔墨来阐发墨学，而且出于现实需要的考虑，他不得不在墨学中寻找可以利用的资源。实则，梁启超对墨学的态度随时代环境和他本人的思想经历而变化，而思想变动的深处，始终有一以贯之的根本立场存在。因此，仅凭借梁启超的墨学研究就对他的学术立场"盖棺定论"，是远远不够的。在对梁启超的儒墨比较思想进行研究的基础上，我们还需要结合其一生的学术思想经历来考察，如此才能发现贯穿其学术研究中的一条内在理路。

一 关于梁启超前后期儒墨比较之立场的讨论

关于梁启超在儒墨比较中所持立场的问题，几种代表性的观点为：（1）蔡尚思认为梁启超在前期"儒墨并尊"[①]，五四运动以后则"竭力反墨"。不仅如此，蔡氏对梁启超后期的哲学、政治思想一概予以否定，认为它们完全属于复古的地主阶级守旧派的论调。由此，蔡氏对梁启超其人进行了彻底的批判，将其视为"'旧店新开'的孔家店的最大头子"，是

---

① 除了"儒墨并尊"，蔡尚思在别处还认为梁启超前期"尊墨反孔"。（参见蔡尚思《十家论墨》之"要点"，上海人民出版社 2004 年版，第 2 页。）

"极端反动"的典型代表。① 蔡氏的问题在于，过于强调梁启超的阶级立场，通过梁启超儒墨态度的变化直接推论出他由资产阶级向地主阶级立场的转变，他也没有对梁启超的思想进行透彻的分析，所谓"儒墨并尊""竭力反墨"都是不实之论。（2）认为梁启超始终致力于宣扬墨家的人格和精神，对其学说的态度则有所变化，代表学者有方授楚、罗检秋和解启扬，但他们的观点之间略有分歧。方授楚指出，梁启超"有才学而乏特识""主张屡变"，这是对梁启超思想之多变特质的概括。为了证明梁启超思想的多变性，方氏对梁启超后期的两部著作《墨子学案》和《先秦政治思想史》的相关内容进行比较，并由此得出梁启超"无一贯宗旨"的结论。② 方氏观点的不足在于，没有将梁启超前期的《子墨子学说》纳入比较的范围，而该著是考察梁启超思想变化的重要依据；他对后期两部著作的比较也仅限于两组例子，未能深入到梁启超思想的不同方面，这就导致他的结论有违梁启超思想的真实情况。罗检秋和解启扬都不赞同蔡尚思用"反墨"来概括梁启超后期的墨学态度，而是认为梁启超"基本上肯定墨学"③，"在总体评价上是肯定的"④。这一看法指明了梁启超在后期虽批评墨学却不予以彻底否定的态度，但同时也模糊了他在前后期对墨学所持态度的变化，容易让人产生梁启超对墨学的评价始终保持一致的印象。另外，方、罗、解三氏都没有对梁启超学术思想的根本立场发表看法。其中，罗检秋虽然提到"墨学不是梁启超思想文化主张的主要渊源"，却没有继续指出这一"主要渊源"究竟是什么。相比于方、罗二氏，解启扬的看法最为深入，他不仅论证梁启超晚年并没有反对墨学，还指出他在晚年推崇儒学的文化保守主义思想。（3）马克锋认为，梁启超儒墨比较的目的是通过复兴墨学来挑战和否定孔子儒学的至尊地位，并运用传统墨学的牺牲精神和高尚人格来"挽救民族危机和重塑国民性"。⑤ 这一观点的弊端显

---

① 蔡尚思：《梁启超在政治上学术上和思想上的不同地位——再论梁启超后期的思想体系问题》，《学术月刊》1961年第6期。

② 方授楚：《墨学源流》，中华书局、上海书店1989年版，第220—221页。

③ 罗检秋：《梁启超与近代墨学》，《近代史研究》1992年第3期。

④ 解启扬：《梁启超与墨学》，《安徽史学》2003年第5期。

⑤ 马克锋：《梁启超与传统墨学》，《安徽史学》2004年第6期。

而易见，它只看到梁启超表面上对墨学的肯定和颂扬，却未能深入到其学术思想的根本立场中来。

综合以上各论，以往学界关于梁启超学术立场的评价没有认识到：梁启超对墨学的态度前期有某些肯定，后期则以批评为主；梁启超在后期虽批评墨学，却没有彻底否定墨学，毋宁说他是通过墨学来批判现实，从而为未来人类社会的发展寻找出路，再如后期对《墨经》的关注也可表明他没有舍弃墨学；与此同时，梁启超某一阶段对墨学的关注也并非完全忽略儒学。那么，我们要思考的一个关键问题是，梁启超在墨学研究特别是儒墨比较的过程中，究竟有没有一个内在且一以贯之的根本立场？如果有，是什么立场？他在某些阶段对墨学表现出的偏好是否对这一立场构成过威胁？

二　儒墨比较思想中所见梁启超的儒学立场

本部分旨在对上文抛出的几个问题进行详细的分析和解答。在梁启超的墨学研究中，无论是对墨家牺牲精神和高尚人格的一贯颂扬，还是前期充分肯定墨学与实行的密切关联，以及后期对墨家宗教、实利和政术的严厉批评，都是出于现实社会的需要。梁启超不是在人之所以为人的内在需求中关注墨学，而仅仅以现实的需要与否来衡量其意义和价值。评价的标准一旦诉诸外在的条件，就不可避免地导致观点随外在环境的变化而变化。由此，我们可以把梁启超的墨学研究看作一种"向外"的学问。但是，作为一位对民族文化投入感情颇深的学者，梁启超不可能没有一个一以贯之的学术立场。只有如此，任凭外在条件如何变化，也无论他如何随时调整自己的思想脉络，都能够始终挺立起自己的独立人格。梁启超学术思想的最终归宿，就是儒家的精神。对此，我们在全面把握梁启超儒墨比较思想的基础上，进一步探讨他对儒学和墨学的态度，从而挖掘蕴含在其中的内在理路。另外，我们还将结合梁启超一生的学术思想经历，证明他对儒墨关系的处理态度与他所秉持的学术立场基本保持一致。

在《子墨子学说》中，梁启超强调墨家宗教思想对行为的保障作用，再加之他对墨家精神和人格的宣传，很容易使人得出他在这一时期"尊墨抑儒"的结论。如果说梁启超"尊墨"，确实有一些道理，但他绝非唯墨独尊；而"抑儒"，更属无稽之谈。试看以下两处文本：

　　盖儒教之只言义不义而不言祥不祥，凡以其号之不可也。孟子难宋牼，以乐罢而悦于利者与乐罢而悦于仁义者两相比较，而极言其结果之不同，诚所谓拔本塞原之论，其为道学正鹄，无疑义也。①

　　夫轻生死不易，忍苦痛尤难；轻生死争之于一时，忍苦痛持之于永久。非于道德之责任认之甚明不可，又非于躯壳之外，更知有鬼之乐，有天之福，以与其现在所受苦痛相消不可。②

　　第一段是梁启超为区别儒家之"义"与墨家之"利"而举出的例子。同样是反对战争，孟子认为，墨者宋牼以"利"劝说君主罢兵不如自家以"仁义"为核心的道德说教更能取得有效的结果。对于孟子的这一见解，梁启超深表赞同，并以"拔本塞原之论""道学正鹄"予以称颂。这种对儒家仁义之道的肯定充分证明梁启超的儒家立场，即以儒家之道为根本。确立了儒家之道的核心地位后，梁启超主张在行为动机上实现儒、释、墨三者的协调共存，但他的表述颇有意味。梁启超说："使孔子而如佛之权实并用也，兼取墨子祥不祥之义而调和之，则吾二千年来社会之现象，其或有以异于今日乎?"③ 不难看出，梁启超仍以儒家之教为中心，无论佛教的"权实并用"还是墨家的"祥不祥之义"，都是作为儒家之道的辅助性要素而发挥作用。第二段是梁启超论证墨家"忍苦痛""轻生死"的力量根源，并将其总结为两点：其一，对于所承担的道德责任非常明确，这是内在根据；其二，肯定天志和明鬼的作用，这是外在保障。两者之中，梁启超尤为强调前者，认为"墨学之实行，则固以道德责任为前提"④。在讨论儒墨义利观的不同时，梁启超已指明"孔子之教，纯持责任道德之说"⑤，所以梁启超此处所论同样可以视为对儒家之道的维护。

　　在梁启超后期的儒墨比较思想中，我们已基本掌握他对墨家学说的批评。虽然没有对墨学的各个方面与儒学进行比较，但从中仍能看到他对儒

---

① 梁启超：《子墨子学说》，载《饮冰室合集·专集之三十七》，中华书局1989年版，第27页。
② 梁启超：《子墨子学说》，载《饮冰室合集·专集之三十七》，中华书局1989年版，第48页。
③ 梁启超：《子墨子学说》，载《饮冰室合集·专集之三十七》，中华书局1989年版，第27页。
④ 梁启超：《子墨子学说》，载《饮冰室合集·专集之三十七》，中华书局1989年版，第47页。
⑤ 梁启超：《子墨子学说》，载《饮冰室合集·专集之三十七》，中华书局1989年版，第27页。

家学说以及孔子其人的赞赏之情。对于孔子其人，梁启超说："墨子又是个极端的人，不像孔子那种中庸性格。"① 对于梁启超来说，墨子、老子等都是容易偏执之人，所提出的主张亦偏于一端，只有孔子善于持"折衷"之论，而这又源于他的中庸性格。② 对于儒家学说，梁启超直言墨家的兼爱"不如儒家"③ 的差等爱，墨家的生育政策"不如孔子"④ 所主张。最后进行总结，墨家所论"不足为圣王之道"⑤。不难推出，梁启超所说的"圣王之道"当为儒家之道。在批评墨家的非乐、生育等经济政策时，梁启超提出了精神生活与物质生活协调发展的观点，而道家的"无欲"和墨家的"自苦"都不符合要求，儒家则"解答本问题，正以此为根本精神，于人生最为合理"；在批评墨家以"尚同"为核心的社会组织时，梁启超主张个性应当与社会性相协调，而无论墨家还是法家都"以机械的整齐个人使同冶一炉同铸一型，结果至个性尽被社会性吞灭"，儒家提倡的"欲立立人欲达达人""能尽其性则能尽人之性"则完全与这一主张相符。⑥

综上所述，梁启超或承认墨学的作用而主张儒墨的互补，或以儒家之优点来凸显墨家之不足。梁启超虽认为儒墨可以实现互补，但仍旧以儒学为本，以墨学来补充儒学。总之，梁启超的儒墨比较思想在内容和表达上虽然有前后期的不同，但它始终未曾偏离儒家的立场。

三　梁启超学术思想的演变及其儒学情结

纵观梁启超一生的学术思想经历，无论是青少年时代虽受儒家传统文化的熏陶却不能真正领会儒学的本真意涵，还是从学于康有为时期投身于

---

① 梁启超：《墨子学案》，载《饮冰室合集·专集之三十九》，中华书局1989年版，第3页。

② 在老、孔、墨三者的比较中，梁启超指出："言夫理想，老子近唯心，墨子近唯物，孔子则其折衷也。言夫作用，老子任自然，墨子尊人为，孔子则其折衷也。"（梁启超：《老孔墨以后学派概观》，载《饮冰室合集·专集之四十》，中华书局1989年版，第1页。）

③ 梁启超：《先秦政治思想史》，载《饮冰室合集·专集之五十》，中华书局1989年版，第117页。

④ 梁启超：《墨子学案》，载《饮冰室合集·专集之三十九》，中华书局1989年版，第20页。

⑤ 梁启超：《先秦政治思想史》，载《饮冰室合集·专集之五十》，中华书局1989年版，第125页。

⑥ 梁启超：《先秦政治思想史》，载《饮冰室合集·专集之五十》，中华书局1989年版，第182—184页。

"保教"运动，或者是维新运动失败之后脱离保教思想而对儒学形成独立的见解，他都与儒学或孔子有着千丝万缕的关联。梁启超的学术思想并非一成不变，这也导致他在不同时期对孔子和儒学的理解亦有所变化。

（一）不可"冒犯"的孔子

在求学于康有为之前，梁启超所受的教育先后以帖括和词章、训诂为主，并且经历了"不知天地间于帖括外，更有所谓学也"和"不知天地间于训诂词章之外，更有所谓学也"的阶段。[①] 这一时期，无论是学堂的教授，还是家学的熏陶，都以不违背圣言为前提。其中，发生在梁启超童年时期的一则故事颇能证明这一点。梁启超在八岁登凌云塔时曾作过一首打油诗，其内容为："朝登凌云塔，引领望四极。暮登凌云塔，天地渐昏黑。日月有晦明，四时寒暑易。为何多变化，此理无人识。我欲问苍天，苍天长默默。我欲问孔子，孔子难解释。搔首独徘徊，此理终难得。"诗中的"我欲问孔子"反映出孔子在梁启超心中的重要地位，他甚至被期望具有解释自然现象的功能；而"孔子难解释"，也仅仅透露出一个八九岁的孩童对于自然现象的多变无法完全理解的困惑，他在本意上并非要质疑孔子的神圣地位。然而，梁启超的这一感言立刻遭到了其祖父的训斥，他说："你敢冒犯苍天、孔子，大逆不道！"[②] 原本只是梁启超为表达心中困惑的随意吐露，却被他的祖父视为对孔子的冒犯，由此反映出孔子在当时人们心中的至高地位，这也为日后梁启超与孔子和儒学的关联埋下伏笔。

（二）以"保教"为事业

自 1890 年至 1898 年的八九年间，是梁启超为"保教"事业奋力奔走的时期，而他主要跟随康有为的步伐而行动，基本不具备独立的思想。为了宣传资产阶级的改良学说，康有为公然与作为学术主流的古文经学传统对抗，将古文学的经典全部视为伪作，突出孔子作为宗教领袖、改革家的角色。[③]

---

① 梁启超：《三十自述》，载《饮冰室合集·文集之十一》，中华书局 1989 年版，第 16 页。

② 转引自陈鹏鸣《梁启超学术思想评传》，北京图书馆出版社 1999 年版，第 7 页。

③ 康有为对儒与墨的关系也有研究，但他主要致力于突出孔子和墨子的相同之处，由此证明孔子同墨子一样，具有今文学学者、宗教领袖以及政治改革家的多重身份，从而为现实中的改良运动提供理论上的支持。对此，李庭绵（Ting-mien Lee）博士在其博士学位论文中有详细的探讨。（参见李庭绵《伦理学家和纵横家之间的模糊界限：早期中国文本中"儒—墨"的含义》，博士学位论文，比利时鲁汶大学，2015 年。）

他进而以《春秋公羊传》中的"三世说"为依据，论证人类社会发展的基本阶段。康有为的《孔子改制考》和《新学伪经考》都是围绕着这一主题而创作。经过康有为的阐发，孔子和孔教具有了至高无上的权威。关于万木草堂的上课形式，梁启超曾有记载：

> 每日八下钟上学，师徒合诵赞扬孔教歌一遍，然后肄业。
> 每十日一休沐，至日，师徒晨集堂中，祀孔子毕，合诵赞扬圣教歌一遍，各散归。凡孔子卒日，及万寿日，各休沐五日。①

由上可见，万木草堂不仅把颂扬孔教当作每日课前的必备程序，还定期举行特殊的仪式来祭祀孔子，遇到与孔子有关的节日，更是特殊对待。可以说，康有为的目的就是为其改良事业培养一批具有保教思想的积极分子。作为康有为的得意弟子，梁启超理所当然地接受了这一套学说。由此，针对当时的国情，梁启超发出了"居今日而不以保国保教为事者，必其人于危亡之故"② 的呐喊。

（三）脱离"保教"的尝试

戊戌政变失败以后，梁启超避地日本，在最初的两三年中，他仍继续宣传资产阶级改良思想，并继续对康有为的保教行为热情讴歌。他不仅认为"南海先生所发明者，则孔子之教旨"③，还将康有为视为"孔教之马丁路得"④。此中透露出的对保教的颂扬之情，丝毫不减当年。然而，大概一年之后，梁启超即改变了看法。他公然宣称："昔也为保教党之骁将，今也为保教党之大敌。"⑤ 这表明他与过去的保教思想相决裂的坚定决心。梁启超反对保教的依据有两点：其一，孔子其人可以称为哲学家、经世家、教育家，而绝非宗教家；其二，孔子所教授的内容，主要在"世界国家之事""伦理道德之原"⑥ 等方面，而不涉及宗教迷信之类，"孔教"意

---

① 梁启超：《变法通议》，载《饮冰室合集·文集之一》，中华书局1989年版，第57—58页。
② 梁启超：《复友人论保教书》，载《饮冰室合集·文集之三》，中华书局1989年版，第11页。
③ 梁启超：《论支那宗教改革》，载《饮冰室合集·文集之三》，中华书局1989年版，第55页。
④ 梁启超：《南海康先生传》，载《饮冰室合集·文集之六》，中华书局1989年版，第67页。
⑤ 梁启超：《保教非所以尊孔论》，载《饮冰室合集·文集之九》，中华书局1989年版，第59页。
⑥ 梁启超：《保教非所以尊孔论》，载《饮冰室合集·文集之九》，中华书局1989年版，第52页。

指"教育之教",而非"宗教之教"。① 综合以上两点论证,梁启超得出结论:"以今日之脑力眼力,观察大局,窃以为我非自今以往,所当努力者,惟保国而已,若种与教,非所汲汲也。……然则所谓保教者,其名号先不合于论理,其不能成立也固宜。"② 由此可见,梁启超在摆脱保教之束缚的初始阶段虽然表现得"畏首畏尾",但最终得以冲破藩篱,这为他日后更加趋向于孔子和儒学的本来面目打下了牢固的基础。

（四）发明孔子的本真意涵

如果说梁启超寓居日本期间主要在理论上对康有为的保教思想予以攻击,归国以后,他便将这种反抗的精神积极付诸实践,同时专注于挖掘孔子学说的本真意涵。当康有为倡导定孔教为国教并利用孔教推动帝制复辟之时,梁启超"屡起而驳之",坚决表示要与康有为的"伪经""改制"理论划清界限。③ 梁启超承认孔子为中国文明的代表,但对于阐发孔子教义过程中出现的"横己见杂他说以乱其真"的现象,则持严厉的批评态度。他认为发明孔子教义的关键在于"忠实于孔子,直绎其言,无所减加",这要求我们在研究的过程中必须坚持实事求是的原则;接下来,"择其言之切实而适于今世之用者,理其系统而发挥光大之",则是指将孔子的教义切实拿来运用。在表明对待孔子的正确态度之后,梁启超进一步揭示出孔子教义的核心内涵是人格的培养。他认为孔子之所以被称为圣人,主要在于他在人格的养成方面提出了一系列的纲领条目和程序,而人格的修养是成就君子品行的重要前提,由此推动国家主义的实现。④ 不仅如此,梁启超还对孔子的这一教义表现出了极大的自信,认为它"放诸四海而皆准,由之终身而不能尽"⑤。这一赞颂不减当年他对

① 梁启超:《论佛教与群治之关系》,载《饮冰室合集·文集之十》,中华书局1989年版,第45页。

② 梁启超:《保教非所以尊孔论》,载《饮冰室合集·文集之九》,中华书局1989年版,第50—51页。

③ 梁启超:《清代学术概论》,载《饮冰室合集·专集之三十四》,中华书局1989年版,第63页。

④ 梁启超:《孔子教义实际裨益于今日国民者何在欲昌明之其道何由》,载《饮冰室合集·文集之三十三》,中华书局1989年版,第60—67页。

⑤ 梁启超:《复古思潮平议》,载《饮冰室合集·文集之三十三》,中华书局1989年版,第68页。

康有为保教思想的讴歌，由此透露出梁启超对于思想宣传所投入的感情极深。可见，虽然同样出于挽救国家于危亡的目的，梁启超却走向了与康有为完全不同的道路。

（五）回归儒家人生哲学

退出政治舞台之后，梁启超将全部精力投入到学术研究中来。他在这一阶段的学术研究，仍以阐发儒学的要旨为主。然而，相比于之前的研究，这一时期的研究又呈现出了崭新的色彩。其一，梁启超在一个更加广阔的视域中开展儒学的研究。在此之前，无论是强调墨学对于实行的重要作用，还是转向对孔子人格养成理论的赞同，梁启超基本上都是出于宣扬国家主义的目的。此一时期，梁启超则主张建设一种"世界主义的国家"，他从整个人类社会的角度来考察个人和国家的存在价值。梁启超认为，真正的爱国，应该在热爱自己国家的基础上，同时关注个人和世界在未来的发展，由此形成个人、国家与世界三者环环相扣的密不可分的关系。① 其二，梁启超对儒家学说的认识更加深入。前一阶段，梁启超对孔子的赞同主要针对其关于人格修养的理论，这是在工夫修养层面对孔子和儒学的理解。此时，梁启超在上述研究的基础上，直接从人生哲学或人生观的角度对儒学的核心义理进行阐发。梁启超所言的个人，是个性得以充分展现的新国民，所以培养国民最要紧的一步就是"尽性主义"，而儒家人生哲学以"利导人性之合类而相亲"为根本目的，梁启超由此毫不犹豫地选择以儒家的人生观作为改造国民性的唯一出路。② 更为重要的是，梁启超认为儒家的"尽性"并非空洞的理论，③ 而是教人"一面活动一面体验"④，即强调通过切实的活动来实现"尽性"和"至命"。由此可见，儒家以"尽

---

① 梁启超：《欧游心影录节录》，载《饮冰室合集·专集之二十三》，中华书局1989年版，第21页。

② 梁启超：《先秦政治思想史》，载《饮冰室合集·专集之五十》，中华书局1989年版，第69—87页。

③ 梁启超说："儒家的特色，不专在知识，最要在力行，在实践。"又说："儒家精神重在力行，最忌讳说空话。"（梁启超：《儒家哲学》，载《饮冰室合集·专集之一百三》，中华书局1989年版，第20、80页。）

④ 梁启超：《评胡适之中国哲学史大纲》，载《饮冰室合集·文集之三十八》，中华书局1989年版，第62页。

性"为核心的人生哲学被梁启超视为改造国民性的关键，其最终则关涉到"世界主义的国家"能否实现，而这才是梁启超诉诸儒家哲学的根本理想。①

梁启超成长于浓厚的儒学氛围中，由此决定他与孔子和儒学长达一生的"纠缠"。从跟随康有为积极宣传"保教"的思想，到主张脱离保教、还原孔子的真实面目，梁启超一步步地与儒学的本真意旨相融入。在这一过程中，梁启超经历了儒与墨的比较、中与西的比较，而所有这些努力促使他最终拨开笼罩在儒家哲学之上的阴霾，从而使儒家以"尽性""知命"为核心的人生哲学得以凸显。可以说，虽然梁启超在不同阶段对孔子和儒学的理解有所不同，期间甚至一度偏离了儒学的本旨，但他"始终不否认孔子学说和整个儒学的内在价值"②，而这也反映出梁启超本人所持的文化观和思想倾向。

第五节　梁启超儒墨比较思想之评价

梁启超儒墨比较思想的显著特点，是其中透露出的思想多变性。如果说梁启超前后期对墨家学说的认识处于一种多变的状态，其对儒家立场的坚守则是多变之中的一个不变因素。不仅在儒墨比较这一方面，梁启超的整个学术思想体系都具有多变的特征，有学者甚至认为，他的思想前后总共经过了"十变"③。当然，这种多变的特点亦可视为梁启超的一种不变。在梁启超的墨学研究中，比较的方法得到了充分的运用。通过墨学与儒学、墨学与西学的比较，梁启超对墨家学说进行了详细的探讨。比较方法的运用在一定程度上拓展了梁启超学术研究的视野，但其中也存在某些观点的表述过于笼统的问题。

---

① 江湄说："他（梁启超）力图将传统社会士君子修身淑世的儒学转化为养成现代公民人格的人文主义人生哲学，发明一套适用于当今的'新道学'，以对治中国问题乃至现代文化之弊病。"（江湄：《另一种整理国故——论"五四"后梁启超对儒学与儒学史的重构》，《天津社会科学》2014年第1期。）

② 张锡勤：《梁启超思想平议》，人民出版社2013年版，第317页。

③ 李华兴：《近代中国的风云与梁启超的变幻》，《近代史研究》1984年第2期。

一 梁启超思想中的"变"与"不变"

对于自己思想主张的多变性，梁启超有清楚的认识，他曾不止一次地指出这一点。如梁启超在《保教非所以尊孔论》的篇题之下写有一行注解："此篇与著者数年前之论相反对，所谓我操我矛以伐我者也。"①"数年前之论"当指梁启超跟随康有为时期所作的关于保教的文字，如今则坚决反对保教行为；"操我矛以伐我"表明梁启超与过去的观点相决裂的坚定态度。除了这一处例子，在对自己学术思路的总结中，梁启超也经常说"随感情而发，所执往往前后相矛盾"②。如果与康有为比较，则"有为太有成见，启超太无成见"③。对于思想的多变造成的弊端，梁启超亦能做出深刻的反省。这种多变首先表现为前后思想相矛盾，进而造成言论的效力相互抵消，梁启超由此将其视为自己的"生性之弱点"④。另外，多变意味着没有固定的看法，一味地拘泥于外物的变化可能导致最初学术立场的丢失，最终使学术的研究失去了创造力，更无从展开深入的研究。⑤ 对于梁启超学术观点的善变性，李喜所和元青从正反两个方面分别予以评价。一方面，他们认为，"梁启超的求新和善变使他的一些论著前后矛盾，缺乏系统性和一些学者所要求的'深度'"，这与梁启超的自我反省相一致；另一方面，与梁启超深刻的自我批评不同，他们又指出梁启超思想的变化性"使他不像康有为那样停滞不前，更不会固守一种文化而没有他求"⑥。

————————

① 梁启超：《保教非所以尊孔论》，载《饮冰室合集·文集之九》，中华书局1989年版，第50页。

② 梁启超：《清代学术概论》，载《饮冰室合集·专集之三十四》，中华书局1989年版，第63页。

③ 梁启超：《清代学术概论》，载《饮冰室合集·专集之三十四》，中华书局1989年版，第65页。

④ 梁启超：《清代学术概论》，载《饮冰室合集·专集之三十四》，中华书局1989年版，第63页。

⑤ 对此，梁启超说："启超以太无成见之故，往往徇物而夺其所守，其创造力不逮有为"；"以移时而抛故，故入焉而不深"。（参见梁启超《清代学术概论》，载《饮冰室合集·专集之三十四》，中华书局1989年版，第66页。）

⑥ 李喜所、元青：《梁启超传》，人民出版社2010年版，第133页。

然而，透过梁启超思想中变化的一面，我们又可以从中挖掘出其思想中一以贯之的东西。其一，梁启超的爱国主义热情始终未灭。虽然前后期对"国家"内涵的理解不同，前期主张"国家主义"，后期主张建立"世界主义的国家"；而且现实运动的力量来源不同，前期旨在通过墨家学说鼓舞国民的实干精神，后期则致力于用儒家的人生哲学塑造国民性，但两者的最终目的都是促进国家在未来的发展。对于这一根本宗旨，梁启超本人已明确指出，他说："其方法虽变，然其所以爱国者未尝变也。"① 其二，中西文化相结合的研究视角始终没变。与前期借鉴西方文明的视角进行墨学的研究且尚未完全摆脱牵强比附的做法不同，后期的梁启超在游历了一战后饱受创伤的欧洲并观察到西方人士对中国文明的向往之后，对自己民族文化的认同感越发强烈，此时的他虽然仍未切断与西方的联系，但关注的重点转向了本国文化，他的目标是在综合中西文明的基础上发展出一种适合人类全体的新文化，其中的主力自然由中国文化担当。由此可见，梁启超"前期的工作主要是接引，后期的工作主要是综合"，但"都体现了文化交流、综合创新的原则。就思想'多变'的梁启超来说，这一点是相对稳定的"。② 其三，梁启超一生都是"儒家的奉行者"③。关于这一点，本章第四节的第三部分已按照梁启超不同人生阶段的思想经历进行了详细论述，此处不再赘述。其四，梁启超思想的多变又可以看作一种不变的特质，这种变绝非毫无根据、杂乱无章的随意变化，而是对于不断变化的外部环境的自我调整与适应。与梁启超"徇物而夺其所守"的自我评价不同，常燕生认为梁启超始终坚守自己的立足点，即"折中"或者说"时中"。由此，常燕生对梁启超思想的多变性表示出肯定，他说："别人骂梁先生是自相矛盾，殊不知时代原是变动不居的东西，真理没有绝对的，主张随时变迁，没有什么可耻。"④

---

① 梁启超：《自由书·善变之豪杰》，载《饮冰室合集·专集之二》，中华书局 1989 年版，第 27 页。
② 陆信礼：《梁启超中国哲学史研究评述》，中国社会科学出版社 2013 年版，第 44—45 页。
③ 吴铭能：《梁启超研究丛稿》，学生书局 2001 年版，第 236 页。
④ 常燕生：《悼梁任公先生》，载《追忆梁启超（增订本）》，生活·读书·新知三联书店 2009 年版，第 93 页。

二 梁启超学术研究中的比较方法

比较研究，是梁启超学术研究中最常用的方法，而这一方法尤其体现在他的墨学研究中。在前期的墨学研究中，梁启超通过墨学与西学、墨学与儒学的比较来阐发墨家的学说；后期的研究除了以上两个方面的比较，他还对墨学与俄国社会主义政权进行比较。在这其中，既有学说与学说之间在理论层面的比较，又有理论与现实的比较，更有古与今的比较。对于比较方法的重要性，梁启超说："凡天下事，必比较然后见其真，无比较则非惟不能知己之所短，并不能知己之所长。"① 正是借助比较的方法，梁启超对墨学、儒学以及西学的态度得以清晰地呈现出来。

比较的前提是对多种学说的深入了解和熟练运用，也就是说，梁启超必须对墨学、儒学、西学以及他本人所处的时代环境有深刻的洞见，而后才能展开深入的比较。这种博采众说的做法一方面使梁启超的学术研究具有开放包容的优点，另一方面也导致他的思想学说杂而不精。对此，梁漱溟评论道："他对于各种不同的思想学术极能吸收，最善发挥，但缺乏含蓄深厚之致，因而亦不能绵历久远。"② 李泽厚也认为，"梁启超的启蒙宣传虽浅但广，虽杂但博。他不是重要的思想家，没有多少独创性的深刻思想成果"③。再者，梁启超前期将墨学应用于爱国主义运动以及后期将墨学与俄国社会主义政权相联系的做法，都面临着"将现实价值投射到历史之上"所带来的问题，其弊端在于"将学术变为政治的工具，或为某一特定目标服务，使学术失去了自主性，甚至歪曲了历史"④。梁启超在人生的后期虽通过专注于学术研究、少关注现实政治来克服这种弊端，但在某种程度上仍受制于这一偏见的负面影响。对此，解启扬说："他未能把西方的社会科学体系化为学术研究的方法并运用于墨学研究，对墨学作理性的省

---

① 梁启超:《论中国学术思想变迁之大势》，载《饮冰室合集·文集之七》，中华书局 1989 年版，第 2 页。

② 梁漱溟:《纪念梁任公先生》，载《追忆梁启超（增订本）》，生活·读书·新知三联书店 2009 年版，第 218 页。

③ 李泽厚:《中国近代思想史论》，生活·读书·新知三联书店 2008 年版，第 444 页。

④ 黄克武:《梁启超的学术思想：以墨子学为中心之分析》，《"中央研究院"近代史研究所集刊》1996 年第 26 期。

察。因而，他未能完成墨学研究方法论由传统向近代的转换。其未竟的任务由深受西方文化熏染的胡适来完成。"① 因此，梁启超的墨学研究逐渐被以胡适为代表的新文化学者所代替，这是历史发展的必然趋势。

总之，梁启超是20世纪初期较早致力于墨学研究的学者，其研究可具体划分为前后两个阶段。前一阶段以1904年发表的《子墨子学说》和《墨子之论理学》为代表，后一阶段以20世纪20年代的《墨经校释》《墨子学案》以及《先秦政治思想史》中的墨学部分为主。前后期相隔近二十年，在这期间，无论梁启超所处的时代环境，还是他本人的思想进路，都发生了明显变化。这就使梁启超前后两个阶段的墨学研究呈现出了不同的特征，他在儒墨比较这一问题上的态度同样有所变化。梁启超承认自己是一个善变之人，他的墨学研究也印证了这一点。不过，变化之中仍存在着不变的因素，梁启超的儒墨比较思想中始终贯穿着一条主线，即儒家的立场。

梁启超的思想有复杂的一面，这主要体现在他的儒墨比较思想所涵盖内容的广泛性以及前后两个阶段发生的变化上。除了对墨家的牺牲精神、高尚人格和非命说始终保持赞同的态度，以及对尚同为特征的政术一直保持反对外，梁启超对墨家兼爱、宗教、实利三方面的认识颇为复杂，这尤其体现在与儒学的比较之中。大体来看，梁启超在前期虽表明儒家的差等爱和责任道德说更加具有可行性，但他同样承认墨家天志、明鬼说对行为的保障作用，甚至主张以墨家的实利主义补充儒家的道德学说。然而，到了20世纪20年代，梁启超则将兼爱、天志、明鬼、实利等学说一概予以否定，转而肯定儒家的道德论、趣味生活等内容。造成梁启超思想变化的原因，主要是时代环境的变迁。前期的梁启超以建立民族主义的国家为目标，这促使他通过墨家的精神和学说鼓舞国人的爱国主义热情，此时的他还没有对儒学的内涵做深入研究。后期的梁启超在俄国社会主义政权和日渐衰落的西方文明的刺激下，一方面借墨学批判俄国政权，另一方面试图在儒学传统中找到未来国家和社会发展的出路。这一时期的梁启超更加注重国民性的培养，以此建设一个世界性的现代文化，而这些只能在儒家的

---

① 解启扬：《梁启超与墨学》，《安徽史学》2003年第5期。

人生哲学中找到解决方案。

梁启超的思想也有简单的一面，这主要指他一以贯之的儒家立场。尽管梁启超在前期的儒墨比较中表现出比较关注墨学的倾向，但他在感情上始终没有偏离儒学。只要联系梁启超一生的学术思想经历，便不难发现他与儒学的紧密关联。梁启超虽未曾脱离儒家，但他一直在深入儒学的道路上不断探索和前进，并最终服膺于儒家的人生哲学。

第三章　新文化阵营的儒墨比较思想：
重审"抑儒"与"反传统"

　　肇端于《新青年》杂志的"新文化运动"①，一方面处于西方文化剧烈冲击中国传统文化的时代背景下，另一方面又深刻体会到传统儒学弊端暴露而导致的文化危机。在探讨中国文化未来发展的出路时，梁启超和章太炎等人的墨学研究给新文化运动中的知识分子提供了重要启示。这包括：将墨家的精神和学说直接应用于救亡图存的现实运动之中；利用墨家的平等学说批判封建专制制度；通过沟通墨学与西学引入西方先进的科技和理论。由此可见，无论是向内的自我反省，还是向外的借鉴西方，墨学都在新文化运动中起到了举足轻重的作用。墨学虽然在先秦时期与儒学并为"显学"，但汉代以后毕竟退出了思想界的主流地位。然而，当儒学在近现代的发展中遇到种种困境，尤其遭受到来自墨学方面的巨大挑战时，儒墨的关系重新得到新文化运动中主要人物的重点关注。以陈独秀、易白沙、吴虞、钱玄同、胡适为代表的学者对儒墨两家的立论根基、哲学方法、具体学说以及与西学的关系等内容分别做出了详细的比较。出于利用

---

　　① 关于新文化运动的起始时间，主要有三种不同的看法：一是认为新文化运动是 1919 年五四运动后才出现的；二是认为新文化运动是 1918 年欧战结束后出现的；三是认为新文化运动肇端于《新青年》。对于这三种看法，郑师渠认为，"随着时间推移，第三种认知，即认为《新青年》是新文化运动的起点，'新文化运动'的概念涵盖'五四'前后的思想解放运动，渐成共识"。（参见郑师渠《欧战前后：国人的现代性反省》，北京师范大学出版社 2013 年版，第 203—204 页。）本书同样以 1915 年《新青年》（《青年杂志》）的创刊作为起点。在确定《新青年》的创刊为新文化运动起点的前提下，对于它的结束时间，也有三种不同的观点：一是认为它一直延续到 1923 年，为期八年，这是最广义的新文化运动；二是认为它到 1920 年为止，为期五年，这是较狭义的新文化运动；三是认为它截止于 1918 年底，为期三年，这是最狭义的新文化运动。（参见黄玉顺《新文化运动百年祭：论儒学与人权——驳"反孔非儒"说》，《社会科学研究》2015 年第 4 期。）

墨学以解决内弊以及引入新说的需要，新文化阵营在儒墨的比较中不可避免地表现出了批评儒学、偏好墨学的思想倾向，后人于是竞相以"扬墨抑儒"来概括新文化阵营的儒墨比较思想。对此，有两点需要说明：其一，"扬墨"并非意味着唯墨学独尊，新文化阵营确实极为赞赏墨家的学说，但并未忽略其他各家学说；其二，"抑儒"的"儒"要辩证对待，新文化阵营所否定的只是作为官方意识形态的封建化儒学，而非原始意义上作为先秦诸子学派的传统形态的儒学。除了"扬墨抑儒"，后人为新文化运动贴上的标签还有"反传统"。实际上，新文化阵营无论是对墨学的推崇，还是对专制儒学的批评，都始终未能脱离传统文化的框架。在面临西方外来文化的冲击之时，新文化阵营所做的只是反思传统，为传统的现代转型寻找出路，而非彻底反传统，这才是他们进行儒墨、中西以及古今之比较的根本目的。

第一节　新文化阵营墨学研究热潮的缘起

在栾调甫"独至晚近二十年中，家传户诵，几如往日之读经"的描述中，可大体了解 20 世纪初期墨学研究的基本状况。关于这一时期的研墨热潮，胡适曾说："现在大家喜欢谈《墨子》，墨学几乎成了一种时髦风尚。"[1] 胡适本人也是追赶这一"时髦风尚"的重要一员。在《中国哲学史大纲卷上》[2] 和《先秦名学史》[3] 两著中，胡适都使用了较长的篇幅研究墨家的学说，其中尤为致力于墨家哲学方法和逻辑思想的深入探讨。其他散见于各处与墨学有关的文章还包括《〈墨子·小取〉篇新诂》《梁任公〈墨经校释〉序》《论墨学》《翁方纲与〈墨子〉》《跋郎兆玉刻本〈墨

---

[1]　胡适：《翁方纲与〈墨子〉》，载《胡适文集》第 4 册《胡适文存三集》，北京大学出版社 2013 年版，第 470 页。

[2]　胡适于 1918 年 9 月写成该著，1919 年 2 月第一版出版，同年 5 月再版。1929 年"万有文库"用五号字重新排印，并将题名改为"中国古代哲学史"。现《胡适文集》所收入版本仍题为"中国古代哲学史"。（参见胡适《〈中国古代哲学史〉台北版自记》，载《胡适文集》第 6 册，北京大学出版社 2013 年版，第 142 页。）

[3]　关于《先秦名学史》一书的写作过程，参见胡适《先秦名学史·前言》，载《胡适文集》第 6 册，北京大学出版社 2013 年版，第 4 页。

子〉》《墨家哲学》①。除了胡适，新文化阵营的其他学者也对墨学有不同程度的关注。易白沙不仅"好治诸子，尤喜墨家，贵任侠"②，还专门撰作《述墨》三篇文章对墨学的起源、发展历史和《墨经》进行详细的讨论，他还写有《广尚同》一篇对墨家的"尚同"理论进行阐发，赋予其崭新的内涵。陈独秀、吴虞和钱玄同三者虽然没有关于墨学的专门论著，但墨学在他们的学术体系中仍然发挥着不可替代的作用。对于陈独秀来说，墨学不仅是他批判封建专制的重要依据，还认为它给当时社会的发展提供了出路。吴虞极力宣传墨家各项学说的现实意义，并撰写《辨孟子辟杨墨之非》为墨家辩护。钱玄同对墨家学说的关注散见于其日记中的相关记载，而"改名玄同，即因妄希墨子之故"③一说足见他对墨家的赞赏之情。墨学受到新文化学者的广泛关注并非偶然现象，而是由国内外环境的变化所引发。具体来看，西方文化的大量涌入造成中西文明之间的剧烈冲突，如何调整我国固有的文化以引入西方文化成为日益紧迫的任务。与此同时，以儒学为主导的传统文化在封建专制统治的长期束缚下，越发失去了发展的活力，而文化的创新更成为天方夜谭。在这种情况下，时人只能将目光转向其他优秀的非儒文化传统。可以说，西方文明的挑战和儒学传统的弊端共同促使了新文化阵营的墨学研究。然而，新文化阵营选择墨学的根本原因，主要在于墨学为当时中国社会的发展提供了新的出路。此外，梁启超和章太炎虽然没有直接参与新文化运动，但他们的墨学研究为新文化阵营做了重要的铺垫，这也是新文化阵营治墨热潮的一个推动力。

一　西方文化的挑战

20世纪初期最显著的时代特征之一就是西方文化的大量涌入。如何应对西方文明的巨大挑战，进而在世界的发展潮流之中站稳脚跟，成为新文化人士无法推卸的重要使命。对此，新文化运动的创始人之一陈独秀曾

---

①　该著在内容上与《中国古代哲学史》的第六篇"墨子"和第八篇"别墨"基本一致，只不过在行文的结构顺序上有所调整。（参见胡适《墨家哲学》，载《胡适文集》第12册《胡适演讲集》，北京大学出版社2013年版，第187—237页。）

②　章太炎：《易白沙传》，载《易白沙集》，湖南人民出版社2008年版，第311—312页。

③　杨天石主编：《钱玄同日记（整理本）》，北京大学出版社2014年版，第313—314页。

说："投一国于世界潮流之中，笃旧者固速其危亡，善变者反因以竞进。"①
笃旧，指一味固守本民族文化而坚决抵制外来文化的文化保守主义，这一
做法完全违背世界的发展潮流，最终将导致民族和国家的灭亡。在这种时
代环境下，陈独秀主张用"善变"代替"笃旧"，即在原有文化的基础上
吸收西方文化，进行一种文化的融合与创新。胡适将这一时期国人所面临
的"真正的问题"概括为"我们应怎样才能以最有效的方式吸收现代文
化，使它能同我们的固有文化相一致、协调和继续发展"②。胡适的这一倡
议既坚持了传统，又为传统注入了现代化的成分，是一种立足于传统的文
化创新。

　　由上可知，对于新文化阵营的学者来说，借鉴和吸收西方文化并不意味
着对我国固有传统文化的否定。相反，无论是第一步将西方文化引入，还是
引入之后进行中西两种文化的融合，都必须以承认和维护本民族的文化为前
提。可以说，西方文化的挑战为新文化运动提出了一个极为紧迫的任务，即
"我们在哪里能找到可以有机地联系现代欧美思想体系的合适的基础，使我
们能在新旧文化内在调和的新的基础上建立我们自己的科学和哲学"③。

二　儒学发展的困境

　　儒学自汉代以来就长期处于思想界的统治地位，经过历朝历代封建统
治阶层的发挥与利用，逐渐丧失了其在先秦时期作为一个学术派别所具有
的学术意义，而成为封建阶层用以维护专制统治的有力思想武器。随着两
千多年来封建君主专制的瓦解，对儒学的反思与批判成为 20 世纪初期的
重要议题之一。如胡适所言，发展新文化的关键是吸收欧美的现代文化，
而这又必须以我国固有的并且可以和西方文化相协调的文化为基础。出于
这一现实需求，他们也曾试图在传统儒学中做一尝试，但其中所暴露出的
各种问题使他们最终放弃了沟通儒学与西学的努力。

　　陈独秀认为儒家以三纲学说为核心的伦理政治与近世西方以自由、平

① 陈独秀：《敬告青年》，载《陈独秀著作选编》第 1 卷，上海人民出版社 2014 年版，第
161 页。
② 胡适：《先秦名学史》，载《胡适文集》第 6 册，北京大学出版社 2013 年版，第 8 页。
③ 胡适：《先秦名学史》，载《胡适文集》第 6 册，北京大学出版社 2013 年版，第 9 页。

等为基本特征的学说"绝不相容"①"背道而驰""势难并行不悖"②。因此，儒学不仅不能充当引入西学的媒介，甚至成为"文明改进之大阻力"③。钱玄同的分析更加具体，他说："孔家店真是千该打，万该打的东西；因为它是中国昏乱思想的大本营。它若不被打倒，则中国人的思想永无清明之一日；穆姑娘（Moral）无法来给我们治内，赛先生（Science）无法来给我们兴学理财，台先生（Democracy）无法来给我们经国惠民。"④简言之，儒学彻底切断了西方文明传入中国的道路。与陈独秀和钱玄同二者充满感情的批判儒学的态度不同，胡适虽然也承认儒学与近代文明的不相符，但更加注重在儒学自身发展的历史中来看待这一问题。他说："儒学已长久失去它的生命力，宋明的新学派用两种不属于儒家的逻辑方法去解释死去很久的儒学，并想以此复兴儒学，这两种方法就是：宋学的格物致知；王阳明的致良知。"然而，无论是宋学的"格物致知"，还是王学的"致良知"，都无法为儒学注入适应现代文明的新鲜要素。详细而论，宋学的"逻辑方法却是没有效果的"，而王学的"逻辑理论是与科学的程序和精神不两立的"。既然如此，胡适大胆断言："中国哲学的将来，有赖于从儒学的道德伦理和理性的枷锁中得到解放。"⑤

最后需要说明的是，新文化运动中的"儒学"或"孔子"具有复杂的内涵（本章第四节将做深入研究），本部分所论新文化阵营对儒学的否定，主要针对封建化的儒学而言，由于它与现代文化的极不相容，因而受到以上学者的一致反对，从而转向其他的传统学说中寻找出路。总而言之，"辛亥革命摧毁了儒学所赖以整合的政治结构，这分别为西学和儒学以外的传统文化的复兴与传播提供了更为广泛的理论空间"⑥。

---

① 陈独秀：《答吴又陵（孔教）》，载《陈独秀著作选编》第1卷，上海人民出版社2014年版，第282页。

② 陈独秀：《答读者问孔教》，载《陈独秀著作选编》第1卷，上海人民出版社2014年版，第311页。

③ 陈独秀：《再答俞颂华》，载《陈独秀著作选编》第1卷，上海人民出版社2014年版，第344页。

④ 钱玄同：《孔家店里的老伙计》，载《钱玄同文集》第2卷《随感录及其他》，中国人民大学出版社1999年版，第58页。

⑤ 胡适：《先秦名学史》，载《胡适文集》第6册，北京大学出版社2013年版，第9页。

⑥ 叶宗宝：《论"五四"时期"尊墨抑儒"及其原因》，《黄河水利职业技术学院学报》2004年第3期。

三　墨学提供的出路

胡适认为，未来中国哲学的发展必须摆脱儒家道德伦理和理性的束缚，这是在当时环境下建设新文化的首要任务。破除旧文化的消极影响固然重要，但如果只破不立，未来中国文化的发展便没有了根基。对此，胡适进一步指出中国哲学的出路所在，即"有赖于那些伟大的哲学学派的恢复，这些学派在中国古代一度与儒家学派同时盛行"①。在中国古代的哲学派别中，"墨学最能与现代科学、逻辑产生共鸣"②。胡适用来替代儒学以发展新文化的学说正是墨学，而促使他做出这一选择的主要原因是在墨学之中"可望找到移植西方哲学和科学最佳成果的合适土壤"③。基于此，胡适将大部分的精力投入到对墨家哲学方法和逻辑、科技的研究中，试图从中找到与西方哲学和科学相通的成分，进而为西方学说的引入做好充足的准备。充当引入西学的媒介是墨学在 20 世纪初期所扮演的一个重要角色，除此之外，墨学还被新文化阵营的学者直接运用于救亡图存的运动之中。在这方面，墨家以"兼爱"为核心的学说发挥了至关重要的作用。吴虞认为，墨家"兵革不息则倡非攻，各国竞立则倡兼爱，法夏禹则倡节用主义，效管仲则倡经济主义，矫儒之虚而持节葬，御输之巧而坚墨守"，这是对墨家非攻、兼爱、节用、节葬等学说现实意义的肯定。在此基础之上，吴虞将墨子描述为一个"通权达识"和"实践笃行"的人物。④ 无论对墨子其人，还是对墨家的学说，吴虞都表示出强烈的赞赏之情，而他的根本目的在于"阐扬墨家学说对救国治世的积极作用"⑤。

综上所述，墨学在新文化运动中主要被运用于两个方面：其一，墨家

① 胡适：《先秦名学史》，载《胡适文集》第 6 册，北京大学出版社 2013 年版，第 9 页。

② 柴文华：《略论 20 世纪上半叶胡适和冯友兰墨学观的契合及其意义》，《哲学研究》2012 年第 9 期。

③ 胡适：《先秦名学史》，载《胡适文集》第 6 册，北京大学出版社 2013 年版，第 9 页。

④ 参见吴虞《辨孟子辟杨墨之非》，载《吴虞集》，中华书局 2013 年版，第 356—357 页。

⑤ 郑杰文：《20 世纪墨学研究史》，清华大学出版社 2002 年版，第 46 页。郑杰文指出吴虞阐扬墨学的目的是解决现实社会弊端的需要，这是符合历史实情的。但是，他进一步认为吴虞对墨学的研究"已消除了 19 世纪末部分学者的'西学源出墨子'的畸形心态"，则有失偏颇。吴虞所言墨家的"算学、重学、光学、机器学、工程学皆发明最早"仍未完全摆脱"西学墨源"说的影响。

的牺牲救世精神及其相关学说可以直接应用于现实的救亡图存运动，有利于民族危机的解决；其二，墨家的哲学方法和科技因与西方文明存在相通之处，可以充当引入西学的重要媒介。这两个方面充分彰显出"墨学价值及墨子形象与中国近现代历史语境的契合"①，而这也是墨学在20世纪初期受到关注的重要原因之一。

四　前期学者的影响

在新文化运动开始之前，梁启超和章太炎等学者即已展开对墨学的相关研究，新文化阵营的吴虞和钱玄同均表示阅读过章、梁的墨学著作，②胡适更直言他对墨学的研究兴趣由梁启超启发。③梁启超的墨学研究分为前后两个阶段，其中对新文化阵营产生影响的当为前期的研究，这一时期他致力于墨学研究的根本目标是爱国主义宣传。梁启超在《子墨子学说》开篇即大声疾呼"欲救今日之中国，舍墨学之忍苦痛则何以哉？舍墨学之轻生死则何以哉"，这是通过宣传墨家的牺牲精神来鼓舞时人救亡图存的斗志。他从经验的层面论证天志、明鬼、非命的意义，旨在通过突出墨家宗教的效力为时人的行为提供充分的保障。新文化运动时期，爱国救亡依然是时代的主题，从墨学之中挖掘这一精神资源同样是新文化人士的重要使命，而这一思路则由梁启超所开启。此外，梁启超的墨学研究虽没有彻底摆脱中西牵强比附的弊端，但他在墨家学说以及《墨经》的研究中毕竟开了中西比较的先河，这种比较的研究方法直接被胡适继承，并被后者推

---

① 叶宗宝：《论"五四"时期"尊墨抑儒"及其原因》，《黄河水利职业技术学院学报》2004年第3期。

② 吴虞在一九二二年五月初三日的日记中提到："在出版部买梁任公《墨经校释》一册。阅《墨经校释》，极明晰，《墨经》于是大概可读矣。"（参见中国革命博物馆整理、荣孟源审校《吴虞日记》（下册），四川人民出版社1984年版，第34页。）钱玄同在1907年10月3日的日记中提到："阅《訄书》'儒墨'、'儒道'篇。"在1910年1月5日的日记中提到："看梁卓如《子墨子学说》，虽强与欧西附会，可笑实多，然亦可取，千虑亦必一得也。"（参见杨天石主编《钱玄同日记（整理本）》，北京大学出版社2014年版，第107、203页。）

③ 在为梁启超的《墨经校释》所作的序中，胡适提到："梁先生在差不多二十年前就提倡墨家的学说了。他在《新民丛报》里曾有许多关于墨学的文章，在当时曾引起了许多人对于墨学的新兴趣。我自己便是那许多人中的一个人。"（参见胡适《梁任公〈墨经校释〉序》，载《胡适文集》第3册《胡适文存二集》，北京大学出版社2013年版，第113页。）

进到更加深入的层面上。

我们可以依据《訄书》版本的变化将章太炎的思想经历划分为三个阶段：第一个是《訄书》初刻本的写成阶段，章太炎虽主张批儒，但批评并不彻底；第二个是修订《訄书》并出版重印本的阶段，章氏的批孔反儒渐趋激烈；第三个是《訄书》更名为《检论》的阶段，章氏重新回到儒学的立场。在批判儒学的阶段，章太炎处理儒墨关系时体现出的一个典型特点是"打破儒家一尊思想，列儒墨一章，将儒墨并列"①。《訄书》初刻本的第二篇和重订本的第三篇，章太炎均以"儒墨"为篇题，且极力反驳孟子对兼爱的"无父"批评。章太炎说："夫墨家宗祀严父，以孝视天下，孰曰无父？"② 章氏这种将儒墨并提且为墨家兼爱进行辩护的做法彰显了他反对儒学独尊、平等看待先秦诸子的学术态度。在《论诸子学》一文中，章太炎对汉武帝之后儒学独尊为中国思想界带来的弊端大加鞭挞。他说："春秋以上，学说未兴，汉武以后，定一尊于孔子，虽欲放言高论，犹必以无碍孔氏为宗。强相援引，妄为皮傅，愈调和者愈失其本真，愈附会者愈违其解故。故中国之学，其失不在支离，而在汗漫。"③ 其后，新文化阵营中的陈独秀、易白沙、吴虞、钱玄同等均反对儒学的独尊地位，主张将儒学还原为先秦诸子中的一员。因此，我们可以说，"章太炎诸子学研究的批判精神在整体上奠定了新文化运动的学术思想根基"④。

梁启超和章太炎虽未直接参与到新文化运动中去，但他们墨学研究的目的、视角以及处理儒墨关系的态度深刻影响了新文化运动的不少代表人物。可以说，"梁启超、章炳麟虽非五四新文化运动健将，但他们尊墨抑儒、推重先秦非儒学派的学术范式直接影响了新文化运动诸多健将"⑤。

---

① 刘贵福：《"进斯世于极乐之万物玄同"——近代墨学复兴对钱玄同的影响》，《鲁迅研究月刊》2006 年第 12 期。

② 章太炎：《訄书》（初刻本），载《章太炎全集》，上海人民出版社 2014 年版，第 8 页。相同的表述又见于《訄书》重订本。（参见《章太炎全集》，上海人民出版社 2014 年版，第 135 页。）

③ 章太炎：《论诸子学》，载《章太炎全集·演讲集（上）》，上海人民出版社 2015 年版，第 48 页。

④ 张克：《吴虞与章太炎的诸子学及"魏晋文章"》，《江汉论坛》2007 年第 11 期。

⑤ 郑林华：《尊墨抑儒与五四新文化运动——从传统学术流变看中国人接受社会主义学说》，《党的文献》2014 年第 2 期。

"尊墨抑儒"这一评价是否合适另当别论，但由章、梁二人开创的墨学研究范式对新文化阵营产生了深刻的影响是不得不承认的事实。

由上可见，新文化阵营在着手墨学研究之前，分别经历了"刺激""反省""寻找"和"借鉴"这四个不同的过程。刺激，指西方外来文化刺激他们注意到我国固有文化的不足以及实现中西文化相融合的紧迫性；反省，指他们对传统儒学进行反省并意识到其存在的严重问题；寻找，指诉诸儒学的道路走不通而转向其他的非儒文化中寻找出路；借鉴，指找到出路之后通过吸收和借鉴前人的研究成果来开展他们自己的研究，最终达到改变现实的目的。

第二节　新文化阵营墨学研究的关注点

在西方文化的挑战和传统儒学的弊端为文化的转变提出迫切的需求、墨学为中国未来思想文化的发展提供出路以及章太炎、梁启超墨学研究的影响下，新文化运动的代表人物展开了他们的墨学研究。大体来看，新文化阵营墨学研究的关注点或者说研究的主要目的包括向内和向外两个方面。向内的方面，一是将墨学应用于救亡图存的现实运动，这是直接的运用；二是利用墨学批判封建专制统治，这是深层的反思。向外的方面，一是挖掘墨学与西学的关联，这是融合中西文化的需要；二是将墨学与社会主义、马克思主义学说相沟通，这是为中国社会的发展寻求指导思想的必经之路。通过以上两个大的方面、四个具体的目的，我们可深切感受到新文化阵营墨学研究中的强烈现实关怀。

一　救亡图存的需要

前文已指出，尽管梁启超前后期对墨学相关内容的态度有变，但他对墨家精神的赞赏以及将墨学与爱国主义运动相联系的努力始终未曾改变。新文化运动期间，西方帝国主义对我国的侵略依然深重，巴黎和会的失败越发激起了国人抵御外侮、挽救中国于危亡的热情，这就决定他们对墨学的最直接诉求就是试图从中找到救亡图存的精神资源。除了上文提到的吴虞对墨家兼爱、非攻、节用、节葬等学说的现实意义进行肯定之外，新文化阵营中提倡将墨学运用于现实的突出代表当数易白沙。

易白沙直接指出，在先秦诸子之学中，"差可益于国人而无余毒者，殆莫如子墨子矣"①。他提出这一看法的出发点，是当时我国面临着与墨子所处时代背景相同的困境，而墨子凭借其勇于牺牲的救国精神和熟练高超的技艺，最终使其国家得以继续存活。由此可见，在内忧与外患双重夹击的时代背景下，只有学习墨子的精神和学说才是国家免于灭亡的唯一出路。易白沙并非仅仅喊出一个学习墨子的口号而已，他还详细论述了墨家的非攻、节用、兼爱、宗教等学说对于当时中国社会的必要性以及实施之后所产生的效果。比如，易白沙认为，《墨子》中的"备守"部分可用来帮助我们巩固边防、抵抗侵略；"节用"可用来解决国内贫富不均、财货不足、经济命脉被列强控制的困境；"兼爱"可消除人与人之间互不关爱而唯利是图的消极影响；"天志"和"明鬼"作为宗教性力量，则是维系社会道德的重要保障。因此，对于当时的中国社会来说，以上各说都是"不可缓也"。②易白沙甚至将学习墨学作为一项基本的义务而予以积极的宣传："非举全国之人，尽读墨经，家有禽子之巧，人习高何之力，不足以言救国。"③对于易白沙的上述主张，王兴国认为这"一方面反映他对当时社会上存在的种种矛盾和弊病有一定程度的了解；另一方面也表明，他是力图把学术研究与解决当前现实中存在的问题紧密地结合起来"④。

二　批判专制的依据

儒学在漫长发展过程中被历代统治者赋予的封建性因素是其落后性的一面，由此造成传统儒学丧失了接洽西方文化的能力。经过严格的比较与筛选，新文化阵营的学者将这一重要使命赋予了墨学。重新焕发活力的墨学除了为西学的传入厚植合适的土壤之外，还承担起批判封建礼教的任务。

在陈独秀看来，儒家以三纲五常为核心的学说"不适于现代社会之伦

---

① 易白沙：《述墨》，载《易白沙集》，湖南人民出版社 2008 年版，第 55 页。
② 易白沙：《述墨》，载《易白沙集》，湖南人民出版社 2008 年版，第 55—56 页。
③ 易白沙：《述墨》，载《易白沙集》，湖南人民出版社 2008 年版，第 55 页。
④ 王兴国：《"真理以辩论而明　学术由竞争而进"——记五四新文化运动的斗士易白沙》，《求索》1983 年第 2 期。

理学说"，成为"文明改进之大阻力"，① 而墨家以兼爱为核心的学说则适合于现代社会。陈独秀只是指出儒、墨与现代社会的适应与否，吴虞和易白沙则分别通过对墨学的阐发来批评儒家的专制主义。吴虞将孟子的辟杨墨视为儒家专制思想的重要体现，② 他的《辨孟子辟杨墨之非》一文是开向封建儒学的第一炮。此外，吴虞认为儒家的专制政治与家族制度通过"孝悌"这一桥梁紧密相连，从而使前者的地位牢不可破；墨家主张的"君臣萌通约"则完全没有"以君制臣""以上制下"的内容，而是体现出西方民约论的平等色彩。由此可见，吴虞并没有局限于对墨学的学术性研究，而是"通过对墨子的精义的揭示，旨在反对儒家的阶级制度，主张废除尊君卑臣的等级制，希望建立一个人人平等、人人劳动的公正社会"③。易白沙以墨家的尚同说为关注点，通过将尚同分别解释为"同于天""同于仁"和"同于民"三个方面，他"巧妙地把墨子的尚同主张与近代资产阶级的民主思想融合起来，成为其反对专制独裁的重要思想武器"④。

新文化阵营将墨学作为批判专制儒学的思想武器，一方面反映出他们对两千年来封建专制主义的极端痛恨，另一方面也说明他们对儒墨两家在立论根基上的不同有深刻的认识，这一不同就是专制与平等的对立。

三 融合西学的前提

鸦片战争之后国门的被迫打开使西方文化大量涌入中国，在中西文化的碰撞与交流中，一种曾风靡于近代中国的声音是"西学中源"说，即认为西方所有的文化都可以在我国古代的传统中找到来源。这一时期，以邹伯奇、陈澧、薛福成、王闿运等为代表的学者在墨学与西学的沟通方面进行了努力的尝试，但他们的思想主张仍局限于"西学墨源"说的框架之

---

① 陈独秀：《再答俞颂华》，载《陈独秀著作选编》第1卷，上海人民出版社2014年版，第344页。

② 吴虞认为儒家的"专制"有两种：君主专制和教主专制，秦始皇焚书坑儒、汉武帝罢黜百家属于前者，孔子诛少正卯、孟子辟杨墨则属于后者。（参见吴虞《辨孟子辟杨墨之非》，载《吴虞集》，中华书局2013年版，第356页。）

③ 李知恕：《吴虞论杨墨》，《天府新论》1995年第3期。

④ 王兴国：《"真理以辩论而明 学术由竞争而进"——记五四新文化运动的斗士易白沙》，《求索》1983年第2期。

内。这种保守的文化主义心理导致他们无法客观、公正地认识与评价西方文化，从而使中西文化不能有效地融合，新文化的建设最终也难以实现。到了 20 世纪初期，梁启超在墨学研究中同样将墨家的兼爱、实利、宗教和社会组织等方面的思想与西方的相应学说比较而论，他虽然明确反对时人的"西学中源"说，但在探讨墨家逻辑的过程中仍没有彻底摆脱中西牵强比附的嫌疑。

到了新文化阵营这里，墨学与西学的比照研究也是一大热点。一方面，是运用西方的科学和逻辑学方法对墨家学说进行剖析，代表学者为胡适。胡适墨学研究的突出特点有二：其一，是对墨家哲学方法的研究，他通过对墨家行为模式的考察并结合前期积累的实证主义方面的知识，将墨家的哲学方法总结为"应用主义"或"实利主义"；其二，胡适充分肯定墨家名学在世界名学史上的地位，虽然墨家的逻辑在"法式"和"演绎"这两个方面显得不及西方，但墨家的逻辑自有其长处所在。通过以上两点论证，胡适试图证明中国古代传统中同样存在与西方的科学方法和逻辑相媲美的因素。从表面上来看，胡适的这一观点与 19 世纪晚期的"西学墨源"说极为相似，但胡适无论是在立论根基的牢固性还是论证的严谨性上，都是后者无法企及的。另一方面，是将墨家的核心理论与西方学说相沟通，代表人物为易白沙、吴虞。墨家的"尚同"经过易白沙的阐发已经具备了西方资产阶级的自由、平等等含义。吴虞的论述更加详细、具体，他说："如墨子之兼爱，即耶稣之博爱平等也；墨子之明鬼，即苏格拉底之信重鬼神也；墨之节用，即谙墀笛狃斯之削除情欲也；墨之修身，即柏拉图之智德同一也；墨之大取小取，即弥勒之名学也；墨之非攻，即俄皇弭兵之旨也；墨之以利为善之实质，即达克之功利主义也。"[1] 在这里，我们似乎又看到了"西学墨源"说的影子，但吴虞"试图从墨学的价值体系中寻找解读西学的契合点"[2] 的尝试是值得肯定的。

由上可知，在沟通墨学与西学的过程中，胡适、易白沙和吴虞的关注点

---

① 吴虞：《辨孟子辟杨墨之非》，载《吴虞集》，中华书局 2013 年版，第 358 页。
② 叶宗宝：《论"五四"时期"尊墨抑儒"及其原因》，《黄河水利职业技术学院学报》2004 年第 3 期。

不尽相同。胡适以西方的实证主义方法为切入点，将墨家的方法放置在这一视域内来具体考察；他虽然以比较墨家与西方的逻辑为出发点，但最终目的仍是突出墨家逻辑的长处与贡献。易白沙和吴虞将墨家"十论"与西方学说相比较，其目的是希望在中国古代传统中找到与现代社会的发展相协调的因素，从而为文化的发展与创新注入新鲜活力。虽然关注的重点有所不同，但以上学者沟通中学与西学、推进现代文化进步的努力是一致的。

四　引入新说的媒介

围绕着救亡图存、批判专制和引入西学三个主题，新文化运动进行得如火如荼，而墨学在其中发挥了至关重要的作用。可以说，新文化阵营的墨学研究基本针对以上三个方面的现实需求而展开。然而，到了20世纪20年代，"随着陈独秀转变成为马克思主义者，《新青年》开始由陈独秀周围的一批中国早期马克思主义者主持编辑，转变成宣传马克思主义和社会主义的刊物"[1]。陈独秀接受马克思主义并成为中国共产党的早期领导人并非一蹴而就，而是经过了一个思想演变的过程。其中，墨学在引入社会主义和马克思主义学说中扮演了重要角色。对此，我们以陈独秀为例，详细探讨墨学如何影响他由接触社会主义到最终成为马克思主义者。

（一）墨学与社会主义

20世纪初期，将墨学与社会主义相联系并非新文化阵营首创，而是由梁启超开其端。在《子墨子学说》中，梁启超提到"墨子之生计学，以劳力为生产独一无二之要素，其根本概念，与今世社会主义派所持殆全合"；"墨子之政术，非国家主义，而世界主义社会主义也"[2]。这便将墨家的经济和政治学说与西方的社会主义相等同[3]。陈独秀结合自己的切身感受，

---

① 李维武：《〈新青年〉视野中的孔子、孔教与儒家纲常》，《社会科学战线》2015年第9期。

② 梁启超：《子墨子学说》，载《饮冰室合集·专集之三十七》，中华书局1989年版，第22、41页。

③ 梁启超在《新民丛报》时期曾大力提倡社会主义，他写作的《干涉与放任》（1902）、《外资输入问题》（1904）等文都涉及这一话题。黄知正认为"正式将社会主义介绍到中国的第一个中国人是梁启超"，并对梁启超在阐发与宣传社会主义过程中所存在的问题进行了详细说明。（参见黄知正《五四时期中国进步知识分子选择社会主义的思想文化背景——大同思想与社会主义在中国的传播》，《高校社会科学》1989年第2期。）

从社会主义确实能在中国付诸实践的角度来肯定墨学。在 1915 年给李平敬的回信中，陈独秀写道："鄙意以为人类之进化，竞争与互助，二者不可缺一，犹车之两轮，鸟之两翼。"① 西方社会主义学说最讲求互助的精神，而"中国传统文化中最讲互助的就是墨家"②。可以说，陈独秀对互助精神的重视在很大程度上源于墨家学说的启发。当李杰在写给陈独秀的信中提到"若墨子兼爱，适合于近世所谓社会主义，而为大同之基础"时，陈独秀虽然没有做出直接的评论，但从他所说的"墨氏兼爱，庄子在宥，许行并耕，此三者诚人类最高之理想，而吾国之国粹也"③ 仍可推断出，他对墨家兼爱持极为赞赏的态度。因此，我们说，社会主义在中国的扎根依赖于中国传统文化的肥沃土壤，而墨学是其中最重要的成分。以陈独秀为代表的新文化人士，为墨学与社会主义的沟通和融合做出了突出的贡献。

（二）墨学与马克思主义

梁启超在《墨子学案》中曾将墨子与马克思并提，他说："从别方面说，墨子又是个大马克思。马克思的共产主义，是在'唯物观'的基础上建设出来；墨子的'唯物观'，比马克思还要极端。"④ 梁启超在学术研究的后期阶段坚决抵制马克思主义和共产主义等学说，他在墨子的"唯物观"和马克思的"唯物观"之间进行比较，其目的是借此突出墨子过分强调物质利益而忽略精神生活的弊病，从而对其进行严厉的批评。到了陈独秀这里，马克思主义则成为受欢迎的对象。陈独秀虽然没有明确指出墨学与马克思主义的关联，但"这种泛爱互助的思想，使陈氏的目光转向对民众疾苦的关注，陈氏的社会主义倾向逐渐明显，这是陈转向马克思主义的重要环节"⑤。因此，陈独秀等人对马克思主义的接受仍可以追溯到其对墨学及其与社会主义之密切关系的深入研究。

---

① 陈独秀：《答李平敬》，载《陈独秀著作选编》第 1 卷，上海人民出版社 2014 年版，第 176 页。
② 郑林华：《毛泽东和党的其他早期领导人与墨家思想略论》，《党的文献》2009 年第 3 期。
③ 陈独秀：《答李杰》，载《陈独秀著作选编》第 1 卷，上海人民出版社 2014 年版，第 349 页。
④ 梁启超：《墨子学案》，载《饮冰室合集·专集之三十九》，中华书局 1989 年版，第 20 页。
⑤ 丁晓强：《近世学风与毛泽东思想的起源》，贵州人民出版社 1992 年版，第 197 页。

第三节　新文化阵营儒墨比较的四个维度

　　新文化阵营之所以选择墨学作为救亡图存的出路和引入西学的媒介主要出于墨家精神和学说与现代社会的契合性；从另一方面来看，新文化阵营之所以"抛弃"儒学，则主要着眼于其阻碍现代社会发展的弊端。在反思、批判儒学到最后选择墨学的过程中，他们必然对儒墨两家的学说进行比较。总体来看，新文化阵营的儒墨比较围绕两个大的主题展开。其一，在批判封建专制的框架下对儒墨的立论根基进行比较，旨在突出儒墨立足于专制与平等的不同；这种立论根基的不同又体现在两家具体学说的不同，其中以儒家的"仁爱"和墨家的"兼爱"之间的区别最为显著。其二，在吸收与借鉴西学的基础上对儒墨的哲学方法和儒墨与西学的关系这两个方面进行讨论。通过上述比较，新文化阵营在墨学之中发现了平等、自由、科学的成分，它们对于中西文化的融合以及中国现代文化的建设和发展都是必不可少的因素。然而，这些因素恰恰是传统儒学所不具备的。因此，经过以上几个方面的比较，儒墨两家的优劣得到清晰的呈现，这就促使新文化阵营毫不犹豫地选择了墨学。

一　儒墨立论根基的比较：专制与平等

　　对于新文化阵营来说，儒家代表专制，墨家代表平等，这是两者最根本的区别。作为"四川省只手打孔家店的老英雄"，吴虞对儒墨在这方面的不同做了深刻的分析。吴虞说："墨子兼爱主平等，则不利于专制，皆后世霸者之所深忌。而儒家则严等差、贵秩序；上天下泽之瞽说，扶阳抑阴之谬谈，束缚之，驰骤之，于霸者驭民之术最合。"① 儒家主张的"严差等""贵秩序"正符合历代君主维护专制统治的需要，墨家的"兼爱""平等"学说则因为不适应时代的潮流而逐渐衰微。这是从儒墨与专制的关联性这一方面对两者的不同所做的简单介绍。在此基础之上，吴虞对儒墨两家"水火不容"的关系做了补充说明。他说："墨子的学

---

① 吴虞：《辨孟子辟杨墨之非》，载《吴虞集》，中华书局2013年版，第359页。

说，不但主张亲操橐耜，以自苦为事而止。他的意思，更要废去儒家所主张的阶级制度，把尊君卑臣、崇上抑下的礼教，一扫而空之。"① 总之，在吴虞看来，儒家所强调的尊卑、贵贱、上下等区分都是墨家坚决否定的。儒家和墨家，一主专制，一主平等，两者之间存在着不可跨越的界限。

儒家的专制性具体表现在君为臣纲、父为子纲、夫为妻纲的三纲关系之中。易白沙以其中的"君权"为中心，从君权是否有限制这一方面来具体探讨儒墨两说的不同。易白沙认为，中国古代的君权一般有两种限制：天和法。法家主张以法来规范君主的行为，墨家则以天为最高的权威。虽然墨、法两家限制君权的手段有所不同，但最终都可以达到"裁抑君主，使无高出国家之上"的目的。然而，儒家的君权论既不注重法的约束力，也没有将天作为最高的权威标准，他们认为"君犹天也，民不可一日无君，犹不可一日无天"，这就将君主置于至高的地位。由此，易白沙认为儒家的以君为天"较墨翟以天制君者绝异，所以不能维持天子之道德"②，最终只能导致以君主为核心的专制主义愈演愈烈。儒家主专制、墨家主平等，这一区别在两者是否与现代社会的发展相符合这一方面显得更加突出。新文化阵营大力宣扬自由、民主、平等的思想，他们希望借鉴西方的科学和民主来推动我国现代文明社会的发展。但是，儒家学说与现代民主共和思想极不相容。如陈独秀认为，如果认为儒家的"大同"学说"合于今之共和民选政制，是完全不识共和为何物"③；吴虞深刻质疑专制主义制度和儒家的家族制度"安能得真共和"④。儒家学说与现代的民主共和全然不相符，而墨子的学说，尤其是他的"君臣氓通约"，则颇类似于西方国家的民约论；他的主张，可以说"就是列宁的劳农主义了"⑤。从未来社会的发展需求来看，儒家的专制属于落后的一面，墨家的平等则属于进步的

---

① 吴虞：《墨子的劳农主义》，载《吴虞集》，中华书局 2013 年版，第 83 页。

② 易白沙：《孔子平议（上）》，载《易白沙集》，湖南人民出版社 2008 年版，第 87 页。

③ 陈独秀：《再答吴又陵（孔教）》，载《陈独秀著作选编》第 1 卷，上海人民出版社 2014 年版，第 363 页。

④ 吴虞：《读荀子书后》，载《吴虞集》，中华书局 2013 年版，第 51 页。

⑤ 吴虞：《墨子的劳农主义》，载《吴虞集》，中华书局 2013 年版，第 84 页。

一面，这是促使新文化阵营最终选择墨学作为未来国家出路的根本原因。

二　儒墨具体学说的比较：以仁爱和兼爱为例

新文化阵营既已从立论根基上对儒墨做了根本的区分，在对儒墨的具体学说进行比较时，同样围绕专制与平等的不同而展开讨论。比如，吴虞指出儒墨礼乐观的不同，并强调"中国专制君主另有制礼作乐的妙用"①，这就将儒墨的礼乐观总结为维护专制与反对专制的不同。胡适评论墨家尚同这一学说为："其上同之说，谓一同天下之义，与儒家之以孝治天下，全无关系也。"② 这同样是在专制与反专制的框架内来比较儒墨两家的具体学说。作为墨家"十论"的核心学说，"兼爱"自然得到新文化阵营的重点关注，他们或比较兼爱与儒家以"孝悌"为核心的仁爱之不同；或对孟子的辟墨言论进行有力的反驳；或揭示兼爱与现代道德的相符。通过以上分析，新文化阵营再次凸显了儒墨立论根基的不同，由此他们更加坚定将兼爱运用于现代社会道德的建设之中。

首先，新文化阵营的陈独秀和胡适对儒家之"孝"（爱）与墨家之"爱"进行严格的区分。陈独秀指出："惟儒教之言孝，与墨教之言爱，有亲疏等差之不同，此儒墨之鸿沟，孟氏所以斥墨为无父也。"③ 胡适也认为"这种利人主义教义是对孔子厚亲而薄疏的爱的原则的否定"④；"墨家兼爱，本之其所谓'天志'。其意欲兼而爱人，兼而利人，与陋儒之养老异矣"⑤。陈、胡二人分别对儒墨之爱的根本区别予以详细说明，并认为这一区别是孟子攻击墨家兼爱的重要借口。胡适虽然未直接指明儒墨两说的优劣，但其中的"陋儒"一说已透露出他对儒家差等爱的不满。

其次，新文化阵营对孟子的辟墨说进行反驳。钱玄同说："吾谓苟不

---

① 吴虞：《道家法家均反对旧道德说》，载《吴虞集》，中华书局2013年版，第27页。

② 胡适：《诸子不出于王官论》，载《胡适文集》第2册《胡适文存》，北京大学出版社2013年版，第167页。

③ 陈独秀：《宪法与孔教》，载《陈独秀著作选编》第1卷，上海人民出版社2014年版，第250页。

④ 胡适：《先秦名学史》，载《胡适文集》第6册，北京大学出版社2013年版，第49页。

⑤ 胡适：《诸子不出于王官论》，载《胡适文集》第2册《胡适文存》，北京大学出版社2013年版，第167页。

毁家，人世快乐必不能遂，若谓毁家之后即视父母兄弟如路人，则尤为谬见，破坏家族正是兼爱之故，方欲不独亲其亲，子其子，乌得是谬说耶？"① 钱氏此论包含两层意思：其一，儒家的家族制度不利于个人和社会的正常发展；其二，墨家的兼爱对于摧毁家族制度的禁锢有重要意义。既有的制度难以维系，兼爱又提供了新的出路，钱玄同由此对诋毁兼爱的言论表示出不满，并予以严厉的反驳。在新文化阵营中，对孟子辟墨之说批评得最激烈、最直接的，当为吴虞。他专门撰写《辨孟子辟杨墨之非》一文，除了全面介绍墨家的学说、强调墨学的现实意义以及在墨学与西学之间进行比较之外，其主要任务就是对孟子的辟杨墨行为进行回应。吴虞以《兼爱》篇的"必吾先从事乎爱利人之亲，然后人报我以爱利吾亲"为依据，力证兼爱与"无父"无关。对此，他说："墨子'兼爱'之旨，不过曰欲人之爱利吾亲，必先爱利乎人之亲，然后人报我以爱利吾亲。此不可斥之为无父明矣。"② 吴虞立足《墨子》的文本，从中找出墨子并未忽略对自己亲人之爱的证据，以此对孟子的"无父"说予以准确的回击。如果说这一简单的论证在效力上略显单薄，接下来吴虞则把目光投向了儒家的相关学说中。他说："孔子《孝经》之说曰：'敬其父则子悦，敬其兄则弟悦，敬其君则臣悦'，与墨子兼爱之旨无异也。而孟子所谓'杀人之父，人亦杀其父，杀人之兄，人亦杀其兄'，与墨子兼爱之理，仍无异也。然则孔子亦当诋为无父，孟子亦将自居于无父欤？是孟子无父之驳议，进退失据矣。"③ 前面一说是吴虞利用墨家的主张来证明兼爱与"无父"无关，这可以视为一种"防守型"的辩护；此处吴虞则深入儒家学说内部，通过在其中找到与兼爱内涵相类似的说法，证明孟子的辟墨同时是对自身学术立场的否定，这种论证可视为一种"进攻型"的辩护。需要注意的是，吴虞将《孝经》和孟子的说法与兼爱的宗旨相等同只是为反驳孟子而采用的一种权宜之计，从中并不能推论出他将儒墨二者完全等同的思想倾向。同陈独秀、胡适、钱玄同一样，吴虞认为儒墨之间存在着根本的不同，所以

---

① 杨天石主编：《钱玄同日记（整理本）》，北京大学出版社 2014 年版，第 293 页。
② 吴虞：《辨孟子辟杨墨之非》，载《吴虞集》，中华书局 2013 年版，第 359 页。
③ 吴虞：《辨孟子辟杨墨之非》，载《吴虞集》，中华书局 2013 年版，第 359 页。

他说："墨子的主义，根本上和儒家绝对不能相容。孟子但攻击他的兼爱为无父，不特与墨子的学说全不相符，亦毫不合于论理。"①

最后，新文化阵营肯定兼爱的现实意义。新文化阵营对兼爱的关注并非仅限于在理论层面揭示其内涵以及反驳孟子的辟墨言论，他们之所以对兼爱产生浓厚的兴趣，主要在于兼爱本身与现代道德的基本要求相符合。吴虞在反驳孟子对兼爱的批评时产生了如下质疑："夫为我何至于无君？兼爱何至于无父？此不合论理之言，学者早已讥之。而今世民主之国，概属无君，岂皆如孟轲所诋为禽兽者乎？"②从表面上看，吴虞仍在批评孟子，但实际上这段话突出了儒学与资产阶级民主共和制度的不相容，而杨墨两家的学说则可以与现代民主相契合。比起吴虞，钱玄同的观点更加明了、直接，他说："帝国的道德是'父慈、子孝、兄良、弟悌、夫义、妇听、长惠、幼顺、君仁、臣忠'，民国的道德是'兼爱'。"③"帝国的道德"和"民国的道德"这一组概念将儒家之孝的专制本质和墨家兼爱的平等本质清晰地呈现了出来。由此，他总结道："'亲亲而仁民'之说，实不适宜于现代，论学理，亦不逮墨家兼爱说的圆满。"④无论从学理上还是从与现实的相通性来看，兼爱都明显优越于儒家的差等爱。与前两者相比，陈独秀的观点更加详细、具体。他说："我们不满意于旧道德，是因为孝弟底范围太狭了。说什么爱有等差，施及亲始，未免太猾头了。就是达到他们人人亲其亲长其长的理想世界，那时社会的纷争恐怕更加利害；所以现代道德底理想，是要把家庭的孝弟扩充到全社会的友爱。"⑤陈独秀的批评对象很明确，即儒家以尊卑、等差为特征的孝悌主义。他不仅指出孝悌的范围太过狭窄，差等之爱太过"猾头"，还将未来社会的纷争归咎于这种学说所造成的弊端。对此，陈独秀提出了一条解决之路，即"把家庭的孝弟扩充到全社会的友爱"。陈独秀虽然没有直接说明这种"全社会的友

---

① 吴虞：《墨子的劳农主义》，载《吴虞集》，中华书局2013年版，第82—83页。

② 吴虞：《家族制度为专制主义之根据论》，载《吴虞集》，中华书局2013年版，第11页。

③ 钱玄同：《赋得国庆》，载《钱玄同文集》第2卷《随感录及其他》，中国人民大学出版社1999年版，第210页。

④ 杨天石主编：《钱玄同日记（整理本）》，北京大学出版社2014年版，第498页。

⑤ 陈独秀：《新文化运动是什么》，载《陈独秀著作选编》第2卷，上海人民出版社2014年版，第219页。

爱"的具体内涵，但不难推出，它当指墨家的兼爱。①

三 儒墨哲学方法的比较：胡适的"实证主义"研究视角

在与章太炎辩论经、子学研究方法的过程中，胡适提出："至于治古书之法，无论治经治子，要皆当以校勘训诂之法为初步。校勘已审，然后本子可读；本子可读，然后训诂可明；训诂明，然后义理可定。"② 训诂与义理，二者缺一不可。因此，针对当时社会墨学研究中出现的"皆菲薄初步而不为"的状况，胡适不以为然。对于既接受过传统学术的熏陶，又有海外求学经历的胡适来说，其在墨学研究中颇能协调好训诂与义理的关系。胡适的墨学研究成果集中体现在《中国古代哲学史》（《中国哲学史大纲卷上》）和《先秦名学史》两著中。

在《新思潮的意义》一文中，胡适指出："新思潮对于旧文化的态度，在消极一方面是反对盲从，是反对调和；在积极一方面，是用科学的方法来做整理的工夫。"③ 具体到墨学的整理中，胡适的科学方法主要表现在以西方实证主义的视角对墨家哲学方法进行深入探讨。针对司马谈、刘向、刘歆以及班固等汉代学者将"名家"视为先秦时期一个独立学术派别的做法，胡适表示反对，认为他们"不知道他们叫做'名家'的人，在当日都是墨家的别派"④。实际的情况是，"古代本没有什么'名家'，无论那一家的哲学，都有一种为学的方法。这个方法，便是这一家的名学（逻辑）"⑤。在胡适看来，先秦时期的每一个学术派别都有它们自己的哲学方法。基于此，胡适将儒、道、墨等学说均纳入"名学"的框架内来考察，在这其中，胡适尤为关注儒墨哲学方法的不同。《先秦名学史》是

---

① 陈独秀虽然极为欣赏兼爱，但并不主张过度运用兼爱，他对于兼爱存在的问题有清醒的认识。陈独秀指出："吾人若是专门牺牲自己，利益他人，乃是为他人而生，不是为自己而生，决非个人生存的根本理由；墨子的思想，也未免太偏了。"（参见陈独秀《人生真义》，载《陈独秀著作选编》第 1 卷，上海人民出版社 2014 年版，第 386 页。）

② 胡适：《论墨学》，载《胡适文集》第 3 册《胡适文存第二集》，北京大学出版社 2013 年版，第 128 页。

③ 胡适：《新思潮的意义》，载欧阳哲生编《胡适文集》第 2 册《胡适文存》，北京大学出版社 2013 年版，第 504 页。

④ 胡适：《中国古代哲学史》，载《胡适文集》第 6 册，北京大学出版社 2013 年版，第 254 页。

⑤ 胡适：《中国古代哲学史》，载《胡适文集》第 6 册，北京大学出版社 2013 年版，第 254 页。

胡适专门研究先秦各派哲学方法的著作，这一点无须多言。对于《中国古代哲学史》，胡适也明言"这本书的特别立场是要抓住每一位哲人或每一个学派的'名学方法'（逻辑方法，即是知识思考的方法），认为这是哲学史的中心问题"①。由此可见，胡适对先秦学术的哲学方法尤为重视。概括而言，胡适对儒墨哲学方法的研究包括三个方面：一是比较儒墨哲学方法的不同，二是分析两者方法之不同的成因，三是对两者的方法分别做出评价。

（一）儒墨哲学方法之不同的表现

胡适认为，"儒墨两家根本上不同之处，在于两家哲学的方法不同，在于两家的'逻辑'不同"②，而这种不同集中体现在《墨子》一书的两段文本中：

> 叶公子高问政于仲尼，曰："善为政者若之何？"仲尼对曰："善为政者，远者近之，而旧者新之。"（《论语》作"近者悦，远者来"）子墨子闻之曰："叶公子高未得其问也，仲尼亦未得其所以对也。叶公子高岂不知善为政者之远者近之而旧者新之哉？问所以为之若之何也。……"（《耕柱》）

> 子墨子问于儒者，曰："何故为乐？"曰："乐以为乐也。"子墨子曰："子未我应也。今我问曰：'何故为室？'曰：'冬避寒焉，夏避暑焉，室以为男女之别也。'则子告我为室之故矣。今我问曰：'何故为乐？'曰：'乐以为乐也。'是犹曰：'何故为室？'曰：'室以为室也。'"（《公孟》）

在胡适看来，以上两段文本充分体现了儒墨哲学方法的不同。在第一段文本中，孔子将"善为政"解释为"远者近之""旧者新之"，而墨子要求必须提供一个"所以为之若之何"的具体可行的办法。胡适将这一点视为儒墨之

---

① 胡适：《〈中国古代哲学史〉台北版自记》，载《胡适文集》第6册，北京大学出版社2013年版，第143页。

② 胡适：《中国古代哲学史》，载《胡适文集》第6册，北京大学出版社2013年版，第234页。

间的一个大分别，儒家说的是"什么"，墨家则比较关注"怎样"。对于"何故为乐"这一问题的讨论，胡适同样认为儒者所说的还是一个"什么"，而墨子说的是一个"为什么"。简言之，儒墨哲学方法的不同可以概括为"强调终极理想和第一原理与强调中间步骤和结果之间的区别"①。

（二）儒墨哲学方法之不同的根源

在胡适看来，儒墨之所以分别形成以"什么"和"怎样"为基本特征的哲学方法，主要缘于两家逻辑思路的不同。简单地讲，儒家通过"意象"的追求而建立理想的世界，墨家则注重行为的实际效果。

胡适认为，儒家以"意象"的学说为中心。《周易·系辞》云："圣人设卦观象，系辞焉而明吉凶。"古代的圣人通过观察自然界的种种现象，然后用三画或六画两类卦画来表示这些物象，并分别为这些卦画配上相应的卦名。通过对象→卦→名三者的研究，胡适认为儒家哲学方法的基本思路可概括为：人类社会的一切制度、器物（相当于"卦"）都源于对自然界的各种"象"的准确反映，前者产生之时被赋予相应的"名"；此时的"名"具有了重要的意义，因为它是现实社会中各项制度与理想的目标是否相协调的唯一衡量标准。然而，现实社会的道德、政治出现了各种混乱，孔子将其归因于"与自然的、原来的意义和目的逐渐偏离"②。由此，对于当时的儒家来说，恢复正常社会秩序的关键就在于"正名"，也就是"使名的意义按照它们所体现的原有意象而意指它们应该意指的东西"③。在胡适看来，"正名"还是一个追寻理想世界的过程，儒家正是通过不断地努力而向这一理想的目标接近。这种思维模式必然决定儒家确立以"什么"为基本特征的哲学方法。

对于儒家所正之"名"或者说所追求的理想目标，墨家不予认同。与儒家的长远理想形成鲜明的对比，墨家强调实际的效用。他们认为，检验信念、理论、制度与政策之真伪与对错的标准并非存在于理想之中，而是在"信念、理论等所要产生的实际效果之中"④。因此，具体到每一件事

---

① 胡适：《先秦名学史》，载《胡适文集》第 6 册，北京大学出版社 2013 年版，第 54 页。
② 胡适：《先秦名学史》，载《胡适文集》第 6 册，北京大学出版社 2013 年版，第 37 页。
③ 胡适：《先秦名学史》，载《胡适文集》第 6 册，北京大学出版社 2013 年版，第 37 页。
④ 胡适：《先秦名学史》，载《胡适文集》第 6 册，北京大学出版社 2013 年版，第 54 页

情、每一个行为，墨家总是习惯问一个"怎样"或"为什么"，他们不仅要了解清楚某一特定对象的实际效用，还要关注具体的实施过程。儒家和墨家，前者追求理想的目标，后者立足于具体的实践，由此决定两家形成截然不同的哲学方法。

（三）儒墨哲学方法之评价

胡适将墨家追问行为之效果的哲学方法称为"应用主义"或"实利主义"。在墨家学说中，这种应用主义的突出表现就是"三表法"。所谓"三表"，即检验行为的三条标准：古代圣王的行为事迹（"本之"）；百姓的耳闻目见（"原之"）；政策实施后所产生的具体效果（"用之"）。虽然胡适认为第三表存在把"用""利"两字解释得过于狭窄的弊端（如墨家对"非乐"的批评），第二表依赖容易出错的耳目经验也存在不少问题，但他同时指出，对于过分追求较高的理想而不注重经验的中国哲学传统来说，这种对经验的重视可称得上"科学的根本"[1]。对于第一表，它绝不是复古主义的行为，而是对过去的实际效果的强调，本质上仍属于经验主义的范围。

从理性主义和经验主义的关系来看，胡适认为，"孔子关于知识的理论不是从经验开始的，而是从学习开始的，就是从获得现成的知识开始的"[2]，这是理性主义的表现。墨子对经验的依赖是对儒家理性主义传统的反抗，虽然其中的某些理论难免有粗糙的成分，但胡适却说它是"中国经验主义的开端"[3]。从"名"与"实"的关系来看，胡适指出，孔子虽然发现了"名"（或"所以谓"）的意义，但他没有意识到脱离了"实"（或"所谓"）的"名"是没有任何意义的。针对这种情况，墨家把"实"及时纳入古代逻辑的范围，这是对古代哲学发展的一个突出贡献。

胡适虽主张训诂和义理在经学和子学的研究中同等重要，但他对儒墨哲学方法的分析与比较在更大程度上得益于他的理论研究，尤其是学习西

---

[1]　胡适：《中国古代哲学史》，载《胡适文集》第6册，北京大学出版社2013年版，第240页。

[2]　胡适：《先秦名学史》，载《胡适文集》第6册，北京大学出版社2013年版，第64页。

[3]　胡适：《先秦名学史》，载《胡适文集》第6册，北京大学出版社2013年版，第64页。

方实证主义哲学的经历。在给《中国古代哲学史》所写的序言中，蔡元培指出，当今编写中国古代哲学史有两层困难：材料问题和形式问题。对于后一层困难，蔡元培认为"非研究过西洋哲学史的人，不能构成适当的形式"①。胡适对西学有深入的研究，这使他能够采用新颖的西方视角来探讨儒墨的哲学方法问题。② 蔡元培此论虽是对研究古代哲学史之困难的揭示，却烘托出胡适研究的独创性所在。梁启超和胡适虽然都是"极崇拜墨子的人"③，但梁启超在评论胡适的《中国哲学史大纲》时，却提出了不同之见。梁启超首先肯定胡适对中国古代知识论所做的研究，认为这部书中"凡关于知识论的都好"④，尤其是讲墨学的部分"都是好极了"⑤。对于胡适否定名家为先秦时期一个独立学术派别而认为各家都有各家名学的观点，梁启超评价为"绝大的眼光"⑥。然而，对于胡适在这部著作中所阐发的观点，梁启超也表示出了三点反对意见。其一，梁启超认为胡适对孔子的知识论（指"正名"的理论）进行研究是"弃菁华而取糟粕"⑦，因为知识论在孔子的学说中仅处于次要地位，其学说的根本精神绝非仅通过知识论表现出来。其二，对于胡适将孔子定位为偏于理性而忽视经验的做法，梁启超指出，孔子的"学"恰恰属于经验的层面，他的"思"才代表推论的部分。其三，针对胡适以《易经》的"意象"学说来证明孔子的"正名"思想是对理想标准的追求的观点，梁启超提出："一部十翼，只是

---

① 蔡元培：《中国古代哲学史·序》，载《胡适文集》第 6 册，北京大学出版社 2013 年版，第 139 页。

② 周予同认为，胡适的中国史研究能够完全脱离经学的束缚主要缘于他"集合融会中国旧有的各派学术思想的优点，而以西洋某一种的治学的方法来部勒它，来涂饰它"。（参见周予同《五十年来中国之新史学》，载《周予同经学史论》，上海人民出版社 2010 年版，第 379 页。）

③ 梁启超：《评胡适之中国哲学史大纲》，载《饮冰室合集·文集之三十八》，中华书局 1989 年版，第 67 页。

④ 梁启超：《评胡适之中国哲学史大纲》，载《饮冰室合集·文集之三十八》，中华书局 1989 年版，第 61 页。

⑤ 梁启超：《评胡适之中国哲学史大纲》，载《饮冰室合集·文集之三十八》，中华书局 1989 年版，第 66 页。

⑥ 梁启超：《评胡适之中国哲学史大纲》，载《饮冰室合集·文集之三十八》，中华书局 1989 年版，第 66 页。

⑦ 梁启超：《评胡适之中国哲学史大纲》，载《饮冰室合集·文集之三十八》，中华书局 1989 年版，第 61 页。

发明一个'故'字，就是答的胡先生所说'为什么'这句话。"① 尽管梁启超关于孔子的见解与胡适不尽相同，但他仍表示很尊重胡适的意见。总之，胡适一方面将墨家的哲学方法与西方的科学相接壤，从而有利于在中西文化相结合的基础上推动现代科学的发展；另一方面，他"过分强调了它与近代实证主义哲学方法相同的一面，忽略了他们之间的本质差别"②。

四 儒墨与西学之关系的比较：背离与契合

新文化运动时期的最大挑战来自西方文化，中西文明的剧烈碰撞促使参与这一运动的学者一方面反省与批判中国既有的制度和文化，另一方面不断寻求迎接西方外来文化的新出路。是坚持原有的儒学传统不变，还是在我国的固有传统中挖掘新的资源？这是新文化阵营亟待解决的问题。对此，他们将儒墨分别与西学进行比较，从而得出儒学与西学相背离、墨学与西学相契合的结论，由此促使新文化阵营最终选择墨学作为引入西学的重要媒介。

新文化阵营首先以西学的视角对儒墨两家的哲学方法进行研究，这一方面以胡适的研究为代表。胡适对儒家的"正名"理论和墨家的"应用主义"分别进行考察，认为儒家的哲学方法过于偏重理性主义，墨家则立足于经验，因而更能与当代西方的科学思想相沟通。再者，新文化阵营将儒墨两家的具体学说与西方文化分别进行比较。对于墨学与西学的相通性，前文已对易白沙和吴虞的相关论述分别做了详细介绍。他们认为，墨家所主张的兼爱、非攻、尚同等主张基本都可以在西方资产阶级的学说中找到相契合之处。相反，儒家以尊卑贵贱为核心的学说，处处透露出与西学的极不相容。关于这一点，吴虞也有精到的认识，他说："盖耶教所主，乃平等自由博爱之义，传布浸久，风俗人心皆受其影响，故能一演而为君民共主，再进而为民主平等自由之真理，竟著之于宪法而罔敢或渝矣。孔氏主尊卑贵贱之阶级制度，由天尊地卑演而为君尊臣卑，父尊子卑，夫尊妇

---

① 梁启超：《评胡适之中国哲学史大纲》，载《饮冰室合集·文集之三十八》，中华书局1989年版，第63—64页。

② 解启扬：《胡适的墨学研究》，《安徽史学》1998年第4期。

卑，官尊民卑。"① 平等、自由、博爱与儒家传统中的尊卑、贵贱、上下绝不能相容，吴虞据此说："儒教不革命、儒学不转轮，吾国遂无新思想、新学说，何以造新国民？"② 然而，反观墨家学说，不仅可以在其中找到自由、平等、博爱的因素，甚至墨者所崇尚的注重实行的精神，都"颇有欧美人的气概"③。总而言之，无论在具体的学说，还是精神气质上，新文化阵营都在墨学与西学之间做了全面的沟通。由此便不难理解，新文化阵营为什么将墨学视为引入西学的重要途径。

新文化阵营在以上四个方面对儒墨所做的比较既是新文化运动"科学"与"民主"口号的必然要求，又在一定程度上促进了科学与民主在中国社会的传播过程。其一，新文化阵营对儒墨专制与平等立论根基的比较可视为批判专制、宣传民主的具体表现，而他们对儒墨之爱的比较，则属于在特定的视角下对儒墨专制与平等特质的深入研究。通过以上两点比较，新文化阵营揭露了专制儒学与现代民主社会的背离，同时也肯定了墨学在建立民主共和国家中的意义。其二，新文化阵营对儒墨哲学方法以及它们与西学之关系的比较进一步突出了墨学与西方现代民主和科学的相通性，从而为西学在中国的传播提供了重要出路。总之，新文化阵营对儒墨的比较始终没有跳出科学与民主的范围，这种比较的本身即是一个寻求科学与民主的过程。

第四节 重审新文化阵营的"抑儒"说

在西方外来文化的强烈冲击下，新文化阵营一方面因墨学与西学的相通而对其极力推崇，另一方面又因传统儒学对现代文明的阻碍而对其展开了不同程度的批评。在对新文化阵营的儒墨比较思想进行考察时，我们可大概把握他们对墨学的偏向，即将墨学视为挣脱专制主义束缚、引入西方外来文化的重要手段。基于此，今人在评论新文化阵营的儒墨

---

① 吴虞：《儒家主张阶级制度之害》，载《吴虞集》，中华书局 2013 年版，第 43 页。
② 吴虞：《儒家主张阶级制度之害》，载《吴虞集》，中华书局 2013 年版，第 45 页。
③ 吴虞：《墨子的劳农主义》，载《吴虞集》，中华书局 2013 年版，第 87 页。

比较思想时，往往使用"尊墨抑儒"之类的表述。①"尊墨抑儒"意味着将墨学推到至尊的地位，儒学则被极大地贬抑。然而，新文化阵营对墨学的推崇基本上出于解决时代问题的需要，这就决定了墨学在他们的思想活动中只能充当一种实用性的学说，而不是他们思想主张的最终诉求。在新文化运动中，"儒"这一概念具有非常复杂的内涵，它既可以指先秦时期作为独立学术派别的儒家学派，也可以指汉代以来被封建统治阶级加以利用的专制儒学。与此相应，"孔子"这一名词也被新文化阵营中的学者赋予了不同的意涵。简言之，"儒学系统内在结构的多层次性和其功能作用的多重性决定了它在现代化过程中的复杂表现，也决定了新文化运动之分层处理的态度"②。总之，"抑儒"这一说法需要予以辩证对待，而一般流行的观点"对儒学这一复杂思想系统所包含的丰富内容没有作多层面的细致解析，因而对五四新文化运动与儒学的关系缺乏多视角、多层面的分析"③。因此，我们在对新文化阵营的儒墨比较思想进行探讨时，非常有必要对他们的儒学观做出深入的考察，以此把握他们对儒学所采取的分层处理方式。在新文化阵营的笔下，虽然可见"儒学""儒教""儒家""孔子"以及"孔教"等不同的说法，但它们基本分属于两个不同的层面。对于儒学和孔子的原初意涵来说，新文化阵营肯定其在历史上的积极意义；而对作为封建专制意识形态的儒学和孔子来说，新文化阵营则持强烈的批评态度。对儒学和孔子的这种分层处理方式决定新文化阵营不可能轻率地对儒学采取全盘否定的态度，而是对章太炎和梁启超的"复兴古学"思想予以继承和发挥，还原先秦诸子的本来面目。在评儒论孔的过程中，新文化阵营发表了不少偏激言论，但它们基本上是针对现实社会中的"尊孔复辟"思潮而阐发，不能代表他们对孔子和儒学的真实态度。

---

① 参见叶宗宝《论"五四"时期"尊墨抑儒"及其原因》，《黄河水利职业技术学院学报》2004年第3期；郑林华《尊墨抑儒与五四新文化运动——从传统学术流变看中国人接受社会主义学说》，《党的文献》2014年第2期。

② 欧阳哲生：《在传统与现代性之间——以"五四"新文化运动与儒学关系为中心》，《中国文化研究》2001年夏之卷。

③ 欧阳哲生：《在传统与现代性之间——以"五四"新文化运动与儒学关系为中心》，《中国文化研究》2001年夏之卷。

一　新文化阵营对"儒学""孔子"之意涵的分层认识

王尔敏认为，"无论思想或学术潮流趋势，近代儒学问题实是民国以来诸般热门论题之一"①。对于新文化阵营来说，儒学问题是贯穿其运动之始终的根本问题，他们在这一方面提出了复杂纷繁的观点。拨开以上学者思想主张的复杂表面，我们可以将他们对儒学或孔子的认识分作两个层面来探讨。第一层是作为封建意识形态的儒学和孔子，新文化阵营对其持批判的态度；第二层是作为原初意义上的儒学和孔子，新文化阵营肯定其存在的意义和价值。

（一）作为封建意识形态的"儒学"和"孔子"

陈独秀指出："惟自汉武以来，学尚一尊，百家废黜，吾族聪明，因之锢蔽，流毒至今，未之能解；又孔子祖述儒说阶级纲常之伦理，封锁神州。斯二者，于近世自由平等之新思潮，显相背驰。"② 这一论述简要概括了汉代以来被奉为独尊地位的儒学所造成的两种弊端：其一，儒学的独尊导致其他学术派别被压制，由此造成学说凋敝、思想闭塞的困境；其二，作为封建意识形态的儒学强调以"三纲"为核心的阶级伦理道德，这是束缚思想发展的重要因素。对于封建儒学在以上两个方面的弊端，陈独秀认为它们不仅与近代以来的自由、平等的新思潮相违背，还"与社会现实生活背道而驰"③。这是陈独秀以历史发展的眼光对儒学的专制性做出的有力批判。

新文化阵营对封建儒学的批判集中体现在两点：一是对作为"一切道德政治之大原"的"三纲"学说的批判；二是对维护封建专制的重要手段——礼乐制度的批判。吴虞直接指出，统治阶级所宣传的"忠孝并用""君父并尊"等口号的目的是"以遂他们专制的私心"④，这揭露出"三

---

① 王尔敏：《中国近代思想史论续集》，社会科学文献出版社 2005 年版，第 1 页。

② 陈独秀：《再答常乃惪》，载《陈独秀著作选编》第 1 卷，上海人民出版社 2014 年版，第 293 页。

③ 陈独秀：《敬告青年》，载《陈独秀著作选编》第 1 卷，上海人民出版社 2014 年版，第 162 页。

④ 吴虞：《说孝》，载《吴虞集》，中华书局 2013 年版，第 14 页。

纲"理论的专制本质。陈独秀认为"三纲"之说导致君臣、父子、夫妻之关系中的从属方（臣、子、妻）不能享有独立自主的人格，由此衍生而出的"忠""孝""节"等道德名词"皆非推己及人之主人道德，而为以己属人之奴隶道德也"①。对于儒家的礼乐制度，吴虞认为，圣人在制作它们的过程中，就已经将尊卑、贵贱、上下、长幼等阶级观念灌注其中，其根本目的仍在于维护封建专制主义。因此，对于墨子的毁礼、毁乐行为，吴虞认为这不仅仅是因为墨子厌恶儒家礼乐的烦扰，也不是仅出于实利主义的考虑，其根本上是对礼乐之专制本质的反抗。

新文化阵营反对专制儒学的根本原因在于，其与资产阶级民主共和制度不相融合。陈独秀已指出儒家"三纲"之说与近代以来的自由、平等学说相违背。吴虞以资产阶级共和国的法律规定与儒家的礼法制度相比较，从而得出"苟由礼制法制之精神，以推求其得失，而再以各立宪共和国家之宪法、民法、刑法所规定者，一一比较对勘之，而后孔子之学说，二千年来贻祸于吾人者，昭然若揭"② 的结论。由此透露出儒家礼法与当代民主共和制度的不相符。钱玄同直截了当地指出："共和与孔经是绝对不能并存的东西，如其要保全中华民国，惟有将自来的什么三纲、五伦、礼乐、政刑、历史、文字'弃如土苴'。"③ 这便将儒家的封建伦理以及由此而创立的一套制度、规范予以彻底的否定。

何晓明认为："先秦时代孔子创立的儒家学说，经过汉代董仲舒的神学论证和宋明理学家们的哲理辨析，不仅从学理上完成自身的系统化、精微化，而且在思想上成为社会大众的行为规范，在政治上成为历代君主维护专制统治的精神武器。"④ 新文化阵营所反对的正是成为社会大众行为规范和封建专制精神武器的儒学形态，而作为这种儒学形态核心要素的"三纲"学说以及维护"三纲"阶级伦理所设立的礼乐规范等一概受到新文化阵营的强烈谴责。新文化阵营批评封建儒学的立足点基本一致，即传统儒

---

① 陈独秀：《一九一六年》，载《陈独秀著作选编》第1卷，上海人民出版社2014年版，第199页。
② 吴虞：《对于祀孔问题之我见》，载《吴虞集》，中华书局2013年版，第127页。
③ 钱玄同：《答姚叔节之孔经谈》，《新青年》第6卷第2号，1919年2月15日。
④ 何晓明：《知识分子与中国现代化》，东方出版中心2007年版，第236页。

学的专制性与资产阶级民主共和制的相抵触。这是新文化阵营对"儒学"之内涵的第一层认识。

（二）作为原初意义上的"儒学"和"孔子"

除了对作为封建意识形态的儒学和孔子进行批判之外，新文化阵营还试图剥掉汉代以来附加在儒学和孔子之上的封建专制外衣，对儒学和孔子的本来面目进行还原。在这一个层面上，他们对儒学的原初内涵和孔子的精神人格基本持肯定的态度。

在对儒学和孔子的意涵进行分层处理时，胡适的观点颇具代表性。胡适在1934年撰写的两篇文章——《写在孔子诞辰纪念之后》和《说儒》集中体现了他对儒学和孔子的分层处理方式。在前文中，胡适由批评举国上下纪念孔子诞辰的社会风气入手，指出我们的社会和文明是不断向前发展的，而非复古和倒退的；中国人的人格和精神也不是由某种单一的要素塑造而成的。他说："这二十年的一点进步不是孔夫子之赐，是大家努力革命的结果，是大家接受了一个新世界的新文明的结果。"[1] 胡适此论从孔子儒学传统与现代文明的不相容而对其进行了彻底的否定。然而，就在该文写成之前，胡适已撰有《说儒》一文。与前者激烈批判孔子的态度不同，胡适在此文中以较为平和、严谨的态度对儒学和孔子的相关问题展开详细的讨论。胡适首先对"儒"的起源、服制、宗教、人生观以及职业等内容进行追溯，认为"儒是殷民族的教士；他们的衣服是殷服，他们的宗教是殷礼，他们的人生观是亡国遗民的柔逊的人生观"，他们以"治丧相礼"为职业。接下来，胡适对孔子的历史地位进行追溯，认为"孔子在当时被人认为应运而生的圣者"；孔子的突出贡献表现为两点：（1）"把殷商民族的部落性的儒扩大到'仁以为己任'的儒"；（2）"把柔懦的儒改变到刚毅进取的儒"。[2] 欧阳哲生将胡适在以上两个层面对儒学和孔子所做的分析概括为"价值判断"与"历史判断"的不同。在前一种判断中，"针对固守传统文化的尊孔主义者，胡适大唱反调，尖锐地抨击孔教的价

---

[1]　胡适：《写在孔子诞辰纪念之后》，载《胡适文集》第5册《胡适文存四集》，北京大学出版社2013年版，第372页。

[2]　参见胡适《说儒》，载《胡适文集》第5册《胡适文存四集》，北京大学出版社2013年版，第5页。

值";而在后一种判断中,胡适"又力图对原初的'儒'作出历史主义的阐释,对儒家及其创始人孔子作了很高的评价"。这种双重的判断既打破了儒学对现代民主思想的垄断,又可以恢复其在历史中应有的地位,欧阳哲生由此认为它"有其不可替代的学术价值",而它自然也成为胡适"终身致力的一项事业",是他所持守的"原则立场"。①

除了胡适,陈独秀、吴虞和钱玄同分别对儒学的原初意涵和孔子的本真人格进行评说。在指引时人以正确的态度对待孔子时,陈独秀大声疾呼:"我盼望尊圣卫道的先生们总得平心研究,不要一味横蛮!横蛮是孟轲、韩愈底态度,孔子不是那样。"② 陈氏此论将孔子从"道统"的体系框架内解放出来,严厉批评以"道统"自居的儒家学者。易白沙在评价孔子时曾指出"孔子少绝对之主张,易为人所藉口",并据此认为孔子所言所行实际上是一种"滑头主义""骑墙主义"。③ 与易白沙的消极评价不同,陈独秀认为:"孔子答弟子问孝问仁没有一个相同,这不是他滑头,也不是他胸无定见,正是他因材利导启发式的教授方法。"④ 对于孔子的同样一种言行表现,易白沙和陈独秀的处理态度截然不同。陈独秀不仅反对以"滑头""胸无定见"之类的用语评价孔子回答弟子的方式,还将孔子的言行视为"因材施教"的重要体现,并从中为中国现代教育的发展寻找可以借鉴的思想资源。

吴虞虽号称"四川省只手打孔家店的老英雄",但并未对孔子采取一概否定的态度,而是承认其在先秦社会中的存在价值。他说:"孔子自是当时之伟人,然欲坚执其学以笼罩天下后世,阻碍文化之发展,以扬专制之余焰,则不得不攻之者,势也。"⑤ 先秦时代的孔子与后世学者所推崇的孔子有明显的不同,前者作为儒家学派的创始人,在先秦时期享有显赫的声

① 参见欧阳哲生《自由主义之累——胡适思想之现代阐释》,江西教育出版社2003年版,第251—254页。

② 陈独秀:《基督教与中国人》,载《陈独秀著作选编》第2卷,上海人民出版社2014年版,第177页。

③ 易白沙:《孔子平议(上)》,载《易白沙集》,湖南人民出版社2008年版,第89页。

④ 陈独秀:《新教育是什么》,载《陈独秀著作选编》第2卷,上海人民出版社2014年版,第330页。

⑤ 吴虞:《致陈独秀》,载《吴虞集》,中华书局2013年版,第407页。

名，后者则成为封建专制的代言人，并造成禁锢思想、阻碍文化发展的弊端。由此可见，"吴虞的批判否定不是从孔子是当时伟人着眼，而是将孔子作为儒教专制与封建政治专制的偶像来对待"，他坚持孔子是当时社会之伟人的看法是"多年未曾改变的观念"。① 钱玄同也主张在先秦时期的孔子与后世的儒者、原初的儒学与后世儒者阐发后的儒学之间做出明确的区分。钱玄同直接指出后世儒者对儒学精义的破坏，他说："苟令世无李、董、韩、程四人，则自战国迄今二千年，发展思想，明通哲理，不知较欧人要如何进步！"② 这是对李斯、董仲舒、韩愈、程颐等学者在儒学独尊、道统天下中所起的推波助澜之作用的批评与否定。同时，在这一表述中，我们也可看到钱玄同对原初状态儒学的向往之情。以此为基础，钱玄同对孔子与后世的儒者进行区分，他说："孔丘确是圣人，因为他是创新的，不是传统的。秦汉以来的儒者，直到现在的孔教徒，是蠢才。因为他们是传统而不是创新的。"③ 钱玄同对孔子与后世儒者进行区分，实际上仍停留在对原初儒学与"正统"儒学进行比较的框架之内。原初意义上的儒学具有理论上的创新性，而被封建化的儒学则呈现出了僵化性。与此相应，孔子作为原初儒学的创始人，代表着创新的一面，后世独尊儒学的儒者则代表着传统的一面。

二　新文化阵营的"还原儒学"说

新文化阵营既已对儒学和孔子的双层意涵有了清晰的认识，那么对其所持的态度就不是笼统的批判或赞扬。在孔教的讨论上，胡适提倡"重新估定孔教的价值"④，即对儒学和孔子采取"价值判断"和"历史判断"的二元分析态度。"价值判断"旨在批判传统文化中一切封建、守旧的因素；"历史判断"则要求还原历史的本来面目，对儒学和孔子在历史上的真实内涵予以客观的再现和评价。⑤ 这种对传统文化的处理

---

① 邓星盈：《吴虞对儒家的批判》，《四川大学学报》（哲学社会科学版）1994 年第 4 期。

② 杨天石主编：《钱玄同日记（整理本）》，北京大学出版社 2014 年版，第 293 页。

③ 杨天石主编：《钱玄同日记（整理本）》，北京大学出版社 2014 年版，第 451 页。

④ 胡适：《新思潮的意义》，载《胡适文集》第 2 册《胡适文存》，北京大学出版社 2013 年版，第 499 页。

⑤ 参见欧阳哲生《自由主义之累——胡适思想之现代阐释》，江西教育出版社 2003 年版，第 249 页。

方法也就是胡适所说的"用科学的方法来做整理的工夫"①。当今学者在探讨新文化阵营的儒学观时，往往拘泥于他们在"价值判断"的层面所做的贡献，而忽视了"历史判断"的意义和价值。如果在两者之间做一比较，"历史判断"更能准确反映出新文化阵营对儒学以及传统的真实态度。对此，我们以梁启超和章太炎的"复兴古学"思想为出发点，详细探讨新文化阵营如何在此基础上对传统中的儒学和孔子的地位予以客观的认识与评价。

（一）梁启超和章太炎引领的"复兴古学"思潮

新文化阵营将儒学和孔子进行还原的做法并非创举，在他们之前，梁启超和章太炎提倡的"复兴古学"思潮已主张对儒学和孔子进行解放，将其放置在诸子平等的背景下重新审视。

在先秦诸子的认识方面，梁启超提出了关于复古的"四步说"。他说："第一步，复宋之古，对于王学而得解放。第二步，复汉唐之古，对于程朱而得解放。第三步，复西汉之古，对于许郑而得解放。第四步，复先秦之古，对于一切传注而得解放。夫既已复先秦之古，则非至对于孔孟而得解放焉不止矣。"②通过以上四个步骤的复古，梁启超主张打破后世义理与训诂之学对儒学的束缚，还原先秦儒学的本来面目。在先秦时代，孔孟儒学也只是作为诸子百家中的一家而存在，它与其他学派享有同等的地位，并未享有被独尊的特权。章太炎指出，中国学说的弊病在于"汗漫"，即汉武帝独尊儒术之后各种学说均以儒学为尊，争相牵强附会。然而，先秦时期的真实状况是："惟周秦诸子，推迹古初，承受师法，各为独立，无援引攀附之事，虽同在一家者，犹且矜己自贵，不相通融。"③正是基于先秦诸子平等并存的事实，章太炎不仅在讨论诸子之学时将儒家与道家、墨家、阴阳家等同时论述，还试图对儒家的利弊做出全面的评价。比如，他指出儒家的弊病在于"以富贵利禄为心"，儒术的害处在于"淆乱人之思

---

① 胡适：《新思潮的意义》，载《胡适文集》第2册《胡适文存》，北京大学出版社2013年版，第504页。
② 梁启超：《清代学术概论》，载《饮冰室合集·专集之三十四》，中华书局1989年版，第6页。
③ 章太炎：《论诸子学》，载《章太炎全集·演讲集（上）》，上海人民出版社2015年版，第48页。

想"；但他同时承认孔子的历史功绩，如"变機祥神怪之说而务人事""变畴人世官之学而及平民"等。虽然章太炎在晚期重新回到了儒家的立场，但他早期为否定儒学独尊、提倡诸子平等而付出的努力"在整体上奠定了新文化运动的学术思想根基"①。

梁启超和章太炎对儒学的态度比较复杂，在人生的后期，二者不约而同地回归到坚定的儒家立场。然而，梁启超主张的通过思想的解放还原先秦儒学的本来面目以及章太炎平等看待先秦诸子的观点在很大程度上启发了新文化阵营的思想，促使他们在激烈反孔、批儒的同时，能够以历史发展的眼光对儒学和孔子的内在价值做出较为合理的评价。

（二）新文化阵营对孔子和儒学的还原

陈独秀首先表明他对中国古代各学术派别的基本态度，他说："无论何种学派，均不能定为一尊，以阻碍思想文化之自由发展。"② 具体到儒学，陈独秀充分肯定其在历史上的重要地位，认为它是"吾国历史上有力之学说""吾人精神上无形统一人心之具"③。然而，被封建统治阶级独尊之后，儒学成为禁锢思想的强硬工具，最终造成政治、社会以及学术思想的不断衰落。对于儒学，陈独秀既承认其固有价值，又反对其成为封建专制的意识形态。他认为，"旧教九流，儒居其一耳"④。儒学不仅有优点，缺点也不少；其他诸如阴阳、法、名、墨、农等各家学说，同样包含比儒学优越的因素。因此，我们便没有理由将儒学独尊，而只能将其视为先秦诸子百家中的一员。陈独秀甚至对诸子百家自由平等发展的美好前景进行了乐观的预测，他说："设全中国自秦汉以来，或墨教不废，或百家并立而竞进，则晚周即当欧洲之希腊，吾国历史必与已成者不同。"⑤

---

① 张克：《吴虞与章太炎的诸子学及"魏晋文章"》，《江汉论坛》2007 年第 11 期。

② 陈独秀：《答吴又陵（孔教）》，载《陈独秀著作选编》第 1 卷，上海人民出版社 2014 年版，第 282 页。

③ 陈独秀：《答俞颂华》，载《陈独秀著作选编》第 1 卷，上海人民出版社 2014 年版，第 309 页。

④ 陈独秀：《宪法与孔教》，载《陈独秀著作选编》第 1 卷，上海人民出版社 2014 年版，第 249 页。

⑤ 陈独秀：《答俞颂华》，载《陈独秀著作选编》第 1 卷，上海人民出版社 2014 年版，第 309 页。

易白沙认为，"孔子当春秋季世，虽称显学，不过九家之一"，所以他对世人将孔子尊奉为"素王"的做法深表反对。在他看来，孔子"未尝设保险公司"，因而完全没有义务为我们的行为负责任。① 易白沙论证儒学为诸子百家之一而不能被独尊的依据有如下三点：（1）儒学是构成"国学"的要素之一。易白沙认为，所谓"国学"由"儒者之学""九家之学"以及"域外之学"三者共同构成。儒者之学的内涵我们已非常清楚，九家之学指道、墨、法、农等先秦学派，域外之学则包括印度和欧洲两个区域的学说。理想状态的国学应当是以上三者的有机组合与协调发展，也就是"以东方之古文明，与西土之新思想，行正式结婚礼"②，如此才能造就恢宏广大的文明。易白沙坚决反对以儒学代替国学，这是因为儒学与国学绝不能等同，其深层原因不在孔学的范围太小，而是国学的范围太大，它不是儒学所能简单概括的。（2）儒家教育为全体教育之一端。易白沙首先表明不能以儒家教育代替全体教育的原因在于"孔子为教育之一部，而非教育之全体，此非孔子之小，实中国教育范围之大也"③。构成教育的要素虽然有多种，但最具代表性的莫过于儒、墨、道三家学说。对于三家学说的利与弊，易白沙进行了详细的分析。对于道、墨两家，易白沙指出："彼各具有特长之精神，一为神明，一为物质，孔子不能范围之。"④ 这是对道、墨两家教育学说的积极作用进行肯定。与此同时，道、墨两家的学说还存在着弊端，易白沙将其总结为，"道家谦下，似近于怯；墨家勤劳，尤过于苦"⑤。对于两者的不足之处，儒家学说恰好可以补充，因为"孔子施教之魄力大于道家，救民之政策优于墨家"⑥。既然儒、道、墨三家的教育学说可以相辅相成，易白沙便提倡在坚持儒学的基础上，以重视"神明"的道家和强调"物质"的墨家作为重要辅助，由此才能造就"中国一完全之教育"⑦。（3）儒墨在"无我"与"有我"之关系的处理上具有相

① 易白沙：《孔子平议（上）》，载《易白沙集》，湖南人民出版社2008年版，第85页。
② 易白沙：《孔子平议（下）》，载《易白沙集》，湖南人民出版社2008年版，第91页。
③ 易白沙：《教育与卫西琴》，载《易白沙集》，湖南人民出版社2008年版，第2页。
④ 易白沙：《教育与卫西琴》，载《易白沙集》，湖南人民出版社2008年版，第4—5页。
⑤ 易白沙：《教育与卫西琴》，载《易白沙集》，湖南人民出版社2008年版，第5页。
⑥ 易白沙：《教育与卫西琴》，载《易白沙集》，湖南人民出版社2008年版，第5页。
⑦ 易白沙：《教育与卫西琴》，载《易白沙集》，湖南人民出版社2008年版，第5页。

通性。易白沙以《孟子·尽心上》的"杀人之父，人亦杀其父；杀人之兄，人亦杀其兄"和《墨子·兼爱中》的"爱人者，人必从而爱之；利人者，人必从而利之；恶人者，人必从而恶之；害人者，人必从而害之"两则文本为依据，认为儒墨两家非常熟知社会与个人之间的关系，他们都主张牺牲自我以爱护他人，而最终目的仍在于维护自我的利益。因此，儒墨两家的"无我主义"，实质上为"为我主义"。在这一点上，儒墨两家实现了沟通。① 易白沙曾指出"有与之分庭抗礼，同为天下仰望者，墨翟是也"，他将儒墨的"无我"论进行比较研究，实际出于儒墨并为"显学"的考虑，这种将儒墨并提的做法对于打破儒学独尊、恢复诸子的平等地位有重要意义。通过以上三个方面的论证，易白沙突出了先秦诸子的平等地位，给独尊儒学的传统思想予以沉重的打击，由此充分体现了他的"真理以辩论而明，学术由竞争而进"② 的学术立场。对于易白沙上述思想的意义，有学者评价为，"不仅墨学、儒学，而且道学等其他诸子之学，域外传入之学，都海纳在他的文化系统中，因而他倡导百家平等、竞争而进的学术自由和东西文化融合的思想，构建了新文化的理想模式"③。对于整个新文化运动来说，易白沙的研究也开启了新文化阵营探讨传统文化的一种新思路。

与陈独秀和胡适将儒学视为"九流"或"九家"之一的观点相同，钱玄同也认为"九流百家，说各不同，悉有博大精深之理在"④。对于九流之一的儒学，虽然被封建统治阶级加以利用并灌注了以尊卑、上下为核心的阶级学说，但抛开这些因素，对于孔子其人，钱玄同仍然"承认其为过去时代极有价值之人"⑤。既反对儒学独尊，又承认其内在固有的价值，这种分析与评判儒学的基本思路促使钱玄同在处理先秦学术派别的关系时能够兼采各家之所长。对此，他说："今日治学，虽不必确宗孔学，然孔氏立教以六艺为本，固与玄言有异，吾谓诚能兼取孔、墨最好了。"⑥ 这一论述

①　易白沙：《我》，载《易白沙集》，湖南人民出版社2008年版，第75—76页。
②　易白沙：《孔子平议（上）》，载《易白沙集》，湖南人民出版社2008年版，第88页。
③　张金荣：《易白沙评孔扬墨对新文化运动的贡献》，《湖南涉外经济学院学报》2011年第2期。
④　钱玄同：《刊行〈教育今语杂志〉之缘起》，载《钱玄同文集》第2卷《随感录及其他》，中国人民出版社1999年版，第313页。
⑤　钱玄同：《致陈独秀》，《新青年》第3卷第4号，1917年6月1日。
⑥　杨天石主编：《钱玄同日记（整理本）》，北京大学出版社2014年版，第204页。

可作为钱玄同并未"尊墨抑儒"的有力证据。从表面上看，墨学更能满足当时社会的需要，儒学的弊端则严重阻碍现代文明的发展。然而，儒学并非一无是处。剥掉儒学的专制外衣，发掘根植于其学说深处的价值，从而实现与其他学说的相通相融，这才是我们处理中国古代各家学说的正确态度。

对于旧文化，胡适主张"用科学的方法来做整理的工夫"；具体到儒学的评价上，他的"科学的方法"主要是指对儒学进行"历史判断"。胡适说："只能让儒学回到它本来的地位；也就是恢复它在其历史背景中的地位。儒学曾经只是盛行于古代中国的许多敌对的学派中的一派，因此，只要不把它看作精神的、道德的、哲学的权威的唯一源泉，而只是在灿烂的哲学群中的一颗明星，那末，儒学的被废黜便不成问题了。"① 胡适所赞赏的是作为古代学术派别之一的儒学，它与其他学派一样均享有独立且平等的地位，各自发挥相应的作用。他最后所说的"被废黜"的儒学指作为封建专制意识形态的儒学，这种儒学既然已经偏离了原始儒学的本来面目，只有抛弃"一切逾分的特权"和"后人加到那些开创者们的经典上去的一切伪说和改窜"② 才能使原始意义上的儒学得以重现。因此，对于先秦儒学，胡适将其放置在诸子平等的背景下来讨论。胡适有时称"先秦显学，本只有儒、墨、道三家"③，有时又认为"中国古代的正统哲学是儒墨两大派"④，说法虽不尽相同，但平等对待先秦诸子百家的基本态度始终没有改变。对于胡适的这种平等眼光，蔡元培颇为赞赏，他说："适之先生此编，对于老子以后的诸子，各有各的长处，各有各的短处，都还他一个本来面目，是很平等的。"⑤ 由此，仅从儒墨两家来看，胡适既不主张全盘

---

① 胡适：《先秦名学史》，载《胡适文集》第 6 册，北京大学出版社 2013 年版，第 9 页。

② 胡适：《儒教的使命》，载《胡适文集》第 12 册《胡适演讲集》，北京大学出版社 2013 年版，第 261 页。

③ 胡适：《诸子不出于王官论》，载《胡适文集》第 2 册《胡适文存》，北京大学出版社 2013 年版，第 168 页。

④ 胡适：《从历史上看哲学是什么》，载《胡适文集》第 12 册《胡适演讲集》，北京大学出版社 2013 年版，第 252 页。

⑤ 蔡元培：《中国古代哲学史·序》，载《胡适文集》第 6 册，北京大学出版社 2013 年版，第 140 页。

否定儒学，也没有转而独尊墨学。虽然他身处墨学复兴的一个高潮期，但在儒墨关系的处理上一直致力于维持它们之间的协调发展。对此，解启扬说："胡适把墨子与孔子、老子放在平等的地位加以研究，夷平各家之间的地位，在当时是少见的。他既反对扬墨贬孔的倾向，也反对扬孔贬墨的倾向。这种理性主义的态度也为后人所采用。"① 从根本上看，胡适的这种"理性主义"态度在很大程度上源于"系统的西方近代哲学的教育和训练"，这就促使他在评价先秦各家的思想学说时，能够"跳出经学的圈子去看待各家学说"。② 虽然新文化阵营的其他学者同样主张诸子平等，但在理性思考的程度上明显不如胡适。因此，我们认为，胡适的诸子分析方法开创了近代以来科学研究中国古代哲学史的新途径。

三　"尊孔复辟"背景下新文化阵营的"反孔非儒"说

新文化阵营虽然对儒学和孔子的内涵做了分层处理，力图在先秦诸子平等的视域下审视儒学的地位和价值。但是，正如我们在前文所指出的那样，新文化阵营对儒学的认识颇为复杂。不少学者在考察新文化阵营的儒学观时，仅着眼于他们对儒学和孔子的严厉批评就得出"抑儒"的结论，却忽略了这是他们反对现实社会中"尊孔复辟"思潮的重要手段。

陈独秀虽然肯定孔子为过去时代的伟人，并将原始意义上的儒学与作为封建意识形态的儒学明确区分开来，但他仍认为，"孔子生长封建时代，所提倡之道德，封建时代之道德也；所垂示之礼教即生活状态，封建时代之礼教，封建时代之生活状态也；所主张之政治，封建时代之政治也"③。对于常乃惪将专制的弊端推诿于后世儒学，从而为先秦儒学辩护的做法，陈独秀颇不以为然，认为儒学的教义本来如此。④ 易白沙认为"被彼野心家所利用，甘作滑稽之傀儡，是不能不归咎孔子之自身矣"⑤。他进而从四

---

① 解启扬：《胡适的墨学研究》，《安徽史学》1998 年第 4 期。
② 欧阳哲生：《自由主义之累——胡适思想之现代阐释》，江西教育出版社 2003 年版，第 134 页。
③ 陈独秀：《孔子之道与现代生活》，载《陈独秀著作选编》第 1 卷，上海人民出版社 2014 年版，第 268 页。
④ 陈独秀说："谓汉宋之人独尊儒家，墨法名农，诸家皆废，遂至败坏中国则可，谓汉宋伪儒败坏孔教则不可也。"（陈独秀：《答常乃惪》，载《陈独秀著作选编》第 1 卷，上海人民出版社 2014 年版，第 274 页。）
⑤ 易白沙：《孔子平议（上）》，载《易白沙集》，湖南人民出版社 2008 年版，第 87 页。

个方面揭示孔子自身所存在的弊端，即"孔子尊君权，漫无限制，易演成独夫专制之弊"；"孔子讲学，不许问难，易演成思想专制之弊"；"孔子少绝对之主张，易为人所藉口"；"孔子但重作官，不重谋食，易入民贼牢笼"。① 通过以上论述，易白沙似乎对孔子其人进行了彻底的否定。不仅如此，对于历史上颇有争议的"孔子诛杀少正卯"事件，也被易白沙和吴虞搬了出来，通过肯定它的真实性，对孔子的专制行为予以猛烈抨击。②

前文已指出，新文化阵营对孔子和儒学采取了历史主义的评判态度，即一方面批判作为封建意识形态的儒学和孔子，另一方面肯定孔子个人的道德修养与儒学的原始意义。但在上一段所列举的陈独秀、易白沙和吴虞的相关言论中，又可以看到他们对孔子其人的彻底否定，即把封建专制的弊端全部归结于孔子和儒学。这种激烈的反孔言论可能是导致当今学者以"反孔非儒"来概括新文化阵营学术思想的重要依据。然而，正如我们所指出的，新文化阵营对孔子与儒学基本上持分层处理的态度，像上述这种激烈批孔的言论实际是他们针对现实社会有感而发。具体而言，这些言论是针对康有为、张勋的"尊孔复辟"逆流而发出的。③ 对此，陈独秀明确指出："盖主张尊孔，势必立君，主张立君，势必复辟，理之自然，无足怪者。故曰：张康复辟，其事虽极悖逆，亦自有其一贯之理由也。"④ 因此，为了阻止康、张的复辟行为，必须将作为其精神支撑的"尊孔"思潮彻底推翻，如此才能瓦解帝制的根基。

总之，新文化阵营对孔子和儒学做了分层的处理，他们所反对的只是作为封建意识形态的儒学，而对儒家以仁、义、忠恕为核心的道德学说不仅没有进行批评，反而承认其在塑造现代国民性中发挥的积极作用。新文

---

① 易白沙：《孔子平议（上）》，载《易白沙集》，湖南人民出版社2008年版，第87—90页。

② 易白沙提到，"少正卯以大夫讲学于鲁，孔子之门，三盈三虚，不去者惟颜回，昔日威严，几于扫地。故为大司寇仅七日，即诛少正卯，三日尸于朝，示威弟子，子贡诸人为之皇恐不安，因争教而起杀机，是诚专制之尤者矣"。（参见易白沙《孔子平议（上）》，载《易白沙集》，湖南人民出版社2008年版，第89页。）吴虞也认为，"教主之专制，极于孔子之诛少正卯"。（参见吴虞《辨孟子辟杨墨之非》，载《吴虞集》，中华书局2013年版，第356页。）

③ 欧阳军喜指出，"新文化派的'非儒'言论大都针对当时尊孔复辟的逆流而发，具有鲜明的现实色彩"。（参见欧阳军喜《五四新文化运动与儒学：误解及其他》，《历史研究》1999年第3期。）

④ 陈独秀：《复辟与尊孔》，载《陈独秀著作选编》第1卷，上海人民出版社2014年版，第375页。

化阵营的成员试图突出儒学中的专制成分，并对其展开猛烈抨击，同时也通过还原孔子和儒学的地位，对它的现代价值予以肯定。可以说，新文化阵营对孔子与儒学这一问题有着较为中肯和清晰的认识。然而，面对袁世凯、张勋的复辟帝制以及以康有为代表的人物对尊孔复古思潮的摇旗呐喊，新文化阵营不可避免地使用了一些过激的攻击性言论。这个时候，他们在对儒学、孔子以及孔教等概念的把握上就没有那么的严谨和精确，从而给后人留下彻底反孔批儒的印象。然而，只要结合新文化阵营所处的时代背景，了解到他们对孔子与儒学之复杂内涵的特殊处理，便能把握他们在这一问题上的真实态度。

第五节 重审新文化阵营的"反传统"说

基于新文化阵营对西方文化的推崇以及对儒学传统的批判，不少学者为他们贴上"全盘西化""反传统"之类的标签。全盘西化意味着对传统文化的彻底抛弃。欲辨明新文化阵营是否走向了全盘西化的道路，就要考察他们是否彻底叛离了传统。从儒墨比较这一方面来看，新文化阵营在西方文化的冲击下，几乎全部偏向了墨学，认为墨学不仅是引入西学的重要媒介，还是批判专制儒学的有力武器。然而，无论将墨学做何用，它都始终在我国传统文化的范围之内。当大多数人拘泥于新文化阵营的儒学观并以此为据而对他们与传统的关系讨论得不可开交时，我们不妨暂且跳出儒学的框架，从他们对墨学的阐发这一角度来对他们的学术立场进行评判。陈独秀在宣扬墨家等非儒学派的学说时曾说："阴阳家明历象，法家非人治，名家辨名实，墨家有兼爱节葬非命诸说、制器敢战之风，农家之并耕食力；此皆国粹之优于儒家孔子者也。"[1] 虽然不满于儒家学说的诸种弊端，但是陈独秀对构成"国粹"（传统）的其他要素表示出了强烈的认可。陈独秀又提到："墨氏兼爱，庄子在宥，许行并耕，此三者诚人类最

---

[1] 陈独秀：《宪法与孔教》，载《陈独秀著作选编》第 1 卷，上海人民出版社 2014 年版，第249 页。

高之理想，而吾国之国粹也，奈均为孔孟所不容何?"① 由此可见，即使陈独秀对孔孟儒学做出了严厉的批评，但他始终没有放弃中国传统文化，只不过将研究的重心转移到了墨学等非儒学说中。

　　儒墨的比较可以视为新文化阵营在寻求国家未来出路的过程中不得不回答的一个问题。诚然，墨学与西学的相通性促使他们将引入西方文化的重担赋予它，同时对儒学的专制性尤其是尊孔复辟逆流进行严厉的检讨。但是，无论这两个方面中的哪一个，都不能成为我们评判新文化阵营是否反传统的主要依据。批判儒学并非意味着推翻儒学，也绝非等同于反传统，毋宁说它是新文化阵营在传统文化的内部所做的一场深刻的检讨，其最终目的是实现传统与现代的结合。胡适提到"以最有效的方式吸收现代文化，使它能同我们的固有文化相一致、协调和继续发展"②，他所说的"固有文化"虽然主要指儒学之外的传统文化，但这未尝不是对传统的重视。因此，"从胡适一贯的文化立场来看，虽然他对中国传统文化一直持有尖锐批评的态度，但却并不曾主张对之弃如敝屣"③。实际上，胡适更为关切的是如何对传统文化进行改造，从而在西方文化的影响下创造一种新的文化。④ 易白沙在谈到未来中国教育的发展问题时说："保存国粹为一事，施行新教育又为一事，二者宜交倚而并行，不当执一以相慢。"⑤ 易白沙所言的"完全之教育"即以孔子的中庸之道为主，以道家的神明和墨家的物质为辅，此三者是构成国粹的重要方面。由此可见，易白沙非但没有对孔子和儒学予以彻底的否定，反而将其纳入国粹的范围之内，力证其在现代教育中的积极作用。

　　由上述陈独秀、胡适和易白沙的相关论述可知，新文化阵营并非以反

---

　　① 陈独秀：《答李杰》，载《陈独秀著作选编》第 1 卷，上海人民出版社 2014 年版，第 349 页。

　　② 胡适：《先秦名学史》，载《胡适文集》第 6 册，北京大学出版社 2013 年版，第 8 页。

　　③ 何晓明：《知识分子与中国现代化》，东方出版中心 2007 年版，第 271 页。

　　④ 欧阳哲生对胡适这一思想特征的成因有精到的分析，他说："他本人既受到传统文化的熏陶和塑造，在情感上对传统文化有所依恋；又受到西方近代文化的侵染和牵引，在理智上要求对传统文化加以改造。"（参见欧阳哲生《自由主义之累——胡适思想之现代阐释》，江西教育出版社 2003 年版，第 248 页。）

　　⑤ 易白沙：《教育与卫西琴》，载《易白沙集》，湖南人民出版社 2008 年版，第 2 页。

传统为目的。① 然而，新文化阵营对墨家等非儒学派的推崇以及对专制儒学的批判往往掩盖了他们与传统文化之间的紧密关联。这就为后人辨识他们对传统文化的真实态度增加了一定难度。除此之外，新文化阵营个别成员思想的复杂性也是影响客观判断的重要因素，这一方面的典型代表是钱玄同。钱玄同在 1922 年 12 月 30 日的日记中写道："我想我二十年来思想见解变迁得很多，……而且前后往往成极端的反背。"② 这种思想的变迁性尤其体现在钱玄同对国粹的态度上。1917 年之前，在章太炎保存国粹论的影响下，钱玄同"专以保存国粹为志"③。他以"师古""复古""存古"而不"泥古"作为行为的基本原则，认为我国的固有文明不仅不会灭亡，还能长盛不衰，因而必须予以发扬光大。对于时人崇拜欧美、不顾传统的做法，钱玄同予以强烈谴责："上下之人，靡不尊欧美，过先祖，贱己国，过僮隶，世有如此而能善立其国于大地者乎！"④ 然而，自 1917 年始，钱玄同逐渐放弃了先前保存国粹的思想。除了否定忠、孝、节、义等传统道德的历史意义，钱玄同甚至认为中国的一切科学、哲学、文学、政治、道德都毫无价值可言，而"适用于现在世界的一切科学、哲学、文学、政治、道德，都是西洋人发明的；我们该虚心去学他，才是正办"⑤。钱玄同之所以放弃保存国粹，强调欧美文化的地位，在很大程度上受当时社会中的尊孔复辟潮流所刺激。⑥ 这一阶段的钱玄同俨然以一位"反传统"的人

---

① 2019 年 5 月，山东大学《文史哲》编辑部主办"儒学价值及其现代命运：五四百年纪念"高端论坛，与会学者就五四运动对儒学和传统的态度及其现代影响等内容展开讨论。会后，编辑部将杨国荣、罗志田、温儒敏和何中华四人的发言作为组稿予以刊发。其中，杨国荣认为"'五四'的思想家尽管趋向于传统与现代之间的划界和对峙，但其深层的观念依然与传统相涉"；罗志田试图证明"五四"时期对个人的重视虽然更多受到外来的影响，但中国传统中"其实本有一个顶天立地的个人"；温儒敏认为"'五四'非但没有造成传统文化的彻底断裂，反而在批判与扬弃中选择，促成对传统文化的反思与转型，让传统文化中优秀的成分能够适应时代的变化"；何中华认为"'五四'未曾正视和深究'民主'与'科学'背后的历史根源和社会基础"。（参见杨国荣等《反思"五四"：中西古今关系再平衡》，《文史哲》2019 年第 5 期。）

② 杨天石主编：《钱玄同日记（整理本）》，北京大学出版社 2014 年版，第 490 页。

③ 杨天石主编：《钱玄同日记（整理本）》，北京大学出版社 2014 年版，第 315—316 页。

④ 杨天石主编：《钱玄同日记（整理本）》，北京大学出版社 2014 年版，第 244 页。

⑤ 钱玄同：《随感录（三〇）》，载《钱玄同文集》第 2 卷《随感录及其他》，中国人民大学出版社 1999 年版，第 16 页。

⑥ 钱玄同对自己何时放弃保存国粹有清晰的认识，他说："至国粹、欧化之争，吾自受洪宪天子之教训以来，弃保存国粹之心理已有大半年矣。"（参见杨天石主编《钱玄同日记（整理本）》，北京大学出版社 2014 年版，第 300 页。）可见，袁世凯的尊孔复辟是导致钱玄同放弃保存国粹的重要诱因。

物出现。但是，钱玄同坚持"整理国故"的立场一直没有中断，他也没有否认传统文化中的某些方面对整理国故的积极意义。对此，钱玄同还提出："对付旧人，只应诱之改良，不可逼他没路走。"① 在与传统相"决裂"的特殊阶段里，钱玄同仍试图对传统保持一种"怜惜"的态度，他对现实的无奈感与对传统的深沉关心紧紧地交织在一起。

作为20世纪初期墨学研究的一大主力，新文化阵营在墨学与儒学、传统文化与西方文化的关系上做了深入的阐发。此后，学界多以"尊墨抑儒""反传统"之类来概括他们的思想主张。诚然，新文化阵营尤为推崇墨学，且在儒墨的比较中尽可能地凸显墨学的优势，但"尊墨"并不能直接推出"抑儒"的结论。从表面上看，新文化阵营处处贬低儒学，但它仅限于作为封建礼教的儒学以及被当时社会的复辟帝制所利用的儒学，对于儒家以仁义为内核的道德学说，他们非但不予批评，还明确肯定其现实意义。再者，只要我们考虑到两点：其一，新文化阵营并非彻底的反孔非儒；其二，被新文化阵营重点关注的墨学同样属于传统文化的范围，那么，贴在新文化阵营之上的"反传统"标签就可以撕掉了。本章的目的，就是以新文化阵营的墨学研究为切入点，对他们的儒墨比较思想、中西文化比较思想进行全面和深入的梳理，由此解除时人的种种误解。

新文化阵营对墨学的兴趣一方面源于西方文明的冲击，而墨学与西学之间具有相通之处，因此可以充当引入西学的媒介；另一方面源于儒学发展所面临的困境，儒学的内在价值被封建礼教和尊孔复辟所掩盖，由此导致传统文化不能进步、西方文化不能输入的局面。基于此，新文化阵营在墨学研究中主要关注两点：一是用墨学批判专制，以救亡图存；二是用墨学引入新说，以发展文化。这就决定他们在儒墨的比较中一方面指出儒家专制与墨家平等的区别，另一方面立足于西方的科学方法来突出墨家与儒家哲学方法的不同，借此证明墨学与西学的契合以及儒学与西学的背离。

无论从新文化阵营墨学研究的缘起和关注点，还是其儒墨比较的不同维度来看，他们批判儒学的态度都清晰可见。然而，新文化阵营对儒学采取了分层处理的方式，他们所"抑"的只是作为封建礼教的儒学以及被尊

---

① 杨天石主编：《钱玄同日记（整理本）》，北京大学出版社2014年版，第367页。

孔复辟所利用的儒学，对于儒学中的仁、义、礼、智、信等核心理念，则始终认同其价值。新文化阵营主张儒学的还原论，即抛开后世加在儒学之上的封建外衣，将儒学还原为先秦诸子之学的一个构成要素，由此对它的存在意义做出客观的评价。基于新文化阵营既没有彻底否定儒学又大力推崇墨家学说的事实，关于他们是否"反传统"的问题便可迎刃而解了。

第四章　学衡派：新人文主义视域下的儒墨比较思想

　　当墨学研究在 20 世纪初期由梁启超、章太炎等开创，并在新文化阵营那里受到较高推崇之时，还有一个学术团体注意到了墨学以及儒墨关系的研究，这一团体即为"学衡派"。学衡派特指 20 世纪二三十年代聚集于东南大学，并且在《学衡》杂志上发表论著的一批学者。学衡派成立的一个直接外因，是不满于新文化运动中过度依赖西方外来文化而忽略中国传统文化的做法。新文化阵营不仅将墨学视为批判封建儒学的工具，还认为它是引入西方文化的重要媒介。尽管新文化阵营并未彻底否定传统文化，但他们的种种表现难免背负叛离传统的罪名。与新文化阵营过于西化的做法不同，学衡派固守以儒学和孔子为核心的传统文化，同时在白璧德的新人文主义学说中找到了精神支持。在儒墨两家学说的比较中，学衡派成员的主张虽有极端与缓和之分，前者彻底否定墨学而尊崇儒学，后者则在维护孔孟之道的前提下承认墨学的现实意义，但最终都可归结为一点，即以儒学传统作为国家未来发展的重要出路。学衡派对《墨子》一书的基本宗旨有清晰的认识，他们所赞同的是"十论"层面的墨学，而非科技层面的墨学。由此，他们严厉批判了新文化阵营忽略墨学旨要，而将墨学和西学牵强比附的肤浅做法。也就是说，学衡派无论是对《墨子》做专门的学术研究，还是对儒墨两家的学说进行比较，都没有打算彻底推翻墨学，其最终的目的是借此来抗衡新文化阵营对儒学和传统的背离。然而，尽管打着"昌明国粹，融化新知"的旗号，学衡派也确实为融合古与今、中与西做出极大的努力，但在实际的操作过程中，他们也遇到不少问题。比如，他们在理论上主张以"中正之眼光"来评判古与今、中与西，实际上却在儒家的立场上走向了极端。再者，他们对新文化阵营的学术立场也存在某种程度的误解，这就导致他们对新文化运动的批评看似充分，实则有失公允。

第一节　学衡派治墨之概况

学衡派的墨学研究集中体现在《学衡》杂志上几篇专门论墨的文章，此外还散见于学衡派成员发表在其他杂志上的相关论著。墨学虽称不上学衡派学术研究的主要方面，但在阐明其学术立场，尤其与当时学术思潮相对抗的过程中，发挥了不可替代的作用。

一　学衡派墨学研究的背景

这里虽以"背景"而论，实则亦可看作学衡派进行墨学研究的出发点。《学衡》杂志创刊之时，新文化运动已持续了近十年，期间更是经过五四运动而达到高潮。对于新文化阵营来说，批判专制和引入西学是其运动的重中之重，而墨学无论充当前者的工具还是后者的媒介，都发挥着至关重要的作用。在学衡派看来，新文化阵营这种极力推崇墨学的做法严重遮蔽了孔子和儒家学说的固有价值，而他们执着于研究与传播西方文化的做法又使我国的传统文化面临着前所未有的危机。不满于新文化阵营贬低儒学，甚至忽略传统的做法，学衡派同样以墨学为切入点，通过对墨家相关学说的阐发而对新文化阵营的思想主张进行有力回击。

（一）对"扬墨抑儒"思潮的回应

在没有对新文化阵营的批判对象，即儒学和孔子的复杂内涵进行深入考察的情况下，学衡派便以"右墨""左孔""非儒"等词语来概括他们的儒墨比较思想，进而对其展开了强烈批评。比如，郭斌龢提到"晚近士厌故常，非儒之风复盛"[①]；孙德谦曾说"近人喜攻墨学，以为诸子之中，惟墨子足与孔子抗"[②]。在郭、孙二人看来，近代以来以墨学为主导的诸子学复兴思潮直接威胁到了孔子和儒学长久以来在我国思想界所占据的牢固

[①]　郭斌龢：《读儒行》，《思想与时代月刊》1942 年第 11 期。

[②]　孙德谦：《再答福田问墨学（论儒墨异同）》，《学衡》1925 年第 39 期。

地位。学衡派之中，对当时墨学研究热潮分析得最为透彻而全面的是柳诒徵。他说：

> 今人多好讲墨学，以墨学为中国第一反对儒家之人，又其说近于耶教，扬之可以迎合世人好奇骛新之心理，而又易得昌明古学之名，故讲国学者莫不右墨而左孔，且痛诋孟子拒墨之非。然世界自有公理，非徒凭少数人舞文弄墨便可颠倒古今之是非也。①

柳诒徵此论首先交代了墨学在当时社会大受时人追捧的原因：其一，墨学作为儒学的对立面，是挑战儒家正统地位以及批判封建专制的有力武器；其二，墨学因为与西学具有相通之处，在中西文明剧烈碰撞与冲突的环境下，恰好可以满足国人追求新鲜文化的心理需要；其三，墨学亦属于中国古代学术的范围，或者说是传统文化的构成要素之一，宣扬墨学者虽处处诘难孔子和儒学，但毕竟未曾越出传统文化的框架，这就使他们得以摆脱"叛离传统"的罪名。柳诒徵的这三点分析无不与当时新文化阵营学术思想的基本特征相符合。因此，柳氏虽未言明其论述对象的具体所指，但从中不难推出，他所说的"少数人"应当指新文化运动的代表人物。柳诒徵认为，新文化阵营的以上行为只是"舞文弄墨"的表现，是全然不顾"世界公理"，最终造成"颠倒古今之是非"的后果。在以上评论中，柳诒徵表现出了与新文化阵营截然不同的学术立场，而这一立场也是学衡派全部成员所共同坚守的，即客观对待墨学，恢复孔孟儒学的本来面貌和地位。

（二）对传统文化面临危机的回应

新文化阵营对墨学展开研究的一个关键诱因，是西方外来的文化。他们一方面企图在墨学和西学之间建立起沟通与对话的桥梁，进而为后者在中国的传播和发展培育适宜的土壤；另一方面又采用西方的科学和哲学方法对先秦诸子学说进行探究。这两个方面可以说是新文化阵营一致认同的基本立场，但将其践行得最彻底、最典型的人物当为胡适。胡适利用西方实证主义的研究视角，对儒墨两家的哲学方法进行比较研究，分别以"强

---

① 柳诒徵：《读墨微言》，《学衡》1922 年第 12 期。

调终极理想和第一原理"与"强调中间步骤和结果"来概括两者之间的区别。立足于经验科学主义的立场，胡适对墨家以经验为本的应用主义给予极大的肯定。由此可知，胡适墨学研究的直接目的和所用的研究方法都停留在西方文化的范围之内，这一趋势最终演变为学术研究丧失传统文化的根基，从而与传统文化的距离越来越远。①

　　学衡派与以往"国粹派"的主要区别在于，他们不但主张维护中国的文化传统，还承认西方文明的现代价值，积极吸收西方文化以发展现代文化。仅从对待西学的态度上来看，学衡派与新文化阵营之间存在着密不可分的联系。然而，与胡适等新文化人士以西学解中学的运思理路明显不同的是，学衡派紧紧抓住孔孟儒学传统这一条主线，在此基础上来认识与学习西方文化。关于这一点，学衡派的代表人物——吴宓有详细的说明。吴宓首先指出，新文化阵营关于输入西方文化的主张"不可不审查""不可不辩正"②，因为他们"于西洋之文明之学问，殊未深究，但取一时一家之说，以相号召"③。新文化阵营之所以存在以上问题，主要是因为他们对古与今、中与西之关系的认识有所偏差。因此，对于身处新文化运动这一时代潮流之中的学衡派来说，他们的首要任务就是纠正新文化运动中涌现出的思想偏见，重新梳理中与西、新与旧的关系。对此，吴宓指出，"旧者不必是，新者未必非"；"新旧乃对待之称，昨以为新，今日则旧，旧有之物，增之损之，修之琢之，改之补之，乃成新器"。④"旧者"，代表我国固有的传统文化；"新者"，则指来源于西方社会的现代文化。与新文化阵营严格区分新旧两者并舍旧取新的做法不同，学衡派主张新与旧之间存在一种相对的关系，所谓新者必不能脱离旧者而凭空产生。吴宓的言外之意是引入西方文化固然重要，但它必须以坚持本民族的传统文化为前提，只

---

　　①　郑师渠认为，"学衡派之论诸子学，在很大程度上可以说，正是从批评胡适的《中国哲学史大纲》（上）开始的"。（参见郑师渠《学衡派论诸子学》，《中州学刊》2001 年第 1 期。）沈卫威也指出，"《学衡》的创办本是与胡适及新文化运动相抗衡的，最主要的批判、攻击靶子是胡适"。（参见沈卫威《回眸"学衡派"——文化保守主义的现代命运》，人民文学出版社 1999 年版，第 50 页。）

　　②　吴宓：《论新文化运动》，《学衡》1922 年第 4 期。

　　③　吴宓：《论新文化运动》，《学衡》1922 年第 4 期。

　　④　吴宓：《论新文化运动》，《学衡》1922 年第 4 期。

有在新旧相互融会贯通的基础之上才能造就现代新文化。由上可见，新文化阵营和学衡派虽然"思考和企图解决的问题大体相同（如何对待传统，如何引介西方，如何建设新文化等）"①，但后者的研究重心明显偏向了中国传统文化，他们主张"对传统的国学进行'精审的研究'，对外来的学术进行仔细的辨别，进而使中西文化更好地嫁接"②。由此说明，学衡派"对屡受挑战的中国传统文化的自觉意识日趋增强"③。

学衡派作为新文化阵营的对立面，其成员在儒墨比较的过程中往往提出与新文化阵营截然不同的见解，因为他们的根本目的是通过儒墨的比较凸显儒学的内在价值。从另一个层面上看，学衡派的儒墨比较亦可视为中西比较的重要铺垫。学衡派虽然在儒墨比较中发表了某些偏袒儒学而贬低墨学的言论，但他们的目标并非彻底推翻墨学。毋宁说，他们借批评墨学来彰显儒学，进而捍卫中国传统文化，合理认识与评价西方外来文化，最终为中西文化的融合寻找切实可行的出路。

二 学衡派墨学研究的代表人物和论著

"学衡派"这一名称来源于《学衡》杂志，特指发端于东南大学且在《学衡》杂志上发表学术论著的一批学者。从1922年1月创刊，到1933年7月终刊，《学衡》经历了由月刊到双月刊，再到时断时续出版的漫长过程，总共见刊73期。关于《学衡》的作者，主要由以下几类人群构成：（1）吴宓任职于东南大学时以他为中心而凝聚起来的一批师生；（2）清华大学的师生，一般与吴宓有较多的学术往来；（3）其他与学衡派志趣相投并在该刊发表文章的学人。④虽然主要由这三类人群组成，但学衡派的成员并不固定，而是通常处于变动的状态之中。对此，吴宓曾说："甚至

---

① 乐黛云：《世界文化语境中的〈学衡〉派》，《陕西师范大学学报》（哲学社会科学版）2005年第3期。
② 郭昭昭：《民国思想文化界的一道独特风景——学衡派与新文化派的对抗与对话》，《历史教学》2008年第18期。
③ 汪树东：《"学衡派"的反现代性文化选择》，《北方论丛》2016年第2期。
④ 沈卫威和付洁分别对学衡派的成员构成情况进行了详细介绍。（参见沈卫威《回眸"学衡派"——文化保守主义的现代命运》，人民文学出版社1999年版，第23—24页；付洁《学衡派研究》，博士学位论文，山东大学，2015年。）

社员亦不必确定：凡有文章登载于《学衡》杂志中者，其人即是社员；原是社员而久不作文者，则亦不复为社员矣。"[1] 沈卫威认为，《学衡》杂志的研究范围基本不超出以下四个方面：反对新文化运动—新文学运动的著作；译介、宣扬白璧德新人文主义的著作；对中国古代文化（包括经史子集各部）、西洋哲学、印度哲学以及佛学等的专题研究；在文苑专栏刊登旧体诗词文赋。沈氏进而指出，以上四个方面中，第一和第四两点可视为"其思想观念的外在发散"，第二和第三两点则是"其文化守成的立身之本和学业基点"。[2] 言外之意，前者是与新文化阵营的直接的、正面的抗衡，后者则是前者的理论支持和力量来源。学衡派关于墨学的研究成果就属于上述第三点的范围之内，其理所当然成为学衡派对抗新文化运动的重要阵地而发挥相应的作用。现将《学衡》杂志中与论墨直接有关的文章整理如下（见表4-1）。

表4-1 　　　　　　　　《学衡》杂志中与墨学有关的文章

期号/年份	作者	文章题目
12/1922	柳诒徵	《读墨微言》
21/1923	李笠	《定本〈墨子间诂校补〉叙》
25/1924	孙德谦	《释〈墨经〉"说""辩"义》
39/1925	孙德谦	《答福田问墨学》
		《再答福田问墨学（论儒墨之异同）》
54/1926	黄建中	《墨子书分"经""辩""论"三部考辨》
56/1926	陈柱	《定本〈墨子间诂补正〉自叙》
79/1933	杨宽	《墨学分期研究》

　　作为《学衡》杂志的首篇论墨文章，柳诒徵的《读墨微言》产生了不小的影响。柳诒徵首先在开篇对新文化阵营"右墨而左孔"的行为进行严

---

① 吴宓著、吴学昭整理：《吴宓自编年谱：1894—1925》，生活·读书·新知三联书店1995年版，第229页。

② 沈卫威：《回眸"学衡派"——文化保守主义的现代命运》，人民文学出版社1999年版，第8—10页。

厉批评，接下来全篇的主要内容基本围绕辨别儒墨、替孟子的辟墨言论做辩护而展开。孙德谦由解释《墨经》中"说""辩"二字的意涵讲起，对近代以来的学者忽略《墨子》一书的本旨而对《墨经》过度诠释的错误做法进行批评，明确主张研治墨学必须以"兼爱""尚贤"等学说为中心。孙德谦的《答福田问墨学》和《再答福田问墨学（论儒墨之异同）》，通过解答福田疑问的方式而对儒墨之关系做出了详细的探讨，是我们考察学衡派儒墨比较思想的重要参考文献。陈柱《定本〈墨子间诂补正〉自叙》的大部分篇幅都在揭露孙诒让《墨子间诂》的不足之处，并将其总结为"解释尚多未备"等九个方面。除此之外，陈柱还针对墨家的兼爱和孟子的辟墨说表达了自己的看法，由此可窥见他在儒墨比较问题上所持的基本立场。杨宽的《墨学分期研究》从历史演变的角度将墨学的发展划分为三个不同的时期，即胚胎时期、发育时期和衰老时期，进而将《墨子》一书的各个篇目分别对应于这三个不同的时期。其中，在论述胚胎时期的墨学时，杨宽对儒墨两家的"爱"说进行了简单的比较。柳诒徵、孙德谦、陈柱和杨宽的论墨文字是我们探讨学衡派儒墨比较思想的重要依据。李笠的《定本〈墨子间诂校补〉叙》主要对梁启超和胡适二人校注《墨子》过程中出现的问题予以揭示，黄建中的《墨子书分"经""辩""论"三部考辨》旨在探讨《墨子》一书的划分及各部分的作者等问题，与儒墨的比较并无直接关系。因此，这两篇文章不在本书的考察范围之内。

除了柳诒徵、孙德谦、陈柱、杨宽等学者在《学衡》杂志上发表的论墨文章之外，学衡派的其他成员同样对儒墨的比较问题有所涉及。比如，郭斌龢在《读儒行》和《孔子与亚里士多德》二文中对儒家的"自爱"和墨家的"兼爱"进行比较，[①] 陆懋德在讲述周秦哲学发展史的过程中对墨家哲学予以贬斥，[②] 吴宓和张荫麟对儒墨两家学说的短长做出具体分析。[③] 有鉴于此，本书的研究虽以《学衡》为起点，但又不局限于这份杂

---

① 郭斌龢：《读儒行》《孔子与亚里士多德》，《国风半月刊（南京）》1932年第3期。
② 陆懋德：《周秦哲学史》，转引自柳诒徵《评陆懋德〈周秦哲学史〉》，《学衡》1924年第29期。
③ 吴宓：《民族生命与文学》（续），《大公报·文学副刊》1931年第197期；张荫麟：《中国史纲》，上海古籍出版社1999年版。

志上所刊登的论墨文章，而是将学衡派成员发表在同时期其他杂志上的相关论述一并考虑在内。也可以说，我们只是用"学衡派"这一称呼来标明所要研究的一组群体。简言之，我们的研究对象是"学衡派"，而非"《学衡》派"。①

第二节　学衡派儒墨比较思想的立论根基

新文化阵营积极宣扬墨学、引入西学的做法使他们背上了"叛离传统"的罪名。既然以纠正新文化阵营的弊病为重要使命，学衡派自然首先表明自己的立论根基。他们将自己的学术观点植根于以孔子为中心的传统文化，不仅置孔子于中国文化发展史中非常重要的地位，还极力阐扬孔子学说在社会的发展以及人格的修养中所发挥的关键作用。学衡派虽立足于传统，却并不排斥西方文化，他们甚至从西方学说中寻找理论的来源。以美国哈佛大学白璧德教授为代表的新人文主义强调中国传统文化尤其是孔孟学说的现代价值，这种见解与学衡派的学术立场不谋而合，因而成为他们汲取精神力量的重要来源。

一　孔子为中国文化的中心

学衡派成员共同持守的一个基本立场，是将孔子视为中国文化的中心。无论是进行儒墨思想的比较，还是做中西文化的比较，他们都牢牢立足于这一立场而丝毫未曾偏离。

吴宓颇有信心地指出，孔子为"代表中国国民性及中国文化最高之人物"，其价值主要体现在学说和人格两个方面。孔子的学说是"救今日世界物质精神之病者最良之导师"，其人格则是"吾人立身行事之师表"。②具体来看，孔子学说中的"仁义忠信""慈惠贞廉"是文明社会发展过程中必不可少的要素；③而孔门所倡导的"克己复礼"、行"忠恕"以及守

---

① 多数学者习惯使用"学衡派"这一称呼，也有学者用"《学衡》派"，如乐黛云。（参见乐黛云《世界文化语境中的〈学衡〉派》，《陕西师范大学学报》（哲学社会科学版）2005 年第 3 期。）

② 吴宓：《论孔教之价值（未完）》，《国闻周报》第 3 卷，1926 年第 40 期。

③ 吴宓：《再论新文化运动（答邱昌渭君）》，《留美学生季报》第 8 卷，1921 年第 4 期。

"中庸"等德行则是维持个人道德的基本前提。① 对于后世将一夫多妻的陋习和君主专制的封建制度统统归咎于孔子的做法，吴宓深表反对，他认为这些都是"当时风俗制度仪节之末"，并非孔学本身所固有，而是"偶然之事"。② 这就将所有负面、消极的成分与孔子相脱离，使孔子成为一个完美的典型。孔子既然为社会和人格的理想标准，世人就应当通过合理的方式效法孔子，使他在社会的发展和人格的培养中切实发挥效力。对此，吴宓主张在孔子的诞辰之日举行祀典仪式。他的理由是，研读六经等儒家经典虽然是讲明、传布孔子学说的重要途径，但它对参与者有一定的要求，即必须是具备一定知识水平的人士，这就将未受教育的人群排除在外。孔子既然是全体国民共同崇敬和效法的对象，学习孔子所采取的方式必然具有广泛的适用范围。因此，相比于研读六经来说，祭祀孔子的典礼仪式更易于被全体国民接受。③ 虽然吴宓和康有为的基本立场不同（前者是在中西文化融合的基础上建设现代文化，后者则旨在尊孔复辟），但在提倡祭孔祀孔这一点上，两者表现出了很大的相似之处。

柳诒徵视孔子为中国文化的中心。他说："无孔子则无中国文化。……自孔子以前数千年之文化，赖孔子而传；自孔子以后数千年之文化，赖孔子而开。"④ 除了突出孔子在中国文化中承前启后的重要地位，柳诒徵重点从人之所以为人的层面揭示孔子学说的意义和价值。他认为，当今社会和国家中至关重要的一个问题，是为人或成人的问题。只有首先讲明为人之道，使人人知晓人之所以为人的根本道理，才能最终建设出新社会和新国家。柳诒徵指出，关于为人的道理，只能在孔学中寻找，因为"孔子之教，教人为人者也"⑤。从教人为人的道理，到建设新社会和新国家，柳诒徵通过以上论述牢固确立了孔子在中国文化中的中心地位。

梅光迪认为孔子不但具备深厚的道德修养，还富有艺术兴味，这两点使孔子与所谓的"道学家"严格区别开来，可称得上"雍容大雅之君

---

① 吴宓：《我之人生观》，《学衡》1923 年第 16 期。
② 吴宓：《再论新文化运动（答邱昌渭君）》，《留美学生季报》第 8 卷，1921 年第 4 期。
③ 吴宓：《论孔教之价值（未完）》，《国闻周报》第 3 卷，1926 年第 40 期。
④ 柳诒徵：《中国文化史》"第一编第二十五章"，《学衡》1926 年第 51 期。
⑤ 柳诒徵：《论中国近世之病源》，《学衡》1922 年第 3 期。

子"。具体而言，孔子主张的礼仪制度是维持社会秩序和人生意味的重要
保障；其尊卑上下之分的观点，是"为人群全部之组织而言"；其个人交
际的行为是践行平等主义的体现。以此为依据，梅光迪总结道："在吾国
文化势力下所产生之人品，自当以孔子为极则矣。"① 然而，梅光迪继续指
出，经过汉宋儒学在训诂和义理两个方面的过度发挥，孔子学说中的精义
被严重遮蔽，从而导致后人不能接受孔学的积极影响。比如，朱熹虽然称
得上历史上的贤哲之士，但因其受佛学影响较深，由此造成他的哲学陷于
玄想之中，大大偏离了"切于寻常日用"的孔孟学说，最终使孔孟学说的
流传被迫中断。② 为了使孔孟学说的真义重新得以彰显，梅光迪认为"欲
得真孔教，非推倒秦汉以来诸儒之腐说不可"③。梅光迪对汉宋儒学的攻击
不可谓不激烈，而他的目的是"发掘先秦孔孟儒学的真义、精义，通过展
现孔孟儒学真谛的学术活动向世界显示孔孟儒学的现代价值"④。

由上可见，吴宓、柳诒徵和梅光迪对孔子及其学说的认识完全摆脱了
封建专制思想的束缚。也可以说，"他们对孔子儒学的诠释不是以封建士
大夫身份，而是以现代知识分子的身份和学养来进行的"⑤。这就促使他们
能够以现代化的视角对孔子学说在现代社会和国家以及个人人格发展中的
作用做出客观的评价。坚持传统中的优秀文化，但不盲从其中的弊端，这
种对传统文化的处理态度使学衡派最终在传统与现代相结合的基础上，提
出了发展现代新文化的合理途径。

二　白璧德的新人文主义

欧文·白璧德（Irving Babbitt，1865—1933），美国哈佛大学比较文学
教授，文学评论家，20 世纪新人文主义思想的代表人物。白璧德认为，西
方社会自文艺复兴以来，一方面在培根创始的科学主义的引领下而过于注

---

① 梅光迪：《孔子之风度》，《国风半月刊》1932 年第 3 期。
② 梅光迪：《孔子之风度》，《国风半月刊》1932 年第 3 期。
③ 梅光迪：《梅光迪致胡适信》第 12 函，载《梅光迪文录》，辽宁教育出版社 2001 年版，
第 132 页。
④ 韩星：《学衡派对儒学的现代诠释和转换》，《唐都学刊》2003 年第 2 期。
⑤ 韩星：《学衡派对儒学的现代诠释和转换》，《唐都学刊》2003 年第 2 期。

重物质科学，另一方面卢梭提倡的浪漫主义又流于泛滥，从而使人深陷功利的追求和感性的放纵之中而不能自拔。① 对此，白璧德明确区分物质和人事，认为物质自有"物质之律"，人事亦有"人事之律"。目前的紧要任务是研究这"人事之律"，进而为个人和社会的发展寻找出路。白璧德思想的根本宗旨可以概括为"必须先能洞悉人类古来多种文化之精华，涵养本身使成一有德守之人文学者或君子。然后从事专门研究，并汇通各种文化中普通永恒之人文价值或精粹，建立与颓败的近代文明相抗衡的文化体系"②。

沈卫威指出，"白璧德的理论只限于当时美国哈佛大学的学院圈子里，根本无法抗衡风起云涌般的实用主义、行为主义"③。然而，通过留学美国的中国学生，白璧德的思想在中国迅速地传播开来。④ 其中，《学衡》杂志成为宣传白璧德新人文主义的主要阵地，学衡派的不少成员都与白璧德及其学说有着或多或少的关联。正是吸收了这种新颖的外来学说，学衡派走出了一条与传统守旧派完全不同的路子。

学衡派宣传白璧德新人文主义的根本原因，是在其中发现了与他们学术立场相同的思想主张。他们在国内传播这一思想的主要渠道，是在《学衡》杂志上翻译、介绍白璧德的代表性著作。学衡派译介的白璧德著作必然经过了他们的仔细挑选，因而这些著作既可以代表白璧德的核心思想，又可反映出学衡派对它的认同，实际上也是学衡派思想的集中体现。《学衡》杂志所见白璧德的思想主张可以总结为如下两点：

第一，西方文化必须与中国传统文化协调发展，而不能以前者否定后

---

① 孙尚扬指出，白璧德的新人文主义"是生于富足逸乐而又常怀千年忧思的知识分子对近代西方功利主义和浪漫主义所带来的道德沦丧和人性失落的理智反思"。（参见孙尚扬《在启蒙与学术之间：重估〈学衡〉》，载《国故新知论——学衡派文化论著辑要》，中国广播电视出版社1995年版，第5页。）

② 孙尚扬：《在启蒙与学术之间：重估〈学衡〉》，载《国故新知论——学衡派文化论著辑要》，中国广播电视出版社1995年版，第6页。

③ 沈卫威：《回眸"学衡派"——文化保守主义的现代命运》，人民文学出版社1999年版，第38页。

④ 沈卫威认为，白璧德先后为中国知识界培养了三批学生：第一批为梅光迪、张歆海；第二批为吴宓、汤用彤、奚伦、楼光来、林语堂；第三批为梁实秋、范存忠、郭斌龢。（参见沈卫威《回眸"学衡派"——文化保守主义的现代命运》，人民文学出版社1999年版，第39页。）

者。白璧德指出："今日中国文艺复兴之运动，完全以西方文化之压迫为动机，故就其已发展者而言，亦仅就西方文化而发展，与东方固有之文化无预也。"① 这里的"中国文艺复兴之运动"当指新文化运动。对于新文化运动过分依赖西方外来文化，从而导致忽略我国传统文化的行为，白璧德的态度与学衡派基本一致。他认为，中国与欧洲在抛弃各自固有传统这一做法上完全相同，这属于一种"将盆中小儿随浴水而倾弃之"② 的荒唐行为。对此，白璧德呼吁中国人"保存其伟大之旧文明之精魂"③。在中西文化相互碰撞与交流的时代环境下，中国人一方面要"吸收西方文化中之科学与机械"，另一方面又要保存"中国旧学中根本之正义"而使其免于丧失。④ 可以说，白璧德的这一见解与学衡派"昌明国粹，融化新知"的宗旨不谋而合。

第二，孔子为中国人的道德典范。白璧德认为，中国文化优越于其他国家文化的关键在于中国的道德，它甚至可以充当中国的立国根基。由于孔子的学说"为孔子生前数千年道德经验之反影"⑤，由此决定它在中国人的道德修养中扮演着重要的角色。对此，白璧德总结道："孔子则道德意志之完人也。常人反躬内省，必不免愧怍歉疚，此常人最无把握之处，而孔子于此，则最有把握。"⑥ 白璧德的这一思想与吴宓、柳诒徵、梅光迪等人将孔子视为中国文化之中心的观点基本相吻合。

学衡派能够在新文化运动的势头正值强劲之时反其道而行，一方面由于他们捍卫儒家学说以及传统文化的坚定立场，另一方面得益于国外新人文主义在理论上的大力支持。可以说，"学衡派诸子从白璧德的观点中看到了对中国传统文化的肯定，这种寓新于旧、中西结合的思想，无疑对不愿抛弃传统文化的他们产生了极大吸引力"⑦。新人文主义这种强大的"吸引力"促使学衡派成员积极投身于对它的研究之中。事实上，不少成员已

① ［美］白璧德：《白璧德中西人文教育谈》，胡先骕译，《学衡》1922 年第 3 期。
② ［美］白璧德：《白璧德中西人文教育谈》，胡先骕译，《学衡》1922 年第 3 期。
③ ［美］白璧德：《白璧德中西人文教育谈》，胡先骕译，《学衡》1922 年第 3 期。
④ ［美］白璧德：《白璧德中西人文教育谈》，胡先骕译，《学衡》1922 年第 3 期。
⑤ ［美］白璧德：《白璧德中西人文教育谈》，胡先骕译，《学衡》1922 年第 3 期。
⑥ ［美］白璧德：《白璧德论欧亚两洲文化》，吴宓译，《学衡》1925 年第 38 期。
⑦ 付洁：《学衡派研究》，博士学位论文，山东大学，2015 年。

明确表明他们在思想上深受白璧德的影响。比如，梅光迪指出，白璧德和穆尔的思想"与吾人关系之密切，又不待言喻矣"①，揭示出新人文主义思想对中国人的重要意义。梅光迪还认为白璧德的著作"是一个全新的世界；或者说，是个被赋予了全新意义的旧世界"②。此论既概括出白璧德融合传统与现代的文化观，又透露出梅光迪对白璧德这一学术观点的认同。吴宓对白璧德思想的基本特征做出评价，他说："白璧德先生之说，既不拘囿于一国一时，尤不凭藉古人，归附宗教；而以理智为本，重事实，明经验，此其所以可贵。故有心人闻先生之说者，莫不心悦而诚服也。"③ 显然，吴宓也属于这"心悦而诚服"群体中的一员。吴宓进而指出白璧德对他的直接影响，即指引他"更能了解中国文化之优点与孔子之崇高中正"④。这两点是白璧德关于中国文化的基本主张，也是学衡派向他重点学习与借鉴的内容。

学衡派强调中国传统文化在现代文明中的重要地位，其中尤为重视孔子及其学说的意义和价值，这一看法恰巧是学衡派与白璧德新人文主义的契合点。在《学衡》杂志创刊之前，已有一批中国学者（他们后来成为学衡派的主力成员）来到美国且受到白璧德思想的熏染。由此便牵涉到一个问题：学衡派思想的立论根基究竟是受白璧德的影响与启发之后才确立的，还是源于他们自身对中国传统文化的深刻反省？对此，当今学者有两种不同的看法。高玉认为学衡派的理论基础是由西方引进的，也就是白璧德的新保守主义，这决定他们论证与维护中国传统文化的学理依据必然来自西方。高玉说："中国传统不是学衡派的出发点，而是其保守观念的契合点……他们立身之本不是传统，立论的基点也不是传统。"⑤ 有人依据这一思路得出如下推论：如果学衡派的成员在学派成立之前没有接触过白璧德的新人文主义，那么他们就提不出关于中国文化的新见解。对于这种看

---

① 梅光迪：《现今西洋人文主义》，《学衡》1922年第8期。

② 梅光迪：《评〈白璧德：人和师〉》，载《梅光迪文录》，辽宁教育出版社2001年版，第229页。

③ ［美］白璧德：《白璧德中西人文教育谈》，吴宓附识，胡先骕译，《学衡》1922年第3期。

④ 吴宓：《空轩诗话》（节选），载《会通派如是说：吴宓集》，上海文艺出版社1998年版，第338页。

⑤ 高玉：《论学衡派作为理性保守主义的现代品格》，《天津社会科学》2001年第2期。

法，乐黛云表示反对。她认为，学衡派的思想实际上发端于1915年由汤用彤和吴宓在清华学校成立的"天人学会"①。到了美国，他们在白璧德的学说中发现了和他们既有思想的相通之处，由此促使他们在求学于白璧德的过程中不断修正与发展自己的思想。因此，"并不是白璧德塑造了《学衡》诸人的思想，而是某些已初步形成的想法使他们主动选择了白璧德"②。其实，只要考察学衡派"昌明国粹，融化新知"的口号便不难解决上述两种观点之间的分歧。学衡派提出这一口号的直接目的是反对新文化运动中出现的抛弃传统、全盘西化的现象，主张在维持中国传统文化的基础上融合中西文化，从而创造现代新文化。仅从这一层面来看，"昌明国粹，融化新知"是他们文化观的集中表达。然而，从另一层面来看，这一口号也反映出他们学术思想的运思理路。学衡派虽然极为赞赏白璧德的新人文主义，但它毕竟作为西方文化的一部分而存在，对于学衡派来说，它们亦属于外来之物。因此，学衡派不可能在自己学术根基尚未确立的情况下就对一种西方的学说全盘接受，他们必定先在白璧德的思想中找到了与自己学术立场相契合的地方，然后才开始积极地接受并宣传这一学说。

第三节　学衡派论儒墨之异同

在坚守以孔子为中心的传统文化和吸收白璧德新人文主义的基础之上，学衡派对儒墨两家学说进行比较。虽然捍卫孔子在中国传统文化中的中心地位是学衡派成员共同承认的前提，但在儒墨比较的具体态度上，他们之间存在着极端与缓和的不同。柳诒徵、郭斌龢和陆懋德极力为孔子和儒学辩护，详细阐明孔子学说对社会和个人的作用，同时对墨家学说的不同方面给予严厉批评，这是极端的一派。孙德谦、陈柱、吴宓和张荫麟虽然承认孔子在中

---

① "天人学会"成立的背景是新文化运动初步兴起，激进主义开始在思想界崭露头角，其宗旨为"融合新旧，撷精立极，造成一种学说，以影响社会，改良群治"。（转引自孙尚扬《在启蒙与学术之间：重估〈学衡〉》，载《国故新知论——学衡派文化论著辑要》，中国广播电视出版社1995年版，第3页。）

② 乐黛云：《世界文化语境中的〈学衡〉派》，《陕西师范大学学报》（哲学社会科学版）2005年第3期。

国文化中的核心地位，但也没有否定墨学的价值，他们属于温和的一派。孙德谦和陈柱将墨学视为治病的良药，吴宓主张儒墨互补，张荫麟认为儒墨各有特点以及墨学对儒家思想的某些方面产生过影响。

一 极端派：崇儒抑墨

柳诒徵、郭斌龢、陆懋德三人或直接揭露墨学的弊端，或在比较儒墨的具体主张时尽可能地突出儒学之优和墨学之劣，其最终目的，是为了彰显孔子与儒家学说的意义和价值。

柳诒徵用"最专制""最尊君"等词语评价墨学，可谓一种极为严厉的批评。柳氏做出这一批评的着眼点是墨家的"尚同"说。在他看来，尚同与专制、君权有不可离散的渊源，在当今崇尚自由、平等与民主的时代环境下，必然没有尚同的容身之地。然而，现实的情况是，国人一方面高举民主的旗号，另一方面对具有专制性质的尚同学说不但不予排斥，反而大加提倡。对于国人的这一行为，柳诒徵批评道："视丹成素，但凭臆说，不知何以颠倒如此！"① 除了揭露尚同的专制性质，柳诒徵还为儒学在当时社会遭受的不公正待遇进行申诉。他说："至谓儒家归结于君权，于帝王驭民最为适合，则墨家尚同一义，何以不适合于君权？"② 柳氏以反问的方式将儒墨两家在当时社会所面临的截然不同的待遇描述出来，从中不难看出他对儒家立场的维护。除了尚同，柳诒徵对儒墨进行比较的第二个切入点是"时中"这一概念。柳诒徵认为，无论是道家的"无为而无不为"，还是儒家的"无可无不可"，都可以归属于时中的范围；而杨朱的"为我"和墨家的"兼爱"都是"抱定一种主义，不问何时，不问何地"③，这与时中的内涵完全不相符合。此外，柳诒徵还指出，儒墨之间的另一层区别在于，儒学崇尚包容，墨学则偏于极端。他说："孔子不执着，今人多执着；孔子不取极端，今人多趋极端。故以今人之心理，决不能了解孔子之境界。如今人喜谈墨子之学，即其一证。墨子之学，执着而不通，故

---

① 柳诒徵：《读墨微言》，《学衡》1922 年第 12 期。
② 柳诒徵：《论近人讲诸子之学者之失》，《学衡》1931 年第 73 期。
③ 柳诒徵：《评陆懋德〈周秦哲学史〉》，《学衡》1924 年第 29 期。

宜为今之喜趋极端者所欢迎。孔子不专抱一种主义，而于各种主义实无所不包，浅人恶能解之?"① 柳诒徵依据儒墨在当时社会所遭受的不同待遇来阐明两种学说各自的特性，墨家的主张过于执着和极端，因而更能迎合时人乐于走向极端的心理；儒家克服了执着、极端等弊端，更具包容性，反而不被时人所领会。柳诒徵的直接目的是批评时人狭隘的学术眼界，但同时明确指出了儒墨的优劣之分。总之，严格区分儒墨、批墨扬儒是柳诒徵学术思想中的一条主线，其中更不乏偏激的言论。对此，付洁认为，"柳文观点较为偏激，竭力维护儒家的正统地位，对墨学存在一定偏见，即使在学衡派内部，亦属于过度保守一派"②。

郭斌龢认为，儒墨的最大区别在于"儒家讲个人修养，而墨家不讲个人修养"③，仅通过这一点，便可清晰地获知儒墨两者的优劣高下。郭斌龢首先指出，人类行为的推动力不是感情，也不是理智，而是想象。作为我国传统文化的中心，儒家的长处就在于"善用想像，提示其理想中之人格"④。郭斌龢对儒墨两家都比较重视的一个概念——"仁"进行比较，由此突出儒家在个人修养方面的优势所在以及墨家学说的不足。郭斌龢认为，儒家的"仁"强调"自爱"，而不是"爱人"。这种"自爱"，可以理解为"有诸己，然后求诸人，无诸己，不以非诸人"，也可以理解为"治人必先修己，外王必先内圣"，其最终目的是塑造一个完美的理想人格。⑤ 墨家虽然也谈"仁"，却以"利"训"仁"。对墨家来说，"仁"的基本内涵是"兴天下之大利，除天下之大害"，而达到这一目的的手段只能是"兼相爱交相利"，即必须做到"视人之国，若视其国，视人之家，若视其家，视人之身，若视其身"。这种消除人我之区别的行为绝非人人可轻易做到，而是异常艰难。在这种情况下，只能诉诸统治者的赏罚手段、上天的意志以及尚同的理念所提供的外在保障。最终，这一追求"仁"的实践演变为一种神道设教，个人的道德修养更

① 柳诒徵：《孔学管见》，《国风半月刊（南京）》1932 年第 3 期。
② 付洁：《〈学衡〉与近代墨学研究》，《兰州大学学报》（社会科学版）2015 年第 1 期。
③ 郭斌龢：《读儒行》，《国风半月刊（南京）》1932 年第 3 期。
④ 郭斌龢：《读儒行》，《国风半月刊（南京）》1932 年第 3 期。
⑤ 郭斌龢：《读儒行》，《国风半月刊（南京）》1932 年第 3 期。

无从谈起了。经此比较，郭斌龢总结道："儒墨之分，乃精粗高下之分，而非仅仅职业流品之分也。"① 至此，孔子被郭斌龢视为中国历史上具有最伟大人格的人物，孔子教人如何成为君子，而他本人就是君子，或者说是"最高之理想人物"②。

陆懋德从尧舜相传的"执中"这一理念讲起，将其视为中国古代哲学的精髓。这种"执中"是培养国民不走极端之性情的重要手段。在先秦各派中，孔子的"中庸"之学即源于"执中"，而"中庸在孔学，为孔子之真精神，在中国为孔学之真势力"③。因此，中庸态度的养成必须以孔子的学说为效法的典范。对于墨家，陆懋德的总体评价为"古代哲学内墨家最为浅薄"④。他对墨家及其学说的批评主要包括三个方面。首先，陆懋德说："从墨子之教，则不能免终身困于计算的生活。若从孔子之教，则胸中先养成大本，自然合义，不需计算的方法。"⑤ 这是对墨家过于注重实利的生活方式的批评；与墨家计较细节之利益的狭隘眼光不同，儒家注重个人修养的态度更值得肯定。其次，与柳诒徵的观点相似，陆懋德同样对尚同学说的专制性质进行批评。陆懋德以董仲舒为儒家的代表，认为"罢黜百家，独尊儒术"的主张实际上由继承墨家尚同之说而来，但两者受到了完全不同的待遇。对此，陆懋德说："此等主张阻碍社会进步甚大，近人在董子则非之，在墨子则不敢非，此实一偏之见。"⑥ 这一见解一方面揭示出尚同的专制性所造成的弊端，另一方面对时人偏向于墨学而盲目否定儒学的治学态度表示出强烈不满。最后，陆懋德重点论述了墨学自身存在的矛盾之处。他说："墨子既重利而又尚俭，既明鬼而又薄葬，既位天而又

---

① 郭斌龢：《读儒行》，《国风半月刊（南京）》1932年第3期。
② 郭斌龢：《孔子与亚里士多德》，《国风半月刊（南京）》1932年第3期。
③ 陆懋德：《周秦哲学史》，转引自柳诒徵《评陆懋德〈周秦哲学史〉》，《学衡》1924年第29期。
④ 陆懋德：《周秦哲学史》，转引自柳诒徵《评陆懋德〈周秦哲学史〉》，《学衡》1924年第29期。
⑤ 陆懋德：《周秦哲学史》，转引自柳诒徵《评陆懋德〈周秦哲学史〉》，《学衡》1924年第29期。
⑥ 陆懋德：《周秦哲学史》，转引自柳诒徵《评陆懋德〈周秦哲学史〉》，《学衡》1924年第29期。

非命，既尚贤而又尚同，此皆其自相矛盾之处。"① 基于此，对于王充指出的墨家的薄葬与明鬼存在矛盾的观点，陆懋德深表赞同。柳诒徵认为，陆懋德的以上言论作为对胡适"扬墨而非孔老"观点的集中反驳，可以说是"洞见症结"，但他对墨学并非一概抹杀，而是肯定其中的优点，即墨家的知识论部分。② 然而，总体而言，陆懋德对墨家的主体学说基本持否定态度，在儒墨的比较中致力于凸显儒家道德学说的内在价值。

二　缓和派：儒墨各有所用

与柳诒徵、郭斌龢、陆懋德严厉批评墨学的态度不同，有些学衡派成员对墨学的态度较为温和。陈柱和孙德谦虽然仍以儒学为本，但也承认墨学拯救时弊的作用。吴宓主张将儒墨二者结合起来以发挥更大的效用，张荫麟则直接指出儒学的不足之处。

《墨子·鲁问》篇云："国家昏乱，则语之尚贤、尚同；国家贫，则语之节用、节葬；国家憙音湛湎，则语之非乐、非命；国家淫僻无礼，则语之尊天、事鬼；国家务夺侵凌，即语之兼爱、非攻。"这是墨家依据不同国家的具体情形而提出的相应治理方案，也是墨家注重实行的重要体现。以此为据，陈柱认为，"当此人欲横流、争城争地之世，倘能以墨子之义告之，则亦救时之良药矣"③。陈柱的这一观点忽略了墨子与他本人所处时代环境的差异，而果断认为墨学在今日仍可在拯救时弊中起到一定作用。既然墨学还有用处，陈柱随即指出，我们必须以正确的态度对待它，既不能将墨子尊奉为圣人，也不能在缺乏详细考察的情况下就予以彻底的否定。

同样将墨学视为救时的良药，孙德谦的论述则比陈柱所言详细很多。孙德谦首先从"人之所以为人"的层面对孔学的价值做出肯定。在他看

① 陆懋德：《周秦哲学史》，转引自柳诒徵《评陆懋德〈周秦哲学史〉》，《学衡》1924 年第29 期。

② 陆懋德说："墨家知识论之详密如此，西洋古代，惟亚里士多德之说，可与抗衡。统观墨子之论理学，虽不及希腊论理学之完备，然其归纳法之主义，确远在英人倍根之前。"（陆懋德：《周秦哲学史》，转引自柳诒徵《评陆懋德〈周秦哲学史〉》，《学衡》1924 年第29 期。）

③ 陈柱：《〈定本墨子间诂补正〉自叙》，《学衡》1926 年第56 期。

来，人与禽兽的根本区别就在于人有所谓的"为人之道"，这是人的立身之本。孔学的全部精义可总结为"为人"二字。① 因此，坚持为人之道的关键即在于孔子的"为人"之论。孙德谦不仅将孔子学说的精髓予以简洁明了的揭示，还据此阐明孔子在中国文化中的核心地位。对于墨子的学说，孙德谦以《史记·孟子荀卿列传》中的"墨翟善守御，为节用"为基础，认为墨家主张息战和节用两种学说。然而，这两种学说并非墨家独创，在孔子那里同样可以找到类似的观点。孙德谦继而以《论语》中的"以不教民战"（《子路》）、"子之所慎战"（《述而》）来类比墨家的息战；以"礼与其奢也，宁俭"（《八佾》）来类比墨家的尚俭；以"节用而爱人"（《学而》）来类比墨家的兼爱。总之，孙德谦试图证明，墨家学说"孔教无不该之"。② 孔子在中国文化中处于核心地位，他的学说可以囊括墨学的全部内容，但这并非意味着墨学毫无价值可言。孙德谦以一组比喻形象地阐明墨学和儒学的关系。孙德谦的基本观点是："墨子学说，是为治病良药。孔教则经世常道，犹日用饮食之不可须臾离也。"③"治病良药"与"日用饮食"的根本区别在于，前者只是在生病的特殊情况下才被使用，后者则是维持生命存在的最低限度的需要。具体到儒墨两家的学说，孙德谦指出，墨家的尚贤、尚同等学说是墨者在目睹国家中出现的种种混乱状况之后才提出的解决措施，其目的是解救已经出现的危机；孔子的学说，并非出于一时的考虑，它是孔子为解决人生的根本问题而提出的，这就决定它必定产生永恒的价值。孙德谦不仅在适用的范围上区分儒墨学说，还对墨家的各项学说一一进行分析，并通过与儒家学说的比较来证明"孔子之无弊，而墨子自有末流之弊"④。孙德谦对儒墨两家学说的比较主要体现在如下几个方面（见表4-2）。

---

① 孙德谦说："孔子之教，一言以蔽之，曰'为人'。"（孙德谦：《答福田问墨学》，《学衡》1925年第39期。）
② 孙德谦：《答福田问墨学》，《学衡》1926年第56期。
③ 孙德谦：《答福田问墨学》，《学衡》1926年第56期。
④ 孙德谦：《再答福田问墨学（论儒墨异同）》，《学衡》1925年第39期。

表 4 - 2 孙德谦对儒墨具体学说的比较

墨家学说	墨子主张的特点	与孔子学说的比较
兼爱	不计亲疏	孔子无是也
非乐	足使天下乱	礼乐为急
节用	俭而不中于礼，节流者无开源之法，则亦贫之道也	
尚贤	浑称尚贤	不若孔子立等之为愈也
尚同	不婴之以和，则必为小人之同，是强人以从同，而不能和合驩欣	不若孔子之为说长矣
节葬	若不断之以礼，惟以薄葬为其道，其能如孔子之无弊乎	以礼为衡
非命	将使人徼幸行险，不复为君子之居易	乐天知命，乃可无忧
尊天事鬼	弃生人而奉事死者之鬼，有何益乎	以事人为先务

由上可知，孙德谦虽然没有彻底否定墨学的价值，承认它在现实社会中发挥着"治病良药"的效用，但与儒学相比，墨学的弊端是显而易见的。对孙德谦而言，指出墨学存在的弊端是一个方面，但他的根本目的是通过儒墨的比较来彰显儒学的完美无缺，他论证的最后落脚点是"孔子者万世师表，亦以行其学说，可万世无弊耳"[①]。

吴宓不仅认为"中国之文化，以孔教为中枢"[②]，还重点突出孔子的道德学说在塑造国民性中的关键作用，这两点足以使我们尊称孔子为"圣人"。孔子学说在中国文化中固然享有核心的地位，但吴宓并不主张唯孔学独尊，而认为要同时发挥佛教、耶教以及古希腊罗马文化的内在精蕴。只有在上述不同文化相互融会贯通的基础上，才能产生一种现代新文化。在中国传统文化的内部，除了以儒学为本，吴宓还强调墨学的辅助作用。他说："应以儒教之精神为主，以墨家为辅，合儒与墨，淬厉发扬，而革除道家之影响及习性，实为民族复兴之要务及指南针。"[③] 这一关于民族复兴的构想不仅透露出吴宓坚定的儒家立场，还反映出他所秉持的多元文化协调发展的文化观。

---

① 孙德谦：《再答福田问墨学（论儒墨异同）》，《学衡》1925 年第 39 期。
② 吴宓：《再论新文化运动（答邱昌渭君）》，《留美学生季报》第 8 卷，1921 年第 4 期。
③ 吴宓：《民族生命与文学》（续），《大公报·文学副刊》1931 年第 197 期。

　　张荫麟首先对孔子和墨翟在中国历史上的地位进行说明，他说："春秋时代最伟大的思想家是孔丘，战国时代最伟大的思想家是墨翟。孔子给春秋时代以光彩的结束，墨翟给战国时代以光彩的开端。"① 张荫麟以"最伟大"评价孔子和墨子，对二者的历史地位给予充分认可。孔、墨虽然都是历史上的伟大人物，但是"就学术和生活而论，孔、墨却是相反的两极。孔子是传统制度的拥护者，而墨子则是一种新社会秩序的追求者"②。也就是说，孔子和墨子，一个代表旧，一个代表新。具体而言，孔子的"旧"是指由传统"孝"观念所维系的父权至上和家族中心主义。在这种制度下，个人完全沦为父权和家族的工具，而不能享有独立的个性。对此，张荫麟批评道："父权中心或家族中心的道德，是无益而有损于国族的团结。"③ 这是儒家学说的一个明显缺憾。墨子的"新"是说墨子"拿理智的明灯向人世作彻底的探照，首先替人类的共同生活作合理的新规划"，这一新规划即围绕着"一切道德礼恪，一切社会制度，应当为的是什么"这一问题而展开。对此，墨子的回答是："一切道德礼俗，一切社会制度应当是为着'天下之大利'，而不是一小阶级，一国家的私利。"④ 墨子之说恰好可以补充孔子学说的不足。因此，作为两种相反的学说，孔墨各有其优缺点，它们在中国历史的发展中分别发挥着相应的作用。孔、墨虽相反，但并非相互隔绝，他们的思想中存在着相通之处。张荫麟认为，墨学虽然在汉代以后渐趋衰微，它的精华却为儒家吸收。其中最明显的一处，是儒家的"大同"理想。张荫麟认为儒家"大同"思想所在的《礼运》篇，实际上是"以墨家言为蓝本"⑤。经此阐发，张荫麟在儒墨两家之间建立起内在的关联。综上可见，张荫麟既没有过度渲染孔子与儒学的地位，也没有刻意批评墨子与墨学，而是努力地尝试"从客观与历史的

---

　　① 张荫麟：《中国史纲》，上海古籍出版社 1999 年版，第 117 页。
　　② 张荫麟：《中国史纲》，上海古籍出版社 1999 年版，第 117 页。
　　③ 张荫麟：《中国民族前途的两大障碍物》，《国闻周报》第 10 卷，1933 年第 26 期。
　　④ 张荫麟：《中国史纲》，上海古籍出版社 1999 年版，第 118 页。
　　⑤ 张荫麟：《中国史纲》，上海古籍出版社 1999 年版，第 121 页。伍非百也认为"大同"之说源于墨家，他说："今考《礼运》'大同'说，与其他儒家言不甚合，而与墨子书不但意义多符，即文句亦无甚远。"（参见伍非百《墨子大义述》，载《民国丛书》第 4 编，上海书店 1933 年版，第 200 页。）

角度看待孔墨，避免非理性的倾向"①。

综上所述，学衡派虽然以阐明孔子和儒学在中国传统文化中的中心地位作为首要职责，但他们对墨学并非采取一概否定的态度。学衡派的成员中，柳诒徵、郭斌龢和陆懋德的观点比较偏激，他们一方面突出孔子和儒学在社会和个人发展中起到的积极作用，另一方面对墨学的专制性质或内在矛盾予以严厉的批评。孙德谦、陈柱、吴宓以及张荫麟的观点比较温和。孙德谦和陈柱分别以"日用饮食"和"治病良药"来形容儒墨的不同功能，这说明他们尚未摆脱儒为主、墨为辅或者儒为本、墨为末的学术立场。吴宓虽然仍以儒为主、墨为辅作为前提，但他毕竟提出了融合儒墨的主张，相比于孙德谦和陈柱的观点更深入了一步。张荫麟不仅认为儒墨两家的学说存在着内在的关联，还明确指出儒学的不足，从学衡派的内部来看，张荫麟的这一看法也属于新颖之见。

第四节 学衡派的"兼爱"诠释与儒墨比较

《孟子·滕文公下》云："杨氏为我，是无君也；墨氏兼爱，是无父也。无父无君，是禽兽也。"视兼爱为无父，又将无父等同于禽兽，这是孟子对墨家兼爱的严厉批评，也可以看作孟子在坚持孔子仁义之道的基础上而对儒墨所做的一种比较。孟子的辟墨言论在 20 世纪初期曾引起不少学者的关注。在对孟子辟墨言论的评价中，不同的学者表达了他们或赞同、或支持的态度，而这又进一步反映出他们在儒墨比较中所持立场的不同。柳诒徵一如既往地秉持儒为优、墨为劣的基本立场，对于孟子的辟墨行为，他不仅深表赞同，还从不同的层面论证墨家兼爱固有的问题。孙德谦和陈柱虽然赞同孟子对兼爱的批评，却将孟子批评的对象限定为墨家后学，这一做法既维护了孟子的儒家圣人形象，又为原初意义上的墨家学说争得了相应的话语权，这种见解与他们二人提出的儒为"日用饮食"、墨为"治病良药"的看法相符合。杨宽在儒家仁爱说的框架内对墨家的兼爱进行独特的解读，以此沟通儒墨两家学说。

---

① 郑师渠：《学衡派论诸子学》，《中州学刊》2001 年第 1 期。

一 儒墨难以调和：柳诒徵对墨家兼爱的批评

柳诒徵承认兼爱对孝道的重视，从这一点来看，兼爱与"无父"似乎没有任何关联。然而，柳诒徵还指出，由兼爱可以引申出"爱无差等"这一层含义，这将导致"爱人之父若己之父，而毫无差等，是人尽父也；人尽可父，尚何爱于己之父，父子之伦即不成立"① 的后果。更有甚者，自墨学复兴以来，国人沉迷于墨学的研究中不能自拔，对墨家兼爱等学说的执迷使他们抛弃父子、夫妇、兄弟等伦理道德，而固执地以为世界上只存在朋友这一种关系。这种行为只有禽兽才能做得出来。由此，柳诒徵认为，古代孟子所言是对今日社会混乱状况的准确描述，他对兼爱的批评"最为透辟"②。柳诒徵既然赞同孟子的辟墨言论，那么他对兼爱的弊端必然有清楚的认识。总体而言，柳诒徵对兼爱的批评主要包括以下三个层面。

（一）从天性与人情的角度看

柳诒徵指出："墨子之道，本自不能通行。自战国以来，墨学久绝者，初非举世数千年，若千万亿人皆为孟子所愚，实由墨子之说拂天性而悖人情，自有以致之耳。"③ 针对有学者将墨学中绝的原因归结于孟子的批评这种做法，柳诒徵表示强烈反对。他认为，墨学没有得到流传的原因只能在其自身中寻找，而不能归咎于孟子对兼爱的攻击这种外因。柳诒徵在分析之后得出的结论是：墨学既"拂天性"，又"悖人情"，两者共同导致了它在后世的废而不传。

从天性的角度看，柳诒徵认为"盖吾之老、吾之幼，以有天性之关系，故爱之出于自然；人之老、人之幼，以无天性之关系，故自然不能不生分别"④。天然的本性决定我们在自己与他人之间做出远近亲疏的区分，由此导致爱在实施的过程中必然表现出程度上的不同。依据本性而言，

---

① 柳诒徵：《读墨微言》，《学衡》1922 年第 12 期。
② 柳诒徵：《读墨微言》，《学衡》1922 年第 12 期。
③ 柳诒徵：《读墨微言》，《学衡》1922 年第 12 期。
④ 柳诒徵：《读墨微言》，《学衡》1922 年第 12 期。

"儒家立言，处处根据天性"，而墨家"其言似乎至仁至公，然实违反天性"。① 从人情的角度看，柳诒徵认为"视人之室，必不能若其室；视人之家，必不能若其家；视人之国，必不能若其国"②。这是以人之常情来质疑兼爱的可行性。从渊源上来看，人之常情由其天性所决定，兼爱的难以实行从根本上源于其对人性的违背。

（二）从极端与执中的角度看

在前文我们已经提到，柳诒徵以执中和极端来概括儒墨思想的基本特征。仁爱和兼爱，分别作为儒墨两家学说的一部分，自然与执中和极端这两个标签分别对应。柳诒徵认为，墨家兼爱说的言外之意是，天下只存在两种专门趋向于极端的人，即"一种兼爱者，必极端爱人；一种不兼爱者，必极端不爱人"③。这两种态度之间绝对没有调和的余地。然而，孟子所说的"逃墨必归于杨，逃杨必归于儒"则证明了这两种极端主义的行不通。柳诒徵指出，在这种情况下，我们必须以儒家的学说作为出路。与墨家非此即彼的处世态度完全不同，柳诒徵认为儒家"适处其中，区分辨析，措置适当，有为身之法，有为友之身之法，有为亲之法，有为友之亲之法，亦别亦兼，而绝不偏于别、偏于兼"④。儒家所论既克服了墨家偏于一端的狭隘思想，又为人己关系的处理提供了一条切实可行的道路。基于此，柳诒徵大力宣传儒家之道是"尽人可行""万世无弊"，对时人不但不重视儒家学说反而偏好极端之说的错误态度予以严厉批评。

（三）从动机与功利的角度看

柳诒徵认为墨家同样主张"孝"的道德，其观点看起来与儒家的并没有什么实质性的区别。但《墨子·兼爱》篇提到"吾先从事乎爱利人之亲，然后人报我以爱利吾亲也"，也就是说，我之所以选择去爱人、利人，是因为这样做同样使他人爱我、利我。以此推论，如果他人不爱我、利我，则我也不会去爱他、利他。对此，柳诒徵批评墨子的本意是"专为交

---

① 柳诒徵：《读墨微言》，《学衡》1922 年第 12 期。
② 柳诒徵：《读墨微言》，《学衡》1922 年第 12 期。
③ 柳诒徵：《读墨微言》，《学衡》1922 年第 12 期。
④ 柳诒徵：《读墨微言》，《学衡》1922 年第 12 期。

易起见"，它必然造成"人人以市道相交，必至真诚尽泯"的后果。柳诒徵认为，儒墨之间的最大区别就在于儒家强调动机，墨家追求功利，墨家的弊端即在于"墨说似近人情，而不知其凿丧天性，流弊不可胜言也"。①

以上柳诒徵分别从违背天性和人情、趋于极端以及忽略行为的动机三个方面对墨家的兼爱说予以全面的批评。可以说，柳诒徵对墨学的弊端进行披露的过程亦是对儒墨学说展开的比较研究，或者说对儒学优越性的彰显。通过上述三层论证可知，儒家学说既符合天性和人情，又注重行为的动机，而且不走极端，这些积极的因素促使柳诒徵最终选择以儒学作为个人和国家未来发展的出路，而果断放弃了墨学。

二　缓和儒墨对立：对孟子批评对象的界定与兼爱之内涵的诠释

孙德谦、陈柱、杨宽三人虽然都以缓和儒墨之间的紧张关系为出发点，但他们的解决思路有所不同。孙德谦和陈柱的观点基本一致，即承认兼爱原初意涵的价值，而将孟子的批评对象限定为墨家后学，这种处理方式既捍卫了他们一贯坚持的儒家立场，又给予了墨学适当的辩护。杨宽运用儒家的视角阐明兼爱的内涵，借此沟通儒墨两家学说。

（一）孙德谦和陈柱关于孟子批评对象的界定

孙德谦和陈柱对于兼爱的这种处理方式实际可以追溯至东汉时期的班固（32—92 年）。班固在《汉书·艺文志》中指出，墨家"养三老五更，是以兼爱"；"宗祀严父，是以右鬼"；"以孝视天下，是以上同"。② 在班固看来，墨家的兼爱、右（明）鬼以及上（尚）同等学说以维护家庭内部的血缘关系为核心，而这恰好是儒家一以贯之的基本立场。从这一点来看，儒墨两家学说得以沟通起来。班固虽然没有提及孟子对兼爱的批评，但我们很难想象孟子出于何种理由而攻击与儒家学说具有相同理论根基的墨家学说。也就是说，儒墨两家学说在历史上曾经存在相互对话与沟通的可能性。然而，兼爱学说在经过墨家后学的相继阐发之后，逐渐脱离了其原初意涵，儒墨之间的"和谐"关系亦随之瓦解。对此，班固说："及蔽

---

① 柳诒徵：《读墨微言》，《学衡》1922 年第 12 期。
② 班固：《汉书》卷 30，《艺文志》第十，中华书局 1962 年版，第 1738 页。

者为之，见俭之利，因以非礼，推兼爱之意，而不知别亲疏。"① 墨家后学不仅对儒家的礼乐之教予以否定，还将兼爱诠释为一种忽略亲疏关系的学说，这就在内涵上远远偏离了兼爱的本意。班固的这一观点被唐代的韩愈（768—824 年）所继承，他说："辩生于末学，各务售其师之说，非二师之道本然也。"② 在班固和韩愈二者思想的基础之上，孙德谦和陈柱继续对这一观点进行阐发，他们的论述更加深入和具体。

孙德谦说："夫人而不欲表章墨子则已，如欲表章墨子，吾谓当取墨子之兼爱，阐明其义。"③ 也就是说，兼爱是我们了解墨子其人以及把握其学说的重要突破口。然而，孟子对兼爱的批评在很大程度上模糊了后人的视线，使他们不能清晰地认识兼爱的本真意涵。对此，孙德谦认为，我们要准确判断出孟子的批评对象，将原初意义上的兼爱与墨家后学所曲解了的兼爱严格区别开来，如此才能使墨学的价值得以重新彰显。孙德谦的解决思路如下：他首先为自己提出一个问题："兼爱之义，墨子方且教人之孝于其父矣。教子以孝，岂不与孟子无父之说，大相反乎？"④ 孙德谦坚信兼爱的本意是教人以孝道，而孟子却斥其为"无父"，这一情形实在让人费解。经过了一番琢磨之后，孙德谦在《孟子》的两处文本中找到了答案。《孟子·滕文公下》云"墨氏兼爱，是无父也"，《尽心下》云"墨子兼爱，摩顶放踵，利天下为之"。孙德谦的关注点即在两处文本中的"墨氏"和"墨子"，前者的"氏"主要针对墨家的末流而言，兼爱经过他们的不当阐发最终陷入"无父"的危险境地之中；后者的"子"则是一种尊称，它实际上反映了孟子对墨子"利天下"伟大牺牲精神的赞赏之情。孙德谦认为墨子提出兼爱本是为了解决子不孝父的问题，这一初衷与孔孟的观点如出一辙，而墨子本人又具备甘为天下人做出牺牲的伟大精神，这两点共同促使孟子对墨子其人表示出极大的赞扬之情。由此，孙德谦坚持在原初意义上的兼爱和墨家后学的兼爱之间进行明确的区分，并再次指明："孟子之于墨学，若不明其为末流之失，不仅墨子沈冤千古，无以昭

---

① 班固：《汉书》卷30，《艺文志》第十，中华书局1962年版，第1738页。
② 韩愈：《读墨子》，载《墨子大全》第2册，北京图书馆出版社2004年版，第4页。
③ 孙德谦：《释〈墨经〉"说""辩"义》，《学衡》1924年第25期。
④ 孙德谦：《释〈墨经〉"说""辩"义》，《学衡》1924年第25期。

白，亦岂孟子所乐出此？"① 这一论断既肯定了墨子在历史上的地位，又维护了孟子作为儒家圣人的形象。

　　陈柱同样主张对孟子的批评对象进行界定，但他的论证思路与孙德谦的有所不同。陈柱提出了两组概念：心与情、学与势。他说："墨子之心，未尝不孝其亲；墨子之情，未尝不爱其亲。"② 这是说墨子提出兼爱的本意是教人以孝。然而，陈柱继续指出："以墨子之学，求遂墨子之孝，则其势必不可得。"③ 可以推知，这里的"学"应当指墨子以后的墨者，而"势"则针对兼爱经墨家后学阐发之后的发展趋势而言。实际的情形是，兼爱经过"墨子之学"之手而逐渐走向丧失孝道之"势"。墨子的"心"与"情"原本是教人"爱途之人如爱其亲"，而墨子的"学"与"势"反而诱导人"视其亲如途之人"，这正是兼爱招致后世诟病的主要原因。相比之下，儒家以亲疏等差为核心的学说则"易行而鲜敝"。陈柱进一步指出，兼爱之"势"除了造成人不孝敬其亲的后果之外，还伴随着过分重视实利的弊端。重利的后果是："死者既不足悲，则生者又安足事？"生者与死者的事务全部无暇顾及，一切活动的根本目的只归结于一条，即"唯爱其身"。据此，陈柱认为，兼爱演变的后果远不止"无父"这么简单，它甚至成为造成一种自私社会的根源。就此来看，孟子对兼爱的批评一点都不过分，它是孟子"惧墨学之末流，其势将为天下祸，故不得不辞而辟之"。④ 从这里可以看出陈柱对孟子的远见卓识和勇于担当精神的赞赏之情。

　　（二）杨宽对"兼爱"的解读：沟通儒墨

　　杨宽说："墨学之中心，是在兼爱。"⑤ 对于兼爱的具体实施方法，杨宽以《墨子·修身》篇的"是故置本不安者，无务求末。近者不亲，无务求远。亲戚不附，无务外交"为依据表达自己的见解。杨宽认为，这一论述可充分表明墨家在施行兼爱时遵循一种由近及远的推扩原则。他继而以

----

① 孙德谦：《释〈墨经〉"说""辩"义》，《学衡》1924年第25期。
② 陈柱：《〈定本墨子间诂补正〉自叙》，《学衡》1926年第56期。
③ 陈柱：《〈定本墨子间诂补正〉自叙》，《学衡》1926年第56期。
④ 陈柱：《〈定本墨子间诂补正〉自叙》，《学衡》1926年第56期。
⑤ 杨宽：《墨学分期研究》，《学衡》1933年第79期。

儒家的"老吾老以及人之老""幼吾幼以及人之幼"为参照，证明墨家的兼爱也必须以亲爱"近者""亲戚"作为起点，然后才能逐步地实现"兼天下之人而爱之"，这与墨者夷之所言"爱无差等，施由亲始"相契合。杨宽没有以《兼爱》三篇文本作为依据对兼爱的内涵进行阐发，而是选择了归属尚存争议的《修身》篇。① 由分析可知，杨宽在论证的过程中"试图将墨子纳入儒家三纲五常的框架中"，而"这种将墨家视为儒家的附属品的做法，显然抹杀了墨家的独特性所在"。② 经过杨宽的解读，儒墨之间具有了相互沟通的可能，但这也在很大程度上遮蔽了兼爱的本真意涵。除了以儒解墨这种不合理的研究思路，杨宽对兼爱的误读还体现在其他细节中。比如，他将墨家的"仁"和"义"分别解释为"仁者，兼爱他人也，不必以酬报为鹄"；"义者，兼利他人也，亦不必以酬报为鹄"。这种解释将兼爱建立于个体的道德责任之上，从而与现实的目的划清了界限。杨宽因此得出如下结论："爱人者，非为用人；利人者，不必用人。若爱在为用，利在必用，则天下之争乱起矣。故无论有用与否，皆当爱利之。"③ 然而，由《兼爱》文本不难获知，墨子明确主张"吾先从事乎爱利人之亲，然后人报我以爱利吾亲"，即通过爱利他人的方式而使自身获利。墨子的所作所为明显属于"爱在为用""利在必用"，既然如此，杨宽怎能说墨子的仁和义"不必以酬报为鹄"呢？再者，《兼爱》篇还提到："用而不可，虽我亦将非之。且焉有善而不可用者？"由此可见，墨子不仅强调兼爱的效用，还将这种效用视为判断其学说是否具有可行性的唯一标准。杨宽的解读完全偏离了《墨子》的根本宗旨，这是我们在探讨其学术观点时需要特别注意的地方。

综上所述，学衡派对兼爱的诠释为我们把握其儒墨比较思想提供了一个很好的突破口。柳诒徵分别从三个层面对兼爱进行批评，从其对兼爱所

---

① 比如，梁启超认为《亲士》《修身》和《所染》三篇"非墨家言，纯出伪托"。（参见梁启超《墨子学案》，载《饮冰室合集·专集之三十九》，中华书局 1989 年版，第 6 页。）胡适认为《亲士》和《修身》两篇"同是假书，内中说的全是儒家的常谈，哪有一句墨家的话"。（参见胡适《中国古代哲学史》，载《胡适文集》第 6 册，北京大学出版社 2013 年版，第 230 页。）

② 付洁：《〈学衡〉与近代墨学研究》，《兰州大学学报》（社会科学版）2015 年第 1 期。

③ 杨宽：《墨学分期研究》，《学衡》1933 年第 79 期。

持的极不容忍的态度中可真切感受到他对孟子辟墨言论的赞同，而这归根结底反映出他坚定的儒家立场。孙德谦和陈柱继承孟子的观点，这一点与柳诒徵没有实质性的区别。然而，他们没有采取柳诒徵那种极端的态度，而是对孟子的批评对象予以界定，将兼爱的弊端归咎于墨家后学，从而对原始墨家的历史地位给予了某种程度的认可。虽然立足于儒家的立场未曾动摇，孙德谦和陈柱缓和儒墨对立以及为墨学辩护的做法却值得我们肯定。杨宽沟通儒墨的尝试既新颖又大胆，但同时存在忽略《墨子》文本、过度诠释的缺憾。总之，学衡派成员的兼爱诠释虽然在表述的方式和程度上有所区别，但基本没有越出以孔子为中心的传统文化的框架。

第五节　学衡派论《墨子》要旨及其对中西比附研究思路的批评

　　墨学在20世纪初期得以复兴的一个主要原因，是它与西方文化的相通性。在中西文化交流与碰撞、"西学东渐"思潮日渐高涨的情形之下，墨学成为时人沟通中西、建设现代新文化的首要选择。其中，《墨经》部分因包含丰富的逻辑和科技方面的知识，更加容易与西学建立紧密的联系，这就促使当时学者把精力集中投入到这一部分。在对《墨经》的研究中，为了证明西方的现代文化确实曾经存在于我国的古代文化中，有些学者甚至采用了牵强比附的方式。除了《墨经》，墨家"十论"虽然不是学者的关注热点，但在为数不多的研究中，将墨学比附于西学的做法仍屡有出现。对墨学研究中出现的这种牵强比附的态度，学衡派直接予以否定。他们认为，《墨子》的宗旨是以尚贤、兼爱等学说为代表的"十论"部分，而不是《墨经》，我们应该重点关注前者，而不是属于墨家别派的后者。关于墨学和西学的比附研究，完全出于追逐当时社会风尚的需要，它必然导致墨学的本旨被忽略，墨学的价值最终无法得以彰显。

一　20世纪初期墨学研究的主流方向

　　回顾学衡派所处的时代背景，从事于墨学研究的人物虽然纷繁复杂，但主流的研究方向无外乎两个：一是以《墨经》中的科技和逻辑作为研究的重点；二是采取以墨学比附西学的研究思路，这一方向又可包括将墨家学说直接等同于西学和运用西方的研究视角来处理墨学两个方面。梁启超与新文化阵营的胡适、吴虞等人在各自的墨学研究中均表现出了这种思想倾向。

（一）《墨经》引发的研究热潮

虽然 20 世纪初期的不少学者对《墨经》做过研究，但用力较深且成果颇为丰富的当数梁启超。梁启超对《墨经》的关注前后持续二十余年，他在前期著有《墨子之论理学》，后期则有《墨经校释》。从梁启超的研究思路来看，他不仅运用传统的训诂学方法对《墨经》文本进行详细的校释，还在西学大量涌入中国的情况下深入挖掘《墨经》与西方文化的相通之处。梁启超认为，《墨子》一书之所以具备"盛水不漏""纲领条目相一贯"以及"无或牴牾"等优点，主要缘于墨家严谨的逻辑思维（即论理学）。因此，"今欲论墨子全体之学说，不可不先识其所根据之论理学"①。既然论理学是认识墨子全部学说的突破口，梁启超自然以此作为研究的出发点，而且投入了较多的精力。梁启超首先将墨子论理学中的"名""辞""说""实意故""类""或""假""效""譬""侔""援""推"等概念分别与西方逻辑学中的术语相对应，从而得出墨子论理学所采用的格式"与今世之论理家言颇有合者也"② 的结论。除了指出《墨经》的逻辑与西方逻辑具有相似之处外，梁启超还认为《墨经》包含丰富的科学思想，它们不仅"与今世所谓科学精神相悬契"③，其中与数学、形学、光学以及力学有关的知识亦可以与西方现代的科学技术相媲美。

基于对《墨经》的深入探讨，梁启超信心满满地说："盖最近数年间，《墨经》诸篇为研究墨学之中心，附庸蔚成大国，不久恐此诸篇将发挥无余蕴，墨学全部复活了。"④ 梁启超此说虽含有夸张的成分，但基本描绘出

---

① 梁启超：《子墨子学说》附《墨子之论理学》，载《饮冰室合集·专集之三十七》，中华书局1989 年版，第 56 页。

② 梁启超：《子墨子学说》附《墨子之论理学》，载《饮冰室合集·专集之三十七》，中华书局1989 年版，第 62 页。

③ 梁启超：《墨经校释》，《饮冰室合集·专集之三十八》，中华书局 1989 年版，第 1 页。

④ 梁启超：《中国近三百年学术史》，载《饮冰室合集·专集之七十五》，中华书局 1989 年版，第 231 页。

20世纪初期墨学研究的基本态势。他本人不仅是这一趋势的积极践行者，其研究也在很大程度上开启了时人对《墨经》的研究兴趣。

（二）墨学与西学的比附研究

在《墨经》研究中，已有学者将墨家的逻辑和科技部分与西方文化相比附。除此之外，在对墨家以"十论"为核心的学说进行阐发时，这种比附式的研究思路更为常见。

梁启超按照宗教、实利、兼爱、政术以及社会组织等内容分别对墨学的各个方面进行阐发，其中涉及的墨学和西学的比较包括如下内容：（1）墨子的"天"与基督教的 God 同样具有"无所不在""无所不知""无所不能"的特性；（2）墨子的实利主义与英国边沁的功利主义相似；（3）墨子的兼爱与基督教的博爱同属于"平等无差别之爱"；（4）墨子的政术与西方的民约论相通；（5）墨家以"钜子"为中心的社会组织模式与西方的教会政治极为类似。与梁启超的做法相类似，吴虞同样将墨学的不同方面与西方文化相比较。① 像梁启超和吴虞所做的这种比较，可能仅依据墨学与西学表面上的相似，而未能深入到各自学说的内部，由此导致他们的比附研究较为肤浅。

胡适对墨学的研究也采用了与西学的比较，但与梁启超和吴虞不同的是，他没有将墨家的具体学说与西方学说一一比附，而是采用西方的科学方法对墨学进行研究。受杜威实证主义哲学的影响，胡适尤为致力于儒墨两家哲学方法的研究。他将墨家对"为什么"的追问视为一种"应用主义"或"实利主义"，认为它是墨学优于儒学的关键之处。墨家的应用主义强调经验的作用，以经验作为检验任何理论的唯一标准，胡适由此将它看作科学的根本。可以说，胡适的中西比附研究视角使他完全局限于墨学的狭小范围之内，而不能从墨学自身出发来对其进行研究。与此同时，偏于西方的思路也使他逐渐脱离中国传统思维方式的路向，从而无法认识到儒学思想中的合理成分。

西学的涌入刺激了墨学的复兴，引入西学的现实需要又引发了墨学与西学的比附研究。在这一研究热潮中，《墨经》受到了前所未有的重视，

---

① 吴虞：《辨孟子辟杨墨之非》，载《吴虞集》，中华书局 2013 年版，第 358 页。

而作为墨家宗旨的"十论"却得不到应有的关注。墨学与西学的比附研究也使时人忽略了墨学的深层内涵，仅仅局限于表面的牵强比附。所有这些研究现状，都是学衡派重点批评的对象。

二　学衡派对主流墨学研究方向的批评

针对梁启超、胡适等人偏重于《墨经》研究以及在阐发墨学的过程中将墨学与西学进行比附研究的不合理做法，学衡派的孙德谦和陆懋德分别做出了详细的批评。

（一）孙德谦对《墨子》要旨的阐发

孙德谦首先阐明读古书时必须坚持的一项基本原则，即"读古人书，当求其宗旨所在，不求宗旨所在，则其真意无以见"[1]。对于《墨子》一书的宗旨，孙德谦既主张"若然《墨子》全书，尚贤诸说，实为其宗旨所在"[2]，又指出"夫墨子宗旨，在其兼爱诸学说"[3]。他认为，《尚贤》以下各篇都是围绕《墨子》一书的宗旨而做的具体阐发。由此可推知，孙德谦强调的墨学宗旨应当指尚贤、兼爱等构成的"十论"部分。对于备受时人关注的《墨经》部分，孙德谦将其排除在《墨子》的宗旨之外，认为它属于名家或墨学别派的范围之内。《墨子》的宗旨既已明确，中国学者的研究理应以此作为出发点。然而，现实的情形却是"乃近之治墨子者，于墨子宗旨，一切尚贤尚同，皆所不讲，而喜谈《墨经》"[4]。孙德谦认为，《墨经》既然属于名家之术，我们便应该以名家的方法对其展开研究，目前的紧要任务是对《墨子》的宗旨进行深入的探讨，而不是将精力花费在处于次要地位的《墨经》上。可以说，孙德谦对《墨子》要旨的宣传旨在纠正中国学者舍本逐末的治墨态度。

除了对当时学者忽略墨学宗旨而一味执着于《墨经》研究的做法进行批评之外，学衡派对他们处理《墨经》的方式也予以深入考察，认为这其中同样存在着严重的问题，即将墨学比附于西学。比如，针对有人宣称在

---

① 孙德谦：《答福田问墨学》，《学衡》1926 年第 56 期。
② 孙德谦：《释〈墨经〉"说""辩"义》，《学衡》1924 年第 25 期。
③ 孙德谦：《答福田问墨学》，《学衡》1926 年第 56 期。
④ 孙德谦：《释〈墨经〉"说""辩"义》，《学衡》1924 年第 25 期。

《墨经》中可以找到与西方现代科学相类似的光学、形学等知识的现象，孙德谦反驳道："然形光诸学，近世乃闻，墨子远在战国，岂已预知之乎？"① 他认为，世人每碰见新鲜的学说，总喜欢在前人那里寻找依据，这种心理促使他们试图在墨学与西方文明之间建立某种关联。针对某些学者在没有详细考察墨家的兼爱、尚贤等学说的情况下便果断宣称"墨子民治，有社会主义"的做法，孙德谦予以驳斥道："其实墨子颇尊君者也。"② 对于以上诸种做法，孙德谦总结为："故今之为墨学者，是虽用心研究，竭力提倡，无他故也，趋一时之风尚，出于附会而已矣。"③ 西方文明的刺激鼓动国人竭尽全力去挖掘墨学与西学的相似点，为了达到这一目的，将墨学牵强比附于西学的做法自然随之产生。对此，孙德谦予以强烈谴责。在他看来，墨学附会于西学的做法只是建立在两者表面上的相似，而没有牢固的立论根基，这就使他们的观点极富变动性，先前得出的结论很容易随时局的变迁而发生改变，而要在这种变动中使墨学在现实社会发挥出既定的效果，自然成为不可能的事。④ 基于这一考虑，孙德谦号召中国学者在研治墨学的过程中既要"探其立言之旨"，又要避免附会的做法，如此才能实现墨学"由我而发明"的理想目标。

（二）陆懋德对胡适以西学视角判定儒墨之高下的批评

陆懋德的初步批评没有指明特定的对象，只是对时人通过拆取《墨子》中的文句来比附西方三段论的做法予以笼统的批评。他认为，如果采用这种手段，那么在任意一本古书中均可以找到与西学相通的内容，因为这完全取决于主观的随意解读。⑤ 除此之外，陆懋德重点批评了胡适的墨学研究方法。胡适在《中国哲学史大纲》中详细探讨了儒墨两家哲学方法的不同，认为儒家关注的是"什么"，墨家则关注"怎样"，由此造成

---

① 孙德谦：《释〈墨经〉"说""辩"义》，《学衡》1924 年第 25 期。

② 孙德谦：《答福田问墨学》，《学衡》1926 年第 56 期。

③ 孙德谦：《答福田问墨学》，《学衡》1926 年第 56 期。

④ 孙德谦说："墨子兼爱，今人则失之自私自利；墨子节用节葬，今人则浮侈相胜，至于丧葬之事往往穷极豪华。在学者则但知附会，非真能发挥墨学，人民则适与其学说相反，犹得谓有影响乎！"（孙德谦：《答福田问墨学》，《学衡》1926 年第 56 期。）

⑤ 参见陆懋德《周秦哲学史》，转引自柳诒徵《评陆懋德〈周秦哲学史〉》，《学衡》1924 年第 29 期。

"强调终极理想和第一原理"与"强调中间步骤和结果"的区别与对立。胡适将墨家的方法称为"应用主义"或"实利主义"，并给予充分的肯定。陆懋德认为，胡适区别儒墨以及视墨学为优的做法明显受到西方功利主义的影响。对于功利主义，陆懋德指出："英国哲学家所谓功者，有目前之功，有万世之功；所谓利者，有物质之利，有精神之利。无奈青年学子一闻功利之说，即只顾目前之功，只逐物质之利。"① 也就是说，中国学者的最大问题，是在对西方学说缺乏透彻了解的情况下便将西方的一套学说或方法搬来直接就用，将中国古代的思想学说生硬地套在其框架之内予以解读。这种做法看似采用西方先进的哲学方法，实际上只停留于中西之间的牵强附会。胡适在研究中使用的"实利主义"和"应用主义"等不同表达，其实都源于对西方功利主义的一知半解。如此一来，胡适对儒墨所做的区分就失去了意义。陆懋德虽然以胡适作为批判的靶子，但他的根本目的是对当时社会以墨学比附西学的研究风气做一彻底的否定。

由上述孙德谦和陆懋德的观点可知，新文化阵营墨学研究中存在的最大问题是以墨学比附西学。对于造成这一问题的原因，又可以从两个方面来考察。其一，正如孙德谦所指出，新文化阵营的学者不关注作为墨学宗旨的尚贤、兼爱等学说，而是执迷于《墨经》的研究，甚至在研究尚未深入的情况下便将其中的逻辑和科技成分等同于西方文明。由此可见，新文化阵营在墨学研究的广度和深度上均存在着严重的不足，这就导致他们的墨学研究只能追逐于一时的学术风尚，停留于表面的附会。其二，陆懋德在批评胡适的过程中已指出，新文化阵营喜好从西方世界引入一套崭新的理论和方法，以此作为墨学研究的基本框架，但是他们远远低估了西方学说的复杂性。比起拿来就用，中国学者应该首先对西方的学说形成一个准确而全面的认识，然后才能谈及它的运用。新文化阵营并没有意识到这一点，他们不仅没有在学习西方文明的过程中受益，反而在尝试将其运用于墨学研究的过程中出现了思维混乱的局面。总之，新文化阵营以墨学比附西学的做法反映出他们对中国传统文化与西方外来文化认识上的不足，学衡派"昌明国粹，融化新知"的宗旨正是针对这一困境而提出的解决之道。

---

① 陆懋德：《中国今日之思想界》，《清华周刊》第 24 卷，1925 年第 2 期。

第六节 学衡派儒墨比较思想之评价

通过已上论述可见，在柳诒徵、郭斌龢等学者眼中，墨学基本上处于劣势。但与其说他们否定墨学，不如将其视为学衡派突出孔子与儒学中心地位而不得不采取的论证思路。孙德谦、陈柱、张荫麟等学者在儒墨的比较中都不同程度地表示出对墨学的肯定，这也可说明，学衡派的根本目的不在于彻底推翻墨学。其实，肯定和宣扬儒学与否定和贬低墨学之间没有必然的关联。新文化阵营作为20世纪初期墨学研究热潮的主力，其面临的一个紧迫的现实问题是如何在西方文明涌入的情况下协调好中西文化的关系。从对外的层面来看，他们首先要处理墨学与西学的关系；从对内的层面来看，他们则要处理墨学与儒学的关系。在学衡派看来，新文化阵营在以上两组关系的处理中分别存在各自的问题，他们的主要任务就是纠正新文化阵营的错误观点。依据这一思路，墨学只是学衡派与新文化阵营相抗衡的一个切入点，或者说是他们批评新文化阵营文化观的手段，而非目的。在批评新文化阵营文化观的基础上，学衡派提出以"昌明国粹，融化新知"为宗旨的中西文化观。学衡派同样不反对引入西方外来文化，但他们尤为强调西方文化与中国传统文化的相融相通，即必须立足于以孔子为中心的传统文化，而后才能谈及中西文化的融合。与新文化阵营一味引入西学而忽略传统的做法相比，学衡派对本民族文化的认同感着实显得更加牢固。然而，在对孔子和儒学进行阐发的过程中，学衡派的论述不免有夸张的成分，这与他们"中正之眼光"的治学原则相违背。

一 学衡派对墨学的批评：手段而非目的

有学者依据新文化阵营推崇墨学、学衡派则是新文化阵营的对立面而果断认为，学衡派对墨学持批评态度。然而，通过对学衡派成员学术思想的分析与考察可知，学衡派与新文化阵营的根本分歧不在赞同或否定墨学上，而在中西文化关系的处理上。新文化阵营以墨学为基础，表达出对西方文化的热情，由此造成他们与传统文化的疏离。学衡派的任务是揭露新文化阵营的不足并予以纠正，但他们没有开拓一条新的研究路径，而是从双方都比较熟知的墨学出发。在学衡派成员的论著中，我们能在多处看到他们对墨学的认同。

由前文可知，无论是对儒墨两家学说进行直接的比较，还是对墨家兼爱的内涵和效用予以阐发，柳诒徵的态度都比较极端，即尽力突出墨学的弊端而彰显儒学的优点。然而，以上论述可以视为他捍卫儒学立场时不得不采取的方式，其本意并非要彻底否定墨学。比如，在批评近代以来西方帝国主义国家的侵略行径时，柳诒徵指出，西方人的错误"在以国家与个人不同，日逞弱肉强食之谋，而墨子则早及之"①，这是对墨子非攻思想所产生的长远意义的肯定。陆懋德一方面毫不留情地指出"古代哲学内墨家最为浅薄"，另一方面又对墨家丰富的知识论予以肯定。他不仅认为墨家的知识论只有亚里士多德可以与之匹敌，还将墨家的归纳法置于培根的科学方法之上。孙德谦和陈柱将墨学比喻为治病良药就是对墨学拯救时弊之作用的肯定，而他们将兼爱的"无父"弊端归咎于墨家后学同样是对墨学原始精义的认同。孙德谦甚至说："余固愿表彰墨子者也。"② 可见，墨学并不是学衡派的批判对象，只是坚定的儒家立场决定他们在儒墨的比较中更加偏向于儒学，甚至通过贬低墨学来突出儒学的价值。

二　学衡派对新文化运动的批评

新文化阵营在以墨学为媒介沟通中西文化的过程中，必然要面对如何引进西方文化以及如何处理以孔子和儒学为中心的传统文化的问题。在学衡派看来，新文化阵营在没有充分了解西方文化的情况下就试图将其引入，这只能称得上一种片面的学习，而不能挖掘西学的真正价值。再者，任何外来文化的吸收与借鉴都必须以我国固有的文化为前提，即在中西融合的基础上才能造就现代新文化。学衡派并不排斥新文化，在这一点上，他们与新文化阵营持论相同。但学衡派紧紧立足于以孔子为中心的传统文化，以此作为中西文化相融合的基点。基于此，学衡派对新文化阵营批判甚至忽视传统的做法予以强硬回击。

---

① 柳诒徵：《中国文化史》，转引自郑师渠《学衡派论诸子学》，《中州学刊》2001 年第 1 期。
② 孙德谦：《再答福田问墨学（论儒墨异同）》，《学衡》1925 年第 39 期。

（一）对待西方文化的态度

学衡派认为，我们应该重点学习作为西方文化源头的古希腊文化，因为它们与中国传统文化的关系更加密切，所以他们在《学衡》杂志上翻译了大量与古希腊文化有关的著作，特别是柏拉图的相关论著。新文化阵营的关注点在西方近现代文化，尤其是培根的科学主义和以边沁等人为代表的功利主义等。除了关注的对象有所不同，学衡派和新文化阵营吸收西方文化的方式也大有不同，这也是学衡派批评新文化阵营的一个重要方面。

吴宓认为，在输入欧美现代文化以建设新文化的时代潮流中，新文化阵营的主张颇具代表性，但他们的学说"不可不审查""不可不辩正"。在经过仔细的"审查"和"辩正"之后，吴宓将新文化阵营的不足总结为："彼新文化运动之所主张，实专取一家之邪说，于西洋之文化，未示其涯略，未取其精髓，万不足代表西洋文化全体之真相。"① 从研究的广度上来看，新文化阵营只局限于一家一派之学说，而未能扩展到整个西方文化；从研究的深度上来看，新文化阵营只停留于各派学说的表层，而未能深入到其内在的精蕴。新文化阵营虽然打着学习与借鉴西方文化的旗号，却根本没有触及西方文化的真相。与吴宓相比，梅光迪的批评更加严厉，他说："今日吾国所谓学者，徒以剽袭贩卖为能，略涉外国时行书报，于其一学之名著及各派之实在价值，皆未之深究，即为枝枝节节偏隘不全之介绍。甚或道听途说，毫无主张，如无舵之舟，一任风涛之飘荡然。故一学说之来，不问其是非真伪，只问其趋时与否。"② 梅氏此论将新文化阵营的不足概括为两点：其一，只对西方的论著和学说做粗略的涉猎，在一知半解的情况下即妄图将其引入中国；其二，没有明确的立场，不考察学说的是非真伪，一味随波逐流。正是由于以上弊端，梅光迪将打着"新文化运动"口号的一类人称为"诡辩家""模仿家""功名之士"和"政客"。③

据学衡派所言，吸取西方文化与坚守本民族文化是建设新文化的一体两

---

① 吴宓：《论新文化运动》，《学衡》1922年第4期。
② 梅光迪：《论今日吾国学术界之需要》，《学衡》1922年第4期。
③ 梅光迪：《评提倡新文化者》，《学衡》1922年第1期。

面。只有充分了解我国传统文化，才能明确我们已具备的优势以及所要弥补的不足，从而真正有所需地去面对西方文化；而只有全面学习了西方文化，我们才能辨别出其中确实有益于中国文化发展的成分，继而予以吸收。对此，梅光迪说："故改造固有文化，与吸取他人文化，皆须先有彻底研究，加以至明确之评判，副以至精当之手续。"① 然而，现实的情形是"今新文化运动，于中西文化所必当推为精华者，皆排斥而轻鄙之"②。学衡派的主要任务之一就是批评新文化阵营这种不加辨别、一味批判的中西文化观。

（二）对待传统文化的态度

学衡派将新文化阵营吸收西方文化过程中出现缺陷的部分原因归结于他们对自身传统文化的忽视。与新文化阵营的做法不同，学衡派主张中西文化二者均不可偏废，他们所强调的中国文化是以孔子为中心的传统文化。学衡派认为，新文化阵营在墨学复兴的热潮中一致主张"右墨而左孔"，这是对孔子和儒学的严重曲解，有违中国传统文化的实情。基于此，学衡派对新文化阵营的"反孔批儒"观点进行有力反驳。

学衡派将孔子置于中国文化的中心，重点论述了孔子的道德学说在人格修养中的作用。吴宓、梅光迪、柳诒徵、孙德谦、陆懋德、郭斌龢分别针对这一问题发表了相关论说：

> 且希腊三哲，偏于主知，孔子则知行并重，于中国人之国民性尤为适合。③
>
> 在吾国文化势力下所产生之人品，自当以孔子为极则矣。④
>
> 自知安身立命之法，以孔子之教为最善。⑤
>
> 孔教之要，在乎为人。无论中国、蛮貊，孰非是人，既是人类而非禽兽，欲明乎为人之道，不可不尊孔子之教。⑥

① 梅光迪：《评提倡新文化者》，《学衡》1922 年第 1 期。
② 吴宓：《再论新文化运动（答邱昌渭君）》，《留美学生季报》第 8 卷，1921 年第 4 期。
③ 吴宓：《论孔教之价值（未完）》，《国闻周报》第 3 卷，1926 年第 40 期。
④ 梅光迪：《孔子之风度》，《国风半月刊》1932 年第 3 期。
⑤ 柳诒徵：《孔学管见》，《国风半月刊（南京）》1932 年第 3 期。
⑥ 孙德谦：《答福田问墨学》，《学衡》1926 年第 56 期。

按"执中"为尧舜相传之学理，亦为吾国最精之哲学。孔子中庸之学即出于此，而四千年来国民不走极端之持性，亦即由此养成。①

吾国固有文化，以儒家学说为中心。而儒家学说中，尤以理想人格之提示，为最具体，最有实效。②

学衡派将国民性的塑造视为建设现代国家的关键，孔子的人格不仅是现代人效仿的典范，由其创立的一套道德学说还为后人提供了人之所以为人的道理。由此，学衡派积极维护孔子在中国文化中的核心地位，认为新文化运动的"反孔批儒"行为严重威胁到了孔子的地位，因而才不遗余力地对其进行强烈谴责。然而，本书上一章已专门针对新文化阵营的"抑儒"主张进行深入探讨，并且从中得出，新文化阵营所攻击的孔子是作为封建专制代言人的孔子，儒学是作为封建意识形态的儒学。特别是在康有为尊孔教为国教、张勋复辟帝制之时，新文化阵营的批判言论更加激烈。对于没有被封建专制熏染的孔子和儒学，新文化阵营非但没有予以批评，甚至公然承认其价值。比如，吴虞和钱玄同声称孔子是"当时之伟人"或"圣人"，胡适对孔子的道德学说表示赞同，陈独秀也承认儒学中的温、良、恭、俭、让、信、义、廉、耻等道德具有普遍的适用性。从这一点来考虑，学衡派与新文化阵营的主张基本一致。学衡派的问题在于，他们只看到新文化阵营"反孔批儒"的决绝态度，没有意识到他们所批评的只是封建礼教，"并未触及儒学的另一个层面，即仁所代表的道德理想和德性原则"，所以"这种不同的对传统和文化的取向造成了他们之间的错位论争"。③

三　由"昌明国粹，融化新知"看学衡派的中西文化观

学衡派虽然指出新文化阵营在中西文化关系的处理中存在不少问题，

---

① 陆懋德：《周秦哲学史》，转引自柳诒徵《评陆懋德〈周秦哲学史〉》，《学衡》1924年第29期。

② 郭斌龢：《读儒行》，《国风半月刊（南京）》1932年第3期。

③ 蒋书丽：《学衡派和新文化派的错位论争》，《人文杂志》2004年第6期。

但同时认为他们的主张"顺世界之潮流而不能抗也"①。也就是说，在建设现代新文化以追赶世界发展的潮流这一目标上，学衡派与新文化阵营的立场完全一致，二者"都是新文化的追求者，都是在为传统中国的发展寻求现代转机"②。然而，在中西文化关系的处理方式上，两者的意见出现了分歧。学衡派既批评新文化阵营对西方文化的片面了解，又对他们忽略传统的做法深表反对。对此，学衡派首先为西方文化的辨别与引入设立了一套标准，继而主张在坚持传统文化的基础上实现中西文化的相互融通，此即"昌明国粹，融化新知"这一思想宗旨的由来。

梅光迪认为，我们在介绍西洋文化时必须确立一套标准，这一标准包括两层含义：其一，"所介绍者，必其本体有正当之价值"；其二，"所介绍者，即已认其本体之有价值，当以适用于吾国为断"③。第一层含义强调"应对西方学说进行比较全面系统的研究，然后慎重择取"，第二层则强调"引进西学须与中国文化传统相契合，必须适用于中国之需要"④。学衡派予以重点阐发的是其中的第二层含义。吴宓指出，"西洋真正之文化，与吾国之国粹，实多互相发明，互相裨益之处，甚可兼蓄并收，相得益彰。诚能保存国粹，而又昌明欧化，融会贯通，则学艺文章，必多奇光异采"⑤。吴宓认为人生观主要有三种形态：宗教的、道德的和物本的人生观，我们当采取其中的第二种。在我国的文化传统中，以人本与道德作为理想目标的，莫过于孔孟学说。因此，为了形成道德的人生观，我们首先要坚持孔孟的人本主义立场，然后"与柏拉图亚里士多德以下之学说相比较，融会贯通，撷精取粹"，同时"加以西洋历代名儒巨子之所论述，溶铸一炉，以为吾国新社会群治之基"，如此才能"国粹不失，欧化亦成，所谓造成新文化"⑥。国粹与欧化，前者为旧，后者为新，吴宓认为，新文

① 陆懋德：《中国今日之思想界》，《清华周刊》第24卷，1925年第2期。
② 郭昭昭：《民国思想文化界的一道独特风景——学衡派与新文化派的对抗与对话》，《历史教学》2008年第18期。
③ 梅光迪：《现今西洋人文主义》，《学衡》1922年第8期。
④ 乐黛云：《世界文化语境中的〈学衡〉派》，《陕西师范大学学报》（哲学社会科学版）2005年第3期。
⑤ 吴宓：《论新文化运动》，《学衡》1922年第4期。
⑥ 吴宓：《再论新文化运动（答邱昌渭君）》，《留美学生季报》第8卷，1921年第4期。

化绝非等同于欧化，只有合国粹与欧化二者于一体，才能造就真正的新文化。吴宓关于新文化的这一见解主要根源于他对新旧之关系的辩证认识，他说："且夫新旧乃对待之称，昨以为新，今日则旧，旧有之物，增之损之，修之琢之，改之补之，乃成新器。"① 与顽固派的守旧主义不同，学衡派所宣扬的国粹虽然仍属于旧有之物，但他们主张通过增损、修琢、改补等手段为其注入新鲜的活力，从而实现与西方文化的对话和沟通。因此，学衡派"昌明国粹，融化新知"的根本宗旨在于新文化的创造，而非固守传统，将他们笼统地与"保守主义"相挂钩是不合理的。②

四　对学衡派"中正之眼光"的质疑

除了"昌明国粹，融化新知"，学衡派的办刊宗旨还包括"以中正之眼光，行批评之职事，无偏无党，不激不随"，由此反映他们以客观、公正的原则来论究学术的决心。诚然，在处理中西文化关系的过程中，学衡派为保持言论的客观和公正做出了充分努力。但在论述孔子和儒学在中国传统文化中的地位时，学衡派却发表了不少过激的言论，不自觉地偏离了中正的原则。

吴宓对孔子的推崇主要体现在两个方面：其一，将孔子视为中国文化的中心，认为"其前数千年之文化，赖孔子而传。其后数千年之文化，赖孔子而开。无孔子、则无中国文化"；其二，认为"孔子者中国道德理想之所寓，人格标准之所托"。③ 由于个人的道德和品格是关乎个人性命、国家盛衰、民族兴亡与世界进退的重要因素，因而必须以孔子的理想人格为典范。如果说吴宓的这两条论述尚属于"中正"之论，他在别处所说的"孔子之道德智慧，卓绝千古，无人能及之，是以称为圣人"④ 则不免夸

---

① 吴宓：《论新文化运动》，《学衡》1922 年第 4 期。

② 韩星认为，"他们的整个学术研究、学术活动和文化观念是中西古今都有的，把他们称为'文化保守主义'实在有点冤枉了他们"。（参见韩星《学衡派对儒学的现代诠释和转换》，《唐都学刊》2003 年第 2 期。）蒋书丽也指出，"学衡派的遭遇显然也是一个历史冤案，被冠以'保守'更有失公允"。（参见蒋书丽《学衡派和新文化派的错位论争》，《人文杂志》2004 年第 6 期。）

③ 吴宓：《孔子之价值及孔教之精义》，载《会通派如是说：吴宓集》，上海文艺出版社 1998 年版，第 111 页。

④ 吴宓：《论孔教之价值（未完）》，《国闻周报》第 3 卷，1926 年第 40 期。

张。孙德谦不仅认为墨家的兼爱"固思以救一时之失，不若孔教之大，足以万古行之而无弊者也"①，甚至果断预言："将来人民之尊崇孔子，必较今日而有加。匪但全中国，并将全世界，孔教必有大一统之势。……故将来全国人民，于墨子决无影响，苟知尊崇墨子，必仍尊崇孔子，且将有逾于今昔也。"② 在这种充满崇拜之情的论述中，孔子被置于"万世师表"的地位。

学衡派为纠正新文化阵营的文化观而提出"昌明国粹，融化新知"的学术宗旨，这种对传统文化的重视态度是值得肯定的。然而，由于他们"要固守的中国传统文化并不是丰富复杂、多元共生的传统文化，而往往被归结为道德化的儒家传统"③，从而导致他们在突出孔子和儒学价值的过程中不可避免地走向了教条似的偶像崇拜。学衡派的学术活动开始于新文化运动达到高潮之后，科学与民主的精神在此时早已深入民心，世界潮流的发展大势使国人将目光集中于现代新文化在未来的开展，而学衡派依然"秉承儒学乃传统文化之本的原则，怀有古代士大夫阶层对儒学的笃定和依赖，竭尽全力挽救儒学之颓势。但在当时的历史条件下，儒学之没落已是必然趋势"④。因此，学衡派虽然充当了新文化运动中的一股逆流，但它所产生的效力极其微弱，最终被遗忘在历史的长河之中。

在《学衡》杂志创刊之前，以梅光迪、吴宓为代表的一批留美学生即已立下与新文化运动做对抗的目标，学衡派据此可以视为与新文化运动相抗衡的产物，同时也是新文化建设的积极参与者。墨学作为新文化阵营的研究重点，一方面被视为批判专制儒学的有力武器，另一方面充当西方文化传入中国的媒介。在学衡派看来，新文化阵营"右墨而左孔"的主张是对孔子和儒学在中国传统文化中所处地位的错误评判，而通过墨学来引入西学的做法看似没有背离传统，实则在立场上已趋于彻底的西化。为了纠正新文化阵营的弊端，学衡派同样以墨学作为切入点，他们试图通过儒墨的比较来重新彰显孔子与儒学的历史地位及其内在价值，牢固捍卫以孔子

---

① 孙德谦：《再答福田问墨学（论儒墨异同）》，《学衡》1925 年第 39 期。
② 孙德谦：《答福田问墨学》，《学衡》1926 年第 56 期。
③ 汪树东：《"学衡派"的反现代性文化选择》，《北方论丛》2016 年第 2 期。
④ 付洁：《〈学衡〉与近代墨学研究》，《兰州大学学报》（社会科学版）2015 年第 1 期。

为中心的传统文化在中西文化之融合过程中的根本地位。

学衡派反对的只是新文化阵营过于西化、忽略传统的思想倾向，并非反对新文化，这一立场突出表现在他们儒墨比较思想的立论根基上。学衡派坚持孔子为中国文化的中心，此为保守的一面；同时在白璧德的新人文主义中寻求理论上的支持，此为创新的一面。因此，单从立论根基的阐发上来看，学衡派即在践行"昌明国粹，融化新知"的宗旨。学衡派所"昌明"的"国粹"是以孔子为中心的传统文化，这就决定他们在儒墨的比较中致力于为孔子和儒学进行辩护。在对儒墨思想的直接比较中，既有柳诒徵、郭斌龢和陆懋德等极端的"扬儒抑墨"的主张，又有孙德谦、吴宓和张荫麟在坚持儒家立场的前提下对墨学的部分认可。此外，学衡派还以儒墨冲突的一个关键点——兼爱为突破口，通过对兼爱以及孟子的辟墨言论进行评论，阐发他们对儒墨两家学说的基本态度。其中，柳诒徵继续坚持他的极端主张，在赞同孟子的前提下从三个层面对兼爱做了彻底的批评；孙德谦和陈柱将孟子的批评对象限定为墨家后学，这样既维护了孟子的圣人形象，又为墨家争得了一定的话语权。由此可见，学衡派成员虽然在观点的表达上相互区别，但都牢牢立足于儒学的立场。基本的立场确定之后，学衡派还主张对"新知"即西方外来文化进行"融化"。虽然学衡派的"新知"与新文化阵营学习的西方文化有所不同（前者主要是古希腊文化，后者为近现代西方文化），但学衡派的批评点并不在此，他们更关注新文化阵营吸收西学的方式。通过批评新文化阵营忽略《墨子》要旨而偏执于《墨经》与西学的比附研究，学衡派阐明了既要充分且全面地了解西学又要熟知本国传统文化，从而实现两者相融合的观点。可以说，"融化新知"最后的落脚点还是以孔子为中心的传统文化，这也是学衡派对墨学以及儒墨比较进行深入探讨的根本目的所在。

第五章　20 世纪初期儒墨比较思想之反思

　　儒学自西汉武帝时被确立为封建社会的官方意识形态之后，便在思想界处于长期的主导地位。在此期间，儒学虽然遭受到佛、道等思想派别的冲击，但同时也在自身内部做出了相应的调整。正是在这种接受与反抗挑战的动态过程中，儒学才获得了长久坚持下去的强大动力。近代以来，随着西方文明的冲击以及诸子学研究的勃然兴起，儒学遭遇到前所未有的危机。围绕着儒学与墨学、儒学与西学的关系等问题，学术界展开了激烈争论。进至 20 世纪，这一讨论热潮继续呈现出上涨的趋势。虽然不同学者对儒学、墨学以及西学的处理方式不尽相同，但所有的争论归根结底还是儒学的问题，即在新的时代环境下如何对儒学进行重新定位的问题。① 对此，梁启超、新文化阵营和学衡派分别做出了不同的努力和尝试。儒墨的比较可以视为中国学者在中国传统文化内部进行的自我调整，其根本目的是为中西文化的融合提供有效的出路。因此，20 世纪初期中国学者的儒墨比较思想最后都可归结为中西文化观的问题。陈独秀曾说："吾人之于学术，只当论其是不是，不当论其古不古；只当论其粹不粹，不当论其国不国；以其无中外古今之别也。"② 这一表述实际上可以代表 20 世纪初期所

---

　　① 已有学者指出近代以来儒学问题在思想界的重要地位。郑师渠指出，"五四后的诸子学研究所以常起纷争，说到底，其核心还是涉及到一个怎样评价孔子的问题"。（参见郑师渠《学衡派论诸子学》，《中州学刊》2001 年第 1 期。）张锡勤也认为，"在近代文化革新启动之后，如何对待孔子和儒学就成为一个不容回避、必须正面回答的大问题"。（参见张锡勤《梁启超思想平议》，人民出版社 2013 年版，第 312 页。）
　　② 陈独秀：《随感录》，载《陈独秀著作选编》第 1 卷，上海人民出版社 2014 年版，第 407 页。

有致力于中西文化之融合的学者的共同目标，即造就一种超越中外与古今之别的现代新文化。

第一节　儒墨的问题

李泽厚指出："中国近代人物都比较复杂，它的意识形态方面的代表更是如此。社会解体的迅速，政治斗争的剧烈，新旧观念的交错，使人们思想经常处在动荡、变化和不平衡的状态中。"[①] 近代以来同样是传统的儒家意识形态向现代性的"转型时代"。虽处于同一时代环境下，梁启超、新文化阵营以及学衡派三者在儒学的转型问题上，表现出了不同的思想特征。其中，梁启超的学术思想特质可以用李泽厚所说的"动荡""变化"予以概括，新文化阵营的思想具有"不平衡"的特点，学衡派则坚持一以贯之的儒家立场。作为20世纪初期的热门话题，墨学得到了梁启超、新文化阵营和学衡派的关注，他们分别对墨家的思想学说以及儒墨的比较问题做了不同程度的阐发。从根本上讲，无论是儒墨比较过程中对墨学的基本评判，还是深入到墨学内部对其相关学说的具体考察，他们的观点都在很大程度上受制于对儒学的态度。因此，在对墨学的认识与处理中，他们分别呈现出了各自不同的特点。

一　对儒学的态度：殊途同归

如果分别用一个词语来概括梁启超、新文化阵营和学衡派对儒学的态度，那么梁启超应为"逐步深入"，新文化阵营为"分层处理"，学衡派为"一以贯之"。

（1）梁启超：保教运动…（1898年）…"保教党之骁将""保教党之大敌"…（1912年）…儒家人生（道德）哲学

（2）新文化 ⎰a. 作为封建礼教的儒学、尊孔复辟……彻底否定
　　　阵营：⎱b. 儒家的道德学说………………………肯定其价值

[①]　李泽厚：《中国近代思想史论》，生活·读书·新知三联书店2008年版，第429页。

（3）学衡派：一以贯之地坚持儒家的道德学说

（一）梁启超由"保教"到儒家人生哲学的回归

梁启超的一生都与孔子和儒学有着复杂的关系。梁启超虽然一直将孔子和儒学视为推崇和尊重的对象，但在其人生的不同阶段中，他对孔子和儒学的理解有明显的区别。

戊戌变法之前，作为康有为的得力助手和积极追随者，梁启超以"保教"为唯一的事业。他曾说："知孔子为制法之圣，信六经为经世之书，信受通习，庶几有救。"① 对于梁启超来说，无论是孔子还是六经，都是维护封建专制的精神武器。这也决定了他对孔子的认识只能局限于外在的顶礼膜拜，无法深入到孔子的人格精神以及儒学的内在精义。

维新运动失败之后，梁启超蛰居日本，这既是他有充分机会了解西方资产阶级学说的重要阶段，也是他对传统儒学的观念开始发生转变的过渡时期。一方面，梁启超没有回避其"保教党之骁将"的身份，继续宣扬康有为的保教学说，并一度沉浸在"南海先生所发明者，则孔子之教旨"② 的执念之中。另一方面，在西方资产阶级社会的自由、平等、博爱等思想的影响下，梁启超虽然更加向往西方的思想学说，但也逐渐认识到君主立宪制的各种弊端，保教思想在此时显得更加衰弱与无力。面对这一局势，梁启超毅然接受了角色的转换，成为"保教党之大敌"。此时的梁启超试图深入到儒家学说内部，希望从中找到与现代道德可以相结合的因素。比如，他说："东西古今之圣哲，其所言合于人格者不一，而最多者莫如孔子。孔子实于将来世界德育之林，占一最重要之位置，此吾所敢豫言也。"③ 如果按照梁启超关于"公德"与"私德"的划分标准，孔子的人格或道德学说当属于私德的范围之内。然而，梁启超对私德虽然重视，但他是在讨论公德之后才提出的私德观念。他认为，对于当时的中国人来说，最为急需的是以国家和群治为中心的公德，而它恰恰是传统儒学所欠

---

① 梁启超：《复刘古愚山长书》，载《饮冰室合集·文集之三》，中华书局 1989 年版，第 14 页。
② 梁启超：《论支那宗教改革》，载《饮冰室合集·文集之三》，中华书局 1989 年版，第 55 页。
③ 梁启超：《保教非所以尊孔论》，载《饮冰室合集·文集之九》，中华书局 1989 年版，第 57—58 页。

缺的内容。以儒学为代表的"旧伦理"偏重"一私人对于一私人之事"，我们将要发展的"新伦理"则强调"一私人对于一团体之事"。对此，我们只能从西方的伦理学说中寻找可以借鉴的资源。由此可见，这一时期梁启超对儒学的认识还非常有限，这就导致他不能对儒家的道德学说进行充分的运用和发挥。究其原因，是由于梁启超与保教思想之间的界限尚未划分清楚。

自日本回国以后，梁启超继续致力于阐发儒家的伦理或道德学说。他根据现代学科门类的划分，将孔子学说的全部内容分为如下三类：（1）哲学：主要探讨"天人相与之际"或"性与天道"的问题，这是宋明儒者所关注的话题；（2）政治学、社会学：不仅包括治国平天下的一般原理，还涉及"无数之节文礼仪制度"；（3）伦理学、道德学、教育学：主要关于个人的"立身处世之道"以及"教人以所以为人者与所以待人者"。[1] 梁启超认为，三者之中，最有益于当今国民的是第三种，也就是孔子关于人格养成的教义。孔子在人格的"纲领节目"及其养成的具体程序方面有着充分的阐发，因而是培养人格的重要典范。对于孔子人格学说的积极意义，梁启超说："若夫孔子教义，其所以育成人格者，诸百周备，放诸四海而皆准，由之终身而不能尽，以校泰西古今群哲，得其一体而加粹精者，盖有之矣。"[2] 总之，在梁启超看来，孔子关于人格修养的教义既可以适用于全世界，又可以适用于一个人的终身，它的强大适用性克服了空间和时间上的界限。梁启超由此将其视为"孔子之圣所以为大为至"的原因所在。需要注意的是，1913 年 8 月 15 日，梁启超曾联合陈焕章、夏曾佑、王式通等人"上书参众两院，请于宪法中明文规定孔教为国教"[3]，这一做法似乎又回到了先前尊孔保教的路子中去了。然而，此时的梁启超已渐渐划清了与保教派的界限，从而投身于儒家人格学说之意义的挖掘之中。因此，对于梁启超的这一行为，我们可做出如下理解，即他这么做的主要目

---

① 梁启超：《孔子教义实际裨益于今日国民者何在欲昌明之其道何由》，载《饮冰室合集·文集之三十三》，中华书局 1989 年版，第 63 页。

② 梁启超：《复古思潮平议》，载《饮冰室合集·文集之三十三》，中华书局 1989 年版，第 68 页。

③ 丁文江、赵丰田编：《梁启超年谱长编》，上海人民出版社 1983 年版，第 677 页。

的"是为了继续并更好地发挥作为'风化大本'的'孔教'的'养成人格'作用"①。也就是说，这一时期的梁启超不可能继续以保教为事业，他不仅将孔子视为国民人格养成过程中的"无形之枢轴"，甚至宣称："今后社会教育之方针，必仍当以孔子教义为中坚，然后能普及而有力。"② 这就牢固确立了孔子在中国道德、伦理以及教育领域中的中坚地位。

关键性的转变发生在梁启超游历欧洲之后，第一次世界大战后欧洲满目疮痍的情景使梁启超对整个西方文明感到悲观和失望。目睹西方社会之败落的经历，以及听闻西方人士对东方尤其是中国文明的赞赏与向往的话语促使梁启超将目光转移到中国以儒学为代表的传统文化中来。梁启超虽然继续关注个人的道德与人格修养问题，但相比于之前立足工夫论层面的研究而言，此时梁启超的眼界提升到了一个较高的层面，即在人生哲学或人生境界的视域下对孔子的学说进行深度探讨，这种解读思路一直持续到梁启超生命的终结。

首先，人生哲学的内涵和意义。梁启超说："儒家舍人生哲学外无学问，舍人格主义外无人生哲学也。"③ 也就是说，人生哲学是儒家学说的关键，而人生哲学的核心要义又在人格主义。说到底，儒家的人生哲学仍是一个人格修养的问题。对于儒家人生哲学的意义，梁启超不仅认为"儒家政论之全部，皆以其人生哲学为出发点"④，还极其自信地宣称："启超确信我国儒家之人生哲学，为陶养人格至善之鹄，全世界无论何国、无论何派之学说，未见其比，在今日有发挥光大之必要。"⑤ 梁启超的这一宣言不仅突出了儒家人生哲学的现实意义，还有助于民族精神的牢固挺立。其次，人生哲学的理想境界。我们可以从梁启超对孔子之"学"的解读中获

---

① 陈泽环：《孔子教义"实际裨益于今日国民者"——梁启超的儒学作用论初探》，《哲学动态》2010 年第 2 期。

② 梁启超：《孔子教义实际裨益于今日国民者何在欲昌明之其道何由》，载《饮冰室合集·文集之三十三》，中华书局 1989 年版，第 60 页。

③ 梁启超：《先秦政治思想史》，载《饮冰室合集·专集之五十》，中华书局 1989 年版，第 69 页。

④ 梁启超：《先秦政治思想史》，载《饮冰室合集·专集之五十》，中华书局 1989 年版，第 69—70 页。

⑤ 梁启超：《为创办文化学院事求助于国中同志》，载《梁任公先生年谱长编（初稿）》，中华书局 2010 年版，第 520 页。

知儒家人生哲学所要达至的理想境界。梁启超认为，孔子所要学习的内容无非有两点：第一点是如何"能尽其性"，第二点是如何"能至于命"，也就是"学个怎样的才能看出自己的真生命，怎样的才能和宇宙融合为一"①。这种学习实际上就是通过人格的修养（"尽其性"）来实现天人合一的人生境界（"至于命"）。无论是"尽性"，还是"至命"，都不是空洞的口头说教，而是"一面活动一面体验"，即在活泼泼的实践活动中实现人生境界的升华。再次，人生哲学的现实目标。如果说与宇宙合一的境界论略微带有空想的性质，梁启超关于完备人格之培养的目标则具有更大的可行性。依据孔子所说的"知、仁、勇，三者天下之达德也"（《礼记·中庸》）以及"知者不惑，仁者不忧，勇者不惧"（《论语·子罕》）的说法，梁启超提出"自儒家言之，必三德具备，人格才算完成"②的观点。梁启超借鉴西方心理学家将人性分为智（理智）、情（情感）、意（意志）三方面的做法，认为常人很难调和这三者之间的关系，而孔子"是把这三件调和得非常圆满"③。智情意与智仁勇，虽然在表达方式上有所不同，但由梁启超对智情意之关系的论述不难推出，孔子同样是一个智、仁、勇三方面平衡发展的理想人格之典范。梁启超虽然将智、仁、勇三者并提，但他认为三者之中"以仁为人生观的中心"④。他认为，孔子人生哲学的现实目标就是培养仁人。最后，人生哲学的扩展。梁启超认为，儒家的人生哲学固然重要，却不能代表儒家哲学的全部。除了"修己→内圣"的人生哲学层面，儒家还尤为重视"安人→外王"的政治哲学层面，前者为后者的基础和前提，后者是前者的落实和扩展。梁启超对儒家哲学的这种解读模式旨在表明"中国古代的各种学术思想是从研究人生哲学始，继而扩大、推广到社会哲学、政治哲学，换句话说，古代政治哲学都是生活哲学的放大"⑤。

由上可知，在脱离了保教思想的束缚，同时对西方文明的弊端有了清

---

① 梁启超：《评胡适之中国哲学史大纲》，载《饮冰室合集·文集之三十八》，中华书局1989年版，第62页。
② 梁启超：《儒家哲学》，载《饮冰室合集·专集之一百三》，中华书局1989年版，第3页。
③ 梁启超：《孔子》，载《饮冰室合集·专集之三十六》，中华书局1989年版，第59页。
④ 梁启超：《儒家哲学》，载《饮冰室合集·专集之一百三》，中华书局1989年版，第19页。
⑤ 王达：《梁启超及其儒学研究》，《船山学刊》1997年第1期。

醒的认识之后，梁启超能够以更加冷静和客观的心态投入到儒家哲学（尤其是人生哲学）的探讨之中。关注的主题虽然依旧是孔子的人格修养论，但梁启超能够在人生哲学的视域下，通过对"尽其性""至于命""智、仁、勇""修己安人""内圣外王"等概念的阐发来全面考察孔子的人格或人生学说。与其说这是梁启超逐渐深入儒家学说的过程，不如说这是他对儒家哲学的步步服膺。因此，到了人生的最后关头，梁启超发自内心地说："若把儒家抽去，中国文化，恐怕没有多少东西了。中国民族之所以存在，因为中国文化存在，而中国文化，离不了儒家。"① 至此，梁启超彻底实现了向儒家人生哲学的回归。

（二）新文化阵营"反孔非儒"背后对儒学基本价值的认同

有学者在对《新青年》的文本进行全文检索后得知，出现频率较高且与"儒"或"孔"紧密关联的词语有"孔教""儒家""礼教""孔道""儒教"，它们的出现次数分别为 274、109、97、68、48。② 由于新文化阵营的学者多在否定的意义上使用上述表达，因而后人一般倾向于用"反孔非儒"来概括新文化阵营对孔子和儒学的态度。实际上，"五四新文化运动并不反儒，它反对的是封建礼教和对儒学的利用与独尊，而不是儒学所代表的基本价值"③。因此，在对新文化阵营的儒墨比较思想进行研究时，非常有必要对"反孔非儒"这一标签做深入的反思与重审。具体而言，这一项工作又包括两个要点：其一，我们需要在新文化阵营批儒的背后挖掘出他们对儒家基本价值的认同，这是纠正长久以来偏见的关键一步。其二，对于新文化阵营的批孔行为，我们需要注重细节的考察，因为这其中既有在笼统的意义上使用"孔教"一词且将其视为帝制复辟之手段而予以驳斥的内容，也有仅提及孔教中最具代表性的"礼教"的情况，进而对其中的三纲学说、阶级制度进行猛烈抨击。如此分析考察之后，我们便可获知，新文化阵营所谓的"反孔非儒"实际上有特定的指涉对象，其目的并非彻底推翻孔子和儒学。我们甚至可以说，新文化阵营的批判孔教或礼教

① 梁启超：《儒家哲学》，载《饮冰室合集·专集之一百三》，中华书局 1989 年版，第 7 页。
② 章清：《传统：由"知识资源"到"学术资源"——简析 20 世纪中国文化传统的失落及其成因》，《中国社会科学》2000 年第 4 期。
③ 欧阳军喜：《论五四新文化运动的儒学根源》，《孔子研究》1999 年第 2 期。

实际上是一个揭开儒学面纱而重现其内在价值的过程。①

　　新文化阵营批孔的第一层表现，是揭示孔教与专制的内在联系，并通过批判孔教来推翻复辟帝制的行为。② 吴虞指出，儒家提倡的"忠孝并用""君父并尊"等说法基本上出于维护专制的目的。③ 陈独秀也认为："孔教与帝制，有不可离散之因缘。"④ 他还专门写作《复辟与尊孔》一文，指出当今社会中的某些人正是利用了孔教与帝制之间的关联，所以才将前者视为后者的理论支撑。对此，陈独秀说："盖主张尊孔，势必立君，主张立君，势必复辟，理之自然，无足怪者。"⑤ 张勋和康有为的复辟行径始终有他们的"一贯之理由"，而这一理由就是孔教与帝制之间的内在渊源。因此，对于实施复辟的张、康一类，只有从他们的理论根基——孔教入手，通过对尊孔论的批判来瓦解他们复辟帝制的图谋。新文化阵营的这一层批判主要针对孔教的负面效用而言，而且这一认识完全基于他们自己的理解，即认为孔教有助于封建帝制的复辟。那么，我们就无法排除这样一种可能，即新文化阵营这种出于现实需要的批孔，难免将儒学的弊端予以放大，这就在某种程度上掩盖了儒学的合理内涵。

　　新文化阵营批孔的第二层表现，是对"孔教之精华"，即礼教的批判。儒家的伦理道德原本由仁、义、礼、智等要素构成，而新文化阵营的批评集中在"礼"的层面。这个"礼"主要指"秦汉以后的帝国时代，亦即家族皇权时代的制度规范"⑥。作为封建社会伦理政治的根本，礼的突出表现就是"三纲"之说。陈独秀说："三纲之根本义，阶级制度是也。所谓

　　① 黄林非指出，"《新青年》的反孔非儒是对儒学的落后面的批判，是对儒学的现代意义的理性追问"。（参见黄林非《论〈新青年〉的反孔非儒》，《北京青年政治学院学报》2005 年第 3 期。）

　　② 孙玉石指出，"尊孔立教与复辟帝制密不可分地联系，成为关系国家生死存亡的大问题，引起启蒙者们的深切关注"。（参见孙玉石《五四新文化运动反孔思潮之平议——以〈新青年〉杂志为中心》，《中国文化研究》1999 年秋之卷。）

　　③ 吴虞说："其实他们就是利用忠孝并用、君父并尊的笼统说法，以遂他们专制的私心。"（吴虞：《说孝》，载《吴虞集》，中华书局 2013 年版，第 14 页。）

　　④ 陈独秀：《驳康有为致总统总理书》，载《陈独秀著作选编》第 1 卷，上海人民出版社 2014 年版，第 239 页。

　　⑤ 陈独秀：《复辟与尊孔》，载《陈独秀著作选编》第 1 卷，上海人民出版社 2014 年版，第 375 页。

　　⑥ 黄玉顺：《新文化运动百年祭：论儒学与人权——驳"反孔非儒"说》，《社会科学研究》2015 年第 4 期。

名教，所谓礼教，皆以拥护此别尊卑明贵贱制度者也。"① 礼教由三纲得以表现，而三纲的根本目的就是维护以尊卑贵贱为核心的阶级制度。从三纲的具体内涵来看，它包括君为臣纲、父为子纲以及夫为妻纲三个方面。陈独秀认为，这种伦理道德直接导致民、子、妻成为君、父、夫的附属品，从而使他们丧失了独立自主的人格。也就是说，三纲学说通过等级森严的阶级制度剥夺了人之所以为人的基本权利。因此，当西方的自由、平等学说相继传入中国之时，一批先进的知识分子便识破了三纲学说的危害性，认为它不仅"于近世自由平等之新思潮，显相背驰"②，还是我国发展"新思想""新学说"以及塑造"新国民"的严重阻碍。③ 新文化阵营继续指出，若要建立民主共和政体，必须对以三纲为核心的阶级制度进行彻底的清算。从中不难发现，新文化阵营的批判对象其实还是秦汉以来被封建统治阶级加以渲染和利用的儒学，亦即儒学中的礼教成分。对于礼教掩盖之下儒家的道德仁义等学说，新文化阵营并没有触及。

由上可知，新文化阵营无论是对孔教与复辟之关系的披露，还是对孔教三纲学说与现代民主共和制相违背之事实的揭示，都是为了表达这样一个观点，即孔子之道在现代社会没有适用的可能性。既然无法适应现代社会发展，只能将它予以搁置或者干脆放弃。在新文化阵营看来，当今中国人对于孔子之道也应该采取这种处理方式。然而，现实社会中却有一部分人强硬地对孔子的学说加以利用，他们或者将其用作复辟帝制的手段，或者利用它的专制性质来控制人们的思想和言论自由。针对这种混乱状况，陈独秀果断宣称："愚之非难孔子之动机，非因孔子之道之不适于今世，乃以今之妄人强欲以不适今世之孔道，支配今世之社会国家，将为文明进化之大阻力也，故不能已于一言。"④ 陈独秀此论明确把批判的对象限定为将孔教牵强运用于现代社会的一类人。我们从中可推知，既然孔子之道不

① 陈独秀：《吾人最后之觉悟》，载《陈独秀著作选编》第 1 卷，上海人民出版社 2014 年版，第 204 页。

② 陈独秀：《再答常乃悳》，载《陈独秀著作选编》第 1 卷，上海人民出版社 2014 年版，第 293 页。

③ 吴虞：《儒家主张阶级制度之害》，载《吴虞集》，中华书局 2013 年版，第 46 页。

④ 陈独秀：《复辟与尊孔》，载《陈独秀著作选编》第 1 卷，上海人民出版社 2014 年版，第 375 页。

适合于今世，那么，如果回到孔子生活的时代环境中，他的学说是否可以发挥出其应有的价值呢？对此，新文化阵营的答案是肯定的。陈独秀说："孔学优点，仆未尝不服膺。"① 他所服膺的"孔学优点"就是剥离了专制主义与纲常礼教等弊端的原始意义上的儒学。对于孔子其人，吴虞声称"孔子自是当时之伟人"②，钱玄同也主张"故如孔丘者，我固承认其为过去时代极有价值之人"③。由此可见，尽管新文化阵营对尊孔复辟与孔教的三纲学说批评十分猛烈，甚至有将孔子和儒学全盘推翻的势头。但是，除却这些加在孔子和儒学之上的"外衣"，我们仍可窥见新文化阵营对孔子和儒学之原初意义的认同与肯定。

这里还有一个问题需要考虑，新文化阵营既已提出"孔子之道之不适于今世"，那么是否意味着孔子之道在现代社会中完全一无是处了呢？对此，已有学者指出，"《新青年》并没有把'孔子之道不合现代生活'这一命题绝对化"，典型的例子为陈独秀，他"对孔子的入世精神是有所肯定的"。④ 陈独秀对孔子和儒家学说的肯定基本上出于现实救亡运动的需要。在《敬告青年》一文中，为了鼓舞国内青年保持积极进取而不退隐的精神，陈独秀宣称："吾愿青年之为孔墨，而不愿其为巢由。"⑤ 陈独秀此处的关注点是孔子其人的精神和人格，将其视为青年学习的榜样，而没有对儒家学说的现代价值做出评定。到了撰作《我之爱国主义》一文时，陈独秀挽救国家于危亡的使命感更加强烈，他对儒学的认识亦随之不断深入，从而对儒学寄予的希望更大。陈独秀指出，在中国面临"外迫于强敌""内逼于独夫"的现实困境下，所有人都应当甘于为国家的前途做出牺牲。然而，除了满腔的救国热情，我们还要冷静地反思使我们国家陷入危亡境地的根本原因。陈独秀将其归结为民族公德与私德的堕落，而它们又属于国民性质的范围之内。对此，陈独秀主张："欲图根本之救亡，所

① 陈独秀：《再答常乃惪》，载《陈独秀著作选编》第1卷，上海人民出版社2014年版，第293页。

② 吴虞：《致陈独秀》，载《吴虞集》，中华书局2013年版，第407页。

③ 钱玄同：《致陈独秀》，《新青年》第3卷第4号，1917年6月1日。

④ 黄林非：《论〈新青年〉的反孔非儒》，《北京青年政治学院学报》2005年第3期。

⑤ 陈独秀：《敬告青年》，载《陈独秀著作选编》第1卷，上海人民出版社2014年版，第161页。

需乎国民性质行为之改善。"① 对于改善国民性质行为的途径，陈独秀没有照搬西方的学说，而是对儒家传统中的"勤""俭""廉""洁""诚""信"六种道德分别予以详细考察，最后得出"之数德者，固老生之常谈，实救国之要道"② 的结论。虽然出于救国的现实需要，但陈独秀已然触及了作为儒家核心的道德学说。不仅陈独秀，钱玄同甚至直言："盖道德发达我国究胜于欧西耳。"③ 针对梁漱溟、梁启超二人提倡"孔家生活"（儒家人生哲学）的相关言论，钱玄同也深表赞同，并认为陈独秀和胡适的批孔言论"太过"。④ 由此可以认为，在对儒家学说的认识上，新文化阵营最终与梁启超达成了一致。

（三）学衡派对儒家道德理想的坚守

从某种意义上来讲，学衡派可以视为与新文化运动相抗衡的产物。学衡派反对新文化运动的着眼点，是他们对中国传统文化，尤其是作为其核心的儒家传统的忽略。关于新文化运动是否反儒、反传统的问题，前文已做了较为深入的探讨，此处无须赘言。相比于梁启超回归儒家人生哲学之前所经历的曲折过程以及新文化阵营反复辟、反三纲狂热言论之下对儒学基本价值的冷静思考，学衡派的表现则"单纯"得多，而这主要源于他们一以贯之的学术立场，即对儒家道德理想的长期坚守。

柳诒徵由"成人"这一问题入手，认为当今败坏社会和国家的种种劣行皆由"不成人者"所为，而未来新社会、新国家的建设只能依赖于"成人"的有所作为。这里所说的成人，是知晓人之所以为人之道理的一类人，也就是懂得"为人之道"。柳诒徵进而指出，我国古代传统中蕴含着丰富的为人之道，其中最具代表性的莫过于孔子，因为"孔子之教，教人为人者也"。孔子的为人之道是由仁、义、诚、恕、学等德行构成的一套道德学说。然而，现实的情形是大多数中国人不知道学习孔子的为人之

---

① 陈独秀：《我之爱国主义》，载《陈独秀著作选编》第1卷，上海人民出版社2014年版，第232页。
② 陈独秀：《我之爱国主义》，载《陈独秀著作选编》第1卷，上海人民出版社2014年版，第236页。
③ 杨天石主编：《钱玄同日记（整理本）》，北京大学出版社2014年版，第87页。
④ 杨天石主编：《钱玄同日记（整理本）》，北京大学出版社2014年版，第525页。

道，而是以一副不仁不义、唯利是图、狡诈蛮横的姿态出现在世人面前。柳诒徵认为以上行为是"中国最大之病根"，而铲除这一病根的关键就在于学习孔子的为人之道。①

孔子的为人之道集中体现在他的人格修养论上。因此，学衡派宣扬的学习孔子以仁、义、诚、恕、学为核心的为人之道，归根结底是对孔子理想人格的效法。吴宓指出，孔子的人格"无往而不足为吾人立身行事之师表"②。梅光迪也说："在吾国文化势力下所产生之人品，自当以孔子为极则矣。"③ 除了积极践行仁、义、诚、恕、学等德行，孔子的为人之道还尤为注重安身立命之法。柳诒徵认为，孔子所讲的安身立命之道以拯救和接济世人以及保全个体的性命为根本的宗旨，这显然是现时代环境下中国人最急需的东西。由此可见，学衡派对孔子为人之道的关注，并非停留于空洞的理论分析层面，而是切切实实出于改变国家现状与改造国民性质的需要。学衡派认为，儒家的人格学说包括人格修养的程序和方法，从这一点来看，它是具体且实用的。除此之外，它还设定了人格修养的理想目标，从这一方面来考虑，它又可称为"理想人格"。那么，儒家的理想人格是怎样的呢？对此，郭斌龢发表了他的见解。他说："要其最终鹄的，在勉力求为智仁勇三方面平衡发展之完人。"④ 不难看出，郭斌龢此论与梁启超的"（智仁勇）三德具备，人格才算完成"实现了沟通。

既突出孔子为人之道的现实意义，又揭示出儒家人格学说的理想目标，通过以上两个方面的阐发，学衡派有力地维护了孔子和儒学在改变现实困境与追求理想人格之过程中所发挥的关键作用。基于此，学衡派不仅主张"吾国固有文化，以儒家学说为中心"⑤，而且认为"孔子之道德智慧，卓绝千古，无人能及之，是以称为圣人"⑥。至此，我们可以说，学衡派将他们的道德理想倾注于学术的研究之中，而他们的道德理想主义"很

---

① 柳诒徵：《论中国近世之病源》，《学衡》1922 年第 3 期。
② 吴宓：《论孔教之价值（未完）》，《国闻周报》第 3 卷，1926 年第 40 期。
③ 梅光迪：《孔子之风度》，《国风半月刊》1932 年第 3 期。
④ 郭斌龢：《读儒行》，《思想与时代月刊》1942 年第 11 期。
⑤ 郭斌龢：《读儒行》，《思想与时代月刊》1942 年第 11 期。
⑥ 吴宓：《论孔教之价值（未完）》，《国闻周报》第 3 卷，1926 年第 40 期。

大程度上是以本民族的儒家思想为本位的，因此他们维护道德理想主义，实质上仍是维持儒家思想在学术研究中的中心价值的地位"①。

梁启超与保教思想相脱离并最终回归儒家的人生哲学实际上可以看作"对中国传统文化特别是孔子儒家文化价值予以重估"②的过程。新文化阵营中的胡适同样主张"孔教的讨论只是要重新估定孔教的价值"，而重估孔教价值的方式就是"用科学的方法来做整理的工夫"。③ 由此可见，梁启超和新文化阵营都以重现孔子和儒家文化的真正价值为根本的目标。只不过，受制于个人的人生经历以及时代环境之变迁所提出的不同要求，他们选择了不同的道路。梁启超所经历的是一个由保教到回归儒学本旨的历时性过程，新文化阵营则对孔子和儒学采取共时性的分层处理方式，其目的是为了证明"剥落了陈腐礼法教条的孔子之道适应现代生活"④。学衡派发端于新文化运动的高潮之后，他们既没有经历梁启超为保教事业而奋力奔走的时代，也不用面对新文化阵营极力批判的尊孔复辟逆流，因而他们对孔子和儒学的态度完全克服了梁启超和新文化阵营那种复杂纷繁的缺点。学衡派的思路非常简单，即坚持认为孔子和儒学是中国传统文化的中心，孔子的为人之道和理想人格无论在当今还是将来社会，都有着重要的意义和价值。欧阳哲生说："如何把握儒学的现代意义及其现代地位，实际上成为新学术突破的一个瓶颈。"⑤ 梁启超、新文化阵营和学衡派分别以此作为他们最根本的学术任务，只不过他们采取了"殊途同归"的方式。

二　对墨学的态度：各有所用

大体上看，梁启超对墨学的态度有肯定有否定，但否定的部分较多；新文化阵营对墨学基本持肯定的态度；学衡派虽承认墨学的某些效用，但整体上持批评的态度。从根源上来看，梁启超、新文化阵营和学衡派之所

① 周云：《学衡派与中国学术的现代转换》，《甘肃社会科学》2003年第2期。
② 元青：《梁启超与五四新文化运动》，《南开学报》（哲学社会科学版）2005年第2期。
③ 胡适：《"新思潮"的意义》，载《胡适文集》第2册《胡适文存》，北京大学出版社2013年版，第499、504页。
④ 王锟：《孔子与20世纪三大社会思潮》，博士学位论文，西北大学，2002年。
⑤ 欧阳哲生：《自由主义之累——胡适思想之现代阐释》，上海人民出版社1993年版，第134页。

以对墨学持不同的态度，在很大程度上由他们的儒学观所决定。梁启超的墨学研究有前后期之分，前期正值他广泛接触西学并试图与保教思想相脱离的阶段，引入西学与反思儒学的现实需要使他颇为欣赏墨学，甚至一度将墨学抬至与儒学同等的地位；后期的梁启超致力于儒家人生哲学的阐发，此时在涉及儒墨的比较问题时，他基本站到了儒家的立场上。对新文化阵营来说，墨学是他们批判尊孔复辟与儒家封建礼教的重要武器，这也是他们一直青睐于此的重要原因。为了维护孔子和儒学在中国文化中的中心地位，学衡派在儒墨的比较中尽显儒学之优与墨学之劣，但他们的目的并非推翻墨学。总之，梁启超、新文化阵营和学衡派在处理墨学的过程中表现出了不同的思想倾向。

（一）梁启超：墨学作为反思儒学的重要参照

前文已详细论述了梁启超墨学研究背后所坚持的儒学立场。由于梁启超的墨学研究有前后期之分，他本人在两个时期面临的任务亦随之不同，由此导致他对墨学的具体评价以及对儒学的了解程度也有所不同。

梁启超对墨学的集中性研究开始于他避地日本并充分学习西方资产阶级学说的时期，这时的他逐渐意识到封建专制的腐化堕落以及保皇党的惨淡前景。基于此，梁启超一方面对墨学给予充分的关注，希望在其中找到救国救民的精神资源与抗衡西方文明的学说；另一方面则试图深入到儒学的本义，从而摆脱保教思想的束缚。在《子墨子学说》中，梁启超对墨学的基本态度虽然是批评大于赞扬，但他尤为赞赏墨家的宗教学说。比如，他认为墨家的天志虽借助外在的力量来保障人们的行为，但仍可以称得上"不圆满中之圆满者"，而儒家主张以道德责任鼓动人们的行为，其效力不免衰弱，所以是"圆满中之不圆满者"。① 这一时期的梁启超急于寻求国家主义或爱国主义的精神资源，因而较为关注可以付诸现实并能迅速产生实际效果的思想学说，而墨家的天志说恰好满足了这一方面的需求，这是梁启超对墨家宗教思想大加推崇的重要原因。相比之下，梁启超虽能辨认出道德责任说在儒家思想中的重要地位，但因为他对儒学缺乏深入的了解与切身的体会，从而导致他对儒家道德责任说的长远意义未能做出客观和公允的评价。

到了20世纪20年代，梁启超的精力主要集中在中国传统文化的研究

---

① 梁启超：《子墨子学说》，载《饮冰室合集·专集之三十七》，中华书局1989年版，第8页。

上，与此同时，他也深入到儒家人生哲学的探讨中来。这一时期，梁启超对墨家的宗教、兼爱、实利、政术等学说分别展开批评。换个角度来看，梁启超对墨学的批评还可以视为一个不断接近儒学本义并且彰显儒学之优点的过程。梁启超在这方面的努力主要体现为如下几点。首先，在批评墨家兼爱因无视社会等级存在而造成的混乱状况时，梁启超对孔子的"以自己为中心，一层一层的推出去"的泛爱方式表示认同，并且指出"最要紧是一个'恕'字，专以己度人"。① 在《论语·里仁》篇，曾子将贯穿孔子之道的基本思想概括为"忠恕"二字。可见，"恕"在儒家的思想体系中居于重要地位，它也是为仁的基本要求，无怪乎学衡派同样将"恕"视为孔子为人之道的构成要素之一。梁启超能够触及儒家学说的核心要义，这说明他对儒学的认识已上升到一个新的高度。其次，在批评墨家的实利主义"只看见积极的实利，不看见消极的实利"时，梁启超说道："所以弄到只有义务生活，没有趣味生活。墨学失败最重要的原因，就在此。"② 梁启超在前期同样批评墨家的实利主义，但只是揭示出墨家偏重直接的物质之利，而不注重间接的精神之利。这一时期的梁启超除了继续使用前期已经提及的论据之外，还从人生趣味的角度来思考这一问题。梁启超在后期尤为关注人生的"兴味"，而且从孔子的"知其不可而为之"和老子的"为而不有"两种学说中寻找理论来源。③ 他坚信"'人生'的意义不是用算盘可以算得出来"，"人类只是为生活而生活，并非为求得何种效率而生活"。④ 墨家处处计较生活的效率，因而无法领会人生的兴味和意义。⑤ 最后，在批评墨家尚同说对思想自由的干涉时，梁启超指出它远远不如孔子所主张的

---

① 梁启超：《子墨子学说》，载《饮冰室合集·专集之三十七》，中华书局 1989 年版，第 9 页。

② 梁启超：《墨子学案》，载《饮冰室合集·专集之三十九》，中华书局 1989 年版，第 21 页。

③ 梁启超：《"知不可而为"主义与"为而不有"主义》，载《饮冰室合集·文集之三十七》，中华书局 1989 年版，第 59—68 页。

④ 梁启超：《先秦政治思想史》，载《饮冰室合集·专集之五十》，中华书局 1989 年版，第 87 页。

⑤ 梁启超以是否计较效率将儒墨区分开，认为人生的意义绝不能由计较而得出，这一观点同样被新文化阵营和学衡派的某些学者所赞同。钱玄同说："二梁——漱溟、启超——说孔家生活最计较效率，此点贤于墨家与欧洲学人之论。这话我极以为然，这确是孔学最优之点。"（杨天石主编：《钱玄同日记（整理本）》，北京大学出版社 2014 年版，第 498 页。）陆懋德也说："从墨子之教，则不能免终身困于计算的生活。若从孔子之教，则胸中先养成大本，自然含义，不需计算的方法。"（陆懋德：《周秦哲学史》，转引自柳诒徵《评陆懋德〈周秦哲学史〉》，《学衡》1924 年第 29 期。）

"道并行而不相悖"。对于尚同所造成的"只承认社会，不承认个人"的弊端，梁启超诘难道："结果能令个人全为社会所吞没。个性消尽，千人万人同铸一型，此又得为社会之福矣乎？"① 这里无不透露出梁启超对独立自主之人格的向往与追求。墨学既然走不通，梁启超便将希望寄托在儒学上，并最终在儒家的人生哲学中找到了出路。在遍览了各家学说并对它们的利弊予以充分的了解之后，梁启超得出结论："惟有儒家，或为自己修养的应用，或为改良社会的应用，对于处世接物的方法，要在学理上求出一个根据来。"② 由早期对儒学不够全面的了解而对墨学寄予厚望，到最后彻底服膺于儒家的人生哲学，梁启超借助墨学这一重要参照而对儒家的学说进行了深入探讨。随着认识的逐步深入，墨学的弊端亦相继暴露，而儒学的价值得以凸显。无论在个人的修养方面，还是在社会和国家的改造上，儒家都能提出合理有效的解决之道。因此，梁启超最后毫无迟疑地选择了儒学。

（二）新文化阵营：墨学作为批判封建礼教的有力武器

新文化阵营对儒学的批评集中在两个方面：其一，是对孔教的"根本"，即以尊卑贵贱为核心的封建礼教的批评；其二，是对现实社会中尊孔复辟思潮的批评。虽然划分为两个方面，其实质可融汇为一点，即对封建礼教的批评。新文化阵营认为，与儒家对封建阶级的强调不同，墨家以自由和平等为根本宗旨。基于此，他们在揭露儒学弊端的同时悉数列举墨学的优点，一方面将墨学用作批判封建礼教的有力武器，另一方面将其视为中西文化相融合的重要媒介。

新文化阵营认为，儒家的封建礼教以三纲学说为核心，这是他们重点批判的对象。吴虞对"礼教"之"礼"的负面作用有清晰的认识，他说："礼的作用全在保护尊贵长上，使一般人民安于卑贱幼下，恭恭顺顺的。"③ 依《淮南子》记载，墨子曾学于孔子，但终因"其礼烦扰"的缘故而脱离儒家。然而，在吴虞看来，墨子与儒家相决裂的原因不仅仅是礼的烦扰，

---

① 梁启超：《先秦政治思想史》，载《饮冰室合集·专集之五十》，中华书局1989年版，第131页。
② 梁启超：《儒家哲学》，载《饮冰室合集·专集之一百三》，中华书局1989年版，第72页。
③ 吴虞：《墨子的劳农主义》，载《吴虞集》，中华书局2013年版，第80页。

从根本上来看，则是由于儒家礼的内涵与墨家的思想相冲突，因为墨子主张"废去儒家所主张的阶级制度，把尊君卑臣、崇上抑下的礼教，一扫而空之"①。也就是说，墨子的主张与儒家礼教所维护的尊卑等级制度完全不能相容，这才是儒墨分道扬镳的关键原因。新文化阵营继而指出，儒家的三纲学说归根结底源于一个"孝"字，儒墨对纲常阶级的不同态度从根本上源于他们对孝的不同认识。对此，胡适说："墨家爱无差等，何得宗祀严父？其上同之说，谓一同天下之义，与儒家之以孝治天下，全无关系也。"② 胡适意在表明，墨家以天为最高的标准，强调人与人之间的平等关系；儒家以父权为标准，强调等级制度。陈独秀认为儒家的孝悌、差等爱"太猾头"，而且使"社会的纷争恐怕更加利害"，所以我们道德建设的理想目标是"把家庭的孝弟扩充到全社会的友爱"③。除了在理论上对尊卑贵贱的强调，儒家的礼教还通过一系列具体的制度表现出来，其中最典型的当为礼乐制度，尤其是丧礼。同样，在新文化阵营批评儒家礼乐制度的过程中，墨家的相关学说成为他们阐发观点的重要依据。比如，陈独秀在批评儒家的厚葬行为时提到："西洋丧葬之仪甚简，略类中国墨子之道。儒家主张厚葬。丧礼之繁，尤害时废业，不可为训。"④ 陈独秀将墨学与西学予以沟通，使它们成为儒学的对立面，借此也彰显了墨学"批判儒学、接合中西的崭新功能"⑤。对于有人将墨子非乐的原因归结为节俭的观点，吴虞提出了不同看法，即认为"中国专制君主另有制礼作乐的妙用"⑥。吴虞的言外之意是，从表面上看，墨子非乐的目的是节俭，实则针对的是儒家礼乐形式所维护的阶级制度。因此，对于新文化阵营来说，墨家的节葬、非乐等学说不仅是适用于现代社会的有效措施，还是他们批判儒家礼乐制

---

① 吴虞：《墨子的劳农主义》，载《吴虞集》，中华书局2013年版，第83页。

② 胡适：《诸子不出于王官论》，载《胡适文集》第2册《胡适文存》，北京大学出版社2013年版，第167页。

③ 陈独秀：《新文化运动是什么》，载《陈独秀著作选编》第2卷，上海人民出版社2014年版，第219页。

④ 陈独秀：《孔子之道与现代生活》，载《陈独秀著作选编》第1卷，上海人民出版社2014年版，第267页。

⑤ 张永义：《墨子与中国文化》，贵州人民出版社2001年版，第362页。

⑥ 吴虞：《道家法家均反对旧道德说》，载《吴虞集》，中华书局2013年版，第27页。

度及其背后封建礼教的有力武器。

（三）学衡派：墨学作为对抗新文化运动的主要阵地

从严格意义上来讲，学衡派的墨学研究并非始于学术上的兴趣，而是将其视为与新文化阵营相对抗的一块重要阵地。在他们看来，新文化阵营在墨学研究中不仅采取了中西学相比附的不合理方法，更严重的是他们在过度推崇墨学的同时，对孔子和儒学的内在价值存在认识不足的情况，所以才提出了"右墨而左孔"的观点。对学衡派来说，当前最紧要的任务就是深入到墨学的研究之中，对新文化阵营错误的墨学研究方法以及他们对儒学的误解进行全面的纠正。对于新文化阵营中西比附的研究方法，学衡派指出，比起《墨经》，我们更应该关注作为墨家宗旨的兼爱、尚贤等学说。此外，我们决不能在对西方学说仅有一知半解的情况下就将其与墨学的研究相提并论。只有真正克服了上述偏见，才能彻底解决中西学比附研究的弊端。学衡派的成员，如孙德谦、陆懋德等，虽然在这一方面做出了不少努力，但这并非学衡派最重要的任务。他们的根本目的是驳斥新文化阵营的"左孔"言论，重新恢复孔子和儒学在中国传统文化中本该享有的中心地位。因此，学衡派在墨学的认识以及儒墨的比较方面提出了不少与新文化阵营相对立的观点。

根据对墨学所持态度的不同，学衡派的成员可分为极端与缓和两类。作为极端派的代表，柳诒徵对墨学的批评可谓极其严厉，但他基本是针对新文化阵营的观点所做的有目的性的阐发。比如，新文化阵营借助兼爱来批评儒家以孝为核心的封建礼教，极力突出孝的消极影响。对此，柳诒徵认为，墨家的兼爱易于衍生出"非孝"之论，最终在当今社会造成"世界止有朋友一伦，若父子、夫妇、兄弟之伦均须废去"① 的后果。针对新文化阵营将尚同视为平等学说的观点，柳诒徵直截了当地指出："墨学最专制、最尊君。"② 通过以上言辞激烈的论述，柳诒徵将墨学放置在了儒学的对立面上，并以此为切入点而对新文化阵营的"左孔"言论进行了有力的回击。然而，前文已指出，学衡派对新文化阵营的批评实际上是"错位"

① 柳诒徵：《读墨微言》，《学衡》1922 年第 12 期。
② 柳诒徵：《读墨微言》，《学衡》1922 年第 12 期。

的，他们没有看到新文化阵营对儒学的分层处理方式。在新文化阵营激烈的反孔非儒言论的刺激下，学衡派急于捍卫孔子和儒学的地位，这就导致他们在对新文化阵营的批评对象了解不全面的情况下，就对他们做出了彻底的否定，其中自然包括他们的墨学研究，因为学衡派认为这是他们反孔批儒的重要手段。

对于柳诒徵等持极端观点的成员来说，与其说他们反对墨学，不如说他们反对的是被新文化阵营利用的墨学。更确切地说，他们反对的是新文化阵营的反孔非儒说。学衡派的目的并非否定墨学的存在意义，这一点在孙德谦、陈柱、杨宽等缓和派成员的言论中有充分的体现。无论是将儒墨的关系比喻为日用饮食和治病良药，还是认为儒墨各有短长，这些都充分证明，学衡派承认墨学对儒学的辅助作用。也就是说，批判墨学并非学衡派的初衷，他们的目的是以墨学为思想的阵地，从而对新文化阵营的反孔非儒言论进行有力的回击，最终捍卫孔子和儒学在中国传统文化中的地位。

综上所述，梁启超、新文化阵营和学衡派分别对墨学有不同程度的研究，而他们在墨学的处理方式与所持态度上也呈现出了各自不同的特点。然而，三者的墨学研究还存在一个共同点，即他们都选择在儒墨比较这一框架之内展开研究。简而言之，墨学研究是梁启超、新文化阵营和学衡派反思儒学、批判儒学以及捍卫儒学的重要途径。也可以说，梁启超、新文化阵营和学衡派之所以对墨学各有所用，从根本上取决于他们对儒学的不同定位。

第二节 文化的问题

至此，我们可以说，梁启超、新文化阵营和学衡派的儒墨比较思想实质上可以归结为一个根本性的问题，即儒学的问题。虽然经历的具体过程有所不同，但在发明儒学的本真意涵这一目标上，他们的观点又是相通的。换个角度来讲，以上学者对儒墨关系的处理以及对儒学问题的思考都属于在中国传统文化的内部对其构成要素的反思与调整。比较特殊的是，这一时期的中国学者对中国传统文化的调整并非一种自发性的行为，而是由西方文化的刺激所引起。欧阳军喜说："由于西方文化是伴随着帝国主义的入侵传入中国的，并且学习西方文化与挽救民族危亡紧紧地联系到了一起，因此当中国人向西方学习的时候，就面临着如何处理西方思想与本国文化传统的关系的问题。"① 虽然中国学者是在学习西方的过程中被动地开始对中国传统文化的关注与研究，但他们的目的是希望找寻到中西文化的契合点，从而创造出适合中国未来发展的新文化，由此从最初的被动地位一跃成为新文化的主导者。②

梁启超对中西文化之关系的态度并非始终如一。《新民丛报》时期，对西方资产阶级学说的强烈兴趣促使他一度疏远了传统文化，主张通过中西文明相"结婚"的途径来最大限度地输入西方文化。一战后，梁启超一方面对西方文明感到失望，另一方面不断提高对中国传统文化的关注度，并提出中西文明相"化合"的主张。由"结婚"到"化合"，梁启超沟通中西的基本立场虽然没有改变，但"化合"论明确将中国传统文化视为中西相结合的前提和基础。新文化阵营主张最大限度地输入西方文明，他们进行墨学研究的初衷也是为西学的引入打下基础，这就很容易使人为其贴上"反传统"的标签。实际上，新文化阵营与"反传统"之间并不能画等号，除了引入西学，他们还主张中西文明的相互发明。学衡派"昌明国粹，融化新知"的办刊宗旨简明扼要地表达了他们的中西文化观，即以传统文化为基础，融合西方现代文化，造就新文化。

一　梁启超：由中西文明"结婚论"到"化合论"

寓居于日本期间，梁启超通过广泛的渠道接触到西方资产阶级的学说，而他本人也确实醉心于此。以梁启超的墨学研究为例，他不仅在《墨子之论理学》中宣称"今者以欧西新理比附中国旧学，其非无用之业也明矣"③，

---

① 欧阳军喜：《论五四新文化运动的儒学根源》，《孔子研究》1999年第2期。

② 李翔海说："现代中国文化走过了一个现代化的价值理想从'外在冲击'到'内在转化'的过程。'外在冲击'是指作为人类现代文化代表的西方文化对中国传统产生全方位冲击的阶段，它构成了中国文化现代转型的历史起点。'内在转化'阶段是指在经过相当长时间的外在冲击后，'现代化'与作为现代化精神结晶的'现代化'内化为中国文化自身理想目标的过程。"（李翔海：《五四新文化运动与中国文化传统三题》，《齐鲁学刊》2009年第6期。）

③ 梁启超：《子墨子学说》附《墨子之论理学》，载《饮冰室合集·专集之三十七》，中华书局1989年版，第55页。

还在《子墨子学说》中多次将墨家的兼爱、实利、宗教、政术等学说与西学进行比较。由此可见，梁启超的学术思想受西方文明的影响非常深刻。面对西方文化的大量涌入，梁启超对西方学说在我国的传播前景抱有极大的信心，与此同时，他对我国固有文化的发展前途表示出了担忧。梁启超说："自今以往二十年中，吾不患外国学术思想之不输入，吾惟患本国学术思想之不发明。"① 出于这一层考虑，梁启超主张"泰西文明"（欧美文化）与"泰东文明"（中华文化）相"结婚"。那么，经过"结婚"仪式之后的中西文明究竟处于一种什么样的关系之中？我们可以在梁启超的"新民说"中找到答案。

前文已经提及，梁启超为"新民"的"新"字下了两层定义："淬厉其所本有而新之"和"采补其所本无而新之"。前者是指中国传统文化的自主创新，后者是指将西学的引入作为一种创新。从字面上理解，梁启超的这两条定义只是为中国与西方文化的处理方式分别提供了建议，尚未涉及中西文化如何结合的问题。在新民的公私德问题上，梁启超对中西文明的关系做了更加深入的探讨。梁启超认为，我们所要培养的新民是公德和私德兼备的新型国民。简而言之，私德就是"人人独善其身"之类的德行，公德则指"人人相善其群"等德行。两种德行都是个人发展中不可缺少的要素，即"无私德则不能立"和"无公德则不能团"。然而，对于当时的中国国情来说，最急需的是公德，因为在我国的孔孟传统中不乏关于私德之培养的内容。因此，欲塑造公私德兼具的新民，中国人必须学习公德伦理丰富的西方学说。虽然在《论私德》部分梁启超指出西方文明在培养新民中的局限性，并强调"吾祖宗遗传固有之旧道德"的重要作用，但他毕竟从阐发公德的必要性开始。梁启超对私德的强调可以视为他在借鉴西方文明以发展公德的过程中所做的重要补充。究其根本，梁启超这一时期对西方文明的重视远远超过中国固有文化。② 但是，梁启超始终承认我

----

① 梁启超：《论中国学术思想变迁之大势》，载《饮冰室合集·文集之七》，中华书局1989年版，第3页。

② 王明雨说："梁启超《新民说》中的政治思想，在其形成过程中西方文化起着主导作用。"（王明雨：《梁启超〈新民说〉对儒学传统的突破》，《天津大学学报》（社会科学版）2004年第1期。）

国传统文化的价值，正如勒文森所说"由于看到其他国度的价值，在理智上疏远了本国的文化传统；由于受历史制约，在感情上仍然与本国传统相联系"①。

梁启超虽然在早期提出了中西文明相"结婚"的观点，但作为这场"婚礼"的两位主角——中国文明与西方文明，似乎还处于一种"貌合神离"的关系之中。梁启超只是主张传统与西学都要"新之"，却没有为两者的融合做出实质性的努力。十几年之后，当梁启超游历欧洲并目睹了西方文明在一战后的败落情景时，他深刻认识到"以儒家为代表的东方文明有助于克服西方文明弊病"②。自此以后，梁启超虽然继续为中西文明的结合而奋力奔走，但他牢牢确立了中国传统文化的中心地位。梁启超指出，我们国家未来最重大的责任"是拿西洋的文明来扩充我的文明，又拿我的文明去补助西洋的文明，叫他化合起来成一种新文明"③。由"结婚"到"化合"，这反映了梁启超中西文化观的深入发展。"拿西洋的文明来扩充我的文明"，说明在中西文化的关系中，我国固有文化处于一个基础性的地位，西方文化只是发挥扩展与补充我国文化的功能。"拿我的文明去补助西洋的文明"，说明西方文化虽存在诸多弊端，但可通过中国文化得以补救，从而使两者都能发挥出最大的功能，由此造就一种新的文明。对于创造这种新文明的具体步骤，梁启超提出了"四步"说。第一步是"人人存一个尊重爱护本国文化的诚意"，这是确立传统文化的基础地位；第二步是"用那西洋人研究学问的方法去研究他"，这是借鉴西方科学的研究方法；第三步是"把自己的文化综合起来，还拿别人的补助他，叫他起一种化合作用，成了一个新文化系统"，这是在前两者的基础上实现中西文化的融合；第四步是"把这新系统往外扩充，叫人类全体都得着他好处"，这说明这种新文化并非仅适合于中国社会，而是一种世界型文化。④

---

① ［美］约瑟夫·阿·勒文森：《梁启超与中国近代思想》，刘伟等译，四川人民出版社1986年版，第4页。

② 温克勤：《浅谈梁启超的儒学研究》，《道德与文明》1999年第1期。

③ 梁启超：《欧游心影录节录》，载《饮冰室合集·专集之二十三》，中华书局1989年版，第35页。

④ 梁启超：《欧游心影录节录》，载《饮冰室合集·专集之二十三》，中华书局1989年版，第37页。

相比于早期的中西文化"结婚论"，梁启超的中西文化"化合论"有两个突出的特点：其一，它将中国传统文化视为中西文化相融合的前提和基础；其二，它试图突破文化的狭隘性，发展一种世界型文化，而这主要取决于梁启超建设世界主义的国家这一理想目标。这一时期的梁启超颇能注意到传统文化的价值，严厉批评对西学了解不全面又妄自非议传统的一类人。梁启超对传统文化的重视主要源于他对两个问题的思考，即"精神生活与物质生活之调和问题"和"个性与社会性之调和问题"。对于第一个问题，梁启超认为"儒家解答本问题，正以此为根本精神，于人生最为合理"；对于第二个问题，梁启超认为儒家的"欲立立人欲达达人"和"能尽其性则能尽人之性"都是很好的解决之道。① 然而，近代以来西方的功利主义等学说却不能解决这两个问题。因此，中国社会的未来出路只能到儒家传统中去寻找。总而言之，梁启超前期的工作主要是"向国人传播并在一定程度上推行西方的思想和文化"，后期则"向国人乃至全世界人阐扬中国优秀的传统文化"，由此形成了前期"结婚论"与后期"化合论"的不同，但它们"都体现了文化交流、综合创新的原则"。②

二　新文化阵营：西学的输入与中西文化相发明

陈独秀说："投一国于世界潮流之中，笃旧者固速其危亡，善变者反因以竞进。"③ 这一表述可视为新文化阵营处理中西文化之关系的基本原则。其中，"善变"是指在西方文化的冲击下对我国固有文化进行适当的调整，从而使其与世界文化发展的潮流相接轨；"笃旧"是指一味固守我国的传统文化，这是发展新文化的严重阻碍，必须予以克服。然而，大多数人对新文化阵营所排斥的"旧"有所误解，认为他们彻底反对传统文化。实则，新文化阵营非但没有彻底推翻传统，甚至主张传统文化与西方文化的相互发明、相互结合。

---

① 梁启超：《先秦政治思想史》，载《饮冰室合集·专集之五十》，中华书局1989年版，第182—184页。

② 陆信礼：《梁启超中国哲学史研究评述》，中国社会科学出版社2013年版，第21—22、44页。

③ 陈独秀：《敬告青年》，载《陈独秀著作选编》第1卷，上海人民出版社2014年版，第161页。

　　新文化阵营首先指出，我们若要顺应世界的潮流而建设新国家、新社会，那么"不可不首先输入西洋式社会国家之基础"①。但是，西方的社会和国家建立在自由、平等、独立等学说的基础之上，与中国长期实行的封建制度有明显区别。因此，在引入西方外来学说之前，我们必须与束缚中国社会的封建礼教相决裂。由此可知，陈独秀所说的与西方文化的根本性质极端相反的"吾华固有之文化"并非指孔子和儒学为代表的优秀传统文化资源，而是专指其中的封建礼教部分。

　　除去覆盖在孔子和儒学之上的封建外衣，新文化阵营不仅明确肯定孔子和儒学的存在价值，还主张传统文化与西方文化的结合。陈独秀的关注点在西方文明与封建礼教的极不相容，对于中西文化相结合的一面则论述不多。他只是提到"新文化运动，是觉得旧的文化还有不足的地方，更加上新的科学、宗教、道德、文学、美术、音乐等运动"②，即以西方文化来补足中国传统文化，而没有从中西双方相互融通的视角来提供有效的途径。易白沙在讨论教育与国学两件事时，分别对中国与西方的关系问题有所涉及。关于未来教育的发展，易白沙说："保存国粹为一事，施行新教育又为一事，二者宜交倚而并行，不当执一以相慢。"③"交倚而并行"旨在说明，中国传统文化与西方外来的教育思想可以相互影响和借鉴，由此促进现代新教育的发展。关于国学的构成要素，易白沙说："以东方之古文明，与西土之新思想，行正式结婚礼，神州国学，规模愈宏。"④ 这同样是主张中西文明的相互结合。比起陈独秀以西学补中学的观点，易白沙在沟通中西文明这条道路上似乎走得更远一些。钱玄同的中西文明结合论以阐发中国文明的价值为前提，他说："中国文明之备，果能循是发扬而光大之，不特不亡，且可永存昌大也。"⑤ 对于昌明我国固有文化的方法，钱玄同坚决反对"抱残守缺，深闭固拒"的消极态度，而主张"旁搜博采域

　　① 陈独秀：《宪法与孔教》，载《陈独秀著作选编》第 1 卷，上海人民出版社 2014 年版，第 252 页。

　　② 陈独秀：《新文化运动是什么》，载《陈独秀著作选编》第 2 卷，上海人民出版社 2014 年版，第 217 页。

　　③ 易白沙：《教育与卫西琴》，载《易白沙集》，湖南人民出版社 2008 年版，第 2 页。

　　④ 易白沙：《孔子平议（下）》，载《易白沙集》，湖南人民出版社 2008 年版，第 91 页。

　　⑤ 杨天石主编：《钱玄同日记（整理本）》，北京大学出版社 2014 年版，第 187 页。

外之智识，与本国学术相发明"的积极方式。① 钱玄同的这一见解与胡适的"用科学的方法来做整理的工夫"颇为类似，都是在承认中国传统文化之价值的基础上，运用西方的学说或方法对其展开研究，从而实现中西文化的相互融通与发明。

通过以上分析，我们可以对新文化阵营的"反传统"重新进行思考，即他们所反对的只是封建礼教，而非传统文化的固有价值。诚然，他们认为西方文化具有很大的优越性，而且为西方文化的输入做出了不少努力，但他们"并不认为中西文化是根本对立的"，而是对西方文化采取了"中西融会"的接受方式。对他们来说，西方文化只是充当"实现传统更新的工具"，他们本人所经历的儒学熏陶也决定他们不可能抛弃传统文化。②

三　学衡派："昌明国粹"基础上的"融化新知"

学衡派的中西文化观集中体现在"昌明国粹，融化新知"的办刊宗旨中。"国粹"指我国的传统文化，"新知"则指西方外来文化。由此可见，学衡派虽然反对新文化运动，但不反对新文化，他们对新文化的理解为"国粹不失，欧化亦成，所谓造成新文化"③。在学衡派看来，国粹与新知并非截然对立，而是紧密联系，这也是两者能够相融合以造就新文化的关键所在。对此，吴宓说："西洋真正之文化与吾国之国粹，实多互相发明，互相裨益之处，甚可兼蓄并收，相得益彰。"④ 虽然以中西文化的结合为阐述的重点，但学衡派在国粹与新知之间还是有所偏重的，他们强调在保存国粹的基础上来融化新知。郭斌龢指出，"立国精神，必由内发，非可外铄"，这一精神的来源就是我国的固有文化，它"有其永久之价值，与丰富之生命"。⑤

无论是昌明国粹，还是融化新知，都必须以对国粹和新知的充分而全

---

① 杨天石主编：《钱玄同日记（整理本）》，北京大学出版社2014年版，第303页。
② 欧阳军喜：《论五四新文化运动的儒学根源》，《孔子研究》1999年第2期。
③ 吴宓：《再论新文化运动（答邱昌渭君）》，《留美学生季报》第8卷，1921年第4期。
④ 吴宓：《论新文化运动》，《学衡》1922年第4期。
⑤ 郭斌龢：《读儒行》，《思想与时代月刊》1942年第11期。

面的理解为前提。关于这一问题，学衡派首先提供了一条处理中西文化之关系的基本原则。梅光迪说："改造固有文化，与吸取他人文化，皆须先有彻底研究，加以至明确之评判，副以至精当之手续，合千百融贯中西之通儒大师，宣导国人，蔚为风气，则四五十年后，成效必有可睹也。"[①] 梅光迪的这一论述将研究的全面性、评判的准确性、思路的严谨性等要求清楚明白地罗列了出来，在此基础上，通过博通中西的学者的指引，必能在不久的将来造就一种中西融合的新文化。除了对中西学的处理方式予以概括性的介绍，学衡派还分别针对中国文化与西方文化的具体研究方法做出详细说明。对于中国传统文化，学衡派主张"以切实之工夫，为精确之研究，然后整理而条析之，明其源流，著其旨要，以见吾国文化，有可与日月争光之价值"；对于西方外来文化，学衡派主张"博及群书，深窥底奥，然后明白辨析，审慎取择，庶使吾国学子，潜心研究，兼收并览，不至道听途说，呼号标榜，陷于一偏而昧于大体也"。[②] 由此可见，学衡派希望通过科学的方法来深入挖掘中国传统文化的价值，并将其视为融化新知识的前提条件。需要注意的是，学衡派对处理西学之方法的说明，在很大程度上出于批评新文化阵营的需要。吴宓指出，新文化阵营所输入的西方文化其实只是西学的一部分，这是因为他们对西学"未示其涯略，未取其精髓"[③]，以为他们的一知半解足以代表整个西方文化，却看不到西方文化的博大精深。为了纠正新文化阵营的错误态度，更重要的是为了科学地认识西方文化，学衡派提出在研究西学的过程中必须深入、明辨、谨慎，万不可局限于一偏而忽略整体。

学衡派的成员不仅具备深厚的国学基础，还有留学西方的经历，因而对西方文化有相当深刻的了解，这是他们能够提出"昌明国粹，融化新知"这一学术宗旨的重要原因。学衡派非常重视西方文化，并试图在中西融合的基础上发展现代新文化，但他们始终将传统文化的发扬作为前提条件。对他们来说，任何新文化的建设都必须以承认传统文化的内在价值为

---

① 梅光迪：《评提倡新文化者》，《学衡》1922 年第 1 期。
② 《学衡》每一期之前都附有"学衡杂志简章"。
③ 吴宓：《论新文化运动》，《学衡》1922 年第 4 期。

基础，否则只会导致民族虚无主义。虽然以捍卫传统文化为出发点，但学衡派"在文化立场上是世界本位的，亦即以造成超越狭隘的国别划分的世界文化为己任"①。从这个角度来讲，学衡派的文化观是开放的，而非保守的。

总之，在对待传统儒学这一问题上，梁启超、新文化阵营和学衡派经历了不同的道路，但最终走向了共同的归宿。早年的梁启超视孔子为一个神圣不可侵犯的对象，这是他后来加入康有为"保教"运动的重要原因。然而，在国内尊孔复辟的逆流以及西方文明的刺激下，梁启超逐渐意识到儒学的专制本质，从而开始承担起接受西学与批判儒学的使命。一战后西方文明的破产惊醒了一味沉迷于西学的中国人，经过深刻的反省，梁启超重新将目光转移到传统儒学的内在价值上来，并最后落脚到儒家的人生哲学。新文化阵营对儒学采取了分层处理的方式，即表层是作为封建礼教的儒学以及被尊孔复辟所利用的儒学，这是他们批判的对象；深层是作为仁义道德的儒学，这是他们一直予以认可的内容。学衡派对儒学的认识比较纯粹，即充分发挥儒学在理想人格塑造过程中的根本作用。由此可以说，梁启超、新文化阵营和学衡派对儒学的态度是"殊途同归"。墨学作为他们思想中的重要方面，亦发挥了不同的作用。梁启超一方面宣扬墨家的精神和人格，另一方面通过儒墨的比较彰显儒学的内在特质。新文化阵营将墨学用作批判封建礼教和尊孔复辟的有力武器。学衡派的目的虽不是推翻墨学，但捍卫儒学的立场使他们在儒墨的比较中偏向了儒学。可以说，墨学对于梁启超、新文化阵营和学衡派"各有所用"，而这在根本上取决于他们对儒学的态度。

梁启超、新文化阵营和学衡派对儒学真义的阐发以及对儒墨所做的比较都属于中国传统文化内部的自我调整，其目的是在新的时代环境下创造出一种现代新文化。然而，任何文化的创新都不可能局限于传统文化的内部，它必然摆脱不了西方文化的影响。因此，除了儒墨的问题，梁启超、新文化阵营和学衡派还要处理中国文化与西方文化的关系问题。

① 龙文茂：《融通中西、贯概古今——学衡派文化观念评述》，《首都师范大学学报》（社会科学版）1999 年第 1 期。

梁启超早年非常热衷于西方文化，甚至一度疏远了传统文化，但经过欧游以及个人深刻的反思之后，他逐渐意识到传统文化的内在价值，进而主张在坚持传统文化的基础上实现中西文明的化合。学衡派和新文化阵营从表面上看属于对立的双方，实则在沟通中西文化方面是相通的，只不过两者对待传统与西学的态度有所不同而已。另外，学衡派比较推崇西方古典文化，新文化阵营则重点关注西方现代文化。虽然关注的对象不同，但他们都致力于在了解与学习西方的基础上实现中西文化的融会贯通。对此，韩星说：“据于不同倾向的文化争论目标大致都是一样，这就是解决中国传统文化的现代化问题，并进而重建中国新文化。”① 无论是对中国传统文化的内部调整，还是对西方文化的引入，说到底，都是传统向现代的转型问题，而这才是20世纪初期的中国学者亟待解决的根本问题。

---

① 韩星：《学衡派对儒学的现代诠释和转换》，《唐都学刊》2003年第2期。

结语　论墨评儒、中西融合：20 世纪初期儒墨比较思想的特点及意义

　　战国时期，经过孟、荀的批墨以及墨家的反孔非儒，儒墨之间的对立关系得以确立。自此以后，历代学者或直接提及儒墨的对立关系，或对两家的具体学说进行比较，由此形成了各具特色的儒墨比较思想。大体上来看，各个时期关于儒墨的比较无外乎三种情况：一是儒墨并提且被同时肯定或否定，二是在儒墨的比较中偏向于儒学，三是在儒墨的比较中偏向于墨学。每一时期的学者之所以在儒墨的比较问题上形成不同的看法，主要在于他们自身学术立场的不同，而这又取决于时代环境的影响。先秦时期，诸子百家处于自由的学术争鸣之中，无论是儒墨双方的互相攻击，还是道、法、杂各家对儒墨关系的论说，都出于宣传与捍卫自家学术立场的需要。因此，这一时期的儒墨虽然存在对立的关系，但尚未出现一方压倒另一方的局面，而是并为"显学"。西汉以后，中国古代思想世界发生了急剧的变化，儒学被独尊为封建社会的官方意识形态，墨学的影响力则日渐衰微。自西汉至清初的漫长时期内，虽然有学者出来为墨学辩护，但它在与儒学的比较中基本上处于劣势。总之，封建社会的专制性决定了儒墨的比较必然以维护儒学正统为根本前提。

　　墨学虽然在乾嘉时期开始复兴，并在清代后期获得进一步的发展，但中国旧知识分子并未挣脱封建专制思想的束缚，他们对儒墨关系的认识还拘泥于传统儒学的框架之内。虽然"西学墨源"论者在儒墨的比较中引入了西学的成分，似乎比以往的学者具有更加开阔的眼界，但他们的思想根基并没有发生根本性的改变。进至 20 世纪，一方面传统儒学的弊端成为阻碍国家和社会发展的重要因素，另一方面西方文明以凶猛的态势影响着

整个中国社会。在这种情形之下，中国知识分子既要反思与批判儒学，又急需在其他的非儒学说中寻找可以与西方文明相接洽的因素。因此，这一时期的儒墨比较思想既能对儒学做出深入的检讨，即由儒学的专制层面进至人生哲学的领域；又能够通过儒学与墨学、墨学与西学以及儒学与西学的比较为中国未来文化的发展指明一条切实可行的道路。

一　20世纪初期儒墨比较思想的基本特征

相比于以往的儒墨比较思想，20世纪初期中国学者的儒墨比较思想呈现出如下三个方面的特征：其一，他们对儒学的理解更加深入，不再局限于儒家封建礼教的框架之内，而是尝试从不同的层面对儒学的核心要义做出全面的分析与评价；其二，他们生活在更具开放性的时代背景下，因而能够从中国传统文化内部两种学说的比较推扩到中西文化的比较；其三，由儒墨的比较扩展到中西文化的比较，进而引发关于中国与西方、传统与现代的深层思考，他们的最终目的是为中国现代新文化的建设和发展寻找理想的出路。这三个方面的基本特征使20世纪初期的儒墨比较思想与以往的研究明显区分开来，这也是我们了解当时社会学术思想发展的重要突破口。

（一）儒墨的比较与儒学核心要义的阐发

无论是20世纪以前还是以后的儒墨比较思想，从本质上来看，都是由如何认识与评价儒学这一问题而引发。因此，各个时期儒墨比较思想的不同首先体现在它们对儒学的处理方式上。儒学的评价问题虽然不是一个新颖的话题，但不同时期的学者对儒学的理解存在明显的区别，这也是20世纪初期的儒墨比较思想与以往观点相区别的重要方面。

20世纪以前，尤其是西汉初期至19世纪末，对学者产生根深蒂固影响的是作为封建社会官方意识形态的儒学，它以尊卑贵贱、三纲五常为核心。这种立论的出发点决定了在这一漫长的时期内，即使看上去有非常大胆的为墨学辩护的言论，但它们都丝毫不能威胁到传统儒学在思想上的主导地位。虽然唐代韩愈提出了"孔墨相用"说，明代的陆稳和沈津主张孔

墨 "并称"，清代汪中甚至指出孟子的辟墨言论 "斯已枉矣"，但他们最后一致地屈从于儒学正统的权威。

20 世纪以后，梁启超、新文化阵营和学衡派的儒墨比较思想虽然仍以解决儒学的问题为重要考虑，但在对儒学的理解上，无论从深度还是广度上来说，都是以前各代的学者无法企及的。具体来看，梁启超对儒学的认识经历了一个历时性的演变过程。从跟随康有为从事保教事业到最后回归儒家的人生哲学，梁启超的一生就是一个逐步融入儒学本真意涵的历程。新文化阵营对儒学做了分层式的处理，他们所要彻底批判的只是儒学中的封建礼教成分以及现实社会中的尊孔复辟思潮；对于儒学中的仁义礼智信等核心要义，他们非但没有予以批驳，还承认其现代价值。学衡派虽然立足于儒学传统，但与 20 世纪以前束缚于封建儒学框架之内的旧知识分子不同，他们将儒学与国民性相联系，认为前者是塑造后者的重要途径，这种儒学是脱离了专制因素而与现代文明相契合的 "真儒学"。由此可见，虽然处理儒学的具体方式有所不同，但在阐发儒学的核心要义这一点上，梁启超、新文化阵营和学衡派三者基本上存在相通之处。

（二）儒墨的比较与中西文化的相互融通

20 世纪初期一个突出的时代特点，是中西文化的碰撞与交流。儒学、墨学与西学，谈论其一，必然要牵涉其余二者，这就使这一阶段的儒墨比较思想在整体上更加具有开放性和复杂性。

20 世纪以前的儒墨比较思想基本发生在中国传统文化尤其是儒学传统的范围之内，因而儒墨的比较只能围绕两家的具体学说而展开。19 世纪晚期的 "西学墨源" 论者虽然在儒墨的比较中引入了西学的因素，但这种中西比附的研究方式严重限制了他们的思路。"西学墨源" 论者一方面对西方文明表现出了极大的包容性，另一方面却不得不屈服于儒学正统的权威。这种矛盾的性格决定了他们不可能为现代新文化的发展提供一条切实可行的路径，而只能以失败告终。

进至 20 世纪初期，中西文化的交流日益频繁，中国知识分子的学术研究不再拘泥于中西比附的狭隘视域。这一时期，无论是梁启超、新文化阵营还是学衡派的儒墨比较思想都与西方文化有着千丝万缕的联系。具体来看，梁启超在前期曾醉心于西方资产阶级的自由、平等学说，为了充分吸收西方外来学说，他一方面对儒学的专制与落后性给予严厉批评，另一方面将墨学视为引入西学的重要媒介，从而将《墨经》及墨家的具体学说分别与西学进行沟通。后期的梁启超对西方的物质文明颇感失落，加上俄国社会主义政权弊端的暴露，由此促使他转向儒家的人生哲学寻求解决之道。新文化阵营与西方文明的密切联系无须赘言，他们崇尚的"科学"与"民主"的旗号即从西方而来。新文化阵营的"科学"理念主要体现在对墨家哲学方法的赞同上，"民主"的理念则主要体现在对儒家封建礼教的批判上。这种开放性的研究视角使新文化阵营在某种程度上既能抛弃传统文化中的糟粕，又能挖掘出其中的精华，从而为中西文化的融合做好充分的准备。学衡派虽然号称文化保守主义的代表，但并不是一味固守传统的顽固派。他们所反对的只是新文化运动中批评传统的过激言论，而没有反对新文化。"昌明国粹，融化新知"的创刊宗旨本身体现了学衡派对西方文化的包容性。总之，20世纪初期中国学者的儒墨比较思想发生在中西文化相互交流和碰撞的时代背景下，他们儒墨比较的目的也是致力于中西文化的互动与融通。

（三）儒墨的比较与中国现代新文化的发展

开放的时代环境使得20世纪初期的中国学者能够参照西方文化来反思中国传统文化特别是儒家文化的不足。传统儒学中的三纲理论因为与西方的自由、平等学说相违背，因而遭受到当时学者的严厉批评。简言之，开放的环境有助于中国知识分子逐渐脱离专制思想的束缚，引导他们在中西文化相融合的条件下对现代新文化的建设提出了诸多合理的构想。

20世纪以前，尤其是西汉至清代的漫长时期内，社会制度和思想文化上的双重束缚使各时期的学者不敢提出威胁到儒学正统地位的文化发展理念。从中国传统文化的内部构成情况来看，虽然魏晋南北朝时期道、佛一度流行，隋唐出现过"三教并行"的盛况，墨学也曾在某些时期得到个别学者的推崇与辩护，但每次思想的波动之后，总是重新恢复到以儒学为主导的局面。从中西文化相互交流的历史来看，虽然中国在明代即已出现了资本主义的萌芽，清代中西方之间的联系更加密切，中国旧知识分子为引入西方的器物、制度和文化等内容做出了艰苦卓绝的努力和尝试，但思想上的封建性与保守性决定了他们不可能提出任何关于新型文化的构想。

对于20世纪初期的中国学者来说，儒墨的比较就是一个对中国传统文化进行反思与调整的过程，他们或突出墨学与西学的相通之处，或揭露儒学与西学的违背之处，由此选取其中最合适的部分来实现中西文化的融合，从而建设一种中西结合的现代新文化。梁启超提出建设"世界主义的国家"，相应地必然要发展一种世界主义的文化，最终实现"人类全体都得着他好处"的理想目标。新文化阵营的"科学"和"民主"虽然由西方引入，但他们并不将其视为西方独有的思想，而是通过付诸中国的现实社会，力证其意义和价值，并把它们作为一种世界性的学说来加以实施和推广，这是新文化阵营建设新文化的主要方式。学衡派虽捍卫传统，却不固守传统，他们同样主张"大兴新学""输入欧美之真文化"，并将他们的立论根基牢固建立在以儒学为中心的传统文化之上。总之，虽然梁启超、新文化阵营和学衡派在探索的道路上各有特色，但在现代新文化的建设这一根本目标上，他们最终实现了统一。

二 20世纪初期儒墨比较思想的影响和意义

20世纪初期的儒墨比较思想在当时社会所产生的影响主要体现在两个方面：其一，儒墨具体学说的利弊以及两家的根本教义得以展现；其二，为西方文化的引入找到了合适的接洽点，从而为现代新文化的建设指明了出路。

第一，儒墨的比较既是儒墨两家具体学说的比较，也是中国学者对儒墨利弊的揭示过程，通过这一过程，他们最终得以接近儒墨学说的核心要义。具体来看，梁启超既肯定墨家精神、非命以及尚贤说的积极意义，又对天志、明鬼、兼爱、尚同、节用、节葬、非乐的不足予以批评；既否定儒家的命定论，又赞同它的差等爱、责任道德说和礼乐制度等。梁启超对儒墨学说所做的全面而详细的比较建立在他对儒墨深刻的理解和认识上。在阐发两家学说的过程中，梁启超逐渐深入到儒家的人生哲学之中，而这才是儒学的根本指向所在。新文化阵营出于批判专制、提倡平等的需要而对儒墨进行比较，由此促使他们以专制和平等这一组概念来分别对儒墨两家的学说做出评定。无论是两家的立论根基，还是仁爱和兼爱的学说，都有着严格的区分。换个角度来看，新文化阵营对儒学专制的反思也是一个由批判到还原的过程，最终他们所面对的是剥离了专制成分的儒学本义。学衡派一开始就坚定了维护孔孟传统的立场，他们虽不以彻底推翻墨学为目的，但在儒墨的比较中确实尽力地彰显儒学之优与墨学之不足。总之，梁启超、新文化阵营和学衡派通过儒墨的比较将儒墨两家学说的特点、利弊以及它们的思想宗旨尽可能予以全面呈现，从而有利于他们在充分了解我国传统文化构成要素的基础上进一步为文化的发展提出各种设想。

第二，儒墨的比较虽然是 20 世纪初期的学者颇为关注的一个问题，并为之做了不少探讨，但对于他们来说，这种比较只是一种手段，其最终目的在于为西方文化的引入寻求最有效的途径以及为它在中国的传播与发展培育最适宜的土壤，由此建设一种中西融合的现代新文化。梁启超、新文化阵营和学衡派的儒墨比较都遵循着这一研究思路。具体来看，梁启超在前期试图通过《墨经》以及兼爱等学说来实现中西文化的沟通，但他的这种想法并没有坚持下去。随着对儒学认识的加深以及对墨学弊端的了解，梁启超最终选择以儒学作为沟通中西的关键。他主张"拿西洋的文明来扩充我的文明，又拿我的文明去补助西洋的文明"的中西化合论，但这种化合起始于对儒学传统的尊重与爱护。新文化阵营对墨学的推崇实际上是一个借助墨学来揭露儒学之弊病进而彰显儒学之真义的过程，最后他们同样找到了中西相结合的有效途径，即在不叛离传统的基础上实现中西文化的"相发明"。学衡派坚信中西文化的融合只能以"昌明国粹"为前提，而这个国粹就是以孔子和儒学为中心的传统文化，他们的儒墨比较以捍卫儒学传统为出发点，墨学受到他们的批评自然在情理之中。然而，学衡派虽批判墨学却不推翻墨学，他们只是借此凸显儒学的中心地位，同时纠正新文化阵营对待传统的不合理态度，"融化新知"才是学衡派的根本理想。总之，梁启超、新文化阵营和学衡派以儒墨的比较为出发点，最终扩展到文化的问题，他们为文化发展中的古与今、中与西的问题提供了不同的解决之道，从而为现代中国社会的发展注入了新鲜的活力。

此外，经过 20 世纪初期中国学者对儒墨所作的比较，墨学得到大力的宣扬和普及，墨家的科学主义得到普遍承认和尊重。在与西学的比较研究中，墨家学说具有了世界性的意义，从而能够在更加广泛的层面上发挥相应的作用。在旧价值观坍塌以及新价值观亟待确立的特殊时期中，儒墨的比较以及由此引发的中西、古今之比较都可以视为中国人重新追寻和确立价值观念的历程。这一历程既包括对西方文化的认识与评价，同时也涉及对自身知识体系的再认识，这些都是20世纪初期的儒墨比较思想为中国社会带来的积极影响。

当然，除了肯定20世纪初期儒墨比较思想的积极意义，我们还需要指出其中的缺点与不足。梁启超思想的多变性在某种程度上限制了其学术思想的阐发，急于服务现实的需要使他在特定的时期对儒墨内涵的理解均有所偏差。新文化阵营虽不主张彻底推翻儒学和传统，但在评论儒学和传统的过程中他们确实发表了不少过激言论。学衡派在阐发孔子和儒学的价值时，表现出了过度的自信，在言语的表达上显得过于夸张。这些都是我们在探讨20世纪初期的儒墨比较思想时需要特别留意的地方。只有如此，我们才能对梁启超、新文化阵营和学衡派的学术思想做出客观、合理的评价。

总而言之，虽然我们距离20世纪初期的中西文化讨论已逾一个世纪，当今的时代环境也已发生了翻天覆地的变化，但西方价值观对中国社会的潜在影响和挑战无处不在。古与今、中与西的关系仍然是当今社会发展中无法回避的重要问题。如何在西方文明的冲击下平衡好中西文化的关系，从而在中西文化相互交融的基础上建设出一种现代新文化，这个问题已经被一个世纪以前的中国知识分子认真地思考和讨论过。当我们为眼前的文化发展问题深感困惑之时，不妨尝试在一个世纪以前的那场文化论争中寻找可以重新加以利用的资源，使之运用于中国特色社会主义文化建设事业之中，增强新时代的文化自信，建设社会主义文化强国。

参考文献

一 古籍类

（汉）班固撰，（唐）颜师古注：《汉书》，中华书局 1962 年版。

（汉）贾谊撰，阎振益、钟夏校注：《新书校注》，中华书局 2000 年版。

（汉）司马迁撰：《史记》，中华书局 1982 年版。

（汉）应劭撰，王利器校注：《风俗通义校注》，中华书局 2010 年版。

（梁）萧子显撰：《南齐书》，中华书局 2000 年版。

（唐）房玄龄等撰：《晋书》，中华书局 2000 年版。

（宋）陈振孙撰，徐小蛮、顾美华点校：《直斋书录解题》，上海古籍出版社 1987 年版。

（宋）程颢、程颐著，王孝鱼点校：《二程集》，中华书局 2004 年版。

（宋）王安石著，唐武标校：《王文公文集》，上海人民出版社 1974 年版。

（宋）王令著，沈文倬校点：《王令集》，上海古籍出版社 2011 年版。

（宋）朱熹撰，朱杰人等主编：《朱子全书（修订本）》，上海古籍出版社、安徽教育出版社 2010 年版。

（明）胡应麟：《少室山房笔丛》，上海书店出版社 2009 年版。

（明）焦竑撰，李剑雄点校：《澹园集》，中华书局 1999 年版。

（清）陈澧著，钟旭元、魏达纯校点：《东塾读书记》，上海古籍出版社 2012 年版。

（清）傅山著，尹协理主编：《傅山全书》，山西人民出版社 2016 年版。

（清）顾炎武著，黄汝成集释，栾保群、吕宗力校点：《日知录集释（全校本）》，上海古籍出版社 2013 年版。

（清）郭庆藩撰，王孝鱼点校：《庄子集释》，中华书局 2012 年版。

（清）黎庶昌著，黎铎、龙先绪点校：《拙尊园丛稿》，上海古籍出版社
　　2015 年版。

（清）卢文弨著，王文锦点校：《抱经堂文集》，中华书局 1990 年版。

（清）阮元校刻：《十三经注疏》，中华书局 2009 年版。

（清）孙诒让撰，孙启治点校：《墨子间诂》，中华书局 2001 年版。

（清）王闿运撰，马积高等编：《湘绮楼诗文集》，岳麓书社 2008 年版。

（清）王先谦撰，沈啸寰、王星贤点校：《荀子集解》，中华书局 2013
　　年版。

（清）王先慎撰，钟哲点校：《韩非子集解》，中华书局 2013 年版。

（清）翁方纲：《复初斋文集》，文海出版社 1969 年版。

（清）薛福成著，宝海校注：《出使四国日记》，社会科学文献出版社 2007
　　年版。

（清）俞正燮撰：《癸巳存稿》，商务印书馆 1957 年版。

陈铮编：《黄遵宪全集》，中华书局 2005 年版。

傅亚庶撰：《孔丛子校释》，中华书局 2011 年版。

何宁撰：《淮南子集释》，中华书局 1998 年版。

黄晖撰：《论衡校释》，中华书局 1990 年版。

李守奎等译注：《尸子译注》，黑龙江人民出版社 2002 年版。

李逸安点校：《欧阳修全集》，中华书局 2001 年版。

彭裕商著：《文子校注》，巴蜀书社 2006 年版。

屈守元、常思春主编：《韩愈全集校注》，四川大学出版社 1996 年版。

汪荣宝撰，陈仲夫点校：《法言义疏》，中华书局 1987 年版。

王利器撰：《新语校注》，中华书局 2012 年版。

王利器校注：《盐铁论校注》，中华书局 2015 年版。

许维遹撰，梁运华整理：《吕氏春秋集释》，中华书局 2009 年版。

杨伯峻：《孟子译注》，中华书局 2008 年版。

杨伯峻：《论语译注》，中华书局 2009 年版。

杨伯峻：《列子集释》，中华书局 2013 年版。

张伟、何忠礼主编：《黄震全集》，浙江大学出版社 2013 年版。

张志烈等主编：《苏轼全集校注》，河北人民出版社 2010 年版。

二 民国期刊类

《大公报·文学副刊》

《国风半月刊》

《国闻周报》

《留美学生季报》

《清华周刊》

《青年杂志》

《思想与时代月刊》

《新青年》

《学衡》

三 著作类

蔡尚思主编：《十家论墨》，上海人民出版社 2004 年版。

陈鹏鸣：《梁启超学术思想评传》，北京图书馆出版社 1999 年版。

陈先初编：《易白沙集》，湖南人民出版社 2008 年版。

陈祖武、朱彤窗：《乾嘉学派研究》，河北人民出版社 2005 年版。

丁文江、赵丰田编：《梁启超年谱长编》，上海人民出版社 1983 年版。

丁文江、赵丰田编，欧阳哲生整理：《梁任公先生年谱长编（初稿）》，中
　华书局 2010 年版。

丁晓强：《近世学风与毛泽东思想的起源》，贵州人民出版社 1992 年版。

方授楚：《墨学源流》，中华书局、上海书店 1989 年版。

冯友兰：《中国哲学史新编（上）》，人民出版社 2007 年版。

葛兆光：《西潮又东风：晚清民初思想、宗教与学术十讲》，上海古籍出版
　社 2006 年版。

耿云志、崔志海：《梁启超》，广东人民出版社 1994 年版。

郭春莲：《韩非法律思想研究》，上海人民出版社 2012 年版。

郭沫若：《郭沫若全集·历史编·第一卷》，人民出版社 1982 年版。

郭沫若：《十批判书》，人民出版社 2012 年版。

何晓明：《知识分子与中国现代化》，东方出版中心 2007 年版。

黄克武：《一个被放弃的选择——梁启超调适思想之研究》，新星出版社 2006 年版。

黄宗智（Philip C. Huang）：《梁启超与现代中国的自由主义》（*Liang Ch'i-ch'ao and Modern Chinese Liberalism*），华盛顿大学出版社 1972 年版。

蒋广学：《梁启超和中国古代学术的终结》，江苏教育出版社 2001 年版。

蒋重跃：《韩非子的政治思想》，北京师范大学出版社 2010 年版。

孔德立：《先秦儒墨关系研究》，学习出版社 2019 年版。

李喜所、元青：《梁启超传》，人民出版社 2010 年版。

李泽厚：《康有为谭嗣同思想研究》，上海人民出版社 1958 年版。

李泽厚：《中国近代思想史论》，生活·读书·新知三联书店 2008 年版。

梁启超：《饮冰室合集》，中华书局 1989 年版。

刘元彦：《〈吕氏春秋〉：兼容并蓄的杂家》，生活·读书·新知三联书店 2008 年版。

陆信礼：《梁启超中国哲学史研究评述》，中国社会科学出版社 2013 年版。

栾调甫：《墨子研究论文集》，人民出版社 1957 年版。

罗岗、陈春艳编：《梅光迪文录》，辽宁教育出版社 2001 年版。

欧阳哲生编：《胡适文集》，北京大学出版社 2013 年版。

欧阳哲生：《自由主义之累——胡适思想之现代阐释》，江西教育出版社 2003 年版。

钱穆：《钱宾四先生全集》，联经出版事业有限公司 1998 年版。

钱穆：《先秦诸子系年》，商务印书馆 2001 年版。

钱玄同：《钱玄同文集》，中国人民大学出版社 1999 年版。

任继愈、李广星主编：《墨子大全》，北京图书馆出版社 2004 年版。

任建树等主编：《陈独秀著作选编》，上海人民出版社 2014 年版。

沈卫威：《回眸"学衡派"——文化保守主义的现代命运》，人民文学出版社 1999 年版。

孙尚扬、郭兰芳编：《国故新知论——学衡派文化论著辑要》，中国广播电视出版社 1995 年版。

田苗苗整理：《吴虞集》，中华书局 2013 年版。

王东杰、陈阳编：《中国近代思想家文库·宋育仁卷》，中国人民大学出版社 2015 年版。

王尔敏：《中国近代思想史论续集》，社会科学文献出版社 2005 年版。

王焕镳：《〈墨子〉校释商兑》，中国社会科学出版社 1986 年版。

王楷：《天然与修为——荀子道德哲学的精神》，北京大学出版社 2011
年版。

吴宓著，吴学昭整理：《吴宓自编年谱：1894—1925》，生活·读书·新知
三联书店 1995 年版。

吴铭能：《梁启超研究丛稿》，台湾学生书局 2001 年版。

夏晓虹编：《追忆梁启超（增订本）》，生活·读书·新知三联书店 2009
年版。

萧萐父：《中国哲学史史料源流举要》，武汉大学出版社 1998 年版。

徐葆耕编选：《会通派如是说：吴宓集》，上海文艺出版社 1998 年版。

严灵峰编：《无求备斋墨子集成》，成文出版社 1977 年版。

杨国荣：《孟子的哲学思想》，华东师范大学出版社 2009 年版。

杨天石主编：《钱玄同日记（整理本）》，北京大学出版社 2014 年版。

张丰乾：《出土文献与文子公案》，社会科学文献出版社 2007 年版。

张锡勤：《梁启超思想平议》，人民出版社 2013 年版。

张荫麟：《中国史纲》，上海古籍出版社 1999 年版。

张永义：《墨子与中国文化》，贵州人民出版社 2001 年版。

章太炎：《章太炎全集》，上海人民出版社 2014 年版。

郑杰文：《20 世纪墨学研究史》，清华大学出版社 2002 年版。

郑杰文：《中国墨学通史》，人民出版社 2006 年版。

郑师渠：《欧战前后：国人的现代性反省》，北京师范大学出版社 2013
年版。

中国革命博物馆整理，荣孟源审校：《吴虞日记》，四川人民出版社 1984
年版。

朱维铮编校：《周予同经学史论》，上海人民出版社 2010 年版。

［美］约瑟夫·阿·勒文森（Joseph R. Levenson）：《梁启超与中国近代思
想》，刘伟等译，四川人民出版社 1986 年版。

［日］狭间直树编：《梁启超·明治日本·西方——日本京都大学人文科学

研究所共同研究报告（修订版）》，社会科学文献出版社 2012 年版。

四　论文类

蔡尚思：《梁启超在政治上学术上和思想上的不同地位——再论梁启超后期的思想体系问题》，《学术月刊》1961 年第 6 期。

柴文华：《略论 20 世纪上半叶胡适和冯友兰墨学观的契合及其意义》，《哲学研究》2012 年第 9 期。

陈超：《论梁启超墨学研究两阶段之异同》，《兰台世界》2006 年第 18 期。

陈道德：《"兼爱"与"博爱"》，《职大学报》2007 年第 3 期。

陈鼓应：《从〈吕氏春秋〉看秦道家思想特点》，《中国哲学史》2001 年第 1 期。

陈广忠：《〈淮南子〉与墨家》，《孔子研究》1995 年第 2 期。

陈慧：《试论梁启超墨学研究的纯学术阶段》，《南京理工大学学报》（社会科学版）2001 年第 5 期。

陈来等：《儒墨关系的现代诠释（笔谈）》，《文史哲》2021 年第 4 期。

陈先初：《五四时期易白沙的思想贡献》，《湖南大学学报》（社会科学版）2008 年第 6 期。

陈泽环：《孔子教义"实际裨益于今日国民者"——梁启超的儒学作用论初探》，《哲学动态》2010 年第 2 期。

褚丽娟：《从清末来华传教士"发现兼爱"谈儒墨关系的演变及启示》，《贵州社会科学》2017 年第 3 期。

邓星盈：《吴虞对儒家的批判》，《四川大学学报》（哲学社会科学版）1994 年第 4 期。

丁四新：《〈墨语〉成篇时代考证及墨家鬼神观研究》，载冯天瑜主编《人文论丛》（2010 年卷），中国社会科学出版社 2011 年版。

丁为祥：《从绝对意识到超越精神——孟子对墨家思想的继承、批判与超越》，《人文杂志》2007 年第 2 期。

董德福：《梁启超与五四运动关系探源》，《江苏大学学报》（社会科学版）2006 年第 6 期。

杜蒸民：《胡适与墨学》，《江淮论坛》1992 年第 3 期。

付洁：《学衡派研究》，博士学位论文，山东大学，2015年。

付洁：《〈学衡〉与近代墨学研究》，《兰州大学学报》（社会科学版）2015年第1期。

高玉：《论学衡派作为理性保守主义的现代品格》，《天津社会科学》2001年第2期。

葛洪泽：《梁启超与墨学研究》，《徐州师范大学学报》（哲学社会科学版）2002年第2期。

关兴丽、崔清田：《论儒墨异同》，《晋阳学刊》1998年第5期。

郭昭昭：《民国思想文化界的一道独特风景——学衡派与新文化派的对抗与对话》，《历史教学》2008年第18期。

韩秋宇：《对"学衡派"与"新文化派"论战的解读》，《学术交流》2017年第3期。

韩星：《学衡派对儒学的现代诠释和转换》，《唐都学刊》2003年第2期。

郝长墀：《墨子是功利主义者吗？——论墨家伦理思想的现代意义》，《中国哲学史》2005年第1期。

黑琨：《〈盐铁论〉成书时间考》，《四川师范大学学报》（社会科学版）2003年第2期。

黄怀信：《〈孔丛子〉的时代与作者》，《西北大学学报》（哲学社会科学版）1987年第1期。

黄克武：《梁启超的学术思想：以墨子学为中心之分析》，载《"中央研究院"近代史研究所集刊》第26期，"中央研究院"近代史研究所，1996年12月。

黄林非：《论〈新青年〉的反孔非儒》，《北京青年政治学院学报》2005年第3期。

黄玉顺：《新文化运动百年祭：论儒学与人权——驳"反孔非儒"说》，《社会科学研究》2015年第4期。

黄知正：《五四时期中国进步知识分子选择社会主义的思想文化背景——大同思想与社会主义在中国的传播》，《高校社会科学》1989年第2期。

江湄：《另一种整理国故——论"五四"后梁启超对儒学与儒学史的重构》，《天津社会科学》2014年第1期。

蒋书丽：《学衡派和新文化派的错位论争》，《人文杂志》2004 年第 6 期。

金春峰：《论〈吕氏春秋〉的儒家思想倾向》，《哲学研究》1982 年第 12 期。

孔德立：《荀子辟墨与儒墨之争的终结》，《中国社会科学文摘》2022 年第 4 期。

旷新年：《学衡派与新人文主义》，《北京大学学报》（哲学社会科学版） 1994 年第 6 期。

乐黛云：《世界文化语境中的〈学衡〉派》，《陕西师范大学学报》（哲学社会科学版）2005 年第 3 期。

李华兴：《近代中国的风云与梁启超的变幻》，《近代史研究》1984 年第 2 期。

李建中：《试论〈学衡〉诸子的文化模式与历史命运》，《陕西师范大学学报》（哲学社会科学版）1998 年第 2 期。

李景林：《孟子的"辟杨墨"与儒家仁爱观念的理论内涵》，《哲学研究》 2009 年第 2 期。

李庭绵（Ting-mien Lee）：《伦理学家和纵横家之间的模糊界限：早期中国文本中"儒—墨"的含义》（*The Blurry Boundary between Ethical Theorists and Political Strategists：The Meaning of "Ru-Mo" in Early Chinese Texts*）， 博士学位论文，比利时鲁汶大学，2015 年。

李维武：《〈新青年〉视野中的孔子、孔教与儒家纲常》，《社会科学战线》 2015 年第 9 期。

李翔海：《五四新文化运动与中国文化传统三题》，《齐鲁学刊》2009 年第 6 期。

李燕：《陈独秀"非孔批儒"说之检讨》，《安徽史学》2015 年第 5 期。

李怡：《论"学衡派"与五四新文学运动》，《中国社会科学》1998 年第 6 期。

李知恕：《吴虞论杨墨》，《天府新论》1995 年第 3 期。

刘贵福：《"进斯世于极乐之万物玄同"——近代墨学复兴对钱玄同的影响》，《鲁迅研究月刊》2006 年第 12 期。

龙文茂：《融通中西、贯概古今——学衡派文化观念评述》，《首都师范大学学报》（社会科学版）1999 年第 1 期。

楼劲：《魏晋墨学之流传及相关问题》，《中国史研究》2011 年第 2 期。

罗检秋：《从传播媒介看近代墨学兴盛的因缘》，《安徽史学》2019 年第 1 期。

罗检秋：《近代墨学复兴及其原因》，《近代史研究》1990 年第 1 期。

罗检秋：《梁启超与近代墨学》，《近代史研究》1992 年第 3 期。

罗检秋：《清代思想史上的诸子学》，《安徽史学》2015 年第 3 期。

马克锋：《近代墨学复兴的历史轨迹》，《教学与研究》2004 年第 1 期。

马克锋：《梁启超与传统墨学》，《安徽史学》2004 年第 6 期。

马克锋、刘刚：《墨学复兴与近代思潮》，《中州学刊》1991 年第 4 期。

莫志斌：《论梁启超对五四新文化运动的贡献》，《广州大学学报》（社会科学版）2005 年第 5 期。

欧阳军喜：《论五四新文化运动的儒学根源》，《孔子研究》1999 年第 2 期。

欧阳军喜：《五四新文化运动与儒学：误解及其他》，《历史研究》1999 年第 3 期。

欧阳哲生：《在传统与现代性之间——以"五四"新文化运动与儒学关系为中心》，《中国文化研究》2001 年夏之卷。

秦晖：《"杨近墨远"与"为父绝君"：古儒的国—家观及其演变》，《人文杂志》2006 年第 5 期。

秦彦士：《从〈淮南子〉到〈太平经〉中的墨学——异端沉浮与汉代学术政治变迁》，《南都学坛》（哲学社会科学版）2001 年第 5 期。

邵长杰：《明〈墨子〉典籍校刊与墨学发展》，《中国文化报》2012 年 11 月 29 日。

孙以楷：《朱熹论墨子之兼爱说》，《孔子研究》2003 年第 4 期。

孙以楷：《〈庄子〉中的墨学》，《职大学报》2003 年第 1 期。

孙玉石：《五四新文化运动反孔思潮之平议——以〈新青年〉杂志为中心》，《中国文化研究》1999 年秋之卷。

谭家健：《〈列子〉书中的先秦诸子》，《管子学刊》1998 年第 2 期。

童恒萍：《〈庄子〉与墨家》，《中州学刊》2004 年第 5 期。

汪树东：《"学衡派"的反现代性文化选择》，《北方论丛》2016 年第 2 期。

王达：《梁启超及其儒学研究》，《船山学刊》1997 年第 1 期。

王继学：《先秦诸子之学对新文化运动"打倒孔家店"的影响——以〈新青年〉为中心》，《安阳师范学院学报》2014 年第 4 期。

王克奇：《墨子与孔子、老子、韩非关系论》，《孔子研究》1997 年第 3 期。

王锟：　《孔子与 20 世纪三大社会思潮》，博士学位论文，西北大学，2002 年。

王明雨：《梁启超〈新民说〉对儒学传统的突破》，《天津大学学报》（社会科学版）2004 年第 1 期。

王启发：《荀子与儒墨道法名诸家》，《中国史研究》2000 年第 3 期。

王兴国：《"真理以辩论而明　学术由竞争而进"——记五四新文化运动的斗士易白沙》，《求索》1983 年第 2 期。

魏建：《儒学现代化：重新审视新青年派与学衡派论战》，《学习与探索》2015 年第 7 期。

魏义霞：《殊途而同归：墨子与韩非子哲学的比较研究》，《齐鲁学刊》1997 年第 3 期。

温克勤：《浅谈梁启超的儒学研究》，《道德与文明》1999 年第 1 期。

吴效马：《论吴虞非儒反孔思想的传统学术渊源》，《贵州社会科学》2000 年第 2 期。

武振伟：《晏子对孔子的批评及儒墨论战》，《走进孔子》2022 年第 4 期。

解启扬、陈洁：《傅山与墨学》，《云梦学刊》2001 年第 3 期。

解启扬：《胡适的墨学研究》，《安徽史学》1998 年第 4 期。

解启扬：《梁启超与墨学》，《安徽史学》2003 年第 5 期。

解启扬：《墨学研究的现代展开》，《中国社会科学评价》2022 年第 2 期。

辛晓霞、向世陵：《非儒和斥墨中的儒墨之同》，《黑龙江社会科学》2013 年第 6 期。

薛柏成：《关于"儒墨互补"问题研究的再认识》，《孔子研究》2021 年第 1 期。

杨国荣等：《反思"五四"：中西古今关系再平衡》，《文史哲》2019 年第

5 期。

姚日晓、杜玉俭：《韩非子经典阐释思想研究》，《中北大学学报》（社会科学版）2010 年第 1 期。

叶宗宝：《论"五四"时期"尊墨抑儒"及其原因》，《黄河水利职业技术学院学报》2004 年第 3 期。

伊云：《吴虞"反孔非儒"思想新论》，《湘潭大学学报》（社会科学版）1993 年第 1 期。

元青：《梁启超与五四新文化运动》，《南开学报》（哲学社会科学版）2005 年第 2 期。

张洪波：《陈独秀对儒、佛、道思想的评析》，《中国哲学史》1998 年第 4 期。

张金荣：《论易白沙的政治思想》，《湖南师范大学社会科学学报》2005 年第 4 期。

张金荣：《易白沙评孔扬墨对新文化运动的贡献》，《湖南涉外经济学院学报》2011 年第 2 期。

张骏翚：《五十年来墨学研究综述》，《四川师范大学学报》（社会科学版）2002 年第 4 期。

张克：《吴虞与章太炎的诸子学及"魏晋文章"》，《江汉论坛》2007 年第 11 期。

张志强：《浅论明清之际（1630—1680）墨学研究特征——以傅山〈墨子·大取〉研究为例》，《三峡大学学报》（人文社会科学版）2013 年第 3 期。

章清：《传统：由"知识资源"到"学术资源"——简析 20 世纪中国文化传统的失落及其成因》，《中国社会科学》2000 年第 4 期。

赵伟伟（Wai Wai Chiu）：《兼爱与墨家对早期儒学的攻击》（*Jian ai and the Mohist Attack of Early Confucianism*），《哲学指南》第 8 卷，2013 年第 5 期。

赵月霞：《论"学衡派"与新文化运动的殊途同归》，《内蒙古师范大学学报》（哲学社会科学版）2015 年第 1 期。

郑大华：《论白璧德新人文主义对"学衡派"的影响》，《中国文化研究》

2007 年夏之卷。

郑杰文：《清代的墨学研究》，《淄博学院学报》（社会科学版）1999 年第
　4 期。

郑杰文：《〈史记·孟子荀卿列传〉载墨子传记为残篇说》，《中国文化研
　究》2005 年春之卷。

郑杰文：《〈新书〉〈淮南子〉等所见西汉前期的墨学流传——"墨学中
　绝"说的再检讨》，《山东大学学报》（哲学社会科学版）2004 年第
　2 期。

郑杰文：《〈庄子〉论墨与战国中后期墨学的流传》，《齐鲁学刊》2004 年
　第 5 期。

郑林华：《毛泽东和党的其他早期领导人与墨家思想略论》，《党的文献》
　2009 年第 3 期。

郑林华：《尊墨抑儒与五四新文化运动——从传统学术流变看中国人接受
　社会主义学说》，《党的文献》2014 年第 2 期。

郑师渠：《梁启超与新文化运动》，《近代史研究》2005 年第 2 期。

郑师渠：《学衡派论诸子学》，《中州学刊》2001 年第 1 期。

钟海谟：《吴虞反儒思想分析》，《暨南学报》（哲学社会科学）1987 年第
　4 期。

周晓平：《黄遵宪"西学墨源"论评析》，《江西师范大学学报》（哲学社
　会科学版）2011 年第 6 期。

周云：《学衡派与中国学术的现代转换》，《甘肃社会科学》2003 年第
　2 期。

［比］戴卡琳（Carine Defoort）：《〈墨子·兼爱〉上、中、下篇是关于兼爱
　吗?》（连载），《职大学报》2011 年第 4、5 期。

［比］戴卡琳：《古代的墨学，现代的建构：孙诒让的〈墨子间诂〉》（The
　Modern Formation of Early Mohism：Sun Yirang's Exposing and Correcting the
　Mozi），《通报》第 101 卷，2015 年第 1—3 期。

［比］戴卡琳：《既"无根据"亦"无反响"——孟子所刻画的杨朱与墨
　翟》，杨柳岸、王晓薇译，《齐鲁学刊》2021 年第 5 期。

［比］戴卡琳：《"十论"的递增成形：对〈墨子〉中基本命题的追溯》

（*The Gradual Growth of the Mohist Core Philosophy*：*Tracing Fixed Formulations in the Mozi*），《华裔学志》第 64 卷，2016 年第 1 期。

［美］丹·罗宾斯（Dan Robins）：《墨家的爱》（*Mohist Care*），《东西方哲学》第 62 卷，2012 年第 1 期。

后　记

　　距离博士毕业已近六年，回想起读书求学的二十余年光景，最感充实和留恋的仍是珞珈山的六年求学时光。记得在为博士学位论文抓耳挠腮之际，曾无数次地默默鼓励自己：再坚持一下，论文写出来顺利毕业就可以彻底放松、好好享受了。然而，毕业工作之后，每每想起当年这种可笑的"精神鼓励法"都不免感到尴尬，因为这真的是躲在象牙塔中对未来生活的一种错误憧憬。当每天拖着疲惫的身躯在繁重的教学任务、高压的职称评审以及家庭关系的小心维系中艰难游走时，某些瞬间，竟然不自觉地怀念起博士生活的种种美好。那是一段"两耳不闻窗外事，一心只攻大博论"的由宿舍到图书馆再到食堂三点一线看似枯燥无味、实则又丰富多彩的珍贵经历。博士第三年，我有幸申请到了国家留学基金委资助的公派联合培养资格，在比利时鲁汶大学汉学系度过了难忘的一年。初到鲁汶，我就在丁四新和戴卡琳两位导师的指导下确定了论文的选题。我的家乡是山东省滕州市，即先秦时期的滕国，它毗邻孔孟故里曲阜和邹城，更重要的还是墨子故里。因此，墨子算起来也算是我的"老乡"了，我的博士学位论文确定以墨学为主题也许是冥冥中的某种注定。

　　在我博士学位论文整个的准备和写作过程中，有两个地方发挥了不可替代的作用，一个是鲁汶大学汉学系的资料室，一个是武汉大学图书馆。前者基本收藏了我所需要的所有中文图书资料，而且有非常便利的外文检索渠道。在鲁汶的这一年，我的大部分时间都在这里度过，资料室二楼靠窗的那个位置基本成为我的专座。每天坐在窗前，听着远处古老教堂的阵阵钟声，双手在翻阅资料和输入文字中不停切换，现在想来都是一种享受。在 2016 年 9 月回国之时，我为博论的准备工作总共建了几十个文件夹和文档，文字资料大概搜集了几十万字，这其中既包括原典文本，也包括二手文献资料的内容摘要。有了充足的准备，回国后的论文写作也算得心应手，需要什么资料，到相应文档里直接检索，原著文本、参考文献和个人阐发三者配合默契，流畅进行。到 2017 年初春，历时半年的写作基本完成，而后便是一遍遍的修改和打磨，直到最后通过答辩、顺利毕业。

本书是在本人博士学位论文的基础上修改完成，除了标题和文中个别细节做了略微调整，基本保持原内容不变。如今重读博论，不再有刚完成初稿时的轻松愉悦，也不会看着这二十几万字的成果而自我满足和陶醉，更多的是一种自我反思和批评。特别是当一些不太合适的词语或太武断的语句映入眼帘之时，这种自我检讨尤为强烈。每当这时，总是不禁反问自己：当时写作怎么没有认真琢磨下用词？当初哪来的自信心敢做出如此论断？也许，只因当时太年少轻狂，在个别用语的选择和相关评论的措辞上太过自信、甚至自负。过去的几年中，我曾拿出博论中的梁启超和新文化阵营部分参加过一两次的学术交流活动，期间有学者对我的某些观点不予认同。比如，有学者指出我将梁启超学术思想的旨归总结为儒家立场显得略微单薄，其理由是那个时代像梁启超一样的知识分子都是儒家式的，这一点无须赘言。其实，我只是在梁启超的儒墨比较思想中突出儒学是其多变思想中的一条不变的内在理路，在儒墨比较的基础上，我还探讨了梁启超对中西文化由相"结婚"到"化合"的文化观，而这才是梁启超儒墨比较思想的根本目的。再者，有学者认为新文化运动的"反传统"是毋庸置疑的，我的论文似乎偏离了这一立场。不可否认，新文化阵营中的不少人物对以孔子和儒学为代表的中国传统文化进行了严厉批判，但"反孔非儒"的背后，我们更应该看到他们与传统的内在关联。无论是对墨子等其他先秦学派的重视，还是主张中西文明相互发明，都不能从中得出新文化运动彻底背离传统的结论。毋宁说，"反传统"是特殊时代环境下批判封建专制和引入新说的必要前提，但彻底推翻传统绝非新文化运动代表人物的根本目的，他们与传统之间始终保持着千丝万缕的联系。当然，这一问题相当复杂，或许在学界同仁的进一步思考和讨论中能对此有更加清晰的回答。

2007 年高考之后，我虽然是"被迫"步入哲学的殿堂，但硕士和博士阶段继续从事哲学，尤其是专注于中国哲学的研究则是我的自愿选择。

十年哲学求索，虽不能说精通于此，但毕竟沉浸于此、欣喜于此。博士毕业之后，因现实原因，我进入马克思主义学院工作。一开始，我总是将自己的所学视为与马克思主义不相干，也总是认为自己在马院很"边缘"。一段时间后，我便开始为自己的这种自以为是而懊悔，因为马克思主义与中国传统文化绝非截然对立的两个对象，二者的契合与融通一直是学界的研究热点。最近，我刚刚阅读完何中华先生撰写的《马克思与孔夫子：一个历史的相遇》，这是一本非常有趣的小书，阅读过程中，我不禁惊奇于马克思主义竟然与儒学有这么多的相通之处。其实，何止儒学，在本书的新文化阵营部分，我也曾提及墨学与早期马克思主义在中国传播的关系。因此，马克思主义自从传入中国便与中国传统文化保持着紧密的联系，马克思主义中国化时代化的两个"结合"其中之一就是马克思主义基本原理同中华优秀传统文化相结合。新时代，如何处理传统与现代、中国与西方的关系依然是重要话题，希望本书能对这一问题的解答提供些许的帮助，而我本人也会一直保持对这一问题的思考。

本书原定于去年出版，然而一个小生命的降临加之自己不太理想的身体状况打破了这一计划。孕育和抚养一个生命的过程是辛苦的、充满挑战的，而一本学术专著由酝酿到面世的过程何尝不是如此呢！但它们又是最能给人快乐和幸福的事情、最能让有限的生命变得无尽充实的事情！

二十余年没有后顾之忧的求学生涯最应该感谢的是我的父母，父母的养育之恩是我能够坚持到如今的最大动力。本书能够出版，首先要感谢湖南大学马克思主义学院的资助和学院领导的大力支持。此外，要感谢我的导师丁四新教授在百忙之中为本书作序，我深知现实的我与序言中的我还有很大差距，唯愿将来不忘当初学习哲学的初衷，在纷繁复杂的生活中尽可能保持对学术的纯真热爱。最后，还要感谢中国社会科学出版社的刘艳副编审，在整个出版过程中，她都为我提供了莫大的帮助。

谨以此书献给自己二十余年的求学岁月！未来的路还很长，愿不断求索、自强不息！

吴晓欣
本后记初稿完成于辛丑年重阳、修订于癸卯年春分岳麓山下